Albrecht von Roon

Guntram Schulze-Wegener

Albrecht von Roon

Kriegsminister – Generalfeldmarschall – Ministerpräsident

Biografie eines Preußen

be.bra
wissenschaft verlag

Für Gabriele

Bibliografische Information der Deutschen Nationalbibliothek
Die Deutsche Nationalbibliothek verzeichnet diese Publikation in der Deutschen Nationalbibliografie; detaillierte bibliografische Daten sind im Internet über http://dnb.d-nb.de abrufbar.

KulturBrauerei Haus 2
Schönhauser Allee 37, 10435 Berlin
post@bebra-wissenschaft.de
Lektorat: Matthias Zimmermann, Berlin
Umschlag: typegerecht, Berlin (unter Verwendung eines Gemäldes von Gustav Graef, das Offiziere und Beamte des Kriegsministeriums Albrecht von Roon anlässlich seines 50. Dienstjubiläums als Geschenk überreichten)
Innengestaltung: Friedrich, Berlin
Schrift: Garamond 11/13
Printed in Germany
ISBN 978-3-937233-84-0

www.bebra-wissenschaft.de

Inhaltsverzeichnis

„Ein Menschenkind meiner Art kann garnicht anders, als mit Gottes Hülfe auch das Schwerste und Gefährlichste versuchen, wenn es sich, wie hier, um das Wichtigste und Höchste handelt, was es in eines Mannes Lebensberuf giebt: um die politische Gesundheit seines Vaterlandes"

Albrecht von Roon

Geleitwort

Es ist sicher ein Zufall – gleichwohl ein sehr willkommener –, dass Guntram Schulze-Wegener gerade in dieser Zeit der Diskussion um die Reform der Bundeswehr und der vielfältigen Finanzierungsfragen eine Biografie über Albrecht von Roon vorlegt. Der damalige Kriegsminister, an den noch ein Denkmal in Berlin am Großen Stern erinnert, hatte das preußische Heer reformiert und damit den Grundstein gelegt für die Siege in den Kriegen gegen Dänemark, Österreich und Frankreich. Auch damals waren leidenschaftliche Debatten im Parlament über die Finanzierung der Reform vorausgegangen.

Um meinen Ur-Urgroßvater als private Persönlichkeit zu schildern, kommt am besten ein Zeitgenosse zu Wort, Pfarrer Dittrich, der wie Roon ebenfalls mit einer Tochter aus dem Hause Rogge verheiratet war: „Onkel Roon war begreiflicherweise der Stolz der ganzen Verwandtschaft, auch wegen seiner persönlichen Eigenschaften. Er war ein Edelmann vom Scheitel bis zur Sohle, ein Ritter ohne Furcht und Tadel. In dienstlichem Wesen von einer gewissen Unnahbarkeit und, wo ihm Indiskretion begegnete, rauh, abweisend, konnte er auch den Seinen gegenüber recht derb sein und Torheiten, die er antraf, unbarmherzig geißeln. Aber er hatte ein warmes, teilnehmendes Herz, das immer wieder die rauhe Schale durchbrach. Von hoher, imponierender Gestalt und ehernem Antlitz konnte er unter seinen buschigen Augenbrauen recht grimmig hervorblicken. Ein wahrhaft verwandtschaftliches Interesse nahm er an dem Ergehen und der Entwicklung seiner zahlreichen Neffen und Nichten."

Diese Schilderung im damals üblichen Überschwang des Ausdrucks hinterlässt ein auch heute noch ganz gutes Bild, das der mündlichen Überlieferung in der eigenen Familie entspricht. Zu letzterer gehört auch folgende Episode: Als Roon sein Rittergut Gütergotz bei Berlin an den Bankier Bleichröder verkauft hatte, streifte er durch die Oberlausitz auf der Suche nach einem neuen Wohnsitz weiter weg von der Hauptstadt. Bevor er einer Entscheidung näherkam, schickte er stets den Diener mit einem silbernen Becher zur nächsten Quelle, um das Wasser zu probieren; wenn man so will, ein früher Vorläufer der „grünen" Bewegung!

Seine Zukunftsorientierung zeigt sich auch in einem Passus aus seinem Testament von 1879: Er fordert, dass die beiden Rittergüter im Besitz der Familie bleiben, „solange nicht politische Umwälzungen irgendeiner Art es dem Patrioten unmöglich machen, mit Ehren im Lande der Väter zu bleiben und die von ihnen ererbte Scholle zu bewohnen". Albrecht von Roon hatte als junger Mann die napoleonische

Zeit erlebt – der stalinistische Kommunismus sollte 65 Jahre nach seinem Tod diese Umwälzung liefern. Leider ist eine große Zahl persönlicher Briefe und Tagebücher, die im Schloss Krobnitz waren, nach dem Einmarsch der Roten Armee im Jahr 1945 vernichtet worden.

Guntram Schulze-Wegener gebührt Dank für diese erste umfassende und ideologiefreie Biografie, die sich auszeichnet als ein Ergebnis soliden Quellenstudiums, die aber auch den umfangreichen militärischen Sachverstand des Autors erkennen lässt.

Berlin, im Sommer 2011 *Manfred Graf von Roon*

Vorwort

Für die meisten Deutschen um 1900 war die Gründung des Deutschen Reiches am 18. Januar 1871 im Spiegelsaal des Schlosses von Versailles das Werk dreier Persönlichkeiten: Otto von Bismarck hatte als Politiker die entscheidenden politischen Voraussetzungen geschaffen, Generalfeldmarschall Helmuth von Moltke als genialer Feldherr mit seinen Siegen die machtpolitischen Grundlagen und Albrecht von Roon als preußischer Kriegsminister durch seine Heeresreform das dafür notwendige Machtmittel bereitgestellt. Die Zeitgenossen nahmen die Reichsgründung als zentrales politisches Ereignis und Erlebnis wahr, denn man glaubte, dadurch seien die Deutschen aller Stämme endgültig in einem Staat geeint worden. Selbst Jahrzehnte nach 1871 war diese Einigung Thema vieler auch heute noch existierender Denkmäler, wie beispielsweise am Kyffhäuser, am Niederwald oder am Deutschen Eck an der Moselmündung in Koblenz. Bismarck wurde als „Eiserner Kanzler“ in Statuen und auf sogenannten Bismarck-Säulen landesweit verehrt, einige Denkmäler erinnerten an Generalfeldmarschall Helmuth Graf von Moltke, doch Generalfeldmarschall Albrecht Graf von Roon stand damals schon ein wenig im Schatten dieser als Protagonisten der deutschen Einigung gefeierten Heroen.

So ist es verdienstvoll, dass der ausgewiesene Militärhistoriker und Fregattenkapitän der Reserve, Dr. Guntram Schulze-Wegener, den preußischen Kriegsminister mit einer Biografie aus der Vergessenheit holt. Der Autor baut seine akribische Darstellung auf einem breiten und soliden Quellenfundament auf. Er skizziert lückenlos den militärischen Werdegang eines preußischen Offiziers, der aus verarmtem Adel stammte und im Militärdienst die einzige Möglichkeit zur Führung eines standesgemäßen Lebens erkannte. Mittellos (wie Helmuth Graf von Moltke), waren diese Offiziere darauf angewiesen, allein aufgrund ihrer Leistungen Karriere zu machen, um nach langen Dienstjahren und entsprechenden Beförderungen überhaupt einen etwas gehobenen Lebensstil pflegen zu können. Ähnlich wie von Moltke zeichnete sich Albrecht von Roon bereits zu Beginn seiner militärischen Laufbahn durch besondere Diensttüchtigkeit aus. Diese verschaffte ihm eine Verwendung als „Prinzenerzieher“ bei den Hohenzollern, wodurch er für seinen weiteren Dienstweg eine gewisse Protektion erhielt. Dennoch machte Roon keineswegs eine Blitzkarriere, sondern erreichte vor allem wegen seiner Leistungen ein stetiges Fortkommen.

Durch die Erschließung vieler noch unbekannter Quellen entwirft Schulze-Wegener ein subtiles Persönlichkeitsbild Albrecht von Roons, indem er den dienstlichen wie privaten Werdegang eines typischen preußischen Offiziers aus der Zeit vor 1871 nachzeichnet. Solche Darstellungen umfassender Lebensbilder sind in der deutschen Militärgeschichtsschreibung selten! Albrecht von Roon war kein Intellektueller, jedoch ein gebildeter und geistig interessierter Offizier, der keineswegs ausschließlich von seinen dienstlichen Obliegenheiten bestimmt wurde. Bemerkenswert war die intensive Pflege von Freundschaften mit Akademikern der Geisteswissenschaften, die ihren Niederschlag in einem umfangreichen Briefwechsel fand.

Roon war dezidierter Realist und Praktiker; dies zeigte sich in seiner erfolgreichen Tätigkeit als Organisator und Initiator der preußischen Heeresreform und -vermehrung, ohne die Preußen in den Einigungskriegen hätte unterliegen müssen. Der Verfasser arbeitet aber auch das ausgeprägte Ethos Roons heraus: Er war ein preußischer Aristokrat, der fest verankert im evangelischen Glauben seinem Monarchen in absoluter Treue verbunden war. Als Adeliger war er durchaus selbstbewusst und hat gegenüber seinen Vorgesetzten und dem König nie gedienert oder ihnen erkennbar nach dem Mund geredet. Gegenüber Untergebenen fühlte er sich als väterlicher Vorgesetzter, dem die Sorge um ihr Wohl eine religiös motivierte Pflicht war. Auch in seiner Familie galt er jedem Angehörigen als fürsorglicher Patriarch. Die politischen Schachzüge Bismarcks hat er aus dieser Haltung heraus teilweise abgelehnt. Für ihn war die preußische Monarchie als Ständestaat eine göttliche Ordnung, die keinerlei Willkür oder Unrecht zuließ. Daher wird auch verständlich, dass Roon jede Form parlamentarischer Demokratie ablehnte, ja wegen seiner ethischen Grundhaltung ablehnen musste. Militär war für Roon kein Selbstzweck, er steht vielmehr stellvertretend für das Ethos einer Offiziersgeneration, das im Übrigen heute wieder eingefordert wird!

Es ist ein besonderes Verdienst des Autors, dass die Darstellung ohne jede ideologische Unterfütterung auskommt und dennoch aufzeigt, dass Roon auch nach heutigen Maßstäben ein absoluter Ehrenmann wäre. Am konkreten Beispiel der Biografie Albrecht von Roons bestätigt Schulze-Wegener Persönlichkeitsbilder, wie sie der Dichter Theodor Fontane (1819–1898) in seinen Romanen und Erzählungen als preußische Idealgestalten der Ära vor 1871 überliefert hat. Da sich Roons Dienstzeit von 1816 bis 1873 erstreckte, liegt es nahe, dass der Verfasser den politisch-militärischen Verlauf vom Ende der Befreiungskriege über die Wirren der Revolution von 1848 und die Einigungskriege bis 1871 in seine Darstellung mit einbezieht. Dies gelingt Schulze-Wegener unter Nutzung einer Vielzahl einschlägiger wissenschaftlicher Veröffentlichungen, sodass die vorliegende Studie – methodisch betrachtet – den Werdegang der deutschen Reichsgründung vor dem Hintergrund des Lebensweges von Generalfeldmarschall Albrecht Graf von Roon beschreibt.

Bonn, im Sommer 2011 *Dr. Heinrich Walle*

Einleitung

In beinahe jeder größeren Stadt Deutschlands gibt es eine Roon-Straße oder sogar -Allee, meist in direkter Umgebung von Wilhelm-, Bismarck- und Moltke-Straßen, die sich seit Ende des 19. Jahrhunderts vornehmlich in edlen Vierteln finden. Wilhelm I. und Bismarck kennt man, Generalfeldmarschall Helmuth von Moltke – den Älteren – auch. Ihn aber einzuordnen und zu beurteilen, werden sich Historiker ohne einschlägige militärgeschichtliche Fachkenntnisse bereits schwertun. Und Albrecht von Roon? Obwohl sein 1904 auf dem damaligen Berliner Königsplatz errichtetes und später auf den Großen Stern umgesetztes Bronzedenkmal auch heute noch Blicke auf sich zieht, läuft spätestens hier der ohnehin dünne Faden, der die Persönlichkeit Roon in die Gegenwart rettet, in der historischen Wahrnehmung aus. Über den „Reichsgründer" Bismarck und den Feldherrn Moltke findet der Fachmann ebenso wie der Laie hinreichend Literatur, für Wilhelm I. gilt dies schon nur eingeschränkt, wenn auch die Facetten seiner Herrschaft im Allgemeinen und der Weg nach Versailles im Besonderen in wissenschaftlichen wie populären Darstellungen ziemlich erschöpfend erfasst sind.

Bei Roon hingegen klafft eine Lücke, die zwangsläufig die Frage nach dem „Warum" provoziert. An quellengesättigten Informationen mangelt es nicht, denn der Kriegsminister hatte einen (im Bundesarchiv-Militärarchiv eingelagerten) stattlichen Nachlass mit zahllosen literarischen Selbstzeugnissen geordnet, von politisch und militärisch gewichtigen Korrespondenzen mit den damaligen dramatis personae über private Briefe an seine Gattin und Söhne bis hin zu Notizbüchlein, die er stets bei sich trug und denen er besondere Regungen des Alltags anvertraute. Seine im preußischen Landtag und im deutschen Reichstag gehaltenen Reden stehen dreibändig zur Verfügung, ebenfalls in drei Bänden seine *Denkwürdigkeiten*. Und da nicht nur die Geschichte Preußens, sondern die des 19. Jahrhunderts überhaupt bestens aufgearbeitet ist – Literatur und Quellen sind überaus zahlreich –, stellt sich nochmals die Frage: Weshalb hat sich seit über 70 Jahren kein Historiker der Gestalt Roon ernsthaft angenommen, um ihn und sein Handeln in jener ereignisreichen Zeit zu beschreiben?

Die Antwort darauf erscheint einfach wie plausibel: Albrecht von Roon ist Prominenz von vermeintlich zweitrangiger Bedeutung und vielen Forschern daher als Gegenstand wissenschaftlich-publizistischer Bemühungen wohl nicht interessant genug, da sich seine historische Wirkungsmächtigkeit auf die sogenannte Heeresreform der Jahre 1859/60 beschränkt. Zum andern mag die fachwissenschaftliche Passivität in der mittlerweile zu beobachtenden tiefen Skepsis gegenüber historischen Persönlichkeiten gründen, deren Lebensbahn vermeintlich einseitig konservativ geprägt war und dazu noch ohne Sensationen jedweder Art verlief. Roon war kein schillernder Frontmann im Berliner Polit-Theater, er schrieb keine Prosa wie der Feingeist Moltke, und das Fintieren und Finassieren eines Bismarck waren ihm wesensfremd. Er stand vielmehr als leistungsbeständiger, zuverlässiger Organisator und unbedingt königstreuer Militär im engsten Zirkel der Macht, dessen geradliniger Stil fern jeder rhetorischen Phrase in unverstellte Sachlichkeit mündete. Ohne Roons konsequente, ehrliche Tatkraft, die exemplarisch die Devise im Familienwappen zeigt („Aecht und recht in Rath und That"), wäre Preußen nicht in Deutschland aufgegangen. Aber gerade hierin liegt die Tragik seines Lebens, an dem Ende des alten, ihm so teuren Preußen entscheidend mitgearbeitet zu haben. Als loyaler, sittlich gefestigter, affärenfreier Perfektionist hinter der Bühne verschrieb sich Roon mit Leib und Seele dem Staat Preußen und seinem König. Das macht ihn so interessant.

Hier ist der Ort, Dank zu sagen: Frau Professor Dr. Beatrice Heuser (Reading) und Professor Dr. Jürgen Angelow (Potsdam) für ihre weiterführenden Hinweise und Anregungen sowie meinem langjährigen Freund und Kollegen Dr. Heinrich Walle (Bonn) für seine Bereitschaft, mit mir alle mit dem Thema in Verbindung stehenden militärhistorischen und speziell geistesgeschichtlichen Fragen erörtert zu haben. Mein besonders herzlicher Dank gilt den Nachkommen des Kriegsministers, Manfred Graf von Roon, Waldemar von Roon und Frank-Henning von Roon, die das Buch freundlicherweise unterstützt haben.

Baden-Baden, 2. August 2011 *Dr. Guntram Schulze-Wegener*

Forschungsstand und Quellenlage

„Meine Kindheit fiel in eine böse und harte Zeit."[1] Dies ist der erste Satz der knappen eigenhändigen Aufzeichnungen, die Generalfeldmarschall Albrecht von Roon nach dem Rücktritt von allen seinen Ämtern nach 1873 niederschrieb. Sie umfassen die Knabenzeit bis zum Eintritt in das Kadettenkorps und entbehren nicht einer gewissen Bitterkeit. Im Gehalt den Äußerungen von Generalfeldmarschall Helmuth von Moltke über dessen eigene Kindheit ähnlich,[2] denn auch Moltkes erste Lebenserfahrungen waren herb, wurden sie von Roons ältestem Sohn Waldemar weitergeführt und in den 1890er Jahren als *Denkwürdigkeiten* herausgegeben.

Diese dreibändige Quellenedition beruht auf dem ungedruckten, umfangreichen Nachlass Roons[3] und ist gleichsam dessen wohlausgesuchte Quintessenz: Denn für die *Denkwürdigkeiten* trennte der Herausgeber mit Augenmaß Wichtiges von Unwichtigem und beiläufigen Alltäglichkeiten scharf ab, sodass die Zusammenstellung amtlicher wie privater Zeugnisse ein exzellentes Bild von Werden, Sein und Wirken einer herausragenden, Ereignisse prägenden preußischen Persönlichkeit des 19. Jahrhunderts ergeben, die zwar hinter Kaiser Wilhelm I., Bismarck und Moltke im kollektiven Gedächtnis weit zurücksteht, aber unzweifelhaft ihren Platz in der Geschichte besitzt. Wo sich Waldemar von Roon jedoch mit seinen reichlich eingelassenen Kommentaren als historischer Interpret versucht, verflachen die rund 1.300 Seiten umfassenden väterlichen Erinnerungen zu einer (damals allerdings üblichen) bewusst borussischen, Mythen streuenden Überlieferungskultur, die den Kriegsminister als Heros der Reichsgründung in die Nachwelt hebt.

Seltsam ist, dass es in den ersten drei Jahrzehnten des 20. Jahrhunderts keine wirkliche Biografie Roons gab,[4] obwohl die Quellenlage u.a. mit dem zitierten Nachlass gut ist. Die erste größere Arbeit über den Kriegsminister, Marineminister, kurzzeitigen preußischen Ministerpräsidenten und Generalfeldmarschall des Deutschen Reiches ist recht eigentlich eine Paraphrase der *Denkwürdigkeiten*, stammt in zweiter Auflage von 1942 und atmet den Geist zeitgenössischer Darstellungs- und Formulierungsweisen.[5] Man suchte Helden der deutschen Geschichte. Und Roon, über den „eisernen Kanzler" und v.a. die deutschen Kaiser vorübergehend in Vergessenheit geraten, zählte plötzlich für ein Jahrzehnt wieder zu ihnen, wie einige Studien beweisen.[6] Doch seit 1945 (und tatsächlich bis heute!) war in der historischen Publizistik nichts mehr über ihn zu erfahren, was den Rang von Zwischentönen – meist im Zusammenhang mit der Heeresreform der Jahre 1859/60 und anschließendem Verfassungskonflikt – überstieg.[7] Das ist merkwürdig genug, denn die historische Gestalt Albrecht von Roon erschöpft sich keineswegs in jenen beiden Marksteinen deutscher Militär- und Verfassungsgeschichte. Vielmehr vertritt Roon als Exponent der preußischen Funktionselite im 19. Jahrhundert in der Konstanz seiner Weltanschauung und seinem gelebten Protestantismus wie Helmuth von Moltke und Edwin von Manteuffel eine Generation von hohen Offizieren, die nach erschütternden Erfahrungen und inneren Zerreißproben der ersten Jahrhunderthälfte im Alter doch noch die Genugtuung erfahren durften, den Gegenstand ihrer Träume verwirklicht zu sehen: das Deutsche Reich.

Aufstieg

Kind, Kadett, junger Offizier

Geboren am 30. April 1803 in Pleushagen bei Kolberg als Sohn eines ehemaligen Offiziers und späteren Gutsbesitzers,[8] ging es nach der verheerenden Niederlage des preußischen Heeres gegen Napoleon bei Jena und Auerstedt im Herbst 1806 unter dem Druck der wirtschaftlichen Verhältnisse für Albrecht von Roon in dem kleinen Haushalt karg zu. Sein Vater, Heinrich Friedrich Isaak von Roon, war Offiziersanwärter im Dienstrang eines Gefreiten-Korporal im Regiment Herzog Friedrich von Braunschweig gewesen, hatte aber schon Ende 1791 als Sekonde-Leutnant seinen Abschied genommen und fortan das Gut seiner ersten Frau im Kreis Trebnitz verwaltet. Nach ihrem Tod im Kindbett heiratete Heinrich von Roon 1793 die Tochter eines vermögenden Kaufmanns; aus der Ehe, die nicht sehr glücklich genannt werden kann, da sie ein Jahr später wieder geschieden wurde, ging eine Tochter hervor.

Albrecht von Roon führt in seinen *Denkwürdigkeiten* als Gründe der fortwährenden Ehekrise „katholisierende Tendenzen der Frau und bedenkliche Finanzwirtschaft des Mannes"[9] an, während dieser noch immer mit den Verwandten seiner ersten Frau im Streit lag, die den Prozess um das Erbrecht schließlich gewannen. Heinrich von Roon, eine stattlich-schöne, aber stets kränkliche Natur, schlug sich mehr schlecht als recht und mitunter auch handgreiflich durchs Leben, wovon eine sechsmonatige (allerdings nicht ehrenrührige) Festungshaft im „Junkerstübchen" des königlichen Schlosses in Stettin zeugt, die einem wohl von ihm provozierten Straßenauflauf folgte. Aber seine Wirkung auf das weibliche Geschlecht litt darunter offenbar nicht. Dort lernte er die zweite Tochter der ebenso strengen wie energischen Oberhofmeisterin von Borcke kennen, die selbst bereits in jungen Jahren Witwe geworden war. Trotz ihres sonstigen Scharfsinns entgingen der Mutter Liebesverhältnis und Entführung ihrer Tochter Ulrike, die Roon unter Bruch seiner Haft 1796 in Hamburg heiratete.

Glücklicherweise ließ die Versöhnung mit der Verwandtschaft nicht lange auf sich warten, die ihnen das Gut Pleushagen überließ, wo sich das junge Paar einrichtete, so gut es eben ging. Auch diese Ehe lief aus dem Ruder, und seinen Vater, der an einer schleichenden Rückenlähmung litt, sah der heranwachsende Albrecht alsbald nur noch im Lehn- oder Rollstuhl. Da die älteren Geschwister früh gestorben waren, blieb er ein einsames Kind, dessen eintöniges Leben nur von einer Reise zu den Großeltern (väterlicherseits) nach Frankfurt an der Oder durchschnitten wurde. Freundlichkeiten widmet Roon in seiner Überlieferung aber auch ihnen nicht: Der

Großvater soll ein mürrischer alter Mann gewesen sein, dem die Geldnot des Sohnes zunehmend Sorgen bereitete, und die Großmutter habe immerzu Schnulzen gelesen und dabei geheult.

Die Dorfschule war die erste Lehranstalt, die Albrecht Theodor Emil von Roon nach seinem eigenen Bekunden mit nur mäßigem Erfolg besuchte, wohingegen seine Gedanken an Natur und äußere Umgebung, in denen er aufwuchs, ausgesprochen fröhlich sind. Das Herumtollen in den Dünen und der steife Seewind hätten seine Selbstständigkeit und rüstige körperliche Entwicklung gefördert, wie er schreibt, und die Tatsache, dass er mangels ebenbürtiger Altersgenossen allein spielen musste, wertet er keineswegs als Nachteil. Nachdem sein Vater im Jahr 1811 gestorben war und da die Bewirtschaftung des Gutes die nervlich angespannte Mutter völlig überforderte, zog die kleine Familie zu der in Stettin lebenden Großmutter Borcke um. Diesem zweijährigen Aufenthalt misst Roon größte Wichtigkeit bei, denn unter der Obhut der gleichfalls patriotischen wie gebildeten alten Dame wurde der Knabe nicht nur zu Gehorsam und Fleiß angehalten, sondern er erlebte auch den Durchmarsch französischer Truppen und verbündeter deutscher Kontingente nach Russland mit all seinen Begleiterscheinungen: Einquartierung und Versorgung 1812 waren das eine, Drangsal und wirtschaftliche Not durch die Belagerung der Stadt ein Jahr später, als die Grande Armée geschlagen den Rückzug antreten musste, das andere. Anfang Dezember kapitulierten die Franzosen und gaben sich den Preußen in Gefangenschaft, was die Großmutter – im Oktober 1813 verstorben – nicht mehr erlebte.

Albrechts Vetter Ludwig von Franckenberg, der im Alexander-Regiment in Berlin als Offizier Dienst tat, beschloss kurzerhand, den Jungen in die von Friedrich dem Großen gegründete Kadettenanstalt Kulm zu geben.[10] Etwaige Neigungen des anvertrauten jungen Mannes zu ignorieren und den weiteren Lebensweg zu bestimmen, entsprach den damaligen Gepflogenheiten; gefragt wurde Albrecht nicht, ob er in den Militärdienst eintreten wollte, es wurde verfügt. Anders als Moltke, der Anlagen zu verschiedenen beruflichen Optionen in sich getragen hatte und aufgrund seiner vielfältigen geistigen Neigungen nach eigenem Bekunden wohl Gelehrter geworden wäre, wenn man ihn nicht ins Kadettenkorps gesteckt hätte, hat sich Roon nie über die frühe Vorzeichnung seines soldatischen Lebensweges beklagt. Nach vorübergehender Unterkunft in Berlin trat der 13-Jährige im November 1816 mit 33 weiteren Expektanten seine Ausbildung an, für die nur vier Pädagogen verantwortlich zeichneten: ein Professor, der Tanzmeister, der Zeichen- und der Fechtlehrer. Zwei Kompaniechefs übernahmen die militärische Erziehung an der von einem Major geführten Anstalt. Roons Chef, der in den Befreiungskriegen schwer verwundete, vorzüglich gebildete Kapitän von Chappuis, wurde dem heranwachsenden „Schnappsack“[11] eine Art Ersatzvater, mit dem ihn eine lebenslange treue Freundschaft verbinden sollte und der die Eignung seines Schülers für den Soldatenberuf rasch erkannte: Auf einer 1818 gestifteten Ehrentafel, auf der die bes-

Roon als Kadett und die Kulmer Straßenjugend.

ten Kadetten verewigt wurden, ließ Chappuis Unteroffizier Albrecht Theodor Emil von Roon an erster Stelle eintragen.

Das Kadettenkorps gab ihm, was er bis dahin hatte entbehren müssen: kameradschaftlichen Zusammenhalt und die Befreiung von seiner andauernden Einsamkeit, die er gegen das strenge, sparsame Leben tauschte. Dass es dürftig in den Anstalten zuging, bezeugt ein in den Straßen kursierendes Sprüchlein aus jener Zeit: „Kadett, Kadett, Kaldaunenschlucker, Cichorienkaffee ohne Zucker, roter Kragen, leerer Magen, grobe Bulken ohne Butter, Hosen ohne Unterfutter, Kadett, Kadett, Kaldaunenschlucker." Zu seinen Verwandten pflegte er allenfalls sporadischen Kontakt; nur mit seiner Tante, Henriette von Franckenberg, die an seinen Fortschritten lebhaften Anteil nahm, tauschte sich Roon von Zeit zu Zeit aus. Im Mai 1818 verließen die Jungen Kulm, um ihre Ausbildung in Berlin fortzusetzen und zu beenden.

Dort versprach er „unendlich viel“, wie sein Zeugnis ausweist, und es konnte kein Zweifel darüber bestehen, dass Roon die anstehenden Prüfungen exzellent beschließen würde. Sein Gönner und Förderer Chappuis teilte in einem auf Februar 1819 datierten Brief mit: „Daß Sie fleißig auf Ihr Offiziersexamen studieren, ist mir sehr lieb. Ich rechne mit Gewißheit darauf, daß Sie aber nicht nur zur Prüfung sich bereiten, sondern in sich immerdar den wahren Trieb zum Nützlichen nähren, den Sie auch dann auf eine schöne, würdige Weise zu befriedigen suchen müssen, wenn Sie schon ins Berufsleben getreten sind.“[12] Die Vorbereitungen auf die anstehenden Klausuren unterbrachen nur ein sommerlicher Besuch bei der Tante in Zimmerhausen und die (für herausragende Kadetten vorgesehenen) Pflicht-Dienste als Page bei Hof.

Im Dezember 1820 bestand Roon seine Examina wie zu erwarten und wurde durch Allerhöchste Kabinettsorder vom 9. Januar 1821 als frisch beförderter Sekonde-Leutnant dem Füsilierbataillon des 14. Infanterieregiments in Stargard/Pommern zugeteilt.[13] Er erhielt anfangs 16 Taler, 22 Silbergroschen und sechs Pfennige monatlich. Nach Abzug der zu leistenden Aufwendungen für Unterkunft (die er bei einem lärmenden Kesselschmied fand) und Versorgung blieben ihm elf Taler. Da er sich einmal am Tag im Offizierkasino satt essen konnte, schickte sich der an luxuriösen Lebenswandel ohnehin nicht gewohnte Roon genügsam in seine Verhältnisse. Nach wie vor griff die Tante ihrem mehr oder minder mittellosen Neffen – Gut Pleushagen war zwar unterdessen verkauft worden, er aber vorerst leer ausgegangen – unter die Arme, denn für die Equipierung hatten die Träger selbst zu sorgen. Zwei Hemden, drei Taschentücher und drei Paar Strümpfe ließ die Gute dem hoffnungsvollen jungen Offizier zu Jahresanfang zukommen und ab und an ein paar Taler. Viel mehr konnte aber auch sie nicht zur Optimierung von Roons Kasernendasein beisteuern. Gewisse Verbesserung der finanziellen Umstände verschaffte eine kleine Auszahlung aus dem Erbe seiner verstorbenen Großeltern, mit der er seine Garderobe vervollständigte.

Von Roons Leben in Stargard ist nichts Bemerkenswertes überliefert; des Dienstes ewig gleich gestellte Uhr wird hier nicht anders gelaufen sein als in allen anderen Garnisonen, in denen sich die junge Generation, die in den bewegten Jahren von 1806 bis 1815 vielfältige Kriegserfahrungen eingeholt hatte, von den älteren noch unter dem Eindruck friderizianischer Anschauungen stehenden Vorgesetzten sowie den ganz Neuen, Kampfunerfahrenen scharf abgrenzte. Aussicht auf Schlachten, in denen sich junge Führer bewähren und auszeichnen konnten, bestand nicht. Napoleon war niedergerungen und die „Heilige Allianz“ schien Garant eines dauerhaften Friedens zu sein, der für aufstrebende Offiziere vorerst nichts anderes als stockende Avancements und zwangsläufige Stagnation bedeutete.

Welche militärischen und politischen Rahmenbedingungen erlebte Roon als junger Offizier? Und zuvor: In welche Zeit lebte er hinein?[14] Das 19. Jahrhundert umspannte nicht nur eine Epoche neuer, grundstürzender politischer Strömungen, des demokratischen Liberalismus auf der einen und eines überbordenden Nationalismus auf der anderen Seite; es war auch das Jahrhundert imperialistischer Ausgriffe, letztmalig begrenzter und begrenzbarer Kriege, freier Arbeitskraft, von Dampfmaschine, Eisenbahn, Telegrafie, von Unternehmertum und Kapital mit den enormen Gewinn versprechenden Rückkopplungsmechanismen von Großbanken und Schwerindustrie. Vor allem aber war das 19. Jahrhundert in Europa geprägt von intensiver Industrialisierung aller Lebensbereiche, des technischen Fortschritts schlechthin und einer bisher nicht gesehenen Professionalisierung des Erwerbs- und Berufslebens, welche die Handwerksgilden in existenzielle Krisen stürzte und Städte um die Jahrhundertmitte explosionsartig wachsen ließ. Der temporeiche Aufbruch in eine von Technik und Wissenschaft erweiterte Welt gab der freien Initiative im Guten wie im Bösen – ganz nach den Prinzipien eines hemmungsloser sich ausbreitenden „Marktes“ – ungeahnte Spielräume. Das Vollgefühl unerschöpflicher, verjüngter Kräfte konterkarierte die einsetzende Arbeitsmigration, die dazu beitrug, ganze Landstriche veröden zu lassen. Der ostpreußische Adel verlor infolge sinkender Einnahmequellen nicht nur seinen gesellschaftlich-elitären Status, sondern auch seine gewohnten politischen Entfaltungsmöglichkeiten und musste ein zunehmendes Einsickern des Bürgertums in seine traditionellen Strukturen hinnehmen, wollte er seinen Stand vorerst sichern.

Die nach 1806/07 begonnenen preußischen Reformen mit ihren Gestaltern Karl Freiherr vom und zum Stein (1757–1831) und Karl August Fürst von Hardenberg (1750–1822) legten den Grundstein für die staatliche Neuordnung und Veränderungen in Politik und Verwaltung mit dem endlichen Ergebnis eines starken Staates während des „Vormärz“. Wilhelm von Humboldt (1767–1835) schuf mit seiner Reform des Bildungswesens eine der Voraussetzungen für die Teilhabe breiter Bevölkerungsschichten am „Prinzip Bildung“, und nicht von ungefähr katapultierte die das grassierende Analphabetentum bekämpfende allgemeine Schulbildung den kleinen Staat Preußen innerhalb nur weniger Jahrzehnte in die internationale Spitzengruppe. Die von Generalfeldmarschall August Neidhart von Gneisenau (1760–1831) ausgegebene Formel, Preußen habe sich in Zukunft auf den dreifachen Primat von Waffen, Wissenschaft und Verfassung zu gründen, sollte zu einer Art ungeschriebenem Gesetz werden und sich in einer Weise bewahrheiten, die zu diesem Zeitpunkt noch nicht im Geringsten abzusehen war.

Die internationale Politik gab den Takt vor: Zar Alexander I., zweifellos der Hauptbezwinger Napoleons, hatte die „Heilige Allianz“ zwischen Russland, Österreich und Preußen angeregt, der sich später alle christlichen Monarchien Europas außer Großbritannien und dem Vatikan anschlossen. Das klare Bekenntnis zu gegenseitigem Beistand fußte auf der von Fürst von Metternich 1815 auf dem Wiener Kongress geschaffenen Ordnung. Dieses Gleichgewicht der Mächte hielt trotz z.T. tiefgreifender Modifikationen im Laufe der Jahre prinzipiell bis zum Ausbruch des Ersten Weltkriegs 1914. Die namentlich von bürgerlichen Kräften ersehnte nationale Vereinigung der deutschen Staaten nach der erfolgreichen Erhebung gegen die napoleonische Fremdherrschaft hatte nicht stattgefunden. Den mitunter offen gezeigten Widerständen auch des Bürgertums wurde mit den Karlsbader Beschlüssen von 1819 ein Maßnahmenkatalog zur Unterdrückung revolutionärer Umtriebe entgegengesetzt, der allenthalben für Ruhe sorgte – die sprichwörtliche Ruhe vor dem Sturm.

Und wie sollte das Heer der Zukunft beschaffen sein? Eine Armee nach friderizianischem Vorbild stand den modernen Vorstellungen des liberalen Bürgertums, dem nichts so verhasst war wie preußisches Kastendenken und fürstliche Willkür, diametral entgegen. Andererseits lehnten Ultrakonservative und Adlige ein liberal ausgerichtetes Volksheer begreiflicherweise ab, weil sie „bürgerlich" mit „revolutionär" gleichsetzten und befürchteten, ihre vorteilhafte Stellung und all ihre Privilegien innerhalb des Militärs aufgeben zu müssen. Folglich galt es, den bestehenden Gegensatz zwischen ödem militärischen Formenwesen und bildungsbeflissenem bürgerlichen Schwung aufzubrechen. Gegenüber dem Konzept des stehenden Heeres als Hort von Despotismus und Unfreiheit formierte sich die Idee vom Massenaufgebot wehrhaft Freiwilliger als Ausdruck soldatischer Selbstbestimmung, gegen knechtischen Gehorsam stand selbstlose Vaterlandsliebe. Wie sollte das zusammengehen?[15] Der vaterländische Geist der „Erhebungszeit", der alle Parteien zusammengeschweißt hatte, drohte sich wieder zu verlieren. Die Not, die einst über Standesgrenzen hinaus verbunden hatte, war 1815 vorüber.

Angesichts dieser Konfliktlage entwickelte Kriegsminister Hermann von Boyen[16] eine Kompromisslösung: Linie und Landwehr sollten gemeinsam das Volksheer der Zukunft bilden. Das bedeutete ein stehendes Heer, dem die 1813 entstandene Landwehr, die im Frieden eine Art lokal begrenzte Miliz ohne wirkliches Aufgabenfeld war, im Kriegsfall an die Seite gestellt wurde. Der Militärdienst in Preußen seit den Reformen 1814/15 verankerte die allgemeine Wehrpflicht, in der ein Soldat drei Jahre aktiv Dienst zu leisten hatte. Danach wurde er für zwei Jahre in der Reserve gehalten, ehe er seine Einplanung für 14 Jahre in beiden Aufgeboten der Landwehr erhielt – sieben Jahre Dienstpflicht im ersten Aufgebot, das im Kriegsfall mit aktivem Heer und Reserve im Feld stand, und im Alter von 32 bis 39 Jahren weitere sieben Jahre im zweiten Aufgebot in der Etappe. Daneben existierten auch alternative Möglichkeiten für eine militärische Laufbahn, die aber nicht weiter ins Gewicht fielen.[17]

Fehlende finanzielle Mittel und das ungleiche Wachstum von Bevölkerung und Heer führten dazu, dass stets nur die Hälfte der Dienstpflichtigen tatsächlich eingezogen werden konnte, woran auch die kurzzeitige Verminderung der Dienstzeit bei der Linie auf zwei Jahre – die 1856 wieder zurückgenommen wurde – nichts änderte. Folge dieser permanenten Unterversorgung war die Auffüllung der Reserve- und Landwehrreihen mit schlecht gedrilltem, kaum ausgebildetem Personal. Bedenkt man, dass die überwiegende Mehrheit der Landwehroffiziere nur eine einjährige Ausbildung genossen hatte (wie etwa auch Bismarck), lässt sich das Unbehagen der Verantwortlichen angesichts dieses Systems leicht nachvollziehen. Dabei durfte und sollte sich das Offizierkorps der Landwehr aus bürgerlich-liberalen, neuen Strömungen offenen und aufgeklärten Offizieren rekrutieren. Boyens Vorstellungen gaben den Anstoß zu einem weitreichenden Konflikt zwischen Volk und Krone, Bürgerlichen und Adligen, Liberalen und Konservativen. Letztere argwöhnten, dass mit der Bewaffnung des Volkes in Friedenszeiten, welche diese Idee mit sich brächte, den permanent schwelenden revolutionären Gelüsten bürgerlicher Kreise die Waffen für einen Aufstand zur Verfügung gestellt würden – und das auch noch vom König selbst, gegen den ein Aufruhr gerichtet wäre! Dass die Artikulation derartiger Ängste überzogen war, darf angenommen werden, denn das patriotische Hohelied auf den in der Tat tapferen Einsatz der Landwehr in den Befreiungskriegen hob nach 1815 das offizielle Preußen allenthalben an. Dem Anschein nach waren es ultrakonservative preußische Militärs, die einen bürgerlich-emanzipatorischen Einfluss in der Landwehr um so mehr fürchteten, als Wehrideologen aus dem bürgerlichen Lager sich dieser annahmen.

Der Verfassungshistoriker Ernst Rudolf Huber erkannte einen dreifachen Zwiespalt, der die gesamte Nation in der Zeit zwischen 1815 und 1850 durchzog: „[...] einmal der prinzipielle Gegensatz von Staat und Gesellschaft, also zwischen der staatlichen Organisation und dem gebildeten und besitzenden Bürgertum. Zum anderen der Gegensatz zwischen der politischen Verfassung und der Wehrverfassung, also zwischen dem monarchischen Absolutismus und dem auf der allgemeinen Wehrpflicht beruhenden Volksheer. Dazu kam als drittes Moment im Heere selbst der Gegensatz von Linie und Landwehr, also der auf sich allein gestellten, vom allgemeinen Volksleben unterschiedenen Ordnung und dem im engsten Zusammenhang mit dem bürgerlichen Leben organisierten ‚Volk in Waffen'."[18] Zwei Aspekte fanden bei dieser offenbaren Kluft damals zu wenig Beachtung, oder zumindest fehlte die notwendige Einsicht: Zum einen war die Linie auch ein Teil des Volksheeres und konnte unmöglich aus bloßen ideologischen Gründen von der Nation abgespalten ein verselbstständigtes Eigenleben führen. Zum andern bildete auch die Landwehr einen Teil der Nation, des Staates, in dem sie aufging, denn immerhin war sie dem König zu unbedingter Treue verpflichtet!

Der Aufschrei antiliberaler Königstreuer, die sobald wie möglich die alten Zustände der vornapoleonischen Epoche wiederhergestellt sehen wollten, blieb nicht ungehört. Ihre ganz praktischen Argumente gegen eine Linien-Landwehr-Kombination, wie sie Boyen vorschwebte, wogen schwer: Was, wenn nach allzu langem Gamaschendienst in der Kaserne die Gelegenheitssoldaten der Landwehr-Regimenter ihre Lust am Kriegführen verlören? Nach vielen Friedensjahren möglicherweise soldatisch völlig untaugliche, mitunter mangelhaft exerzierte schlichte Gemüter ohne die notwendige Felderfahrung würden den Linien-Regimentern im Kriegsfall eher hinderlich sein. Es war sogar von fehlender Verteidigungsfähigkeit

Preußens die Rede. Prinz Wilhelm schrieb 1841: „Die Landwehr muß exerzieren, manövrieren und das Schießen können wie die Linie, denn sie hat es bei ihr gelernt. Zu dem allen gehört aber zuerst Gehorsam, Disziplin und Subordination, diese Kardinalpunkte des Soldaten müssen festgehalten werden, und jeder Patriot muß es sich einprägen. Der Landwehr einbilden, daß sie unter dem Gewehr anders als die Liniensoldaten behandelt werden müssen, ist der erste Schritt zu einer revolutionären Truppe."[19]

Da man bei den Soldaten der Landwehr-Regimenter immer die Neigung zu Disziplin- und Schrankenlosigkeit und v. a. zu aufrührerischen Tendenzen vermutete, die sich möglicherweise irgendwann gegen die Krone wenden könnten, lag die Schlussfolgerung nahe: Der Soldat und allemal der Offizier hatten unbedingten Gehorsam zu leisten und ihrem König in unverbrüchlicher Treue zu dienen. Der Ehrbegriff wurde nun – anders als in den Jahren der „Erhebung" 1813 bis 1815 – nicht an die Verteidigung des Landes geknüpft, sondern an die des Königs. Anders ausgedrückt, mussten Freiheit und Selbstbestimmung des bürgerlichen Offiziers der Landwehr das königstreue Pflichtbewusstsein des preußischen Gardeoffiziers, der dazu berufen war, die legitimen Ansprüche und Rechte der Krone gegen alle inneren und äußeren Feinde zu verteidigen, auf Dauer zwangsläufig lähmen. Die Erinnerungen an die Französische Revolution, als sich die Nationalgarde von den Revolutionären hatte besiegen lassen, waren frisch, und die Furcht war groß, dies könne sich auf deutschem Boden wiederholen.

Da eine Eigendynamik der Landwehr nicht ganz auszuschließen war, man andererseits aber aus pragmatischen und nicht zuletzt finanziellen Gründen nicht auf sie verzichten konnte, verfügte der König mit Kabinettsorder vom 22. Dezember 1819 ihre enge Bindung an das stehende Heer, indem u.a. die Landwehr-Kommandeure denen der Linienarmee unterstellt wurden. Das brachte der Linie faktisch die Kontrolle über die Landwehr. Wenig bekannt sind in diesem Zusammenhang die sogenannten Kapitulanten, also Berufssoldaten im Mannschaftsrang, mit denen die Monarchie am unteren Ende der militärischen Hierarchie einen lebenslang königstreuen Stand zementierte, sowie die Einrichtung des Einjährig-Freiwilligen – das Reserveoffizierkorps der Armee.[20] Welche dramatischen Auswirkungen die zu dieser Zeit bereits durchgeführten und noch zu erwartenden Änderungen auf die innere Haltung des Offizierkorps haben sollten, mochte Boyen geahnt haben, denn er nahm noch im Dezember 1819 seinen Abschied. Eine zweite Amtszeit als Kriegsminister folgte erst von 1841 bis 1847.

In seinem Standesbewusstsein gestärkt, sah das adelige Offizierkorps hochmütig auf die Kameraden von der Landwehr herab, denen es aufgrund ihres prinzipiellen Status einer Linien-Reserve den „Esprit de corps" absprach. Da einzelne Offiziere ihren Standesdünkel bewusst vorführten und anderen ihre vermeintliche Überlegenheit demonstrierten, verbreiterte sich der Graben zwischen Armee und Volk in den Jahren von 1819 bis 1848 in erheblichem Maß. Hinzu kamen im „Vormärz" massive Auseinandersetzungen zwischen Zivilisten und Militärs, bei denen letztere unverhältnismäßig, zuweilen überhart eingriffen. Die elitären, entpolitisierten Linien-Regimenter hatten über das zeitgemäße bürgerlich-liberale Drängen gesiegt. Damit lebte die altpreußische, obrigkeitshörige Militärmonarchie in ihrer Tradition fort, allenfalls angereichert von dem neuen und wichtigen Element der allgemeinen Wehrpflicht, das die Verbindung zur Gesellschaft schuf: „Die allgemeine Anstrengung Unsers treuen Volkes ohne Ausnahme und Unterschied, hat in dem so eben glücklich beendeten Kriege, die Befreiung des Vaterlandes bewirkt; und nur auf solchem Wege ist die Behauptung dieser Freiheit und der ehrenvolle Standpunkt, den sich Preußen erwarb, fortwährend zu sichern. Die Einrichtungen also, die diesen glücklichen Erfolg hervorgebracht, und deren Beibehaltung von der ganzen Nation gewünscht wird, sollen die Grundgesetze der Kriegsverfassung des Staats bilden und als Grundlage für alle Kriegseinrichtungen dienen, denn in einer gesetzmäßig geordneten Bewaffnung der Nation liegt die sicherste Bürgschaft für einen dauernden Frieden.“[21]

Der ursprüngliche Sinn der Landwehr, nämlich eine Wehrorganisation des Volkes zu sein, das zugleich durch eine entsprechende Verfassungsgebung an den politischen Gestaltungsmöglichkeiten teilhaben sollte, war ausgehöhlt und der Fortschritt gelähmt, das Alte auf Dauer konserviert und die Armee institutionalisiertes Werkzeug der Krone.[22] Die in den Freiheits- bzw. Befreiungskriegen entstandenen großen „seelischen Kräfte“ waren nicht gefördert, sondern letztlich unterdrückt worden. Insofern kann 1819 mit einigem Recht als Schicksalsjahr bezeichnet werden. Die Landwehr hatte insgesamt nur in geringem Maß Einfluss auf die Truppen-Kontingente des Deutschen Bundes als lockerem Zusammenschluss von 41, später nur noch 38 souveränen deutschen Territorialstaaten und Freien Städten. Zweck dieses Staatenbundes – auf dem Wiener Kongress unter dem Eindruck von Napoleons Rückkehr aus dem Exil eilig ins Leben gerufen („Deutsche Bundesakte“ vom 8. Juni 1815) – war die Erhaltung der inneren und äußeren Sicherheit Deutschlands sowie die Unabhängigkeit und Unverletzlichkeit der einzelnen deutschen Staaten. Kurz: Er war ein Verteidigungsbündnis.

Der Deutsche Bund[23] erhielt nach jahrelangen Beratungen durch den Beschluss der Bundesversammlung (Bundestag) vom 9. April und Erweiterungen vom 12. April 1821 und 11. Juli 1822 eine reguläre Kriegsverfassung, die sogenannte Bundeskriegsverfassung. Darin verpflichteten sich die einzelnen Staaten und Städte, den Bund selbst und jedes Mitglied gegen äußere Angriffe zu verteidigen und keinen Krieg gegeneinander zu führen. Die Bundesversammlung erhielt die oberste militärische Leitung und setzte für technische und militärische Detailfragen eine Militärkommission ein, der sieben stimmführende Offiziere angehörten.

Die Vertreter Österreichs – der Führungsmacht – leiteten sowohl die Militärkommission als auch die Bundesversammlung selbst. Die anderen stimmführenden Mitglieder der Militärkommission wurden von Preußen und Bayern (ständig) sowie mit jeweils einjährigem Wechsel zwischen Württemberg, Baden und dem Großherzogtum Hessen, zwischen Sachsen, Kurhessen und den Niederlanden und zwischen Hannover, Mecklenburg und Dänemark gestellt. Aufgabe der Militärkommission waren die Verwaltung der Bundesfestungen, die Leitung des Festungsbaus, die Kontrolle der militärischen Einsatzbereitschaft und seit 1846 auch der Eisenbahnen für den militärischen Einsatz. Nach einer 1831 festgelegten Matrikel zählte das Bundesheer zehn Armeekorps mit insgesamt 301.664 Mann, davon 77 Prozent Infanterie.

Von diesen zehn Armeekorps stellte Österreich allein das I., II. und III. (31 Prozent), Preußen das IV., V. und VI. (26 Prozent) und Bayern das VII. (zwölf Prozent). Uniformierung, Ausbildung und Ausrüstung der einzelnen Korps unterschieden sich z.T. erheblich voneinander – erst 1843 wurde mit dem Doppeladler des alten Reiches von 1805 ein gemeinsames Feldzeichen eingeführt. Die maritimen Interessen des Bundes wurden durch die Marinen Österreichs im Mittelmeer, Großbritanniens und der Niederlande in der Nordsee und Dänemarks in der Ostsee wahrgenommen. 1837 war das Vereinigte Königreich aus dem Deutschen Bund ausgeschieden, da die Personalunion mit Hannover erloschen war; nach der Abtrennung Luxemburgs 1839 auch die Niederlande. Die geringe militärische Einsatzfähigkeit der Kontingente kleinster Mitgliedstaaten und schließlich auch das Fehlen einer übergeordneten Kontrollmöglichkeit lassen freilich den Schluss zu, dass die Kriegsbereitschaft dieses Militärbündnisses eher gering war. Aber seine Aufgabe als Ordnungsfaktor in der Mitte Europas erfüllte das Bundesheer zweifellos.[24] Dies war auch den Bundesfestungen zuzuschreiben, die sich als sehr wirkungsvoll für das Verteidigungssystem des Deutschen Bundes erwiesen. Neben Hilfsmaßnahmen für Regierungen, die sich durch Revolutionsbestrebungen und Unruhen bedrängt sahen – so etwa 1830 in Luxemburg oder 1833 in Frankfurt –, kam es 1848/49 im Krieg gegen Dänemark zum ersten Einsatz der Bundesexekution.

Zurück zu Roon nach Stargard, an dessen gesellschaftlichem Leben er lebhaft teilgenommen haben soll, auch wenn ihm die üblichen Landbälle mit ihren Bekanntschaften und obligaten Vergnügungen mangels finanzieller Ausstattung versagt blieben. Dabei erwiesen sich vielfach gerade derartige Veranstaltungen als unschätzbarer Vorteil für den militärischen Nachwuchs, um sich in die Gesellschaft einführen zu lassen, und die Aussicht auf eine „gute Partie" war nirgends so ausgeprägt wie dort. Dem Gleichmaß des Garnisonslebens entrann Roon allein durch Urlaub und die mehrmonatige Versetzung nach Naugard zur Bewachung eines Karzers, schließlich auch durch Teilnahme an seiner ersten „Revue" – also am Herbstmanöver – im Jahr 1821 im Raum Stettin, die ihm Gelegenheit gab, sich seinen Verwandten als Offizier zu präsentieren, wobei die stattliche Erscheinung über seine innere Verfassung grob hinwegtäuschte. In Roons Regiment hatten 25 Kameraden während der Befreiungskriege das Eiserne Kreuz erworben; um ihn herum gab es fast ausschließlich Offiziere, die den Pulverqualm nicht nur aus den Manövern kannten.

Roon versuchte den Mangel an praktisch-militärischer Erfahrung durch theoretische Studien wettzumachen, die ihm schnell den Ruf eines allzu strebsamen „Federfuchsers" eintrugen, namentlich bei jenen Kriegssoldaten, die für gelehrtes Denken nur Befremden, ja Abscheu übrig hatten. Die preußische Geschichtsschreibung um die Jahrhundertwende sah das rückblickend freilich anders: „Auch äußerlich ganz der Offizier," sagt Erich Marcks, „dem man den Schriftsteller wenig ansah: von hoher, breiter Gestalt mit ‚Bärenkräften', jeder Anstrengung gewachsen und gesund; ein prachtvoller Kopf mit ernsten, blauen Augen, festen Zügen, mächtiger Stirn."[25] Es ist die Sprache einer aufstrebenden, strotzenden, die Achtung der Welt einfordernden „deutschen" Zeit, die ein solches Bild Roons zeichnet.

Im Januar 1824 wurde Roon zum I. Bataillon versetzt, wo es ähnlich träge zuging wie in Stargard, weshalb in ihm der Wunsch reifte, zur „Allgemeinen Kriegsschule" nach Berlin kommandiert zu werden. Die nötige Aufnahmeprüfung bestand er spielend, sodass er noch im selben Jahr seine Sachen packen konnte. Die Kriegsschule ermöglichte Offizieren, die bereits gründliche Kenntnisse im Truppendienst erworben hatten, die Erweiterung und Vervollkommnung ihres Wissens auf sämtlichen Gebieten der Kriegswissenschaften; sie war die unabdingbare Voraussetzung für spätere Verwendungen in höheren Dienststellungen, und eine Versetzung dorthin wurde von weniger begabten Offizierskameraden mit Argwohn und Neid bedacht. So wurde Roon von seinem Vetter versichert, „daß bisher noch kein junger Mann die Kriegsschule gesund verlassen habe, sondern entweder als Schwärmer oder wenigstens als Generalfeldmarschall; oder er sey auf irgend eine Weise verrückt geworden"[26].

Roon erhielt eine (bescheidene) Zulage, und weil sich auch die Pleushagener Angelegenheiten für ihn zum Positiven entwickelten, kam er in den Genuss einer ordentlichen Barschaft. An der Kriegsschule widmete er sich mit Eifer dem Studium der Kriegs- und allgemeinen Geschichte, u.a. bei dem eher liberalen und reformorientierten Historiker Friedrich von Raumer, Geografie und Naturkunde, besuchte Vorlesungen und abends zeitweise die Oper, gab sich aber ebenso gern den Zerstreuungen einfach-heiterer Geselligkeit im Kameradenkreis hin. Nach Beendigung seines Kursus erhielt er die Weisung, in das 15. Infanterieregiment nach Minden einzurücken. Die Kommandierung versprach ihm einen Vorteil im Avancement, denn als 13. Sekonde-Leutnant erhielt er ein auf den 24. Dezember 1820 datiertes Patent.

Die Umstellung von der geistig-kulturell und gesellschaftlich verlockenden, pulsierenden Metropole Berlin auf das provinzielle Minden (und auf das in Bielefeld beheimatete Füsilierbataillon) fiel Roon indes so schwer, dass er schon ein Jahr später, im Sommer 1828, seine Versetzung in die topografische Abteilung des Generalstabs beantragte.

Pädagoge und Wissenschaftler

Doch die militärische Führung wollte es anders – und schickte Roon mit Weisung vom 12. Oktober 1828 als „Erzieher“ an die Berliner Kadettenanstalt. Anfangs muss ihm der Gedanke an den bevorstehenden Ausbildungsdienst widerstrebt haben, aber in einem Brief an seinen „Vorgänger“ Chappuis räumte Roon ein: „Mir widerfuhr durch mein Commando eine unverdiente Ehre, es war durch Allerhöchste Cabinetts-Ordre befohlen, auch war ich nicht blind für die Vorteile, welche aus meinem Aufenthalte in Berlin in solchem Wirkungskreise für meine Fortbildung erwachsen könnten; und außerdem fühlte ich auch Muth und Kraft genug in mir, um den Ansprüchen, welche man an mich während der Dauer des ungesuchten Commandos machen könnte, genügen zu können. Ich beschloß also, meinem Schicksale ohne Sträuben zu folgen.“[27] Roon unterrichtete fortan Geografie und Geschichte und fand Unterstützung durch seinen akademischen Lehrer, den damals über alle Grenzen hinaus bekanntesten Geografen der Neuzeit, Professor Carl Ritter, der zuvor an der Kriegsschule studiert hatte und nun als Studiendirektor des Kadettenkorps fungierte. Er, der auch Einfluss auf Helmuth von Moltke nahm, sollte den Lebensweg Roons wesentlich mitbestimmen.

Der Leutnant ging seine Aufgabe mit jenem Engagement an, das nicht nur sein Kommandeur General von Brause von ihm erwartete, sondern das er sich in der Verpflichtung gegenüber seinen Zöglingen selbst abverlangte. Roon galt bei den Offizierschülern als beliebt, manchmal etwas barsch, aber in Theorie und Praxis gleichermaßen zupackend. Zudem zeigte er bereits in jungen Jahren ausgeprägt väterliche Züge, derer sich später so mancher seiner früheren Schüler wohlwollend erinnerte. Aber v. a. konnte er nun in engem Kontakt zu Ritter seine eigenen Bestrebungen, wissenschaftlich tätig zu werden, in die Realität umsetzen. Carl Ritter, dessen unvollendetes Hauptwerk „Die allgemeine Erdkunde“ 19 Bände zu je 1.000 Seiten umfasste, genoss als Begründer der sogenannten vergleichenden Erdkunde, mit der er die Geografie erst zur Wissenschaft erhoben hatte, nicht nur in der Fachwelt einen herausragenden Ruf. Sich ihm anzuvertrauen, war gewiss eine kluge Entscheidung, wusste Roon doch allzu gut, dass sich dank dieser Konstellation das Nützliche mit dem Angenehmen verbinden würde und die langwierige schriftstellerische Arbeit, die ihm unweigerlich bevorstünde, wohl die gebührende Ehrung erfahren könnte.

Der Kommandeur übertrug ihm die Aufgabe, eine für den Unterricht geeignete geografische Abhandlung zu schreiben. Roon machte dabei ausgiebig Anleihen bei seinem Meister und exzerpierte dessen Manuskripte für seine Zwecke. Daran anknüpfend, setzte er sich an seine „Grundzüge der Erd-, Völker- und Staatenkunde“, die im August 1832 erschienen und 1849 die dritte Auflage erlebten. Die zweite Auflage brachte ihm 1845 eine Audienz bei König Friedrich Wilhelm IV., dem der stolze Autor die fünf stattlichen Bände überreichen durfte. Bei dieser Gelegenheit soll sich der preußische Monarch für Roons Beziehungen zu Professor Ritter, die Familie Roon im Allgemeinen und ihre Ahnen im Besonderen interessiert haben. Roons rastloses Schaffen war durch ein Vorwort Ritters gekrönt worden, das Roon in die wissenschaftliche Welt einführte; und in der Tat war es ihm gelungen, Ritters bisweilen allzu gelehrte und schwer lesbare Gedanken zu popularisieren, um sie für ein breiteres Publikum zugänglich zu machen. Zwei Jahre nach seinem Erstlingswerk folgten „Die Anfangsgründe der Erd-, Völker- und Staatenkunde", die er als Leitfaden für Schüler, Studenten und in Ausbildungsstätten verstanden wissen wollte und die dem Bedürfnis nach aktuellen Bildungsmitteln auf dem geografischen Sektor entgegenkam. Beide Werke wurden überwältigende Erfolge: 50.000 verkaufte Exemplare sprechen für sich. Für gewöhnlich „der große Roon" und „der kleine Roon" genannt, sollen sie in nicht unbeträchtlicher Weise die Unterrichtsmethoden im Fach Erdkunde umgestaltet und inhaltlich neue Maßstäbe gesetzt haben. Weshalb sich junge, aufstrebende Offiziere wie Roon oder Moltke – entsprechende Begabungen vorausgesetzt – der Schriftstellerei hingaben, hatte auch handfeste, praktische Gründe: Honorare für die Veröffentlichung von Büchern und Aufsätzen waren ihre einzigen dienstlich gestatteten Zuverdienstmöglichkeiten!

Angeregt von den Erfolgen, versuchte sich Roon an seinem Opus magnum, einer „Militärischen Länderbeschreibung von Europa", die allerdings bruchstückhaft blieb. Ein unerwartet verstorbener Premierleutnant soll dazu Vorarbeiten geleistet, das Werk allerdings so angelegt haben, dass Roon es nicht ohne Weiteres in eine Militärgeografie nach seinen Vorstellungen umzusetzen vermochte. Seine Ansichten stimmten weder mit der vorgefundenen Anordnung noch mit der Behandlungsweise des Materials überein; dennoch folgte er zunächst der Bitte des an ihn herangetretenen Verlages, den bestehenden Plan umzusetzen. Der ersten Abteilung, die Süd- und Mitteleuropa umfasste und die als elfter Band der „Handbibliothek für Offiziere oder populären Kriegslehre für Eingeweihte und Laien" 1837 erschien, sollte sich ursprünglich eine zweite Abteilung mit der Behandlung Nordost- und Nordwest-Europas anschließen. Doch dieses Mammut-Projekt nahm Roon nie in Angriff, war er doch mit seinem „Adoptiv-Kind" von Beginn an unglücklich gewesen. Er hatte Umfängliches leisten wollen, nicht nur eine Terrain-Beschreibung.

In seinem Vorwort[28] heißt es, einer Militärgeografie seien geognostische Details völlig fremd „und Notizen aus der Geognosie nur insofern in ihre Gebiet zu ziehen, als durch sie die Plastik, folglich die militärische Bedeutung des Terrains klarer und anschaulicher wird. Dagegen bilden die Anbau- und Kulturverhältnisse eines Landes, die militärischen Bauten und Befestigungen, administrativen Einrichtungen, Arealgrößen, die absolute und relative Bevölkerung, der Zustand des Ackerbaus, der Viehzucht und der Gewerbe, natürlich derjenigen, welche sich mit der Erzeugung von Bewaffnungs- und Bekleidungsgegenständen beschäftigen, wesentliche Elemente der Militär-Geographie. Ferner gehört die Schilderung der Bewohner eines Landes, insofern Lebensart, Gewohnheiten, Sitten und Beschäftigung ihrer Anstelligkeit und Tüchtigkeit für den Krieg bedingen, endlich die Darstellung der Kriegs- und Heeres-Organisationen, – mit einem Worte alles dasjenige in das Gebiet der Militär-Geographie, was aus der Erdkunde und Statistik unmittelbar auf Kriegskunst und Kriegsgeschichte Bezug hat."

Roons Ausführungen sind ungemein aufschlussreich, zeigen sie doch früh seinen Hang zum Perfektionismus, zur umfassenden, lückenlosen, beanstandungsfreien Arbeit. Obwohl die erste Abteilung in Fachkreisen willkommen geheißen wurde, nahm er – der zu erwartenden Unzulänglichkeiten einer Fortsetzung bewusst – freiwillig von dem Vorhaben Abstand, die zweite Abteilung zu beginnen. Überforderung erahnte er auch bei seiner Abhandlung über „Die iberische Halbinsel, eine Monographie aus dem Gesichtspunkte des Militairs"[29], 1839 auf miserablem Papier gedruckt, als er bereits Hauptmann im Generalstab war. Den hehren Anspruch, ganz nach dem Vorbild seines akademischen Ziehvaters die Militärgeografie anhand eines praktischen Beispiels als Wissenschaft zu begründen, musste Roon aufgeben, denn das Buch bewältigte mit der Darstellung des „Kriegstheaters" zwischen Ebro und den Pyrenäen nur einen Teil dieses Vorhabens. Die Umsetzung seiner verdienstvollen Planung, eine Erdkunde Europas in ihrem Verhältnis zur Kriegskunst und -geschichte systematisch und wissenschaftlich darzulegen, sah er schließlich selbst als zu gewaltig an „für Eines Menschen Leben, für Eines Menschen Kraft"[30].

An dieser hohen Aufgabe ist er gescheitert, aber andere sind es auch. Es hat den Anschein, als sei der gesamte Komplex der Militärgeografie noch zu willkürlich, der Faden durch das Labyrinth der mannigfaltigen, divergierenden Ansichten, Meinungen und Studien allzu dünn gewesen, um ihn überhaupt finden, geschweige denn durchweg sichtbar machen zu können. Roon selbst benennt einleitend die Schwierigkeit, die sich ihm in den Weg legte und die er bei aller Anstrengung letztlich nicht hat ausräumen können: „Wenn mit dem Ausdrucke ‚Militär-Geographie' bis jetzt noch keineswegs ein allgemein anerkannter, feststehender Begriff verbunden wird, und dieser Name nur ein Gebiet der Erkenntniß bezeichnet, dessen Wesen und Umfang noch auf vielfältig verschiedene, oft auf willkürliche Weise erklärt und begrenzt wird: so kann es auch nicht wunder nehmen, wenn demselben fast einstimmig sein Rang als Wissenschaft streitig gemacht wird, um so weniger, als man erst vor nicht gar langer Zeit angefangen hat, der Geographie überhaupt einen selbstständigen Platz unter den Wissenschaften einzuräumen, und als ihr derselbe sogar noch heute von Einigen angefochten wird."[31]

Das schriftstellerische Werk Roons, zwischenzeitlich erweitert durch Aufsätze und Teilhabe an der Bearbeitung und Herausgabe einer Geschichte des Siebenjährigen Krieges, beschloss Roon mit einem wohlmeinenden Artikel zur „Erinnerung an den Generalmajor von Griesheim" im Januar-Beiheft des „Militär-Wochenblat-

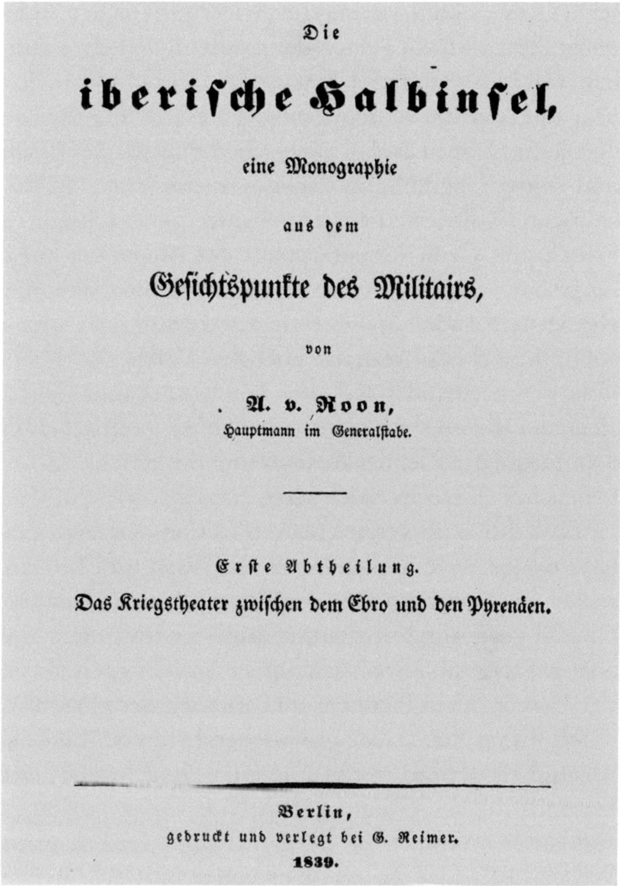
Die

iberische Halbinsel,

eine Monographie

aus dem

Gesichtspunkte des Militairs,

von

A. v. Roon,

Hauptmann im Generalstabe.

Erste Abtheilung.

Das Kriegstheater zwischen dem Ebro und den Pyrenäen.

Berlin,

gedruckt und verlegt bei G. Reimer.

1839.

Mit seiner militärgeografischen Beschreibung der iberischen Halbinsel wollte Roon die Militärgeografie als Wissenschaft begründen, doch dieser „ersten Abtheilung" folgte keine weitere.

tes" von 1854. Karl Gustav Julius von Griesheim (1798–1854) war preußischer Generalmajor und ohne wesentliche praktische Erfahrungen, dafür aber als Lehrer an den höchsten militärischen Bildungsanstalten pädagogisch und v. a. schriftstellerisch als Verfasser zahlreicher Flugschriften tätig gewesen, darunter der bekanntesten und die Zeit überdauernden: „Gegen Demokraten helfen nur Soldaten" sowie der Broschüre „Die deutsche Zentralgewalt und die preußische Armee", beide von 1848. Sein bedeutendstes Werk „Vorlesungen über Taktik" erschien posthum im Jahr 1855.

Als Bilanz seiner wissenschaftlich-literarischen Tätigkeit drängt sich das Urteil auf, dass Roon mit der Zähigkeit des in sich gekehrten, einsamen Militärgelehrten zweifelsohne viel geleistet und auf manchem Gebiet eine Pionierleistung erbracht hat. Gewissermaßen erkundete er das Leben zunächst theoretisch-erdkundlich, ehe er als Soldat „in die praktische Lehre" ging – in der Überzeugung, dass die wissenschaftliche Grundlage seiner Karriere ganz sicher förderlich sein würde. Sein literarisches Engagement jedoch dergestalt zu deuten, Roon habe dadurch erst ein wirklich völkisch-nationales Bewusstsein entwickelt, wie es etwa der Biograf Hanns Martin Elster tut, ist dem Zeitgeist des „Dritten Reiches“ – also den damals geltenden Auffassungen und ideologischen Phrasen des Nationalsozialismus – geschuldet und in der Überhöhung seiner vermeintlichen sittlichen Vervollkommnung nach heutigen Maßstäben geradezu absurd. Elster schreibt: „Hier wurde er sich über das Prinzip des Gemeinschaftslebens der Menschen auf der Erde als einer Entwicklungsstätte, als dem Wohnplatz der Menschen, über die wahre Monarchie, über den Drang nach Individualisierung als einem Geheimnis des Lebens durch die ganze Schöpfung ebenso klar wie über den Volksgeist. Hier erkannte er, dass Land und Volk sich zueinander verhalten wie Körper und Geist, und hier rang er sich durch zu einem ebenso starken historischen wie politischen Bewußtsein und Denken, das dem Staate das Ziel der Ausbreitung des Reiches Gottes im Sinne der Einheit aller Deutschen in einem Reich setzte.“[32]

Eine durchaus vergleichbare Position vertreten Harbou in seiner Abhandlung über Roons Weltanschauungen als Christ und Monarchist sowie Erich Marcks in seinen Vorstellungen von den Pflichten eines Staates, die durch Roons Arbeiten, obwohl geografisch-deskriptiv angelegt und nicht unbedingt politisch-historisch oder gar staatsphilosophisch, seiner Ansicht nach stets hindurchschienen: „Die geistige Luft des alten Preußens und auch die der großen Wissenschaft seiner Tage weht durch Roons Buch, aber geschrieben hat es ein Praktiker, der die Dinge sicher ordnet und verwertbar macht und allen Stoff in den Dienst einer geregelten und bekenntnisfrohen Gesinnung stellt.“[33]

Gänzlich verkehrt ist diese Annahme freilich nicht, denn das Jahrhundert der Wissenschaftsidee forderte auch von dem strebsamen, nach höheren Aufgaben greifenden Offiziersstand, als dessen erster Exponent der vielseitig begabte und hochgradig geistig veranlagte Leistungsmensch Helmuth von Moltke gilt, nicht nur die Beherrschung von Exerzierreglements, sondern die tiefergehende, wissenschaftliche Auseinandersetzung mit drängenden Fragen der Zeit. Anders als Moltke hat Roon die Höhen intellektueller Anstrengungen mit ihren humanistischen und künstlerischen Gipfelpunkten nie erklommen. Ihn, den die Natur mit anderen Befähigungen ausgestattet hatte, in eine Ahnenreihe mit Scharnhorst, Clausewitz und eben Moltke zu stellen, wäre daher zuviel der Ehre. Aber in seinem Fach, das er beherrschte, leistete Roon fraglos Beständiges und wurde seiner Um- und auch Nachwelt zum Vorbild. So entsprach er durchaus dem Bildungsideal des gelehrten, dabei nicht allzu kopflastigen, immer geerdeten Offiziers, der die Feder ebenso zu führen wusste wie den Säbel.

Lehrer und Stabsoffizier im Generalstab

Im Juli 1832 wurde der noch nicht 30-jährige Premierleutnant (seit dem 20. Juli 1831 Oberleutnant) nach erwiesener geistiger Qualifikation und seiner Verwendung als Kadetten-Ausbilder, die den Vorteil geregelter Urlaubswochen mit sich gebracht hatte, zu seinem 15. Infanterie-Regiment nach Minden zurückversetzt. Die politischen Unruhen in jenen Tagen infolge der Juli-Revolution in Frankreich, die als Antrieb liberaler Bewegungen und konstitutioneller Regierungssysteme wirkte und das Prinzip der Legitimität als Grundlage von Herrschaftsformen und internationaler Politik zerstörte, führten zu Truppen-Konzentrationen an der Grenze.[34] Es ist nicht auszuschließen, dass Roon in der berechtigten Hoffnung auf einen Einsatz um eine Kommandierung zu seinem Regiment ersuchte. Dieses stand im August und September 1832 zunächst bei Minden und Münster im Manöver, um danach im Rahmen eines Observationskorps unter dem Befehl des Generals der Infanterie Freiherr von Müffling[35] zwischen Aachen und Kleve eingesetzt zu werden. Roon selbst wurde dem Stab des Oberbefehlshabers zugeteilt. Da er die Sonderaufträge, die er dort erhielt, zur Zufriedenheit des Generals ausführte, erwarb er sich binnen kurzer Zeit dessen Vertrauen.

Die Augen der Öffentlichkeit richteten sich alsbald auf den französischen Versuch, am 15. November mit der Nordarmee vor die von den Holländern besetzte Zitadelle von Antwerpen zu ziehen. Holland hatte sich geweigert, besetzte Gebiete Belgiens zu räumen. Die Franzosen wollten nun – mit englischer Rückendeckung und gerechtfertigt durch die gemeinsamen Beschlüsse der Londoner Konferenz, ungeachtet des Protestes der Heiligen Allianz, die weitergehende Absichten Frankreichs fürchtete – diese Räumung durch Waffengewalt erzwingen.[36] Die preußischen Truppen verblieben in ihrer abwartenden Position und mussten letztlich auch nicht einschreiten, da sich nach der Kapitulation der Antwerpener Zitadelle kurz vor Weihnachten 1832 die französische Armee – eine zweite (Ost)-Armee hatte unterdessen an Maas und Mosel Position bezogen – im Januar 1833 wieder zurückzog. Das Müfflingsche Observationskorps wurde daraufhin wieder aufgelöst.

Bevor er wieder den Friedensdienst in seiner Garnison antreten sollte, erhielt Roon die Gelegenheit, die Resultate der Belagerung von Antwerpen zu studieren, was er mit geschultem, militärgeografischem Blick und großem Eifer tat. Kurz darauf erfüllte sich ein lang gehegter Wunsch: die Kommandierung in das topografische Büro des Generalstabs, also in das „Hirn der Armee“. Dies war nicht nur eine höchst willkommene Belohnung für seine bisherigen Leistungen, sondern Ansporn, Veränderungen anzuregen, da er beim Ausmarsch des Korps einige Unzulänglichkeiten bezüglich der preußischen Kriegsbereitschaft wahrgenommen hatte. Vor allem hatte es sich als nachteilig erwiesen, dass die Bataillone nur sehr kurz und bisweilen gar nicht ausgebildete Rekruten eingestellt hatten, um die vorgegebene Kriegsstärke zu erreichen. In allen Bataillonen der Landwehr des ersten Aufgebots diente mindestens ein Drittel solcher Mannschaften, in vielen war es sogar die Hälfte und mehr; dem Offizierkorps fehlte es entsprechend durchweg an Erfahrung und Führungsfähigkeiten.

Die Tätigkeit, die Roon ab Mai 1833 aufnahm, erstreckte sich allerdings nur auf Landvermessung und Aufarbeitung topografischer Aufnahmen. Wenigstens aber hielt er sich dabei in der Nähe seiner Heimat auf, sodass er auf dem Gut seiner Verwandten in Zimmerhausen und auch auf benachbarten Gütern hin und wieder zur Ausübung dienstlicher Aufträge Quartier nahm. Bei einem dieser Aufenthalte lernte er den 19-jährigen Studenten Otto von Bismarck kennen, der mit dem gleichaltrigen Neffen Roons, Moritz von Blanckenburg, befreundet war. Der um einiges ältere und reifere Offizier Albrecht von Roon mochte die abwechslungsreiche Gesellschaft der jugendlichen Freunde geschätzt haben, doch stellten sich in jenen Monaten Phasen depressiver und, wie Bismarck auffiel, auch jähzorniger Anwandlungen ein,[37] da ihn die berufliche Aufgabe sichtlich unterforderte. Zu seiner großen Freude wurde Roon am 30. März 1835 zur, wie es hieß, „Dienstleistung zum großen Generalstabe" befohlen. Nach Maßgabe der damaligen Verhältnisse war mit dieser Verfügung die sichere Aussicht gegeben, in recht kurzer Zeit selbst in den Generalstab einrangiert zu werden, sofern etatmäßige Vakanzen dies erlaubten.

Chef des Generalstabs der Armee war seit 1829 Generalleutnant Wilhelm Johann von Krauseneck, der als gelernter Ingenieur-Geograf in seinen jungen Offiziersjahren ebenfalls Vermessungsarbeiten durchgeführt, sich danach aber auch in etlichen Schlachten bewährt hatte. Unter dem Vorsitz von Scharnhorst fungierte der Ritter des Ordens Pour le Mérite (für seinen Einsatz im Gefecht bei Wackern am 8. Februar 1807) nach dem Tilsiter Frieden 1807 u.a. als Mitglied der Kommission bei der Erstellung eines neuen Infanterie-Reglements und so unmittelbar als Gestalter des preußischen Reformwerkes. Krauseneck soll später geäußert haben, er habe in dem Militärschriftsteller Roon einen blassen, verarbeiteten Stubengelehrten erwartet, sei aber von der kraftvoll-zupackenden Art des pommerschen Offiziers sehr angetan gewesen. Ob dies rückblickender Legendenschmuck oder Wirklichkeit war, mag dahingestellt bleiben.

Im Berliner Generalstab fand Roon zunächst Verwendung als Truppenlehrer für Taktik und Geografie und wurde als Prüfer für Geografie in die „Ober-Militär-Examinations-Commission" berufen. In diese Zeit fallen seine noch länger andauernden Arbeiten am „Kriegstheater", die er immer wieder wegen anderer Generalstabsaufgaben, d.h. „Rekongnoszierungsreisen" nach Böhmen und Schlesien, unterbrechen musste. Königsmanöver, an denen auch der soeben beförderte Hauptmann im Generalstab Helmuth von Moltke[38] teilnahm, führten Roon in die Gegend von Liegnitz und Kapsdorf. Dabei machte er auch die Bekanntschaft mit sei-

Erste Begegnung Roons mit Anna Rogge, seiner späteren Gattin.

ner späteren Braut, der erst 18-jährigen Pfarrerstochter Anna Rogge, deren Mutter eine nahe Verwandte väterlicherseits war (einer ihrer Brüder, der spätere Königliche Hofprediger Bernhard Rogge, hielt bei der Kaiserproklamation 1871 in Versailles die Weiherede).[39] Die Verlobung ließ nicht lange auf sich warten. In einem Brief an seinen Vetter, einen Düsseldorfer Gerichtsrat, vom Dezember 1835 teilt sich der glückliche Bräutigam in ungeahnt offener Weise mit. Zugleich entblößt das Schreiben Details einer delikaten Angelegenheit, denn das Roon'sche Adelsprädikat schien ganz offenbar – aus welchem Grund auch immer – vorübergehend infrage zu stehen: „Mein werther Vetter! – auch ohne Ihren freundlichen Brief würden Sie in dieser Zeit eine Zuschrift von mir bekommen haben, weil ich Ihnen ein Familien-Ereignis von einiger Wichtigkeit (jedenfalls für mich) zu melden habe. Sie wissen, daß eine Schwester unserer Väter in Liegnitz an den Regierungsrat Wolfram verheiratet war. Es war mir ein dunkles Gerücht über ihren jetzigen Wohnort sowie über ihre Nachkommenschaft zu Ohren gekommen. Ich beschloß, meinen Aufenthalt in Schlesien während des Sommers und Herbstes d.J. zu benutzen, um diese Verwandten kennen zu lernen. Es gelang mir die Tante aufzufinden. Sie wohnt in Groß-Tinz bei Neumarkt bei ihrer jüngeren Tochter, welche die Frau des dortigen Pastors Rogge ist. Eine ältere Tochter ist unverheiratet und ein Sohn ist Capitän und Artillerie-Offizier vom Platze Thorn. Die Tante ist eine so körperlich als geistig noch sehr lebhafte und aufgeweckte Frau. Sie muß in ihrer Jugend viel Unheil angerichtet haben unter den Männern, denn sie ist noch heute die Liebenswürdigkeit selbst. Die ganze Familie ist von ähnlicher Natur, der Schwiegersohn ein ernster, frommer, fast zu orthodoxer Mann von gebildetem Wesen und allseitigen Kenntnissen. – Was erwarten Sie nach diesem Eingange zu hören? – Nun, eine Verlobung, nämlich die Verlobung unserer beiderseitigen Nichte Anna, ältester Enkelin unserer Tante mit Ihrem Cousin A. v. Roon, dem glücklichen Schreiber dieser Zeilen! – Was soll ich Ihnen sagen von den Eigenschaften meiner Braut? Ich bin ebenso ungewandt im Steckbriefstyl als ungeschickt in poetischen Schilderungen. Erlassen Sie mir daher eine Aneinanderreihung von Adjektiven und Gemeinplätzen, die weder Ihnen noch mir genügen würden. – Wichtiger ist, daß unserer Verbindung kein Hinderniß entgegen zu stehen scheint. Meine Einnahme ist von der Art, daß ich eine Frau ernähren kann, denn ich habe jetzt als angestellter Lehrer bei der Allgemeinen Kriegsschule und als Mitglied der Ober-Militär-Examinations-Commission hübsche Zulagen. Wenn mein Glücksstern nicht erlischt, so hoffe ich im nächsten März einrangiert zu werden und dann im nächsten Herbst, nach Beendigung der Uebungsreise, auf welcher ich Sie sehen könnte (denn wahrscheinlich wird sie mich an den Rhein führen), wenn Sie dann nicht in der Schweiz wären, – zu heirathen. – Von den Verwandten in Schlesien, namentlich von der Tante, habe ich Ihnen viele Grüße zu bestellen. – Bevor ich zur Verantwortung des schließlich von Ihnen angeregten Punktes schreite, versichere ich Ihnen nur noch, daß es mir durchaus gut und erwünscht geht, und daß meine amtlichen Verhältnisse mich durchaus befriedigen, wenngleich sie mir freilich nur geringe Muße lassen.

In Betreff der angeregten Familien-Angelegenheit kann ich Ihnen keine genügende Auskunft geben, allein ich glaube auch, daß Sie sich in dieser Beziehung keine Sorgen zu machen brauchen. So wie es mir scheint, kann unser persönlicher Adel gar nicht in Zweifel gezogen werden, denn er ist durch alle Staatsbehörden den König und seine Vorgänger de facto anerkannt worden; man hat unserem Großonkel, der Major im Regiment Krousatz war zu einer Zeit, wo Unadlige höchstens Lieutenant werden konnten, meinem Vater, dem Ihrigen und uns beiden stets den Adel zugestanden. – Noch habe ich vergessen anzuführen, daß mein Vater, nachdem er den Abschied genommen, Hofcavalier oder Kammerjunker bei'm Herzog von Braunschweig gewesen, ein Beweis, daß es damals niemand eingefallen, seinen Adel zu bezweifeln. – Was aber überhaupt den Adel unseres Geschlechtes anlangt, so sind wir in demselben Falle wie ein starkes Drittel aller adeligen Familien des

Staates, d. h. wir gehören weder zum angesessenen Grundadel unseres und des deutschen Landes überhaupt, noch zum neueren Briefadel; nichts desto weniger gilt von uns dasselbe wie von vielen alten, wenn auch uneinheimischen landfremden Geschlechtern, deren Adelsbürtigkeit zu allen Zeiten anerkannt worden ist, ohne dass man jemals Nachweisungen darüber verlangt hat (wie z. B. die sehr zahlreichen aus dem Polnischen stammenden Adelsfamilien). Dergleichen Nachweisungen und Papiere kann ich auch für uns nicht auftreiben; der Onkel in Stettin behauptet, die Tante in Schlesien müsse sie haben, und diese meint dagegen, alle Papiere seien jenem ausgeliefert worden. Alles was der Onkel an ähnlichen Dokumenten hat, ist unser auf Holz gemaltes Wappen, auf dessen Rückseite die Bemerkung, daß der Adelsbrief auf der Brüsseler Wappenkammer liegen solle.

Meine Verbindungen mit meinen väterlichen Verwandten datiren erst vom Jahre 1822; bis dahin habe ich keinen derselben gekannt, ich bin also mit Ihnen in gleichem Falle. – Übrigens haben wir von Außen her wohl keinerlei Anfechtungen zu befürchten: man muß sie nur nicht selbst provoziren; dies aber würde meiner Meinung nach ebenso wohl durch ein schüchternes, zweifelhaftes Benehmen als durch prahlende Anmaßung geschehen, welche Manieren uns Beiden durchaus fremd sind. – Meine besten Grüße an Ihre liebe Frau und Kinderlein! Sie haben mir ja noch gar nicht gesagt, wie der Erbprinz heißt? – Ich bin jetzt sehr beschäftigt; dennoch will ich das Weihnachtsfest bei meiner Braut zubringen, wenn ich Urlaub erhalte. – Wenn Sie vielleicht einmal an mich denken, so denken Sie an einen sehr glücklichen Mann!“[40]

Erst als Hauptmann heiratete Albrecht von Roon am 2. September 1836,[41] als er seit einem halben Jahr im Generalstab diente und von seinem letzten Junggesellen-Quartier in eine für das junge Paar geeignete 5-Zimmer-Wohnung in der Lindenstraße Nr. 61 unweit des Dönhofplatzes in Berlin umgezogen war. Weniger einfach war die Aussteuer zu besorgen, da sich der Brautvater, zwar in guter Position, aber mit neun Kindern gesegnet, Großzügigkeiten versagen musste. Bedeutende Extraausgaben erlaubten die Einkünfte eines preußischen Hauptmanns (eine Art dienstliche Aufwandsentschädigung) bei Weitem nicht. Allein Roons Buchhonorare wogen einiges auf, sodass er nicht ohne Stolz vermeldete: „Nun ist unsere Wohnung fix und fertig; es fehlen nur noch die beiden Chiffonièren [Vorhänge, G. S.-W.] und die großen Schränke in der Schlafstube.“[42] Die Geburt des ersten Sohnes am 4. Juli 1837 und der exakt ein Jahr später zur Welt gekommene zweite Sohn nötigten die Familie dazu, eine größere Wohnung zu beziehen. Diese befand sich im gleichen Haus in der Jakobstraße, in der sich auch der mit Roon befreundete, im Kriegsministerium dienende Offizier Major von Herrmann eingerichtet hatte. In dieser Zeit hätte Roons Laufbahn ein abruptes Ende nehmen können, da er sich nur langsam von einer 1839 erlittenen Augenentzündung erholte. Während der Erkrankung war er gezwungen, ernsthaft darüber nachzudenken, den Militärdienst zu quittieren und die Direktion der Ritterakademie in Liegnitz zu übernehmen. Die Verhandlungen dafür waren bereits begonnen worden, als sich sein Zustand, durch Urlaubsreisen begünstigt, wieder besserte.

Im Sommer 1841 erkrankte Roon auf einer großen „Recognoszierungsfahrt“ durch Böhmen, Mähren und Schlesien mit anschließender Generalstabsübung abermals – an einem Nervenfieber und so schwer, lebensbedrohend gar, dass die Familie über Wochen in einem schockartigen Zustand verharrte. Nachdem er sich von den gesundheitlichen Leiden wieder vollständig erholt hatte, stand seiner sehr pünktlichen Beförderung zum Major am 12. April 1842 nichts mehr im Weg. Damit verbunden war seine Versetzung zum Generalkommando des VII. Armeekorps nach Münster, das der 39-Jährige jedoch zugunsten seiner Lehrtätigkeit an der Allgemeinen Kriegsschule in Berlin schon wenige Monate darauf wieder verließ. Weder die Zurückversetzung in den Großen Generalstab noch seine Kommandierung zum Generalstab des vom Prinzen Karl von Preußen befehligten IV. Armeekorps im November 1845 unterbrachen seine weithin geschätzten Vorlesungen an der Kriegsschule, die er nach wie vor hielt. Dass seine Kommandos derart kurz ausfielen, war sicher auch darauf zurückzuführen, dass der Lehrer und Stabsoffizier Roon den 15-jährigen Sohn des Prinzen, Friedrich Karl, bereits seit 1843 v. a. in Geografie und Taktik mit messbarem Erfolg unterrichtete. Folgerichtig erhielt er drei Jahre später die königliche Weisung, unter „Aggregierung“[43] zum Generalstab als militärischer Begleiter während dessen Studienaufenthaltes in Bonn zu fungieren.

Bis zu diesem Zeitpunkt waren Roon zwei weitere Söhne (1840 und 1844) und zwei Töchter (1842 und 1843) geboren worden,[44] und die große Familie nahm den Wechsel an den Rhein mit aufrichtiger Freude zur Kenntnis. Zudem war klar, dass die Berufung in den unmittelbaren Kreis der königlichen Familie der künftigen Karriere ungemein zuträglich sein würde. Also hieß es, für mindestens zwei Jahre von Berlin Abschied zu nehmen, denn so lange würden die Studien des Prinzen voraussichtlich in Anspruch nehmen. Tatsächlich sollte es mehr als eine Dekade dauern, ehe Roon beruflich in die preußische Hauptstadt zurückkehrte. „Die nun folgende Zeit in Bonn, am herrlichen grünen Rhein, hat Roon stets zur angenehmsten und interessantesten seines Lebens gerechnet“[45], urteilt sein Sohn Waldemar in den *Denkwürdigkeiten*. Von vornherein aber wollte er wissen, was ihn politisch in Bonn erwarten würde. So fragte er seinen Düsseldorfer Vetter in einem Brief vom 5. August 1845, wie es mit der öffentlichen Meinung „bei Euch am Rhein“ stehe; den Zeitungen sei ohne Ausnahme nicht zu trauen, und „Verhältnisse“ würde man nur durch die trübe und absichtlich so und mal so gefärbte Journalisten-Brille erfahren. Bei dieser Gelegenheit urteilte Roon abschätzig über die Tagespresse jener aufgewühlten Tage vor der Revolution von 1848, an der sich „die meisten wohlgesinnten Leute bis jetzt nicht beteiligten“, während sie fast ausschließlich von Individuen gespeist werde, die dazu gezwungen seien, wenn sie selbst speisen wollten. „Wenn Du aber Zeit hast“, enden seine Gedanken an den Vetter, „so schreib’ mir ein paar Worte darüber, wie man bei Euch jetzt unsere öffentlichen Zustände ansieht, – ein Thema, das jeden Patrioten von Herzen interessirt."[46]

Mit den „öffentlichen Zuständen" meinte Roon die heftigen Zusammenstöße zwischen Militärs und Zivilisten während des Martinsmarktes in Köln, als die Polizei satirische Darbietungen des Volkes gewaltsam unterbunden und Truppen zu Hilfe gerufen hatte, die unangemessen brutal gegen die Menge vorgegangen waren. Die Beschaulichkeit seines beruflichen und privaten Lebensganges in der ersten Hälfte der 1840er Jahre stand in krassem Gegensatz zu der allgemein hektischen, unruhigen Zeit vor der Revolution von 1848. Diese war einerseits Folge der erwähnten „Rheinkrise", als Frankreich den deutschen Schicksalsstrom als natürliche Grenze zurückgewinnen wollte und Preußen und Österreich für den Fall eines Krieges gegen Frankreich gemeinsame militärische Planungen vorantrieben, und andererseits der ungelösten Schleswig-Holstein-Frage zuzuschreiben. Die in den 1840er Jahren ständig vorhandene deutsch-dänische Rivalität um das Herzogtum Schleswig-Holstein spitzte sich bis 1846 weiter zu, als der dänische König Christian VIII. die Trennung in Schleswig und Holstein offen forderte, wohingegen der Frankfurter Bundestag dessen Unteilbarkeit postulierte.[47]

Zusammen genommen sorgten beide Krisen für einen erheblichen Aufschwung der – allerdings höchst uneinheitlichen – nationalen Bewegung im territorial zersplitterten Deutschland, zumal mit Friedrich Wilhelm IV. seit 1840 ein König den preußischen Thron bestiegen hatte, der im Gegensatz zu seinem Vorgänger deutlich nationale Töne anschlug. Hinzu kamen dauerhaft unerträgliche, deutschlandweite innere Spannungen, da sich immer klarer abzeichnete, dass die bürgerlich-liberalen Forderungen nach notwendigen umfassenden politischen, wirtschaftlichen und sozialen Reformwerken von dem „Metternich'schen System" des Deutschen Bundes nicht annähernd erfüllt wurden. Fürst Clemens von Metternich (1773–1859) wirkte u.a. als Leitender Minister in Österreich (zum damaligen Zeitpunkt Führungsmacht des Deutschen Bundes) in seiner Innen- und Außenpolitik für die Erhaltung der seit 1815 in Europa festgesetzten Ordnung. Dabei stand er allen liberalen Tendenzen unversöhnlich gegenüber. Die von ihm bewirkten massiven Einschränkungen rechtsstaatlicher Freiheiten und die systematische Unterdrückung bürgerlich-liberaler Ideen förderten einen Gärungsprozess, der alle Schichten erfasste und vom einfachen Volk selbstständig „nach oben" herausreifte.[48]

In jenen Tagen stießen immer häufiger Uniformierte mit dem aufgebrachten Mob zusammen und beförderten die Abneigung gegen alles Militärische gerade in den unteren Bevölkerungsteilen, die in den Soldaten und mehr noch in den Offizieren die exponierten Repräsentanten eines politischen Systems sahen, das für die gemeinhin empfundenen Ungerechtigkeiten und das vielerorts herrschende blanke Elend verantwortlich war.[49] Die Niederschlagung des „Weber-Aufstandes" 1844 kann als extremer Ausschlag gewertet werden, als infolge der beginnenden Industrialisierung massenhaft Arbeitsstellen wegfielen und sich bei steigenden Bevölkerungszahlen gerade auf dem Land die Armut schnell ausbreitete. Dass sich „Bürgerliche“ über die übertriebene Vorgehensweise der Truppen empörten, war dabei nicht verwunderlich; waren sie es doch, die sich seit den 1830er Jahren zur Unterstützung von Militär und Polizei vielfach in Bürgerwehren organisierten, um jetzt zusehen zu müssen, dass es nicht mehr nur um die Aufrechterhaltung staatlicher Ordnung ging, sondern um ein mehr oder minder willkürliches „Niedersäbeln“ einfacher Leute.

Während am politischen Horizont dunkle Wolken heraufzogen, quartierte sich Roon mit seiner Familie für die Unterrichtung des preußischen Prinzen in einer Hälfte der schlossähnlichen Villa „Vinea Domini“ in Bonn ein. Die andere Hälfte bewohnte Friedrich Karl mit seinem Adjutanten, Graf Bismarck-Bohlen. Aus dem ersten Schreiben Friedrichs an seine Mutter, der späteren Kaiserin Augusta, geht hervor, dass Roon seine Aufgabe mit der ihm eigenen Sorgfalt und Energie anging. Gleichwohl war das Verhältnis zu seinem Zögling nicht ganz spannungsfrei. Roon sprach von „Überhebung“ des jungen Herrn, dessen Anstrengungen „nicht heroisch“ seien. Und wenn Roon auch, wie es sich gehörte, schmeichelnd hinzufügte, der 17-Jährige gewinne „täglich an Weite des Gesichtskreises, an Reife des Urteils, an Interesse für die höheren Verhältnisse der Welt“[50], so kann kein Zweifel darüber bestehen, dass der Lehrer unter dem Jüngling einiges auszuhalten hatte. Die Antwort der Prinzessin vom Dezember 1846, welche die Eigenarten ihres Sprösslings sehr wohl kannte, fiel indes eindeutig aus: Roons Aufgabe sei schwierig, aber „je schwieriger der Beruf, desto ehrenvoller“, beschied sie, und ohne Kampf gebe es nun einmal keinen Sieg. Roon solle nur mutig auf der betretenen Bahn dem Ziel entgegen schreiten – dies sei ihr innigster Wunsch. Der Briefwechsel mit den erlauchten Eltern entwickelte sich munter, und Roon hütete sich, offen Klage zu führen. Seine (nicht zum Ausdruck gebrachte, aber vorhandene) Hoffnung auf Entbindung von seiner heiklen Mission erfüllte sich nicht. Etwaige Unzufriedenheiten ignorierte die königliche Familie mit der vollsten Würdigung seiner prekären Aufgabe, der Roon natürlich keine Schroffheiten entgegnen konnte.

Immerhin brachte seine Tätigkeit mit sich, dass sich die Beziehungen zum Hof vertieften und ihn die eine oder andere Reise nicht nur ins Ausland,[51] sondern direkt zum König führte; auch mit dem älteren Bruder des Königs, dem damaligen Prinzen von Preußen, war der Stabsoffizier seit Frühjahr 1847 näher bekannt. Wilhelm, der spätere Kaiser Wilhelm I., durchlief eine rasant anmutende, aber übliche Karriere eines Abkömmlings königlichen Geblüts: Hauptmann mit 17 Jahren, mit 20 Oberst, mit 21 Generalmajor, mit 28 Generalleutnant und mit 43 Jahren General der Infanterie, häufte er militärspezifisches Fachwissen an, das ihm v. a. in den „Einigungskriegen“ dann auch zugute kam. Er vermählte sich am 11. Juni 1829 mit der Prinzessin Augusta von Sachsen-Weimar-Eisenach (1811–1890), Tochter des Großherzogs Carl-Friedrich von Sachsen-Weimar-Eisenach, deren Schwester Maria die Gemahlin seines jüngeren Bruders Karl war. Als Major mit Privilegien versehen, auf die andere ihr soldatisches Leben lang vergeblich warteten, spricht es für Roons diplomatisches Geschick, dass er viel Gespür in der Berichterstattung über die Eigentümlichkeiten seines Schutzbefohlenen zeigte, indem er angebrachte Kritik mit Lob und Fürsprache mischte. Es mag auch sein, dass sich das Verhältnis zu dem jungen Mann besserte, denn aus dieser Zeit ist ein Vorfall überliefert, bei dem der Prinz und sein Adjutant mit vereinten Kräften einen elfjährigen Jungen aus dem Rhein fischten. Eine hochherzige Tat, die Roon den Eltern und der Großmutter in reicher Ausschmückung mitteilte und für die beide mit der Rettungsmedaille am Band bedacht wurden.

Revolution!

Im Frühjahr 1848 beendete Prinz Friedrich Karl seine Studien in Bonn, woran weniger das Semesterende als vielmehr die politischen Ereignisse tragenden Anteil hatten. Die Februar-Revolution in Paris und die unmittelbar sich anschließenden Aufgeregtheiten in Deutschland zwangen den königlichen Nachwuchs dazu, den studentischen Musensitz Bonn gegen die pulsierende, schon ziemlich tumultreiche Metropole Berlin einzutauschen, was Roon, der die Gelegenheit gekommen sah, sich endlich seines Amtes zu entledigen, mit Nachdruck empfahl: „Auch ist es an der Zeit, daß der Prinz sich gegenwärtig ohne Säumen militairischer Beschäftigung zuwende, damit die Zukunft ihn vorbereitet finde zu Leistungen, die das Vaterland von seinen jungen Fürsten mit recht erwartet."[52] Im Februar hatte Roon dem fürstlichen Elternhaus den Vorschlag unterbreitet, es sei doch im Interesse des Prinzen, wenn er – Roon – einem anderen Lehrer Platz mache, da es ihm selbst mittlerweile an Geschmeidigkeit und Elastizität fehlen würde, dieser hohen Aufgabe in umfänglicher Weise auch künftig gerecht zu werden. Als seinen Nachfolger verwies er auf Major von Schlegell, zu dem Roon kameradschaftliche Kontakte pflegte und mit ihm einen sehr regen Schriftenaustausch unterhielt. Am 14. März 1848 folgte Roon Prinz Friedrich Karl „nach Passirung verschiedener Revolutiönchen" in Richtung Potsdam, während seine Familie in Bonn verblieb, und wartete dort – inmitten des brodelnden politischen Geschehens – auf neue Aufträge.

Die „Märzrevolution" begann recht eigentlich mit der badischen Volksversammlung vom 27. Februar 1848, als Vertreter in Offenburg Presse- und Vereinsfreiheit, Volksbewaffnung und ein gesamtdeutsches Parlament forderten. Andere Versammlungen in anderen Landstrichen zogen mit gleichen oder zumindest ähnlichen Postulaten nach, die Zusammenstöße mit der Staatsgewalt, also in erster Linie dem Militär[53], unausweichlich machten. Die Gendarmerie trat kaum in Erscheinung, die Wahrung bzw. Wiederherstellung der öffentlichen Ordnung sowie die Unterdrückung von Aufläufen oblagen der Truppe, die von der Waffe Gebrauch machen durfte. Fernab der Städte waren es v. a. einfache Leute wie Landarbeiter und Bauern, die nach französischem Vorbild plündernd und brandschatzend Freiheit und Gleichheit sowie die Abschaffung von Adelsprivilegien verlangten. In den Ballungszentren gestaltete sich die Lage hingegen weitaus komplizierter, denn dort machten eben nicht nur „bezahlte und betrunkene Handwerksburschen"[54] Randale, sondern hier trat die politische Programmatik des bürgerlichen Liberalismus mit seiner Grundforderung nach nationaler Einheit auf breiter Fläche in Erscheinung. So erfasste die Revolution zwar alle Volksschichten, aber ohne einheitliche Führung und homogene Struktur blieben die Zielsetzungen höchst widersprüchlich.[55] Der Histo-

Barrikadenkampf in Berlin.

riker Hans-Ulrich Wehler macht im zweiten Band seiner *Gesellschaftsgeschichte* vier untereinander verknüpfte Handlungsebenen aus, auf denen sich die Revolution vornehmlich abspielte: Bauernerhebungen, Massenaufläufe und -aufstände in den Städten, friedliche Volksversammlungen und Politikertreffen sowie das Verhalten der politischen Eliten.[56]

Die Wirrsal jener Tage in Berlin, wo man „zur Revolution" ging wie zu einem Theaterstück, beschrieb Roon in Briefen an seine Frau und Major von Schlegell als unmittelbarer Zeuge vor Ort in atemloser Aneinanderreihung einzigartiger historischer Authentizität. Dass er alle Revolutionäre generell als systemfeindlich verurteilte, liegt für einen aufstrebenden und der königlichen Familie nahestehenden preußischen Offizier am Tage, aber Roon mahnte zugleich zur Besonnenheit: „[...] und noch viel unangenehmere Verhältnisse können dadurch herbeigeführt werden, wenn man Mißgriffe macht und zu scharf auftritt, was leicht geschehen kann, da die Truppen im höchsten Grade erbittert sind."[57] Mulmig wurde ihm, als Nachrichten aus Wien eintrafen, dort habe man das Ständehaus gestürmt, Fenster der Hofburg eingeschlagen und ein Blutbad angerichtet. Als Fürst von Metternich fluchtartig Wien verließ, womit den Österreichern das stärkste Symbol von Reaktion und Restauration abhanden kam, und dem Habsburger Monarchen ein Verfassungsversprechen abgerungen wurde, schien der alten Herrschaftsordnung in der Tat die politische Macht zu entgleiten. Für Berlin zeitigten die Wiener Vorgänge ambivalente Auswirkungen: Die Hoffnung Bürgerlich-Liberaler auf eine Führungsrolle Preußens im Deutschen Bund wurde von der Furcht vor allzu spätem Handeln – Friedrich Wilhelm IV. hatte noch nichts Konkretes unternommen – konterkariert, das die Hohenzollern womöglich ins Abseits manövriert hätte.

Die aufgeheizten österreichischen Stimmungen kamen alsbald auf den Straßen Berlins an. Dort hatte der Prinz von Preußen seine Befugnisse als Kommandierender General des Gardekorps an den kriegserfahrenen, unnachgiebig-strammen General der Infanterie Karl von Prittwitz[58] übertragen, um sich selbst als vermeintlicher Scharfmacher („Kartätschenprinz") – als der er vom Volk gesehen wurde – aus der Schusslinie zu bringen. Aus Roons Briefen geht der deutliche Wunsch nach einer starken Hand hervor, doch von blindem Aktionismus und Umschießen einer Handvoll „Vagabunden" hielt er nichts. Er betrachtete das ganze Spektakel, das seiner Ansicht nach ohnehin „gar keine Wurzeln im eigentlichen Volk" habe, für einen törichten Tumult um des Tumults willen. 200 bis 300 Böswillige würden hetzen, 1.000 Hungrige und Betrunkene mitreißen und 5.000 bis 6.000 nur zusehen. Was solle das also alles? Der Einschätzung Roons ist rückblickend insofern zuzustimmen, als die große bürgerliche Mehrheit mit ihren klar gesteckten politischen Zielen keineswegs eine Revolution anstrebte, wohl wissend, dass die Sache im Fall einer militärischen Auseinandersetzung unwiederbringlich verloren sein würde. Sie strebte die behutsame Veränderung auf dem Weg von Verständigung und Kompromiss an.[59]

Als Roon am 17. März 1848 morgens über den Schlossplatz fuhr, vernahm er nicht einmal mehr Lärm oder Geschrei, obwohl er „viele Menschen, einzelne Männergruppen, mehrentheils aber umherlungernde Lehrburschen, Commis [Kaufmännische Angestellte, G. S.-W.], Kindermädchen u.a. Gesindel" sah. Es war die sprichwörtliche Ruhe vor dem Sturm, denn tags darauf, am 18. März, nachdem der König einer aufgepeitschten Menge morgens vor dem Schloss seinem Gefühl folgend weitreichende Zugeständnisse zugeworfen hatte, missdeuteten einige Soldaten den daraufhin einsetzenden allgemeinen Jubel als Fanfarenstoß zu revolutionären

Attacken – und schossen auf die königliche Weisung hin, den Schlossplatz zu säubern. „Dies das Signal zu Unerhörtem“, schreibt Roon. „Man schreit Verrath! Barrikaden in allen Straßen der Friedrichstadt. Der Telegraph meldet lebhaftes Feuer. [...] Entsetzliche Augenblicke. Was wird werden? Doch Gott lebt! Aus dem leichtsinnigen Waffengebrauch einer kleinen Patrouille kann doch keine Revolution entstehen.“[60]

Nachmittags folgten schwere Ausschreitungen, die in blutigen Barrikadenkämpfen gipfelten. Roon fasste blankes Entsetzen, um nach einer turbulenten Nacht am nächsten Morgen einigermaßen beruhigt feststellen zu können, dass der Kampf in Berlin zwar nicht definitiv, aber doch zugunsten der gesetzmäßigen Gewalt entschieden sei. Die Truppen seien mustergültig aufgetreten und hätten überall die Oberhand behalten.[61]

Genau genommen aber war das Gegenteil der Fall: Das alte Regime wich, der preußische Militärstaat kapitulierte. Der König hatte die Eskalation von Gewalt, mithin einen Bürgerkrieg, gefürchtet und daher in seiner Proklamation mit der angekündigten Reorganisation der Bundesverfassung und der Umwandlung des Deutschen Bundes in einen Bundesstaat quasi als Vorstufe zu einem liberalen Nationalstaat allen Forderungen nach- und den Soldaten den Befehl zum Rückzug gegeben. In seinem Aufruf „An meine lieben Berliner“[62] ließ sich ein ängstlicher König zu Seichtheiten hinreißen. Das Offizierkorps, das mit seinen 20.000 Mann eine militärische Lösung präferierte, war ob der Zugeständnisse der Krone konsterniert. Der als Oberbefehlshaber über die Truppen in Berlin verfügende Prittwitz erwog, den König aus der Stadt herauszuschleusen und diese anschließend mit überlegenen Kräften zur Kapitulation zu zwingen. Nach der Niederschlagung der Insurgenten und Rückkehr des Königs in sein Schloss könne Friedrich Wilhelm IV. die Konzessionen dann wieder rückgängig machen. Doch weder war der Monarch zur schnellen Abreise zu bewegen noch gelang es von Prittwitz, seiner Theorie durch entschiedenes Handeln die Praxis folgen zu lassen. Roon, der eine „Pöbeltyrannei“ fürchtete, vertraute sich bedrückt seiner Frau an, ohne aber den König direkt anzugehen:

„Ach, meine Seele ist betrübt bis in den Tod! Gott hat den bitteren Kelch nicht an uns vorübergehen lassen. Das Bitterste, was kommen konnte, ist da, wie es scheint: doch kommt vielleicht noch Herberes, wer weiß! Wir stehen vor den Thoren der Republik. – Nun höre! Man hatte allerdings die Barrikaden von Seiten des sogenannten Volks hinweggeräumt; man hat allerdings dem Könige, wie er gewünscht, eine Deputation geschickt, aber weder jene noch diese Maßregel kann als ein Akt der Unterwerfung angesehen werden, denn Tumult und Wuthgeschrei auf den Straßen dauern fort, und die Deputation hat nicht Verzeihung, sondern – neue Konzessionen verlangt. Die siegenden Truppen hat man unter Schmach und Beschimpfung zurück-, d. h. großentheils aus der Stadt gezogen! Die dort in Bewachung des Schlosses und Zeughauses Zurückgebliebenen sehen vielleicht die nächste Sonne nicht mehr, wenn es dem ‚souveränen Volke‘ gefallen sollte, auch die Tuillerien-Scene nachzuäffen und zu der Ermordung der Schweizer ein Seitenstück zu liefern. [...] Glücklich, wer jetzt noch jung, noch in neuen Bahnen lenken kann ohne Schmerzen, ohne einen Theil seiner Persönlichkeit aufzugeben, aber ich und meines Gleichen – o! da giebt es keinen Trost als den Kummer auszuschütten in ein treues Herz wie das Deine."[63]

Der 21. März bildete für das in seinen Grundfesten erschütterte Offizierkorps, das sich in jenen Tagen als die „preußischere", „königlichere" Kraft gegenüber dem preußischen König begriff, den vorläufigen Höhepunkt in einer von ihm so empfundenen demütigenden Tragikomödie: Mit schwarz-rot-goldener Armbinde und Kokarde sprach Friedrich Wilhelm in Berlin an verschiedenen Stellen zum Volk und huldigte den Gefallenen vom 18. März („Märzgefallene"). Vier Tage später kündigte er mit der Proklamation über die Einführung einer konstitutionellen Verfassung die Vereidigung des Heeres auf dieselbe[64] sowie die Verschmelzung von Linie, Land- und Bürgerwehr zu einem Volksheer an. Dieses Versprechen löste Friedrich Wilhelm IV. letztlich nicht ein; die Armee unterstand nach wie vor dem Befehl des Königs. Roon spottete: „Mögen sich die bewaffneten Herren Gevatter Schneider und Handschuhmacher selber schützen vor den lieben Proletariern, mit denen sie sich in der allgemeinen politischen Besoffenheit so intim liirt haben."[65] Hatte man schon zuvor hier und da das bisweilen unmilitärische Auftreten Friedrich Wilhelms IV. hinter vorgehaltener Hand kritisiert, so förderten diese Vorgänge Bestrebungen einiger Offiziere zu einer Gegenrevolution.

Der König, so die Argumentation, der sich auch der nunmehr 20-jährige Prinz Friedrich Karl anschloss, sei unfrei in seinen Entscheidungen und ohnmächtig zu seinen fatalen Entschlüssen gezwungen worden. Dieser widersprach derartigen Unterstellungen mit seiner Ankunft in der Potsdamer Garnison am 25. März. Er sei zum einen gekommen, ließ er die versammelten Offiziere wissen, um das Gerücht seiner Unfreiheit faktisch zu widerlegen, und zum anderen, um nach seiner Rückkehr nach Berlin das dort herrschende Misstrauen zu zerstreuen, in Potsdam bereite man gerade die Konterrevolution vor. Er, der König, sei nur unfrei in der Masse der zu erledigenden Geschäfte und ansonsten von dem heißen Wunsch beseelt, unter Mitwirkung seiner tapferen Armee das „einige Teutschland" zu schaffen.

Der Eindruck der königlichen Rede soll weder „tief noch allgemein" gewesen sein, aber eines wurde den Offizieren schlagartig klar: Auf die Politik konnten sie nicht vertrauen, und im Zweifelsfall auch nicht auf den Monarchen. Nur auf sie selbst würde Verlass sein: „Ja! Ich sage es unumwunden, das Heer, das ist jetzt unser Vaterland, denn hier allein sind die unreinen, gährenden Elemente, die alles in Frage stellen, noch nicht eingedrungen. Während in der übrigen Volksmasse die reineren mit den unreineren Stoffen in einem unentschiedenen Klärungsprozesse begriffen sind, in dem die letzteren das ganze Faß zu verderben drohen, steht das Heer in ungetrübter Klarheit und Reinheit wie ein alter edler Wein neben jungem, gährendem Most."[66] Roon grauste die Vorstellung, die preußische Armee werde zu einem „Haufen von erkauften Miethlingen" degenerieren, der rechtlos dem souveränen Willen „der Spießbürger und Proletarier" unterworfen sei.

Genährt wurde diese Erbitterung durch verschiedene Verfügungen, welche die Ausbildung an den Kadettenschulen, eingeschränkte Privilegien der Offiziere und die Militärjustiz betrafen. In diesen aufgewühlten Wochen festigte sich Roons Verständnis von einem preußischen Heer als künftigem Garant von Ordnung und Disziplin in der Gesellschaft – eine Ansicht, für die er später als Minister mit unerschütterlichem Willen einstehen sollte. Flammend-kämpferisch seine patriotische, mit dem Blick für soziologische Realitäten angereicherte Überzeugung, die er am Abend des 25. März zu Papier brachte: „Das Heer aber wird und will bei dem Erziehungsprozesse, in dem wir uns befinden, eine Rolle spielen, es hat ein Recht dazu. Preußens Größe verdankt es seinem Heere und namentlich seinem in kriegerischen Leistungen unübertroffenen Offizierstande. Dieser, der in neueren Tagen mit glänzendem Erfolge das mühsame Geschäft der Volkserziehung in die Hand genommen, hat eben deßhalb ein größeres Anrecht bei der Lösung der Fragen über die Gestaltung unserer staatlichen Verhältnisse als jenes Heer von brodlosen Literaten und Zeitungsschreibern, deren gesetzlosem Treiben und Wühlen es leider gelungen, alle Elemente zu einem entsetzlichen Sturme zu beschwören, der alles, was bis dahin hoch, heilig, würdig, sittlich war, zu vernichten droht und aus keinem anderen Grunde, als um in den trüben, schäumenden Fluthen ihre Fischlein zu fangen. – Der preußische, ja der gesamte deutsche Offizierstand hat seine volkserziehende Thätigkeit überall mit glänzendem Erfolge geübt. Durch diese mit Selbstentsagung und Mühseligkeiten aller Art verknüpfte, durch 35 Friedensjahre voll Anstrengungen nicht ermüdeten und weder mit Ehrenpokalen noch mit reichen Gehalten belohnte Thätigkeit ist unser Volk eben das tüchtige, kampfbereite, wehrhafte Volk geworden, das selbst in den anarchischen Gräueln der Gegenwart noch mit Sicherheit auf seine künftige Unabhängigkeit rechnen kann. Aber nur dadurch, nur durch diese Tüchtigkeit des verhöhnten Heeres und seiner verunglimpften Führer, nicht durch die hohlen, banalen Phrasen unserer modernen Demagogen ist jene nationale Kraft geschaffen worden, die unsers gemeinsamen deutschen Vaterlandes Unabhängigkeit zu sichern verspricht. Denn das Treiben dieser gewissenlosen Bande und ihrer verblendeten Nachbeter ist ihrer Natur nach nur niederreißend, zerstörend, auflösend; sie kann über die Negation nicht hinaus, wie sollte sie fähig sein zu schaffen, zu erhalten, die nationale Kraft zu stählen?"[67]

Ein einmaliges Zeugnis der Gesinnung Roons, die sich in den Revolutionstagen schärfte, und zugleich von einer bestechenden Programmatik, die Roon ohne Abstriche in den folgenden Jahren vertrat. Allerdings übersah er dabei, dass die alte Armee, auf die er sich berief und deren Leistungen er unentwegt pries, 1806 versagt hatte und die Siege in den Befreiungskriegen zwischen 1813 und 1815 von gänzlich anders motivierten Truppen (es ging um die Verteidigung der Heimat!) errungen worden waren. Davon war die gegenwärtige Armee, 1848 klar die Vertreterin konservierter Machtstrukturen, weit entfernt. Diese Sicht der Dinge wie auch die Verurteilung der Zeitungsmacher, die nach jahrzehntelanger Pressezensur nun in steigendem Maß die Öffentlichkeit bestimmten, sind dem 45-Jährigen indes kaum vorzuwerfen. Roon war durch und durch preußischer Offizier, der politischen Strömungen und vermeintlichen Erneuerungen nicht nur kritisch, sondern von vornherein strikt ablehnend gegenüberstand, sobald sie das Allerheiligste anrührten – die Krone. Ihn umgab im Gegensatz zu Bismarck schon in jungen Jahren nichts Mystisches, nichts verführend Mobilisierendes, nichts Originäres, Singuläres, nichts, was ihn von zahlreichen anderen Offizieren unterschieden hätte – abgesehen vielleicht von seinem Dickschädel, der dem pommerschen Landadel zu eigen ist. Stürmische, dem eigenen Dasein dienliche Geschäftigkeiten, Intrigen und Ränkespiele, witterndes Abwarten, berechnendes, instinktsicheres Zuschlagen im richtigen Augenblick – Disziplinen, die Bismarck nicht erst als preußischer Ministerpräsident und dann deutscher Kanzler virtuos beherrschte – verabscheute der ebenso aufrichtige wie geradeaus denkende und handelnde Erzmonarchist Roon sein Leben lang.

Anders als Bismarck ließ er sich weder von irdischen Eitelkeiten verführen noch strebte er sichtbar macht- und einflussreiche Positionen an. Ein egomanischer Ehrgeizling und skrupelloser Karrierist war er ebenfalls nicht, seine Chancen ungenutzt vorbeiziehen lassen wollte er aber auch nicht. Er diente unter dem König und verstand sich als Diener des Königs, legte aber später, als Kriegsminister, mitunter auch Zeugnisse seiner Eigenständigkeit gegenüber dem Souverän ab. Seinen Gehorsam vollständig zu versagen, auch wenn der König anders verfuhr, als Roons Weltanschauung es erhoffte, kam ihm jedoch nicht in den Sinn. Es war völlig klar, dass sich Roon einer gegen seinen Herrn gerichteten Aktion, wie sie 1848 in Paris stattfand,[68] selbst unter einem mitreißenden Anführer niemals angeschlossen hätte. Ganz anders präsentierte sich auch hier Otto von Bismarck, der am 20. März in Potsdam eingetroffen war und vom Fleck weg rastlos in alle Richtungen die Lage und Stimmungen sondierte.[69] Ihm ging es um die Erhaltung der monarchisch-aristokratischen Ordnung, die er gefährdet sah, wenn nötig, auch gegen den König; diesbezügliche Bestrebungen, u.a. in Gesprächen mit den Generalen von Prittwitz und von Möllendorf[70], gab es wohl, aber der junge, noch nicht mit dem dazu notwendigen Einfluss versehene Abgeordnete Bismarck war noch nicht in der Lage, die Kräfte zu bündeln. Gleiches galt für das Militär.

Schon am 29. März trat das liberale Ministerium unter Ludolf Camphausen in Preußen zusammen, und die preußische Nationalversammlung wurde nach Berlin berufen. Zwei Tage später fand sich mit Zustimmung des Bundestages das sogenannte Vorparlament in Frankfurt am Main ein – von Roon als „Frankfurter Kohl“[71] tituliert – zwecks Einsetzung einer Nationalversammlung zur Feststellung einer deutschen Reichsverfassung. Darüber hinaus beschloss diese Übergangsinstitution die Wahl einer deutschen Nationalversammlung durch teils eingeschränktes, allgemeines und gleiches Wahlrecht im Bundesgebiet, Schleswig und den nicht zum Deutschen Bund zählenden preußischen Provinzen. In Berlin wurde es daraufhin ruhiger, auch wenn nicht alle Aufgeregtheiten sich legten, und die königliche Familie, die in Teilen das Weite gesucht hatte, fand im Schloss wieder zusammen. Auch Roon beruhigte sich und traf Anfang April in Bonn ein, um Frau und Kinder abzuholen und mit ihnen einige erholsame Wochen in Pommern zu verbringen.

Unterdessen breitete sich das revolutionäre Treiben in den übrigen deutschen Bundesstaaten aus. Der bayerische König Ludwig I. dankte zugunsten seines Sohnes Maximilian II. ab, und in Baden versuchte sich eine gegen Grundbesitzer gerichtete Bauernerhebung unter dem Mannheimer Rechtsanwalt Friedrich Hecker sowie seinem linksradikalen Gesinnungsgenossen Gustav Struve (später Offizier im Amerikanischen Sezessionskrieg) und dem Dichter Georg Herwegh. Der Bund reagierte umgehend mit der Entsendung von 14 Bataillonen, zehn Schwadronen und 20 Geschützen badischer, württembergischer und hessischer Truppen, insgesamt ca. 30.000 Mann, die auf Befehl von General Friedrich von Gagern[72] den unsystematischen Unternehmungen der badischen Freischaren rasch entschieden entgegentraten. Gagern selbst wurde während Unterhandlungen getötet. Unmittelbare Folge war die Entzweiung von Liberalen und Radikalen, was dem konservativen Lager nur recht sein konnte und war. Zu der Sorge, die extreme Auswüchse und handstreichartige Aktionen den Autoritäten bereiteten, gesellte sich das Problem fremder Nationalitäten, etwa in Norddeutschland.

Aber auch in Polen rumorte es, wo man die Revolutionsbestrebungen im Westen als einmalige Gelegenheit zur Wiedergeburt der eigenen großen alten Republik in den Grenzen von 1772 ansah. Die Revolution von 1830 in Russisch-Polen hatte in der polnischen Bevölkerung Begehrlichkeiten geweckt, die durch preußische Truppen erstickt wurden, ebenso 1846.[73] Die Aufrührer wurden in Berlin festgesetzt. König Friedrich Wilhelm IV. gewährte ihnen jedoch am 20. März 1848 Amnestie, woraufhin diese sofort nach Posen eilten, um abermals Stimmung zu machen. Dort trieben polnische Nationalisten ihr Unwesen, die mit der von der Regierung angeordneten Reorganisation des Landes unzufrieden waren und nicht hinnehmen wollten, dass deutsche Distrikte mit benachbarten Provinzen vereinigt würden und die polnischen unter eine nationale Verwaltung gerieten. Stattdessen stellten sie eigene Ansprüche und forderten deren Umsetzung – notfalls mit Waffengewalt. Preußen reagierte umgehend und schickte 33.000 Mann unter dem Kommandierenden General der Kavallerie Peter von Colomb[74]. Der Aufruhr, begleitet von hässlichen Ausschreitungen gegen deutsche und jüdische Zivilisten, endete erst am 11. Mai.

Wieder in Berlin, wo die Auspizien zur Aufrechterhaltung der öffentlichen Ruhe günstig zu sein schienen, klagte Roon, dass General Krauseneck noch immer nicht wirklich etwas mit ihm anzufangen wisse, während am 23. April preußische und

Albrecht von Roon, um 1835. Das Gemälde befand sich auf Schloss Krobnitz und ist seit 1945 verschollen.

holsteinische Truppen bei Schleswig gegen die Dänen gesiegt hatten. Im März hatte der dänische König Christian VIII. die Trennung des überwiegend deutsch besiedelten Herzogtums Schleswig (dänisches Lehen) von Holstein (als deutsches Lehen Mitglied des Bundes, über Personalunion an Dänemark gebunden) und per Verfassung die Einverleibung in das dänische Königreich verfügt. Daraufhin beschied der Bundestag die gewaltsame Räumung Schleswigs von dänischen Truppen, um Dänemark an einer Annektierung des Herzogtums zu hindern.[75]

Die Intervention Preußens und des Deutschen Bundes führte zur Niederlage der Dänen bei Schleswig. Roon war von dem Triumph in Norddeutschland, wenngleich dieser die innenpolitischen Konflikte bei allem Hochgefühl nationaler Begeisterung dennoch nicht zu überlagern vermochte, sichtlich berührt und dies umso mehr, als „sein" Prinz dabei gewesen war. Er wünschte sich dorthin, „nicht um Lorbeeren zu sammeln, sondern Erfahrungen"[76], aber seine Vorgesetzten wollten, dass er die Zeit mit Rechnereien und Kalkulationen zubrachte, einer trostlosen, öden Beschäftigung, wie er glaubhaft versicherte. Seine Stimmung hellte sich auch nicht auf, als ihm Krauseneck die Ernennungsurkunde zum Direktor der topografischen Abteilung des Generalstabs überreichte, hieß dies doch, dass Major Roon bis auf

Anna von Roon, um 1835. Auch dieses Bildnis ist Kriegsverlust.

Weiteres in Berlin am Schreibtisch Platz nehmen musste, anstatt, wie es sein sehnlichster Wunsch war, zur Truppe versetzt zu werden.

Anfang Mai, als die Bildung und Aufstellung einer Bundesarmee von 50.000 Mann, darunter 20.000 Preußen, in Nürnberg verfügt wurde, rechnete Roon darauf, mit zur Reserve-Armee entsandt zu werden. Doch daraus wurde nichts. Wenn auch beruflich zu diesem Zeitpunkt demotiviert, nahm er dennoch die innen- und außenpolitischen Nachrichten mit Optimismus zur Kenntnis. „Glücklicherweise", ließ er am 9. Mai 1848 seinen Intimus Schlegell wissen, „hat unsre gute Armee durch ihre Thaten in den Straßen von Berlin, wie zwischen den Hecken der cimbrischen Halbinsel und in den Blutscenen der neuesten polnischen Vesper ihren edlen Metallgehalt bewahrt, so daß sich unsere modernen Weltverbesserer vorläufig noch schämen daran zu rütteln und auch unsre Offiziersbildungsanstalten, wenngleich vielleicht mit einem dreifarbigen Anstrich, bestehen lassen werden."[77]

Kurz darauf reiste Roon nach Pommern, um seine beiden ältesten Söhne dem Kadettenhaus in Wahlstadt anzuvertrauen. Danach erfüllte sich endlich auch sein Wunsch, zur Truppe überwiesen zu werden: Er wurde zum Generalkommando des VIII. Armeekorps (als Nachfolger Major von Moltkes[78]) an den Rhein versetzt, das seit Juni von General von Hirschfeld[79] befehligt wurde. Dessen Vorgänger, General Schreckenstein (1789–1858), war als Leiter des Kriegsministeriums nach Berlin befohlen worden. Roon schätzte sich überglücklich, dass ihn das Schicksal nach Koblenz geführt hatte, wo er eigener Aussage zufolge eine gute und gesetzliche Volksstimmung wahrnahm, auch wenn es dort einen revolutionären „Klubb" gebe, dessen Tendenzen aber im Ganzen erträglich seien. Anders war es in den Großstädten wie Köln, Heidelberg, Mannheim oder Frankfurt, in denen es nach wie vor gärte und man jederzeit mit Aktionen rechnen musste, wenn in Berlin Signale gegeben würden. Doch es war nicht Berlin, sondern Paris, in dessen Straßen man sich im Juni schlug, und Prag, wo der Pfingstaufstand tschechischer Radikaler die Gemüter auch am Rhein in Wallung brachte.

Unterdessen hatte das Parlament in Gestalt der Deutschen Nationalversammlung in der Frankfurter Paulskirche unter ihrem Präsidenten, dem liberalen hessisch-darmstädtischen Minister Heinrich von Gagern, am 18. Mai seine Arbeit aufgenommen, was Roon abschätzig kommentierte: Die jetzige Versammlung werde keinerlei Aussicht auf Besserung oder gar einen Hoffnungsschimmer bieten. Am 28. Juni 1848 wurde das „Reichsgesetz über die Einführung einer provisorischen Zentralgewalt für Deutschland" erlassen. Einen Tag später erfolgte die Wahl des österreichischen Erzherzogs Johann zum deutschen Reichsverweser (von Roon als „Nothdach" bezeichnet), dem durch Gesetz die provisorische Reichsgewalt oblag. Mit dieser rechtlichen Konstituierung stand ein geeignetes Reichsexekutivorgan für die Übernahme von Kompetenzen der Bundesversammlung zur Verfügung.[80]

Der Stabsoffizier erkannte zu diesem Zeitpunkt ganz offenbar nicht die Tragweite dieser historischen Ereignisse, denn das Zusammentreten der Nationalversammlung bedeutete die faktische Entmachtung des Bundes (obgleich seine Institutionen weiter Bestand hatten), und die Bundesversammlung erklärte ihre Tätigkeiten nach der Ernennung Johanns für beendet. Roon verharrte in den Monaten des Hochsommers 1848 auf politischen Allgemeinplätzen, da die Verhältnisse in jenen Tagen ohnehin so plötzlich wechseln würden „wie in einem Guckkasten". Über seine tägliche Arbeit dieser Zeit ist nichts zu erfahren, aber er lamentierte viel: „Ach, diese Zeit. Diese Zeit, die jedes Behagen in der Gegenwart unmöglich macht, die nur die Wehmuth über die Vergangenheit und die Sehnsucht nach einer besseren Zukunft übrig läßt, – wann wird sie enden?"[81] Roon hoffte innigst auf die vollkommene Rückkehr eines ordnungsgemäßen Zustandes, man spürt bei der Lektüre seiner Schreiben, die an den Charakter von Tagebüchern heranreichen, regelrecht seine Ohnmacht, den Dingen nur zusehen und – noch – nicht aktiv einschreiten zu können.

Chef des Generalstabs des VIII. Armeekorps

Einige Tage bevor Preußen auf britisch-russischen Druck hin mit Dänemark den Waffenstillstand von Malmö schloss,[82] machte eine Allerhöchste Kabinettsorder Roons Ungewissheit über seine berufliche Zukunft ein Ende. Damit wurde er zum Chef des Generalstabs des VIII. Armeekorps ernannt, eine Stellung, die er zu einem früheren Zeitpunkt nicht unbedingt angestrebt hatte, weil sich mit ihr ein Grad an Verantwortung verband, die ihm damals missfiel. Nach nur kurzer Zeit aber fühlte er sich doch wohl und in seiner neuen Position angekommen, wie er am 8. September seiner Frau schrieb: „Meine Stellung ist eine so angenehme und zugleich bedeutende, daß ich vollkommen zufrieden bin, wenn nur die allgemeinen Verhältnisse sich bessern."[83] Auch mit seinem unmittelbaren Vorgesetzten, General von Hirschfeld, kam er gut aus, sodass für Roon die Dinge persönlich zum Besten standen. Mit den politischen Umständen aber haderte er ein ums andere Mal.

Als die Frankfurter Nationalversammlung unter Führung des Liberalen und Historikers Friedrich Christoph Dahlmann[84] mit einer eher zufälligen linken Mehrheit den preußisch-dänischen Waffenstillstand verwarf und das Reichsministerium daraufhin zurücktrat, witterte Roon darin eine Demütigung und Schwächung Preußens in Deutschland. Preußen, das seit dem Siebenjährigen Krieg und der erfolgreichen Herausforderung Österreichs unbestritten Großmacht war, litt seitdem unter dem Albdruck, an Position gegenüber den Habsburgern zu verlieren, denn wer von beiden fürderhin die Suprematie ausüben würde, war unklar. Der gemeinsame Kampf gegen Napoleon hatte die Spannungen überdecken, nicht aber aus der Welt schaffen können, und dass beide Mächte seit 1815 das Rückgrat des Deutschen Bundes bildeten, schob den alten Streit lediglich in den Hintergrund. Preußen war 1848 auf dem Weg zu einem Verfassungsstaat (während an der Donau noch absolutistisch regiert wurde) mit einem König, dessen außen- wie auch innenpolitisch zaudernde Haltung konservative Landesgenossen fürchteten.[85]

Würde Friedrich Wilhelm IV. jetzt innenpolitischen Querelen nachgeben, so Roons Überzeugung, gelangte die Revolution zu einem „entscheidenden Sieg". Dann könne Preußen sein „Schwanenlied anstimmen" und der Monarch „in England eine Zuflucht suchen".[86] Die Versammlung, die alle nur in Unruhe zu bringen drohe, müsse aufgelöst werden, selbst auf die Gefahr hin, eine andere, ebenso schlechte zu bekommen. Denn die bestehende maße sich eine Souveränität an, die ihr nicht gebühre und schlage zugleich der Armee ins Gesicht. Was die Preußische Nationalversammlung vorschlug, musste konservative Kreise in der Tat empören: Einführung der allgemeinen Volksbewaffnung, Einschränkung der königlichen Kommandogewalt, Vereidigung des Heeres auf die Verfassung, Wahl der Vorgesetzten durch die Untergebenen, aktives Wahlrecht der Militärs, Auflösung des Gardekorps und der Kadettenanstalten als monarchistische Kaderschmieden und die Abschaffung der Ehrengerichte, um nur einige Punkte zu nennen.[87]

Darüber hinaus sollte die Nationalversammlung in einer neuen Staatsverfassung die Aufforderung an alle Offiziere verankern, sich zu der neuen Ordnung zu bekennen oder die Armee zu verlassen. Dieser Angriff auf Privilegien und Rechte der alten, vorkonstitutionellen, aristokratischen militärischen Ordnung erschütterte das Offizierkorps in seinen Grundfesten. Die geforderte Gleichmacherei, die Abschaffung von Adel, Orden und Ehrenzeichen war ein Affront sondergleichen und beförderte das ohnehin vorhandene Streben der Armee(führung), als unangefochtene Stütze des Systems aufzutreten. Zwar zeigte sich auch eine Minderheit von Offizieren empfänglich für die Belange von Revolution und Demokratie, doch in der Breite wurde diese von der preußischen Militärtradition konsequent eingedämmt.[88]

Sichtbarer Höhepunkt der Spannungen war der sogenannte Huldigungserlass[89] des seit dem 15. Juli 1848 amtierenden Reichskriegsministers General von Peucker[90]. Obwohl dieser preußischer Offizier und so an den Willen seines Königs gebunden war, neigte er zur Durchsetzung des Reichswillens gegenüber den Einzelstaaten. Er ordnete für den 6. August in allen Garnisonen eine Parade an, in deren Verlauf die Truppen ein dreifaches „Hurra“ auf den Reichsverweser ausbringen und dabei die deutschen Farben Schwarz, Rot und Gold als Kokarden und an den Fahnen tragen sollten. Die preußischen Soldaten hatten schon dem Dekret vom 21. März 1848 folgend eher widerwillig die Reichskokarde angelegt und werteten diese Anweisung Peuckers als weiteren Schritt auf dem Weg in eine gänzliche Handlungsunfähigkeit gegenüber der Frankfurter Zentralgewalt. Über diesen Huldigungserlass, mit dem der von Frankfurt eingesetzte österreichische Erzherzog Johann als oberster Kriegsherr aller deutschen Kontingentheere symbolhaft anerkannt worden wäre, kam es zu heftigen Auseinandersetzungen mit den Einzelstaaten.[91] Während die deutschen Klein- und Mittelstaaten schließlich Folge leisteten, entzog sich Preußen dem Vollzug.

In einer Broschüre[92] des preußischen Kriegsministeriums legte man Verwahrung dagegen ein, „daß dies Schattenreich in Frankfurt den deutschen Regierungen und vor allen Dingen Preußen auf diese Weise den Todesstoß geben will. [...] Österreich, machtlos wie es ist und auf lange Zeit bleiben wird, spricht jetzt als solches nicht mit und geht, wenn es sich wieder konsolidiert haben wird, nicht in Deutschland auf. Seine außerdeutschen Landesteile sind überwiegend, und die außerdeutschen Truppen bilden den größeren Teil seiner Armee.“ Preußen hingegen stelle sein ganzes Heer zum Schutz Deutschlands, für das es in den Befreiungskriegen das Blut seiner besten Söhne geopfert habe, als Bayern und Württemberger, Badener und Nassauer, Hessen und Sachsen noch in den Reihen der Unterdrücker Deutschlands gestanden hätten. Preußen müsse an der Spitze Deutschlands stehen, und das Recht zu dieser

Forderung habe Berlin allemal, „damit diese Frankfurter begreifen lernen, daß der König von Preußen, daß die 16 Millionen des preußischen Volkes, die eine halbe Million Streiter ins Feld stellen, mit einem anderen Maßstabe gemessen werden müssen wie etwa der Fürst von Liechtenstein, dessen Volk von 6.000 Seelen die Reichsarmee mit 55 stärkt“. In preußischen Garnisonen fand die Parade nicht statt.

Die allgemeine Krise, deren Ausgang freilich nicht prognostizierbar war, begriff Roon als Chance zur persönlichen Bewährung; denn ein Posten, auf den man von Gott gestellt werde, dürfe nicht eher verlassen werden, als bis man unnütz geworden sei. Aus seinen Zeilen sprach der tiefgläubige Christ. Den Allmächtigen bemühte er in fast jedem Brief, jedem Schreiben, denen er ob der unsicheren politischen Lage stets den Ausdruck größter Besorgnis verlieh. „Hilf mir beten, daß wir in der Finsterniß, die uns tiefer und tiefer zu umhüllen scheint, den einzigen noch übrigen Leitstern nicht verlieren: das Vertrauen auf unsers Herrgotts Güte und Vatertreue; ich leugne nicht, daß ich zuweilen recht kleingläubig bin, wenn ich mich auch dagegen wehre.“[93]

Am 18. September kam es in Frankfurt zu einem Volksaufstand, in dessen Verlauf die beiden Abgeordneten Felix Fürst von Lichnowsky und General Hans von Auerswald ermordet wurden und sechs Soldaten ihr Leben verloren. Zwar stellten preußische, österreichische und hessische Truppen (also des Bundes) die öffentliche Ordnung schon am folgenden Tag wieder her. Ein Chronist notierte: „Die Demokraten haben heute nachmittag eine große Volksversammlung auf der Pfingstheide gehalten. Außer dem berüchtigten Metternich von Mainz haben die Abgeordneten Schlöffel, Simon von Trier und Wesendonck gesprochen und aufgefordert, die Nationalversammlung zu sprengen, die Zentralgewalt aufzuheben und die Republik zu proklamieren. Morgen soll es losgehen.“[94] Es konnte kein Zweifel darüber bestehen, dass der Aufruhr die Autorität der deutschen Nationalversammlung schwer erschütterte durch ihre mehr als augenfällige Schwäche gegenüber der gut organisierten revolutionären Linken.

Als auch in Köln Krawalle anhoben, notierte Roon, dass „wir hier nächstens auch einen kleinen Tanz [haben werden], da ein Bataillon des 29. Regiments von hier abrücken soll“[95]. Jetzt schlug seine Stunde als Generalstabschef, denn es erging nicht nur Befehl an ein Bataillon, sondern – wie sich um den 20. September herum herausstellte – an 35 Bataillone und 16 Eskadronen[96] mit entsprechender Artillerie, Pionieren und Landwehr-Einheiten, in die Provinzen und anliegenden Landschaften abzurücken. Roon oblag die gesamte Organisation der Truppenbewegungen, was ihm bei rund 35.000 Mann durchaus einiges Geschick abverlangte. Sorgenvoll ging sein Blick auf das rumorende Berlin, wo 40.000 Preußen standen und auf ihren Einsatz warteten, den auch er selbst geradezu herbeisehnte: „Zaudert man noch länger, so werden sich alle Bande lösen, und auch die letzte Säule des Thrones nicht allein, sondern unserer gesamten christlichen Gesittung, das Heer, wird zusammenbrechen, und auf den rauchenden Trümmern wird der verwilderte und entsittlichte Pöbel einen schauderhaften Teufelsdienst errichten. Aber das kann Gott nicht zulassen."[97]

Zwischen dem 21. und 25. September tobte der zweite badische Aufstand. Gustav Struve rief in Lörrach wiederholt die deutsche Republik aus, doch seine Worte fanden nicht den erhofften Widerhall bei den Massen – die Bauern auf dem Lande interessierte die Demokratie zu wenig, und große Städte mit ihren explosiven Leidenschaften gab es im Südwesten kaum. So setzten badische Truppen bei Staufen (nahe Freiburg im Breisgau) dem Treiben ein rasches Ende. Vorübergehende Ruhe trat ein, auch in Köln, wo die Bürgerwehr entwaffnet und der Belagerungszustand wieder aufgehoben wurde. Schon in den ersten Oktobertagen konnte sich Roon etwas zurücknehmen und seine Frau sowie die vier jüngsten Kinder in Koblenz begrüßen, auch wenn ihn die Sorgen weiterhin in Hochspannung hielten.

Für den weiteren politischen Fortgang entscheidend war die Annahme eines Entwurfs zur Reichsverfassung durch die Frankfurter Nationalversammlung. Danach durfte kein Teil des Deutschen Reiches mit nichtdeutschen Ländern zu einem Staat vereinigt sein, und nach § 3 zwischen einem deutschen und einem nichtdeutschen Land, die beide von demselben Staatsoberhaupt geführt würden, nur eine Union in der Person des Herrschers bestehen. Beides stand in eklatantem Widerspruch zu den Interessen der Wiener Regierung, die Österreich als Vielvölkerstaat unter allen Umständen erhalten wollte und den Verzicht auf nichtdeutsche Landesteile ablehnte.[98] Wien, dessen Kabinett in schwerem Konflikt um die Behauptung seiner Herrschaft in Lombardei-Venetien und in Ungarn stand und das die Auswirkungen unmittelbar zu spüren bekam, versank im Chaos.[99] Kriegsminister Theodor Graf Baillet von Latour wurde ermordet, das Zeughaus geplündert, Kaiser Ferdinand begab sich unter diesen Umständen nach Olmütz.

Um den revolutionären Radikalismus in Wien zu ersticken, hätte es von Rechts wegen einer Bundesexekution bedurft, doch die österreichische Regierung war nicht bereit, der Frankfurter Zentralgewalt die Kompetenz zur Einmischung in innerösterreichische Angelegenheiten zu gewähren. Dass sich zudem die Linke der Frankfurter Nationalversammlung auf die Seite der Aufständischen schlug und ihre Fraktionen gewählte Volksvertreter zur Unterstützung nach Wien entsandte, erleichterte den Entschluss zur Tat: Der österreichische Feldmarschall Alfred Fürst zu Windischgrätz[100] marschierte mit seinen Truppen in alleiniger Verantwortung auf die Hauptstadt zu. Kriegsrecht herrschte. Nach heftigen Kämpfen konnte die Metropole der Donau-Monarchie am 31. Oktober von Regierungstruppen eingenommen werden. Mehrere Tausend Tote, eine brennende Stadt und die faktische österreichische Entscheidung gegen eine „großdeutsche" Lösung, also die Teilnahme Österreichs an einem künftigen deutschen Staat, waren die bittere Bilanz, die noch ungeahnte Folgen zeitigen sollte.[101]

Die blutig-dramatischen, revolutionären Vorgänge in Wien trugen dazu bei, die Glut auch in Berlin wieder anzufachen, und die standrechtliche Erschießung (nicht nur) des linken Paulskirchen-Abgeordneten Robert Blum durch kaiserliche Truppen in Wien, der sich an der dortigen Bewegungen aktiv beteiligt hatte, bot zusätzlichen Zündstoff.[102] Da Blum aber nicht als Bevollmächtigter der Nationalversammlung, sondern als Emissär seiner Fraktion ohne jegliche staatsrechtliche Legitimation fungiert hatte, stand er nach österreichischem Gesetz unter Kriegsrecht und konnte daher des Hochverrats schuldig gesprochen werden. „Die Hinrichtung Blum's usw.", so sah es Roon in seinem regen Briefwechsel mit seinem guten Bekannten Oberstleutnant Fischer, „wird der Rechten und dem Reichsminister morgen einen heißen Tag bereiten; aber ihr Sieg ist unumgänglich nöthig. Stellt man sich in Frankfurt auf die Seite von Unruh [Präsident der Preußischen Nationalversammlung, G. S.-W.] und Consorten, so ist es auf immer vorbei mit den altpreußischen Sympathien für die Zentral-Gewalt. Möglich, daß in dem dann heiß entbrennenden Kampfe unsere Regierung, unser Preußenthum für immer vernichtet wird, aber nach diesem Selbstmorde wird das erstrebte Ideal eines großen, einigen, starken Deutschlands auf den rauchenden Trümmern des Vaterlandes gleichfalls für immer zerrinnen, das ist mir unzweifelhaft!"[103] Das Leitmotiv seines späteren Handelns schien in diesen Tagen – und den zu dieser Zeit entstandenen Schriftzeugnissen – erstmals deutlich hervor.

Die Frankfurter Nationalversammlung, die sich auf die Reichszentralgewalt berief, verwahrte sich gegen das Wiener Urteil. „Der Prozeß Blum erlangte damit eine grundsätzliche Bedeutung. Durch seine Intransigenz offenbarte das Wiener Kabinett sein Programm, das darauf gerichtet war, Deutschland in den Status des Staatenbundes zurückzuversetzen."[104] Berlin verwandelte sich in einen Hexenkessel, doch der gemäßigte, Reformen offen zuneigende preußische Kriegsminister von Pfuel dachte nicht daran, den Belagerungszustand zu verhängen, was u.a. seinen Rücktritt erzwang[105] und zur Bildung eines konservativen Ministeriums unter General Friedrich Wilhelm Graf von Brandenburg[106] führte. Dieser signalisierte gemeinsam mit seinem Kriegsminister, General von Strotha (1786–1870), die Bereitschaft zum Staatsstreich, der per Befehl Friedrich Wilhelms IV. mit der verfassungswidrigen Verlegung und Vertagung der preußischen Nationalversammlung fernab der Hauptstadt nach Brandenburg am 27. November tatsächlich ins Werk gesetzt wurde.

Als die Mehrheit der Abgeordneten – ohne die effektive Macht oder irgendein Druckmittel zu besitzen – gegen die königliche Weisung mit dem Argument opponierte, dieses Verlegungs- und Vertagungsdekret sei rechtsunwirksam, ließ der Oberkommandierende, General Friedrich von Wrangel[107], am 10. November kurzerhand in Berlin einrücken und verhängte vier Tage später das Kriegsrecht über die Stadt. Dem Fingerspitzengefühl und der Bedachtsamkeit Wrangels war es zu verdanken, dass letztlich kein Blut floss. Die Aufregungen wirkten in die rheinische Provinz, in der Roon lebte und arbeitete, nur marginal hinein. Er selbst sah nicht ohne gewisse Erwartungen einen alleinigen Ausweg aus dem Dilemma: „Das Recht muß mit Gewalt behauptet werden, oder die Verwilderung wird allgemein, und Deutschland, ein Spott des Auslandes schon jetzt, muß künftig die Knute als Freiheits-Symbol begrüßen."[108] Weitere Szenarien, sollten sie denn ins Rheinische hinüberschwappen, fürchtete er nicht, weil die Truppen auch in der Provinz „sämmtlich voll des besten Geistes" seien, „besonders die rheinischen, auf die ich unbedingt rechne, daß sie jederzeit ihre Schuldigkeit thun werden, wenn man sie vernünftig anführt". Helmuth von Moltke übrigens erklärte sich ähnlich: „Alle Maßregeln sind getroffen, wir (sind) auf Alles gefaßt. Unsere prächtigen Sachsen stehen von Worms bis Berlin."[109]

An der Spree blieb Gewalt zwar aus, wohl aber kam es zu einer bestimmten, an Eindeutigkeit nicht zu übertreffenden Demonstration militärischer Macht. Mit gesenkten Bajonetten ließen sich linke politisierende Vereine und die Bürgerwehr leicht auflösen, die Presse und die verhasste Nationalversammlung[110] an die Wand drücken. Nach ihrem Selbstverständnis tat die Truppe nichts anderes, als lediglich tradiertes, durch gefährliche Wirrköpfe verletztes Recht quasi in Notwehr wiederherzustellen: die Armee als alleiniger Retter des Staates, den sie vor dem Schlimmsten, dem vermuteten Absturz in die Anarchie, zu bewahren hatte. Diese Haltung vertrat die überwiegende Mehrheit konservativer Kreise und der Offiziere, die in dem „Coup d'Etat" darüber hinaus das finale Mittel deuteten, die unsägliche Diskussion um eine Vereidigung des Heeres auf die Verfassung endgültig und für immer beendet zu sehen. Kriegsminister von Pfuel hatte am 23. September 1848 den Verfassungseid für Offiziere angekündigt („Anti-Reaktions-Erlaß"), der in dem Verfassungsentwurf seines Nachfolgers ebenfalls enthalten war.

Nach Auseinandersetzungen mit Friedrich Wilhelm IV. hatte man die Eidesformel verworfen und sich auf ein bloßes „Verfassungsversprechen" verständigt – eine hohle Formel, da die Verfassung noch keinen Bestand hatte. Es blieb beim Fahneneid nach der Kabinettsorder vom 5. Juni 1831.[111] Die Gefahr einer Verbürgerlichung des Offizierkorps, also eines verfassungsrechtlichen Status' gewöhnlicher verbeamteter Staatsdiener, war somit gebannt.

Die Armee stellte nicht nur ihre absolute Königstreue unter Beweis, sondern sie holte v. a. den allzu abwartenden und zögerlichen Monarchen in den Schoß reaktionär-legitimistischer Überzeugungen zurück und ließ keinen Zweifel daran, dass sie die „kleindeutsche" Variante unter preußischer Vorherrschaft und unter Ausschluss Österreichs bevorzugte. Die Situation verschärfte sich, als der neue Ministerpräsident und Außenminister in Wien, Felix Fürst zu Schwarzenberg, in seiner Regierungserklärung am 27. November 1848 der konstitutionellen Monarchie das Wort redete und im gleichen Atemzug den Frankfurter Verfassungsentwurf in Bausch und Bogen verwarf.[112] Schwarzenberg war fest entschlossen, den staatsrechtlichen Status quo ante nicht nur für sein Österreich, sondern auch für Deutschland wieder herzustellen: „Österreichs Fortbestand in staatlicher Einheit ist ein deutsches wie europäisches Bedürfnis." Er hatte Frankfurt einen Wink gegeben, und dort sammelten sich nun Kräfte, um die Verbindung zwischen einer „großdeutschen" und der österreichischen Lösung zu schaffen, sprich: die Verwirklichung eines 70-Millionen-Reiches (40 Millionen Österreicher und 30 Millionen Deutsche) als Staatenbund: „So bedeutend diese Idee einer nationenumgreifenden mitteleuropäischen Einheit erscheinen mag – sie hätte sich im 19. Jahrhundert angesichts der ständig wachsenden Stärke des Nationalstaatsgedankens nicht verwirklichen lassen. [...] Die deutschen Liberalen und Demokraten hatten sich erhoben, um die nationalstaatliche Einheit aller Deutschen herzustellen, nicht aber, um viele Millionen nichtdeutscher Mitbürger zu gewinnen, die als Untertanen eine Belastung, als Wähler aber eine Gefahr für den neuen Staat hätten werden müssen."[113]

Die Abgeordneten des rechten Zentrums plädierten indessen für den kleindeutschen Nationalstaat, in dem die preußische Hegemonie als Voraussetzung gelten durfte, und sie befanden sich damit im Einklang mit den Vorstellungen von Ultras, Rechten, Konservativen, vielen Vertretern der bürgerlichen Mitte „draußen" im Land und natürlich dem Offizierkorps.

Just in diesen politisch-militärisch hochgradig brisanten Novembertagen erreichte Roon eine für ihn völlig überraschende Nachricht: ein königliches Anliegen, das auszuschlagen sich eigentlich verbat – und das er dennoch ablehnte, weil ihm weder die Zeit noch die Umstände geeignet schienen. Schon während seiner Tätigkeit als Studienbegleiter des Prinzen Friedrich Karl waren Roon seitens der preußischen Herrscherfamilie mehrfach Andeutungen zugetragen worden, ob er sich nicht vorstellen könne, einst auch die Führung des jungen Prinzen Friedrich Wilhelm, dem späteren Kronprinzen und Kaiser Friedrich III., zu übernehmen. Man schätzte Roons charakterliche Eigenschaften, seine Persönlichkeit und ausgewiesene wissenschaftliche Bildung. Und war er nicht auch in der Lage gewesen, die eine oder andere Schwierigkeit, die sich im Umgang mit dem jungen Herrn ergeben hatte, souverän zu meistern? Seit den Märzwochen hatte man die Angelegenheit ruhen lassen, doch nun, Anfang November, drängte es. Der Major erhielt die bestimmte Aufforderung, sobald als möglich die Stelle des Militär-Gouverneurs, also Lehrers, des 18-jährigen Prinzen Friedrich Wilhelm anzutreten.[114]

Dessen langjähriger Erzieher, Generalmajor von Unruh, hatte aus gesundheitlichen Gründen seinen Abschied nehmen müssen, und so sei, schrieb dieser am 1. November 1848 an seinen potenziellen Nachfolger, „die Wahl der fürstlichen Eltern auf Euer Hochwohlgeboren gefallen, und mir ist von beiden der ehrenvolle Auftrag geworden, Ihnen, verehrtester Herr Major, dies anzuzeigen und Sie namens derselben herzlich und angelegentlich zu ersuchen, den Ruf anzunehmen, der, – wie Sie mir hinzuzufügen erlauben wollen –, auch zu meiner wahrhaften Beruhigung an Sie ergeht". Ohne eigentlich Luft holen und sich die Sache in aller Ruhe überlegen zu können, fand Roon einige Tage später ein eigenhändiges Schreiben des Prinzen mit warmen, Hochsinn bekundenden Worten vor.[115] Auch dessen Mutter, die Prinzessin von Preußen und Herzogin von Sachsen, wandte sich in einem langen, bewusst patriotisch gehaltenen Brief an Roon, den sie einerseits bei seiner Ehre zu fassen suchte, andererseits von vornherein aber mit der Notwendigkeit konfrontierte, ihrem Sohn eine zeitgemäße, zukunftsfähige, ja politisch „moderne" Erziehung zuteil werden zu lassen: „Gestatten Sie einer Mutter sich mit vollem Vertrauen an Ihr eigenes Vaterherz zu wenden. Es betrifft das kostbarste, theuerste, was sie hienieden besitzt, ihren einzigen Sohn!

Der Gouverneur desselben, General von Unruh, dem wir unendlich viel verdanken, und den ich mit Stolz meinen bewährten Freund nennen darf, will leider, unerachtet unserer dringenden Bitten, sein Amt nicht länger verwalten, weil allerdings seine Gesundheit erschüttert ist. Schon seit längerer Zeit auf diesen schmerzlichen Verlust vorbereitet, haben wir Sie als seinen Nachfolger erwählt, und bitten Sie nun diese Stelle anzunehmen. Ich sage Ihnen nichts über die Wichtigkeit des Berufes, denn Sie selbst sind davon durchdrungen, und haben bereits in einem anderen Verhältnisse untrügliche Beweise Ihrer richtigen Auffassung desselben abgelegt, was Ihnen damals mein Vertrauen gewann und Ihnen jetzt meine volle Unterstützung zusichert. [...]

Ich rechne Sie zu den Freunden der gesetzlichen Freiheit, der ich stets meine vollste Überzeugung widmete; Sie werden sich bewußt seyn, mit klarem Blick Irrthum und Willkühr durchschaut und dem Prinzip das Wort geredet zu haben, das durch zeitgemäße Reformen den Revolutionen vorzubeugen versucht. Um so mehr müssen Sie ergriffen seyn von dem Unglück, das auf unserem geliebten Preußen, auf unserm ganzen deutschen Vaterlande lastet, und die Fehler beklagen, die vor und nach dem achtzehnten März begangen worden sind. Je empfänglicher mich die allgemeinen und speziellen Bekümmernisse dieser letzten 8 Monate für die Stimmung gemacht haben, in der sich jetzt viele Patrioten befinden, um desto dringender stehe ich zu Gott und die Gabe der Kraft und der Milde. Beide Eigenschaften sind jetzt unentbehrlich, insbesondere aber letztere, denn die Ermangelung derselben führt zu Schroffheit und Erbitterung und schadet unberechenbar. Indem ich mit Zuversicht voraussetze, daß Sie diese Ansicht theilen, wende ich dieselbe direct auf das Verhältniß zu meinem Sohne an. Er gehört der Gegenwart und der Zukunft; er muß daher die neuen Ideen in sich aufnehmen und daselbst verarbeiten; damit er das klare und lebendige Bewußtseyn seiner Zeit gewinne, und nicht außerhalb derselben, sondern in und mit ihr leben. Dies ist allerdings in unserm Verhältniß eine besonders schwierige Aufgabe, aber sie ist unerläßlich, und Gott wird uns seine Hülfe nicht versagen. [...]

Aus unseren früheren Gesprächen entnehme ich mit wahrer Befriedigung, daß Sie die Nothwendigkeit erkennen, jeglichem Vorurtheil, jeglicher Einseitigkeit oder Neben-Rücksicht entschieden entgegen zu treten, wo es gilt, sich von den Antecedenzien der älteren Generation abzuwenden, um dem jetzigen Erziehungswesen ein zeitgemäßes Resultat zu sichern. [...]

Fasse ich das Ganze noch einmahl zusammen, so richte ich meine Bitte weniger an Ihren Verstand als an Ihr Herz; – wenn es wahr ist, daß ‚alle guten und großen Gedanken aus dem Herzen kommen', so möge das Ihrige entscheiden, und wenn es unserer Wahl Folge leistet, Ihre ganze künftige Wirksamkeit leiten! Dann wird Gottes Segen auf Ihrem Amte ruhen!"[116]

Damit befand sich Roon vor einem Wendepunkt in seiner Karriere und vor einer wahrlich schweren Entscheidung. Er fasste aber schon am 6. November den Entschluss zur Absage an die königliche Familie. Tenor war seine deutlich zum Ausdruck gebrachte Abneigung gegen die gewünschte Vermittlung „neuer Ideen unserer Tage" ausgerechnet durch ihn, den „Reaktionär", als der er sich sah und der zu sein er auch freimütig und ohne Umschweife eingestand: „Zwar stelle ich nicht in Abrede, daß unsere preußischen Zustände vor dem unseligen 18. März in mannigfacher Beziehung der Reform und die allgemein-deutschen einer völligen Umgestaltung und einheitlicher Kräftigung bedurften; wenn indeß Manches, was seitdem geschehen und selbst durch die gesetzliche Sanction die Weihe der Geltung erhalten hat, in's Auge fasse, so fühle ich mich zu alt, zu eingerostet in sogenannten Vorurtheilen, zu lahm; ich kann nicht mit, und die sogenannte ‚Höhe der Zeit' wird mir, sofern sie sich nicht von selbst in meinem Gesichtskreis herabsenkt, immer als ein Chimborazo erscheinen. Wird nun dieser mir eigene Anflug von ‚reaktionärem Wesen' dem jungen Herrn nicht nachtheilig seyn? Werde ich im Stande seyn, dem jungen Herrn die neuen Ideen unserer Tage mit der Wärme anzupreisen, die nöthig seyn möchte, um ihn damit zu versöhnen und zu identifizieren? Und dennoch legen I. K. H. [Ihre Königliche Hoheit, G. S.-W.] Werth darauf, und ich glaube, daß Höchstdieselbe recht daran thun.– Aber abgesehen von dieser meiner politischen Unfähigkeit, die mir eine gesegnete Einwirkung auf des Prinzen politische Bildung nicht gestattet, – wird man nicht auf der andern Seite auch meine Vorliebe für eine leider unmodisch gewordene Weltanschauung bald genug verspüren und daraus Veranlassung nehmen, die Zukunft des Prinzen zu verdächtigen und zu erschweren? Und dieser Verdacht sogenannter ‚reaktionärer' Gesinnung liegt meiner Person in der That sehr nahe, da ich mich, freilich schon vor Jahren, in meinen Schriften (den geographischen Lehrbüchern) höchst ‚unzeitgemäß' über Staatsform und Verfassung ausgesprochen. [...]

Mögen Sie mich entschuldigen mit der Überzeugung von der Wahrheit und Aufrichtigkeit der Gesinnung, in welcher ich mit treuer und ganzer Hingebung ehrfurchtsvoll verharre

I. K. Hoheit

unterthänigster v. Roon."[117]

Es war eine unerhörte Offenheit, ein unprätentiöses Pathos – und Anmaßung zugleich, mit der Major von Roon als reaktionärer Hort der Monarchie ebendieser die Stirn bot und sich geradeheraus weigerte, der seiner Ansicht nach allzu kühnen Bitte zu entsprechen. Dieser Mann konnte nicht anders, als seinen Überzeugungen gemäß zu handeln; er sah das Königshaus in einem politisch bedenklichen Zwang verfangen, dem er, obwohl oder weil durch und durch Royalist, nicht sein Innerstes opferte. In dieser tiefen, nie infrage gestellten Selbsttreue liegt sein eigenstes Lebensverdienst. Auf ähnliche Weise antwortete er wenige Tage später auch dem Prinzen. Mit der verständnisvoll-großzügigen Annahme seiner Absage durch die Prinzessin (weshalb erst am 10. Dezember 1848, wird gleich erläutert), deren Achtung für Roon dadurch nicht im Geringsten wankte, war die Angelegenheit alsbald beendet. In der Folge betraute die Herrscherfamilie Roons Freund, den im Kriegsministerium Dienst tuenden Oberstleutnant Fischer, mit dem Posten, und nach dem, was die Überlieferung kennt, erfüllte er diese Aufgabe zu ihrer ungeteilten Zufriedenheit.

Nachdem der österreichische Kaiser Ferdinand I. im Zuge der allgemeinen Turbulenzen abgedankt hatte und ihm am 2. Dezember sein 18-jähriger Neffe Franz Joseph I. auf den Thron gefolgt war, erfuhr die Donau-Monarchie durch das Zusammenwirken von Armee, Bürokratie und gewachsener Dynastie eine enorme Stärkung, die nach Preußen hineinstrahlte. Da die dortige Nationalversammlung infolge politisch unüberbrückbarer Gegensätze unter den Abgeordneten – und durch den Misserfolg des Steuerverweigerungsbeschlusses zusätzlich geschwächt – nicht mit entscheidungsfähiger Mehrheit zusammentreten konnte, ordnete der König am 5. Dezember 1848 kurzerhand ihre Auflösung und die Oktroyierung einer preußischen Verfassung an. Wie kein zweiter Historiker beschreibt Golo Mann in seiner *Deutschen Geschichte* die Verhältnisse, die Preußen während dieses markanten Zeitpunkts umgaben: „Ein begabter, aber halbwegs geisteskranker, treuloser, noch immer von der Wiederbelebung des Mittelalters schwatzender Monarch; schwache, schwankende, schnell sich ablösende Ministerien; eine verfassungsgebende Versammlung, entschieden ‚linker' als die deutsche; auf der anderen Seite eine eisern altpreußische, intakte, auf dem Junkertum, auch wohl dem Großteil der Landbevölkerung beruhende Armee; eine zu allem entschlossene, machtgewohnte, wohl organisierte Reaktionspartei, die jetzt auch das moderne Handwerk der Propaganda erlernte; der Mittelstand, organisiert in der Berliner Bürgerwehr, geängstigt durch die Arbeiterschaft, häufig mit ihr zusammenstoßend und um so mehr nach rechts getrieben; Sprache und Gesten der Radikalen, der ‚Demokratenkongresse', sich in dem Maße verschärfend, in dem das politische Interesse der Gesamtbevölkerung erlahmte und der Sehnsucht nach Ruhe und Ordnung wich – eine so gespannte, trübe, aussichtslose Situation legte den Staatstreich nahe."[118]

Die preußische Verfassung sollte nach heftigen Meinungsverschiedenheiten und unzähligen Revisionen und Friktionen erst ein Jahr darauf, am 31. Januar 1850, tatsächlich in Kraft treten.[119] Der monarchische Entschluss schuf indes frühzeitig Klarheit zumindest in der deutsch-deutschen Frage. Die Frontlinien waren jetzt gezogen, denn der neue Präsident des Paulskirchen-Parlaments, Heinrich von Gagern (sein Vorgänger Schmerling hatte nach dem Scheitern seines großdeutsch-österrei-

Die Paulskirche in Frankfurt am Main.

chischen Programms um Rücktritt ersucht), tat sich als Befürworter der „kleindeutschen" Lösung hervor. Auf der einen Seite standen nun in größerer Zahl die gemäßigt-konstitutionellen Fraktionen, die einen Bundesstaat ohne Österreich unter Führung Preußens mit seinem König als künftigem deutschen Kaiser wünschten, und auf der anderen Seite die „großdeutschen" Eiferer, die Österreich als Führungsmacht in Deutschland erhalten wollten.

Die von der Frankfurter Nationalversammlung erarbeitete gesamtdeutsche Verfassung sah eine konstitutionelle erbliche Monarchie mit garantierten Bürgerrechten oder einem gewählten Reichsoberhaupt vor. Österreich hatte seinerseits eine (nie realisierte) Verfassung oktroyiert, welche die Erhaltung wiederum des österreichischen Gesamtstaates voraussetzte.[120] Nach der Reichsverfassung hätte übrigens die gesamte militärische Gewalt Deutschlands dem Reich zur Verfügung gestanden. Die Truppen wären zwar aus den Kontingenten der Länder rekrutiert, deren Zuständigkeiten und Kernkompetenzen aber nicht beschnitten worden, denn ihnen hätte nach wie vor Ausbildung, Unterbringung, Versorgung und Nachschub sowie die Ernennung ihrer Befehlshaber oblegen. Die einzelstaatlichen Militärtraditionen wären also faktisch nicht angetastet, wohl aber der Gesetzgebung des Reiches unterworfen worden, was im Falle der Inkraftsetzung der gesamtdeutschen Verfassung zu unübersehbaren Zerwürfnissen und Konflikten geführt hätte.[121] Für die 1848 vom Paulskirchenparlament ins Leben gerufene Flotte hingegen galt nicht das Kontingentsprinzip, sondern sie war von Beginn an vollständig und alleinig Reichssache und so Ausdruck einer in bürgerlich-nationalen Kreisen mit Wucht sich durchsetzenden und allenthalben auch in der Nationalversammlung spürbaren Flottenbegeisterung.[122]

Um in Frankfurt Stimmen der Linken zu gewinnen oder zumindest deren Enthaltung für die Wahl des preußischen Königs zum deutschen Kaiser zu garantieren, machte von Gagern nicht unbeträchtliche Zugeständnisse an den politischen Gegner – z. B. das allgemeine Wahlrecht verfassungsrechtlich zu verankern –, sodass am 28. März 1849 die Reichsverfassung verabschiedet und Friedrich Wilhelm IV. zum Deutschen Kaiser gewählt wurde.[123] Doch der preußische Monarch, die Gefahr eines deutsch-österreichischen Krieges vor Augen, lehnte die Kaiserkrone mit dem Argument ab, er könne die ihm angetragene Würde nur mit Zustimmung aller Fürsten annehmen – und Österreich, Preußen sowie Bayern weigerten sich. Er wolle Kaiser von Gottes und nicht „Volkes Gnaden“ sein[124] und sandte das überdeutliche Signal aus, dass (nach seinem Verständnis) Legitimation von Herrschaft nur kraft monarchischen Rechts eingesetzt werden könne und nicht durch ein die Volkssouveränität verkörperndes Parlament. Damit schwanden alle Hoffnungen auf eine „kleindeutsche“ Alternative. Konnte eine zweite Revolutionswelle das Werk der Paulskirche doch noch retten und vollenden helfen? 28 Staaten hatten der Reichsverfassung ihre Zustimmung gegeben, Württemberg, Sachsen und Rheinpfalz folgten, als die Säbel schon gezogen waren. Was als demokratische Volksbewegung für die Reichsverfassung geplant war, gipfelte de facto in einer neuen Revolution in Dresden, Breslau, Westfalen und Rheinpfalz, wo man sich gegen jene Regierungen auflehnte, welche die Verfassung ursprünglich boykottiert hatten.

Parallel zu diesen Vorgängen schuf Preußen mit dem „Dreikönigsbund“ zusammen mit Hannover und Sachsen sowie einer Reichsverfassung auf der Grundlage preußischer Unionspolitik Fakten: Ziel war eine „kleindeutsche“ Union unter Preußens Führung, der bis Ende 1849 bis auf acht Länder alle deutschen Staaten beitraten. Österreich, durch den ungarischen Aufstand stark in Anspruch genommen, reagierte zunächst nicht.[125] Nach der Abberufung österreichischer, preußischer und auch Abgeordneter anderer Länder durch ihre jeweiligen Regierungen aus der Frankfurter Nationalversammlung beschloss die linke Mehrheit die Verlegung der Institution nach Stuttgart („Rumpfparlament“)[126] und wählte am 6. Juni eine provisorische Reichsregentschaft, die jedoch von württembergischen Truppen gewaltsam zersprengt wurde.

Unterdessen war im Frühjahr 1849 der deutsch-dänische Konflikt erneut offen ausgebrochen. Sein Verlauf wurde von drei Größen bestimmt: den gegeneinander stehenden Großmachtinteressen in Europa, u.a. zwischen Preußen und Österreich, dem Wechselspiel von Revolution und Gegenrevolution, das Deutschland in ein Tollhaus verwandelte, und dem schwelenden deutsch-dänischen Nationalitätenkonflikt.[127] Als keine Lösung in Sicht war, kündigte Kopenhagen den Waffenstillstand von Malmö und ließ seine Truppen die Grenze zu Schleswig überschreiten. Auf der Seite der norddeutschen Herzogtümer standen Preußen mit seiner 20.000 Mann zählenden Operationsarmee unter General von Bonin[128] sowie das Reich mit einem 40.000 Mann starken Heer aus allen deutschen Staaten außer Österreich, das dem Befehl (Bundesfeldherr) von General von Prittwitz als übergeordneter Instanz unterstand. Den Deutschen gelang es mit mageren maritimen Mitteln, v. a. dank Schleswig-Holsteins Kriegsschiffen, die Dänen auf Distanz zu halten und am Eindringen in die Deutsche Bucht zu hindern.

Am 5. April explodierte das dänische Linienschiff „Christian VIII." nach Beschuss aus Landbatterien vor Eckernförde. Diesem in Deutschland frenetisch bejubelten Sieg folgte am 4. Juni das Seegefecht bei Helgoland – die erste und alleinige Bewährungsprobe der „Reichsflotte" und bis heute das einzige maritime Gefecht unter schwarz-rot-goldener Flagge, das ihr Oberbefehlshaber, Konteradmiral Karl Rudolf Bromme („Brommy"), aus Furcht vor dem Eingreifen britischer Schiffe auf dänischer Seite abbrach.[129] Nach wechselvollen Kämpfen und der deutschen Niederlage bei Fredericia am 6. Juli[130] schlossen Preußen und Dänemark auf vornehmlich russischen und englischen Druck am 10. Juli 1849 einen zweiten Waffenstillstandvertrag. Ein Jahr später kam es zum „Berliner Frieden"[131], der den Abzug preußischer Truppen verfügte, sodass die Schleswig-Holsteiner fortan auf sich allein gestellt in einem für sie aussichtslosen Kampf standen. Doch sein wirkliches Ende fand der Deutsch-Dänische Krieg erst mit der Wiederherstellung des Deutschen Bundes.

Von Baden 1849 bis Olmütz 1850

Der in Baden ausgebrochene Aufstand fand seinen Ursprung nicht wie andernorts in der Opposition gegen die Regierung, denn der badische Großherzog Leopold hatte die Reichsverfassung anerkannt. Vielmehr schwelte hier ein anderer, tief liegender Konflikt. Den Radikalen um Friedrich Hecker ging es nicht nur um die Verfassung als solcher, sondern um die sofortige Umsetzung der durch diese zu erwartenden Bürgerrechte. Ob „großdeutsche" oder „kleindeutsche" Lösung, ob Österreich oder Preußen in einem deutschen Einheitsstaat vorn stehen und ob dieser überhaupt kommen würde, mochte diesen Leuten wohl zweitrangig gewesen sein. Sie verlangten selbstbestimmte Freizügigkeit sowie die Einhegung, schließlich Wegnahme von Sonderrechten des Bildungsbürgertums, der „Besitzenden" und allen voran des Adels.

Pikant wurde die Situation, weil in Baden nicht nur hastig zusammengeraffte Freischärler am Werk waren, sondern ganze Armeeteile, die sich schon im Jahr zuvor als nicht immer ganz zuverlässiges Regierungsinstrument erwiesen hatten, als es darum gegangen war, Hecker und seinen Anhang niederzuhalten. Gleichwohl waren die Aussichten auf einen Erfolg der Bewegung mit militärischen Mitteln von Beginn an gering: „Aus der desorganisierten badischen Linientruppe und den Bürgerwehren samt dem Zuzug von Freischaren aus der Schweiz, aus Frankreich und Polen war ein Revolutionsheer ohne revolutionären Geist entstanden, als Werkzeug zu rücksichtsloser Revolutionspolitik in keiner Weise zu gebrauchen. Die kopflose Führung, oben wie unten selbst eine Quelle der Anarchie, zeigte sich außerstande, den Aufstand über die Landesgrenzen hinauszutragen."[132]

Wehrpflichtige standen jetzt in den Reihen der badischen Armee – Baden hatte die Wehrpflicht anstelle des bisherigen Konskriptionssystems gesetzt –, und die gezogenen jungen Männer mit solider Herkunft, aber aufgeladen durch schnellfertig angeeignete radikal-anarchistische Wirtshausideen, denen noch vor kurzer Frist gegen ein Lösegeld die Freiheit geschenkt worden wäre, machten keinen Hehl aus ihrer Abneigung gegen jedwede Form erzwungener Disziplinierung. Unteroffizieren und Längerdienenden waren Gelder gestrichen worden und die Truppen zunehmender revolutionärer Propaganda ausgesetzt. So kam eins zum andern, doch der Funke, der die Flammen zum Lodern brachte, entzündete sich an Aufrührern, die seit den Tagen der badischen Erhebung von 1848 in der Festung Rastatt[133] einsaßen. Dort forderten Soldaten des Wachtdienstes – Angehörige der badischen Linientruppen und nicht etwa der ohnehin als unsicher geltenden Landwehr! – am 11. Mai 1849 mit Gewalt deren Freilassung. Ein unerhörter Vorgang, denn auf wen, wenn nicht die Linie, konnte sich die Krone stützen? Meuterei von Angehörigen der

Linientruppen war ein Novum in der Revolution von 1848/49. Wenn, dann war disziplinarer Widerstand bislang von Landwehr-Einheiten ausgegangen, die vielfach die Unterstützung radikaler Linker fanden, weil sie prinzipiell alle Volksgruppen erfassten, deren Einberufung Konflikte geradezu programmierte.

Helmuth von Moltke haderte schon im November 1848 mit der Landwehr: „Mitten in diesem Sturm rufen wir die Landwehr ein, die Landwehr, die nichts Anderes ist, als das Volk selbst. [...] Noch gestern haben Städte sich mit gewaffneter Hand dem Abmarsch von Truppen widersetzt, die Eisenbahnen verweigern den Transport. Die Telegraphen sind zerstört, und Bürgerkompagnien bieten den Rekruten ihren Schutz, wenn sie der Einberufung keine Folge leisten wollen."[134] Gerade in einem Grenzland wie Baden musste dieser Ungehorsam fatale Folgen nach sich ziehen. Preußen, das vom Rheinland aus bereits die bayerische Pfalz besetzt hielt, war fest entschlossen, durch eine (vom Reichsrecht gedeckte) Intervention in Baden allen revolutionären Gelüsten und somit dem Gespenst einer Republik den Garaus zu machen. Die Gefahr, das Virus könne um sich greifen und möglicherweise auch Preußens Truppen erfassen, war nie so groß wie in diesen Tagen. Das Heer und seine politische Auffassung wurden zum Zünglein an der Waage. Hatte es sich im März 1848 als überaus gefestigt erwiesen, so musste dies nicht zwangsläufig auch für 1849 gelten. Wer wusste schon, wie und wo die ununterbrochen energische Unterminierung durch radikal Gesinnte anschlagen würde?

Doch das preußische Heer blieb durch Disziplin und innere Geschlossenheit Kern des Kräftesystems, und auch die Landwehr – Ende 1849 immerhin noch 20.000 Mann stark – leistete von wenigen Ausnahmen abgesehen den Mobilmachungsbefehlen anstandslos Folge, fand sich zum Einsatz für ihren Kriegsherrn gegen den inneren (keinen äußeren!) Feind bereit, was der preußische Prinz durchaus dankbar anerkannte: „Inmitten einer Krisis, wie sie so leicht kein Staat zu bestehen gehabt, gegenüber den Wühlereien, die kein Mittel unversucht ließen, um das Volk zum Abfall von seinem rechtmäßigen Monarchen zu verleiten, konnte der König von Preußen ihr vertrauen. Er ruft 50 Bataillone Landwehr aus dem Herzen seines Volkes zusammen, und wie mit einem Zauberschlage stehen diese 50.000 Mann unter dem Gewehr. Wahrlich, ein gleich ehrendes Zeichen für die Gesinnung des Volkes, als für die wahre Soldatenehre!"[135]

Trotz aller Schwierigkeiten, die bei der Mobilisierung der Landwehr 1848/49 allenthalben aufgetreten sein sollen, blieb die Einheit des Heeres bestehen. Der bevorstehende Konflikt zwischen Staat und Gesellschaft eskalierte nicht in einem offenen Kampf zwischen Linie und Landwehr. Das Heer war Garant von staatlicher Autorität und Legitimität. Die Abfallbestrebungen von einzelnen preußischen Landwehr-Formationen während ihres Einsatzes in Baden fielen demgegenüber kaum ins Gewicht.

Auf den Hilferuf des vertriebenen badischen Großherzogs bestimmte König Friedrich Wilhelm IV. zur Niederwerfung des Aufstandes zwei preußische Armeekorps und ein aus Bundestruppen kombiniertes Korps, das sogenannte Neckarkorps (hessische, bayerische, württembergische und mecklenburgische Truppen), deren Oberbefehl der Prinz von Preußen übernahm; als sein Chef des Stabes fungierte Major Kirchfeldt. Generalleutnant von Hirschfeld, Kommandierender General des VIII. Armeekorps, wurde nun Kommandierender General des I. Armeekorps der „Operationsarmee am Rhein“, und Major von Roon blieb auch in dieser Stellung als Chef des Generalstabs an seiner Seite. Sein Korps, in vier kleinere Divisionen unterteilt, besaß eine Stärke von 19.000 Mann, und das II. Preußische Korps unter Generalleutnant Graf von der Groeben[136] umfasste ebenso wie das Neckarkorps unter Generalleutnant von Peucker rund 15.000 Soldaten – insgesamt also ca. 49.000 Mann. Der Plan sah die gleichzeitige Offensive aller drei Armeekorps am 21. Juni vor, sodann ihre Vereinigung und die Vernichtung der Revolutionsarmee unter dem Oberbefehl des polnischen Generals Mieroslawski in einer Umfassungsschlacht.

Vom 13. bis 19. Juni hatte das I. Armeekorps den Feind aus der Rheinpfalz vertrieben, die Festung Landau entsetzt und ging am 20. Juni bei Germersheim auf das rechte Rheinufer über. „Wir trieben die Aufständischen vor uns her, sie wehrten sich wenig. [...] Bei der Division, wo ich mich aufhielt, kam es nicht zum Gefecht, nur zu einigen Hetzen. Am 21. hatten unsere I. und IV. Division die Gefechte bei Philippsburg und Wiesenthal, welches letztere und den braven Hauptmann von Liebermann (todt) und Verwundete kostete, aber mit der gänzlichen Deroute der Insurgenten endigte. [...] Jetzt, nach der Vereinigung mit den Corps Gröben und Peucker sind wir gegen 60.000 Mann stark und werden der rothen Gesellen ja bald Herr werden.“[137]

Nach unvorhergesehenen, Verluste bringenden Gefechten und der daraus gewonnenen Überzeugung, nun bedachter vorgehen zu müssen, erfolgte die Vereinigung mit den beiden anderen Korps. Gegen den konzentrischen Vormarsch der drei Armeegruppen konnten die Aufständischen dauerhaft nichts ausrichten. Dennoch setzte sich der Gegner, bisher ungeschlagen und offenbar auch sträflich unterschätzt, nach Süden in Richtung Rastatt ab und stellte sich zum Kampf. In dem am 26. Juni verfassten Operationsbericht ließ der Prinz seine Soldaten zwar hochleben, Siege aber waren, bei allen Beteuerungen, dennoch nicht zu vermelden.[138]

Einen Tag später einigte man sich auf ein abermaliges gemeinsames Vorgehen aller Armeekorps. Am 29. Juni begann die Offensive mit dem Neckarkorps, das den Hauptangriff zu führen hatte und sich bei Gernsbach behauptete. Dabei präsentierte sich das Revolutionsheer reichlich desorientiert, wie aus dem Bericht des Kriegsministeriums über die letzten Kämpfe zu entnehmen ist. Oberhalb von Gernsbach habe nur pfälzische Volkswehr gestanden, die in den vergangenen beiden Tagen „mit den württembergischen Truppen freundschaftlich verkehrt und von ihnen die bestimmte Versicherung erhalten (hatte), daß sie sich dem Durchmarsche der Preußen widersetzen würden. Das Anrücken des Feindes von dieser

Prinz Wilhelm von Preußen vor Rastatt.

Seite her überraschte deshalb die Unserigen und verbreitete unter ihnen die Meinung, daß die Württemberger gleichfalls feindlich einrückten; daher das Zurückweichen bis Gernsbach."[139]

Das I. Armeekorps stand im Zentrum des Angriffs und war mit dem Auftrag betraut, die Revolutionäre über die Murg nach Süden wegzudrücken. „Wir haben vorgestern Carlsruhe verlassen", schrieb Roon am 1. Juli 1849 an seine Frau, „und den Feind nach einem sehr hartnäckigen Widerstande, der uns einige Todte und 40–50 Verwundete kostete, über die Murg zurückgeworfen; gestern war der Erfolg rascher und entscheidender. Nach einem kurzen, sehr lebhaften Angriff[140] wurde die Murglinie genommen, der Feind von seiner directen Rückzugslinie abgedrängt, und die Einschließung von Rastatt beendet."[141] Was folgte, waren Zernierung, Beschießung und der Versuch des II. Armeekorps, die Festung zu zermürben – letztlich drei Wochen lang ohne sichtbare Ergebnisse. Roon befand missmutig, man verschwende hier kostbare Geschützmunition auf Entfernungen, bei denen gar keine Wirkung zu erzielen sei, wodurch den Belagerten „drinnen der Kamm" schwellen und ganz Europa hohnlachen würde.

Schließlich aber, am 23. Juli 1849, endete die Badische Revolution dort, wo sie ihren Auftakt genommen hatte. 5.500 Soldaten kapitulierten, weitere rund 4.000 Mann konnten sich schon zehn Tage zuvor in die Schweiz absetzen. Roon jubilierte: „Rastatt ist über. Eben kommt der offizielle Bericht", um sogleich zum Privaten überzugehen: Es habe den Anschein, „als werden wir hier bleiben" – der Stab des I. Armeekorps hatte sich in Freiburg eingefunden, von wo aus Roon seine Briefe aufsetzte – „ich fange schon an, mich mit dem Gedanken an ein hiesiges Quartier zu beschäftigen; freilich würdest Du Dich hier auf ein Nomadenleben gefaßt machen müssen, was bei der großen Kinderzahl auch seine großen Schwierigkeiten haben würde; aber soll man denn wegen des badischen demokratischen Gelichters auf jede häusliche und Familien-Gemüthlichkeit verzichten?"[142] Tatsächlich zog die preußische Besatzungsmacht in Form eines kombinierten Armeekorps unter dem Befehl von Generalleutnant Roth von Schreckenstein (1789–1858) erst 1851 aus Baden ab.[143]

Zu den hässlichen Begleiterscheinungen der badischen Vorgänge zählten nicht nur während der Kämpfe aufbrechende beiderseitige Brutalitäten, die im Füsilieren von Gefangenen gipfelten, sondern auch Erschießungen nach der Kapitulation und die gänzliche Verweigerung jedweder militärischer Ehrbezeugungen. Standgerichten fielen 27 Offiziere und Soldaten der Revolutionstruppen, die als preußische Untertanen wegen Hochverrats verurteilt worden waren, und auch helfende Zivilisten zum Opfer, was im Volk den Ruf auch Friedrich Karls von Preußen als „Kartätschenprinz" festigte. Der preußische König stiftete am 23. August 1851 eine Erinnerungsmedaille „zur Belohnung für diejenigen Offiziere, Unteroffiziere, Soldaten, Militärärzte und Militärbeamten Unserer Armee, [...] welche in den verschiedenen, im Jahre 1848 und 1849 vorgefallenen Gefechten ihre Treue bewährt haben". Die Inschrift lautete „Seinen bis in den Tod getreuen Kriegern". Da die für eine Verleihung erforderlichen Zeugnisse großenteils gar nicht vorhanden waren oder vorgelegt werden konnten, wurden die Bestimmungen abgewandelt und ausgedehnt auf alle, „welche in der Zeit vom letzten März 1848 bis zum 1sten Oktober 1849 entweder Gefechten im In- und Auslande beigewohnt, [...] mindestens 14 Tage aktiv gedient, dabei Seiner Majestät dem König die Treue bewährt" hatten.[144]

Roons dienstliches Wirken in Baden stand unter laufender Beobachtung des Oberbefehlshabers, der sich während eines Großteils der militärischen Operationen mit seinem Hauptquartier bei dem I. Armeekorps befand und dem Major hin und wieder seine Anerkennung für dessen organisatorische Leistungen bezeugte. Offenbar teilte Roon die Ansichten des Prinzen von Preußen hinsichtlich der augenscheinlichen Mängel der Bundeskriegsverfassung, die sich auf Führung und Befehlsgebung hemmend auswirkten und auch die preußische Armee betrafen.[145] Der militärische Erfolg hätte sich gegen die Revolutionsarmee weitaus früher einstellen müssen. Auch wenn diese unter dem polnischen General Mieroslawski nicht ungeschickt zu Werke gegangen war, hatte es sich doch nur um eine zusammengewürfelte Truppe gehandelt, die unter Schwierigkeiten von den Preußen bezwungen worden war. Was würde geschehen, wenn man einer stramm vorbereiteten und ausgebildeten Linienarmee gegenüberstünde? Man musste sich also einige Gedanken um den Zustand machen, und dass Verpflegung, Nachschub und Sanitätswesen nur notdürftig organisiert waren, hatte sich auf Truppenbewegungen und die Leistungsfähigkeit der Soldaten bereits negativ ausgewirkt. „Und war dies schon der Fall, während man sich mit ungeschulten Freischaren und – in den Monaten Juni und Juli – in einem so reichen Lande wie Baden herumzuschlagen hatte, in welchem so zu sagen Milch und Honig floß, ernste und andauernde Verpflegungsschwierigkeiten also kaum entstehen konnten: wie sollte das erst werden, wenn ebenbürtige Truppen vielleicht in ungünstiger Jahreszeit und armen Landstrichen zu bekämpfen wären?“[146]

Der Prinz sah sich in seiner ohnehin zurückhaltenden Meinung gegenüber den Landwehr-Einheiten bestätigt, forderte straffere Schulung, Disziplinierung und längere Dienstzeiten, und das sichtbare Scheitern der Bestrebungen, Heer und Volk zu verschmelzen, militärische Hierarchien durch parlamentarische Formen – Soldatenräte, Selbstbestimmung, Lockerungen allenthalben – zu ersetzen, gab ihm recht. „War jetzt nicht vor aller Augen bewiesen, daß politische Freiheitsgesinnung als Grundlage militärischer Gesinnung nichts taugt? Daß zuletzt alles auf straffe Zucht, Subordination und technisches Können der Truppe ankommt, ja daß Verbürgerlichung und Politisierung eines modernen Heeres geradezu dessen Auflösung bedeuten?“[147] Insofern dürften die Erfahrungen der Revolutionsjahre 1848/49, insbesondere in Baden, wo der Prinz von Preußen und Roon die Zersetzungstendenzen hautnah miterlebt hatten, für die weitere Entwicklung des deutschen Heerwesens mithin auch für ihr Verhältnis zueinander und ihre späteren Entscheidungen sinnstiftend gewesen sein. Diese Erfahrungen wurden zur stärksten Stütze preußischen Ethos' und gipfelten im Mobilmachungsjahr 1850, als sich das preußische Heer insgesamt schon im Aufmarsch blamierte.

Da bis auf ein Armeekorps als Besatzungsmacht alle übrigen Truppen in die Heimat zurückmarschierten, übernahm Roon im Herbst 1849 wieder die Funktionen als Chef des Generalstabs des VIII. Armeekorps. Sein dienstliches Verhältnis zu General von Hirschfeld blieb unangetastet, dessen militärische Eigenschaften er während des Feldzugs zu schätzen gelernt hatte. Dabei war es für ihn ein Glücksfall, dass der Prinz von Preußen – zum Militärgouverneur für Rheinland und Westfalen bestellt – seine Residenz in das Schloss zu Koblenz verlegt hatte, sodass sich die dienstlichen und außerdienstlichen Beziehungen zu der königlichen Hoheit vertieften. Zu dem Kreis, der regelmäßig zusammentraf, zählten der Kommandant von Koblenz, Generalmajor von Griesheim, Kirchfeldt, Roon, Fischer sowie der langjährige Adjutant des Prinzen, Gustav von Alvensleben[148]. Die Männer waren sich in ihrem patriotischen Streben einig, die Unklarheit der öffentlichen Zustände, die infolge fehlender Einigkeit und Entschlossenheit der Regierung noch immer fortdauerte, durch den Einfluss des Prinzen zu beenden. Zugleich bemühten sie sich um die Revision der Bundeskriegsverfassung, die preußische Heeresorganisation durch Reformierungen zu stabilisieren sowie sich auf eine Auseinandersetzung mit Österreich vorzubereiten.

Andererseits öffnete sich der Koblenzer Hof zunehmend liberalen Tendenzen, denn dort verkehrten insbesondere auf das Betreiben von Prinzessin Augusta hin liberale Persönlichkeiten wie der Historiker Maximilian Duncker, der Rechtsprofessor August Moritz von Bethmann-Hollweg sowie Alexander von Schleinitz, deren gedanklich-ideologischer Sogwirkung sich auch Wilhelm nicht zu entziehen vermochte, der unter dem Eindruck der 1848er Revolte eine politisch gemäßigtere Haltung anzunehmen begann, die bei seinem regierenden Bruder auf Unwillen stieß. Mit Argwohn empfand man Augustas allzu tolerante Haltung gegenüber dem Katholizismus, die in Koblenz zutage trat – eine Haltung, die in einer Zeit, als der Konfession eine herausragende Bedeutung zukam, bei einer preußisch-protestantischen Prinzessin als äußerst unpassend empfunden wurde.

Wien hatte sich mit seinem Widerstand gegen den „Dreikönigsbund" Zeit gelassen, holte jetzt aber zu einem ungeheuren Schlag aus: Schwarzenberg erklärte, er gehe davon aus, dass der Deutsche Bund weiterhin Bestand haben werde. Er erhöhte den diplomatischen Druck auf Hannover und Sachsen und drohte mit einer militärischen Intervention in Deutschland.[149] Tatsächlich scherten die bisherigen Bundesgenossen aus und schlossen sich mit Württemberg und Bayern am 27. Februar 1850 in einem „Vierkönigsbündnis" zusammen, als dessen Urheber Österreich, oder besser Schwarzenberg, in Erscheinung trat. Schwarzenbergs ehrgeiziger Plan eines 70-Millionen-Volkes unter Wiener Führung tauchte nun wieder auf, rief aber den erklärten Widerstand Großbritanniens und Frankreichs hervor, die eine Verschiebung des 1815 in Wien festgelegten mitteleuropäischen Gleichgewichts zu ihren Ungunsten fürchteten. Preußen blieb beharrlich, schloss in der Hoffnung auf eine sich erweiternde militärische Basis Militärkonventionen mit einigen deutschen Kleinstaaten und verabschiedete in Erfurt eine eigene Verfassung („Erfurter Unionsparlament", dem zur Hälfte Preußen, unter ihnen Bismarck, angehörten). Österreich antwortete darauf mit der Wiedereröffnung des Frankfurter Bundestages ohne die Unionsstaaten am 1. September 1850. Den dortigen Vorsitz übernahmen die Habsburger, die damit ihre alten Rechte als Präsidialmacht des Deutschen Bundes geltend machten.[150]

Die sich gegenseitig aufschaukelnden Provokationen zwischen Preußen und Österreich um die Frage der Hegemonie in Deutschland ließen nach Maßgabe damaliger Befindlichkeiten nur den Schluss einer Konfliktlösung auf militärischem Wege zu. Im Spätherbst brachten zwei Problemfelder die beiden Vormächte an den Rand eines Bruderkrieges, der sich bei konsequenter Deutung der europäischen Verhält-

Im preußischen Landtag.

nisse leicht zu einem Flächenbrand ausweiten konnte, da sowohl Großbritannien und Frankreich wie auch Russland und Schweden die innerdeutschen Vorgänge mit größter Besorgnis und einem Gutteil Eigeninteresse beobachteten: zum einen die nach wie vor virulente Schleswig-Holstein-Frage, in der Dänemark das Frankfurter Parlament um militärische Unterstützung gegen die holsteinische Statthalterschaft ersuchte und damit dem Willen Preußens zuwiderhandelte;[151] zum anderen die innere Auseinandersetzungen in Kurhessen, das im Mai 1850 aus der Preußen-Union ausgetreten war und dessen Kurfürst Friedrich-Wilhelm von Hessen-Kassel eine Intervention des Bundes forderte, um seinen in (hier nicht näher zu erläuternden) Verfassungsfragen starrsinnig borussisch orientierten Landtag zur Räson zu bringen.

Das erwünschte und auch beabsichtigte Eingreifen der österreichisch-frankfurterischen Staatengruppe in Kurhessen reizte Preußen aufs Äußerste. Da Kurhessen das Hauptgebiet des preußischen Staates von seinen westlichen Provinzen abriegelte, musste es um seine territoriale Integrität fürchten. Preußen verfügte eine Teilmobilisierung seiner Truppen, Österreich und seine Verbündeten ebenso. Darüber hinaus schloss Wien mit Bayern und Württemberg das „Bregenzer Schutz- und Trutzbündnis". Krieg drohte, den der Abgeordnete von Bismarck zumindest zum jetzigen Zeitpunkt für aberwitzig hielt: „Die Hauptfrage, die Krieg und Frieden birgt, die Gestaltung Deutschlands, die Regelung der Verhältnisse zwischen Preußen und Österreich und die Verhältnisse von Preußen und Österreich zu den kleineren Staaten, soll in wenigen Tagen der Gegenstand der freien Konferenzen werden, kann also jetzt nicht Gegenstand eines Krieges sein."[152]

Nach Beschlüssen des Frankfurter Bundestages überschritten am 1. November 1850 bayerische Truppen und ein österreichisches Bataillon die kurhessische Grenze. Als auch preußische Truppen – in Baden, Schleswig-Holstein und Posen disloziert und nur unter erheblichen organisatorischen Schwierigkeiten und mangelhafter Nutzung der Eisenbahn herangeführt – in Kurhessen einrückten und die vorher wie nachher fieberhaft forcierten Verhandlungen ihrer Regierung scheiterten, kam es tatsächlich zu Gefechtsberührungen am 8. November zwischen preußischen und bayerischen Einheiten bei Bronzell. Ernsthafte Kampfhandlungen, die kluge Offiziere vereitelt haben wollen, blieben indes aus. Preußen, das sich seiner klaren militärischen Unterlegenheit vollends bewusst war, machte nicht mehr allgemein mobil. Es gab deshalb nach, musste nachgeben, um eine wohl sicher zu erwartende Katastrophe zu verhindern: „Die preußische Regierung sah ein, daß sie einen Kampf nicht wagen konnte, in dem sie nicht nur Österreich, sondern auch Rußland gegen sich gehabt hätte. Sie gab nun die Unionsverfassung vollends preis, indem sie die Aufhebung der Union beim Fürstenkollegium beantragte. Auch verzichtete sie auf weiteren Widerspruch gegen die Bundesexekution in Kurhessen."[153] Unterhändler beider Mächte unterzeichneten am 29. November 1850 die „Olmützer Punktation", in der Preußen alle österreichischen Forderungen annehmen und seine vollständige politische Niederlage eingestehen musste. Olmütz bestimmte die Liquidierung der Union sowie die Demobilisierung der Armee (Beurlaubung der Landwehr-Bataillone, aller 4. Bataillone, Einstellung der Rekrutenaushebung, Rückmarsch der Truppen in ihre Garnisonen), während die Interventionstruppen Österreichs und seiner Verbündeten samt und sonders unter Waffen blieben.[154]

Roon, seit dem 26. September Oberstleutnant (am selben Tag war General von Radowitz[155] zum preußischen Außenminister ernannt worden), hinterließ über diese, jeden preußischen Patrioten selbstredend tief erschütternden Ereignisse und Wirren jener Monate keinerlei Aufzeichnungen. Frau und einige seiner Kinder waren bei ihm, sodass er offenbar weder Luft noch Zeit fand und wohl auch keine Veranlassung sah, Briefe aufzusetzen. Aufschluss über die Stimmungen in Koblenz, wo der Prinz im Kreis von vertrauten Offizieren weilte, gibt der Nachwelt hingegen ein in ihre Heimat gesandter Brief aus der Feder von Roons Gemahlin. Darin rekapituliert sie eine bemerkenswerte Begebenheit in einem Gespräch, dem sie allerdings nicht beigewohnt haben kann. Aus ihren politisch allzu ambitionierten Zeilen spricht vielmehr Roon selbst, der seiner Frau die Inhalte vermutlich mündlich auftrug oder ob des gar zu eindeutigen Pathos' später in den Mund legte. Am 20. November 1850 soll sie geschrieben haben (wem, wird nicht überliefert): „Soll ich mich noch auf das politische Feld begeben? Ich wage es nicht, es führt zu weit, wollte ich Euch die Spannung, in der wir fortwährend leben, jeden Tag neue Ereignisse erwartend, den Zustand zwischen Furcht und Hoffnung schildern – ich würde Bogen vollschreiben können. Was werden die nächsten Tage bringen, was werden die Kammern beginnen, was wird ihnen der König sagen? Wird sich das Ministerium den Kammern gegenüber halten? [...] Es ist, nachdem man genaues über den Ministerrath vom 2. dieses Monats hört, unbegreiflich, daß der König nicht augenblicklich Manteuffel und Stockhausen[156] entließ. Aber was ist bei uns nicht alles geschehen und geschieht noch! – Die Geschichte mit dem Prinzen und dem Degen ist, mit Ausnahme des letzteren, wahr; das heißt, der Prinz hat im höchsten Unmuth, nachdem er die längste Zeit die Scheingründe gegen den Krieg, welche Manteuffel, Stockhausen und Gerlach entwickelten, mit der heftigsten Unruhe angehört, gesagt: ‚Nein, das kann ich nicht mehr mit anhören, da will ich ja lieber gleich meinen Abschied nehmen!' – Darauf hat er sich wieder hingesetzt, an seinem Handschuh gepflückt und zähneknirschend die Geduld des Königs bewundert [...], während Manteuffel fortwährend von dem Schrecken eines Bruderkrieges, von unserm wahrscheinlichen Unvermögen, den Krieg siegreich zu führen docirt. Endlich sagt Stockhausen (der Kriegsminister!!) ‚Und es ist auch noch sehr die Frage, ob unsere Armee sich gegen die Oesterreicher schlägt!' Bei diesen Worten springt der Prinz auf und widerspricht im Namen der Armee einer derartigen Annahme in sehr heftigen Worten. Hierauf stürzte er hinaus, fiel seinem Adjutanten um den Hals und sagte schluchzend: ‚Es ist alles verloren – mit den Männern da drinnen ist nichts zu machen!' – Wie die Dinge wenige Tage nachher die andere Wendung genommen (da dennoch mobil gemacht wurde), darüber schwebt noch ein Dunkel; es hat sich alles wieder planirt. – Es ist kaum zu glauben und doch wahr! Und welche Rolle spielt bei allem diesem unser theurer König! Ach, es könnte einem das Herz abdrücken! Man hört jetzt schon wieder allerlei munkeln von Gewissensbissen wegen des Mobilmachungsbefehls. Und wenn es auch nicht wahr ist, so zeugt es doch deutlich von dem allgemeinen und gerechtfertigten Mißtrauen. Daß Graf Brandenburg mit und aus den heftigsten Gewissensbissen und gewiß mit tiefem Schmerze erkrankte und starb, bezeugten seine Phantasien, die furchtbar gewesen sein sollen."[157]

Olmütz bedeutete das Begräbnis auch der zweiten deutschen Revolution, die letztlich an der Doppelaufgabe von Staatsgründung und Verfassungsgebung an zwei Fronten scheiterte: gegen die demokratisch-sozialrevolutionären Kräfte auf der einen und die reaktionär-dynastischen auf der anderen Seite.[158] Hinzu gesellten sich die vielschichtigen Interessen der Einzelstaaten, die einem Einheitsstaat entgegenstanden, außerdem der die gesamte Problematik überwölbende preußisch-österreichische Dualismus sowie handfeste Machtspekulationen der übrigen europäischen „Großen" Frankreich, England und Russland.[159] Preußen ging, genau betrachtet, gestärkt aus der Revolution hervor, denn in dem Maß, wie die liberaldemokratischen Kräfte ihr Unfähigkeit zur politischen Gestaltung offenbart hatten, behauptete sich dank der Armee das Königtum als Inhaber der tatsächlichen Gewalt. „Bürokratie und Justiz fungierten [...] als weiterhin verläßliche Stützen. Der Landadel war nicht entmachtet worden, und das gesamte weitverzweigte Adelssystem, das Grund- und Gutsherren, Militär- und Amtsaristokratie durch gemeinsame Interessen und Verwandtschaft, Konnexion und Karriere verband, behielt seine kaum zu überschätzende Funktionsfähigkeit. Die Dynastie blieb als Fixpunkt monarchistischer Loyalität erhalten. Diese setzte sich in breiten Bevölkerungsschichten in zunehmendem Maße als antirevolutionäre Einstellung wieder durch."[160] Die 1850er Jahre waren geprägt vom deutschen Dualismus, aber mehr noch: Sie wuchsen zu einer Epoche der verschärften Reaktion der preußischen Königsgewalt als verfassungsrechtlich verankertem, eigentlichem Träger der politisch-militärischen Ordnung gegenüber liberaldemokratischen Tendenzen heran, weswegen diese zehn Jahre auch als „Ära der Reaktion" in die Geschichte eingingen.

Im Mai 1851 traten die ehemaligen Unionsstaaten in den Bundestag ein und stellten den Deutschen Bund dadurch wieder her, den ein fortan sich steigernder Gegensatz zwischen Preußen und Österreich kennzeichnete, in dessen Wirkungskreis auch die Zollvereinsfrage geriet.[161] Während Wien eine großflächige Zollunion anstrebte, versuchte Preußen, den Deutschen Zollverein auf Hannover und Süddeutschland auszudehnen mit dem erklärten Ziel einer Eigenstärkung.[162] Und militärisch? Die Unabhängigkeit der Kommandogewalt des preußischen Königs hatte die gescheiterte Revolution nicht zu verhindern vermocht. Ein Schreiben von Friedrich Wilhelm IV. an das Staatsministerium vom 1. Juli 1849 besaß nach wie vor Geltung, in dem er feststellt: „Nur dadurch, daß das alte Verhältnis von König und Heer unangetastet bleibt, daß an dem ohne Beispiel dastehenden Verwachsensein beider nicht gerüttelt wird, kann das Heer bleiben, was es ist, die feste Säule, auf der die Monarchie ruht."[163] Dies bedeutete, dass jeder erneute Angriff von links auf die Krone auch und v. a. eine unmittelbare Attacke auf die militärische Kraft des Staates darstellen würde. Der König als gestaltender Grundkörper der Verfassung Preußens musste sich in einem solchen Kampf unter allen Umständen durchsetzen, wollte er nicht Gefahr laufen, sich von einer Parlamentsherrschaft verdrängen zu lassen. So avancierten zwischen 1850 und 1860 die Verteidigung des königlichen Oberbefehls und der Kampf des Parlamentes um Einfluss auf die bewaffnete Macht zu existentiellen Grundfragen und liefen auf eine Zuspitzung des Gegensatzes zwischen Krone und Parlament hinaus.[164]

Das für die preußische Reaktion – allen voran Armee und Beamtentum – wahrhaftige Horrorszenario einer Frankfurter Herrschaft mit Oberbefehl über demokratisch legitimierte Streitkräfte bestimmte ihr Selbstverständnis in den 1850er Jahren wie nichts anderes. Um diese Gefahr einzudämmen, mussten die Steigerung des militärischen Potenzials und die Tilgung der während der Revolutionsjahre sichtbar gewordenen Schwächen als Marksteine ausgerufen werden: straffere Organisation und Entbürgerlichung des Heeres durch Eingliederung der Landwehr in die Linie,

Verjüngung und Vermehrung der Linientruppen, der Offizier- und Unteroffizierstellen sowie Sicherstellung reibungsloser Abläufe bei Mobilmachung und Aufmarsch.[165] Es entsprach der Mentalität der Zeit, in einer starken und schlagkräftigen Kriegsmacht die Vorbedingung für die Wiederkehr von Deutschlands Einheit und Größe mit Preußen in der Führungsrolle zu sehen. Einer Kriegsmacht indes, die seit dem Neubeginn nach 1807 bzw. 1813 keine schubweise, sondern kontinuierliche qualitative und in jeglicher Hinsicht innovative Steigerung erfuhr, wie der Historiker Dierk Walter in seiner umfassenden Studie zu den Preußischen Heeresreformen überzeugend dargelegt hat.

Nach der zweiten Entlassung von Kriegsminister Boyen im Jahr 1847 (und seinem Tod kurz darauf) wuchs eine Generation von Stabsoffizieren heran, deren entscheidende Impulse nicht mehr aus den Freiheitskriegen und dem Abwehrkampf gegen einen äußeren Feind herrührten, sondern aus der Zeit der inneren Auseinandersetzung der bürgerlichen Gesellschaft. Sie hatten, wie Albrecht von Roon und Helmuth von Moltke als Repräsentanten dieser neuen Generation par excellence, ihren Willensantrieb aus der Demütigung des Königtums und der Armee durch einen konfusen inneren Feind empfangen. Dass sich die gesellschaftlichen Gegenpole durch den anhebenden Kampf nurmehr verschärften, lag auf der Hand, denn all die in jahrelangem, zähem Ringen erzwungenen Freiheiten wurden nun schrittweise wieder abgebaut, „die Pressefreiheit beseitigt, die freien gesellschaftlichen Vereinigungen und Organisationen verboten, jede Kritik gewaltsam unterdrückt. Mit Todesurteilen und hohen Gefängnisstrafen suchte man in weiten Teilen Europas jede politische Bewegung zu ersticken."[166]

Regimentskommandeur 1851 bis 1856 und der Krim-Krieg

In den letzten Tagen des Jahres 1850, noch bevor die Demobilsierung der preußischen Armee in Gang gesetzt war, trat für Oberstleutnant von Roon ein entscheidender Wechsel in seiner Laufbahn ein. Unerwartet und zu seiner anfänglich bitteren Enttäuschung wurde er, durch Allerhöchste Kabinettsorder vom 26. Dezember 1850, zum Kommandeur des 33. Infanterie-Reserveregiments ernannt. Anlass zu dieser Versetzung waren dienstliche Differenzen im Herbst zwischen dem Generalstab des VIII. Armeekorps und dem Kriegsministerium. Roon galt als Bauernopfer von Zwistigkeiten, deren Ursache nicht näher bekannt ist. Seine Gattin schrieb am 31. Dezember: „Wir wurden heute früh um ½ 7 Uhr durch die Ankunft eines Kabinets-Schreibens geweckt, welches Albert zum Kommandeur des 33. Infanterie(Reserve-Regiments) in Thorn!! ernennt. Was soll ich noch hinzufügen? Diese Ernennung ist ein Ausdruck der höchsten Ungnade des Kriegsministers; denn daß der König persönlich dabei nicht betheiligt ist, darf mein Mann bestimmt annehmen.“[167]

Der Schock dieser Missachtung saß tief, denn Roon fühlte sich geradezu in den letzten Winkel der Monarchie abgeschoben, als Haupt eines belanglosen Reserve-Regiments mit nur zwei Bataillonen, das im Fall eines Krieges – wie alle Reserve-Einheiten – nicht im Feld stehen, sondern in undankbarer Pflichterfüllung lediglich als Festungsbesatzung fungieren würde. Diese Regelung erfuhr durch die Heeresreform später eine wesentliche Änderung, da die Reserve-Regimenter ein drittes Bataillon und statt „Reserve“ die Bezeichnung „Füsilier-Regimenter“ erhielten.

Nach kurzem Aufenthalt in Berlin und einem Abstecher nach Schlesien, wo seine beiden ältesten Söhne als Kadetten in Wahlstatt ausgebildet wurden, traf Roon am 25. Januar in Thorn ein. Im Zuge der angeordneten Demobilmachung hatte er als erste Amtshandlung dafür Sorge zu tragen, das Regiment in den Friedensstand zurückzuführen und die Verlegung in die Garnison Königsberg[168] Mitte März organisatorisch vorzubereiten und durchzuführen. Wie Roon später im privaten Kreis gern versicherte, bekam ihm der ganz praktische militärische Dienstalltag als Regimentskommandeur mit all seinen eher kleinen Widrigkeiten und Problemchen ausgesprochen gut. Die Beziehungen zu seinem unmittelbaren Vorgesetzten, dem Kommandierenden General des I. Armeekorps, Graf zu Dohna[169], war bestens, und als ihm seine Familie Anfang Mai von Koblenz nach Königsberg folgte, schien sich der Oberstleutnant mit dem neuen Arbeitsverhältnis bereits leidlich arrangiert zu haben.

Um so überraschender kam – als das neue Königsberger Domizil gerade erst eingerichtet war – die Nachricht von seiner erneuten Versetzung. Ende August erhielt Roon den Befehl, der Köln als Garnison für das 33. Regiment bestimmte, das am 19. Oktober den Marsch an den Rhein antrat. Die Verlegung (zur 15. Division der 30. Infanteriebrigade des VIII. Armeekorps) stand in Zusammenhang mit der allgemeinen Verfügung, sämtliche Reserveregimenter (Nr. 33 bis 40) im Westen Deutschlands als Besatzungen in Köln, Trier, Luxemburg, Mainz und Saarlouis zu verwenden. Roons unermüdlichem Eifer soll es zuzuschreiben gewesen sein, dass sich das Regiment auch in diesem neuen Verband binnen Kurzem eine ehrenvolle Stellung erarbeitete und er am 2. Dezember 1851 die Beförderungsurkunde zum Oberst erhielt. 1864 wurde Roon selbst Chef (Ehrenoberst) des Regiments, das nach seinem Tod ihm zu Ehren den Namen „Füsilier-Regiment Graf Roon (Ostpreußisches) Nr. 33“ trug.[170] Der Prinz von Preußen wohnte als Militärgouverneur der Rheinlande des Öfteren Paraden und Übungen von Roons Regiment bei, sodass der Kontakt zum Königshaus nie abbrach. Das war nicht nur für das Ansehen seiner Truppe von Wichtigkeit, sondern auch für ihn selbst und sein persönliches Verhältnis zu dem Prinzen, der auf die praktischen Leistungen seiner Stabsoffiziere einigen Wert legte.

In diese Phase, in der sich international ein System der Ordnung mit antidemokratischen wie zugleich antinationalen Tendenzen wieder einzuspielen begann, fiel ein Kommando Roons zur Begleitung seines ehemaligen Kommandierenden Generals von Hirschfeld, als dieser im königlichen Auftrag im Sommer 1852 dem Präsidenten der französischen Republik, Prinz Louis Napoleon Bonaparte, an der Grenze seine Aufwartung zu machen hatte. Die Vorbereitungen zu dieser Dienstreise gaben Roon nach längerer Pause wieder einmal Veranlassung, mit dem preußischen Gesandten in Frankfurt, Otto von Bismarck,[171] in Verbindung zu treten, den er um Übermittlung von Pässen für Hirschfeld und sein Gefolge bat, „um Tracasserien von Unterbeamten zu verhindern“. Man wollte u.a. die neue Eisenbahn und den Bahnhof von Straßburg einweihen, und an der bei solchen Anlässen üblichen festlichen Galatafel „und abends Illumination des Münsters mit obligatem Feuerwerk“ war auch Oberst Roon zugegen, der die Gelegenheit nutzte, sich mit hohen französischen Offizieren auszutauschen.

Ansonsten ging der dienstliche Verkehr seinen gewohnten, unaufgeregten Gang. Die Roons, seit Mai 1852 mit dem fünften Sohn gesegnet, richteten sich mit ihrem großen Hausstand am Pantaleonstor gegenüber dem damaligen Bahnhof behaglich, aber doch mit zur Verfügung stehenden Mitteln ein, die einen aufwendigen Lebensstil nicht zuließen. Die für einen Regimentskommandeur mitunter anstehenden teuren gesellschaftlichen Verpflichtungen nötigten die Familie ansonsten zur Stille und Zurückgezogenheit. Weder Roon noch seine Frau, die seit geraumer Zeit unter schlechter Gesundheit litt, besaßen Vermögen, und Roons Gehalt erfuhr nur gelegentliche Aufbesserungen durch seine Buchhonorare. An Beziehungen zu den ortsansässigen wohlhabenden Kaufmannsfamilien war nicht zu denken, was das auf Äußerlichkeiten ohnedies wenig Gewicht legende Ehepaar aber nicht vermisste.

So beschränkte sich der offizielle Umgang der Familie im reichen Köln fast ausschließlich auf die verheirateten Offiziere des Regiments, die ja ebenfalls zur knapp bemessenen Haushaltsführung angehalten waren. Zu Oberst Fischer und General von Griesheim in Koblenz, der bald verstarb und für den Roon den bereits erwähnten Nekrolog verfasste, sowie Professor der Rechte an der Universität Bonn Clemens Theodor Perthes bestanden ebenfalls harmonische, ja freundschaftliche Verhältnisse, sodass man im Ganzen gut auskam am Rhein, wenn auch nicht ganz frei von Kummer. In einem Brief an Fischer Ende 1853 bemerkt Roon: „Meine Kinder sind wohlauf –, ich selbst befinde mich leidlich; man muß sich nur darin finden, daß man nicht mehr ein Hauptkerl von 30 Jahren ist."[172] Sehr lange aber, das stand für ihn fest, wollte er die Stellung als Regimentskommandeur in Köln nicht bekleiden, aber genau das musste er wegen der allgemein stockenden Karrieren befürchten. Plötzlich sah er sich am Endpunkt einer konventionellen Offizierslaufbahn angelangt[173] und Aufstiegsmöglichkeiten waren nur dank direkter königlicher Hilfe zu erwarten, wie er freimütig eingestand: „Für mich giebt es [...] nur einen Weg, und den kann allein der Prinz von Preußen bahnen." Welchen, deutet er nicht an.

Mit Fischer und Perthes entwickelte Roon 1853/54 einen überaus vitalen Gedanken- und Ideenaustausch, namentlich über die Zukunft Preußens in Deutschland und Fragen der militärischen „Oberleitung", zumal hierüber im Offizierkorps keineswegs Einigkeit bestand. Die einen, zu denen der Prinz von Preußen und Roon zählten, ersehnten die deutsche Einheit mit unangefochtener Suprematie Preußens, für die es sich lohne, militärisch gegen den Widersacher Österreich zu marschieren. Andere sahen allein im Verbund mit Österreich die einzig reale Chance, das demokratische Gespenst zu beseitigen. Es bedurfte eines äußeren Anlasses, um diese divergierenden Ansichten in Preußen und seinem Offizierkorps offen zutage treten zu lassen.

Von 1853 bis 1856 tobte an der Peripherie Europas eine Auseinandersetzung, die nicht nur das Ende einer verhältnismäßig langen Friedensperiode seit dem Wiener Kongress bedeutete, sondern weitreichende Konsequenzen für die Beziehungen der beiden deutschen Vormächte nach sich zog. Darüber hinaus deutete der Krim-Krieg durch die Einführung von neuartigen Handfeuerwaffen (Gewehre mit gezogenem Lauf und Perkussionszündung), von Telegrafie als modernem Nachrichtenmittel sowie von Eisenbahn und Dampfschiffen als Transportfahrzeugen für Truppen und Material den grundlegenden Wandel in der Kriegstechnik an, der im Amerikanischen Bürgerkrieg und den deutschen Einigungskriegen vertieft werden sollte und im Ersten Weltkrieg gipfelte.[174]

Dieser Krieg, an dem mit Frankreich und England (sowie Sardinien-Piemont) auf der einen und Russland auf der anderen Seite drei der fünf Großmächte beteiligt waren und aus dem mit Österreich und Preußen zwei der drei Bündnispartner der „Heiligen Allianz" in ständigem Ringen miteinander sich letztlich doch heraushielten, berührte die Stabilität des europäischen Staatensystems in fundamentaler

Weise. Eine Stabilität, die, seit 1815 und auch seit den revolutionären Unruhen 1850 von dem Konzert der „Fünf" und zugleich den Ländern der „Heiligen Allianz" garantiert und getragen, aufs Äußerste gefährdet schien.[175] Frankreich und England war unter Sicherung ihrer Eigeninteressen daran gelegen, das europäische Gleichgewicht gegen den sich abzeichnenden übermäßigen Herrschaftswillen Russlands zu erhalten. Die beiden durch die revolutionären Ereignisse schwer erschütterten deutschen Staaten und bisherigen treuen Weggefährten Russlands gingen in ihrer Neutralität unterschiedliche Wege. Österreich, Preußen und der Deutsche Bund nahmen zwar nicht an dem Krieg teil, mussten aber nach dessen Ende sozusagen als Zaungäste den Zerfall des alten Bundes der drei Ostmächte erleben.

Den unmittelbaren Anlass für den Ausbruch der Feindseligkeiten im Jahr 1853 – vorerst zwischen Russland und dem Osmanischen Reich – bot die Frage des Protektorats über die Heiligen Stätten in Jerusalem – ein in der säkular ausgerichteten Machtpolitik des 19. Jahrhunderts seltsam anmutender Anachronismus. In Palästina beanspruchten verschiedene christliche Glaubensgemeinschaften gewisse Betreuungsrechte an den dortigen Heiligtümern. Katholische und orthodoxe Würdenträger traten als Konkurrenten auf, wobei sich Russland als Anwalt der orthodoxen Christen gerierte und Frankreich die katholischen Rechte verteidigte. Russland berief sich auf den Vertrag von Kücük Kajnardzij von 1774, nach dem allein dem Zarenreich das Schutzrecht über die orthodoxen Christen im Osmanischen Reich zukäme. Frankreich hingegen verwies auf Verträge mit der Hohen Pforte von 1740, nach denen die französischen Mönche im Besitz der Wallfahrtsorte bleiben sollten.[176] Die Ursachen für die wachsenden Spannungen lagen dagegen tiefer, fielen in ihrer Entwicklung noch in die Regierungszeit des russischen Zaren Alexander I. und zeugten von einer eklatanten Überschätzung der russischen Autokratie. Russland hatte durch Gebietsgewinne in den vorausgegangenen Jahrzehnten seinen Einflussbereich im Orient auf Kosten des Osmanischen Reiches sukzessive ausdehnen können. Mit dem zentralen Ziel seiner Orientpolitik, der Beherrschung der Zugänge zum Schwarzen Meer, dessen östliches Ufer bereits zur russischen Sphäre zählte, avancierte das Zarenreich zum direkten Widerpart Englands, dessen vitale Interessen mit der Gefährdung der Handelswege zu den Märkten des Nahen Ostens empfindlich gestört wurden.

Serbien, die Donaufürstentümer sowie die Kontrolle der Donaumündungen waren einige Stationen der erfolgreichen russischen Expansion, an deren Ende die Inbesitznahme Konstantinopels stehen sollte, um das Tor zum gesamten Nahen Osten aufzustoßen. Zweifellos schien die kontinentale Vormachtstellung Russlands um 1850 unerschütterlicher denn je, zumal Mitteleuropa unter allgemeinem Revolutionsschock stand. Der Anspruch von Nikolaus I. auf weitere östliche und südöstliche Ausdehnung, möglicherweise mit dem Ziel einer wie auch immer gearteten Weltgeltung, missachtete die Interessen der (noch handlungsfähigen) Kontinentalstaaten England und Frankreich. Vor allem England sah sich seiner handelswirtschaftlichen Zukunftsperspektiven beraubt und maß der Integrität des Osmanischen Reiches größte Bedeutung bei, weil seine bis dahin unangefochtene Stellung als erste Seemacht erheblich Schaden nehmen könnte.

Der Wunsch des russischen Reiches nach einer Neuformulierung der Meerengen-Konvention von 1841, die europäischen Kriegsschiffen die Einfahrt in das Schwarze Meer untersagte, zugunsten eines bilateralen russisch-türkischen Abkommens rückte seit Mitte des 19. Jahrhunderts in den Blick des russischen Zars, Nikolaus I., der auf ein (neben den Türken) alleiniges Zugangsrecht zum Schwarzen Meer spekulierte. Diesem provokanten Schritt lag seine Fehlbeurteilung der internationalen Lage zugrunde: Nikolaus I. wähnte sich im Kriegsfall mindestens preußischer Neutralität sicher und hoffte gar auf militärischen Beistand aus Berlin. Österreich, dem er während des Ungarn-Aufstandes von 1849 Waffenhilfe und massive Truppenunterstützung gewährt hatte, glaubte er als festen Verbündeten, während etwaige englisch-französischen Missstimmungen deutlich überinterpretiert wurden.[177] Schließlich verharrte der Zar in der – wie sich herausstellen sollte – falschen Annahme, England würde sich bei den Vorgängen im Orient passiv verhalten.

So wähnte sich Russland in seiner eigenwilligen Einschätzung der internationalen politischen Gegebenheiten zu Beginn der 1850er Jahre lediglich Frankreich und dem Osmanischen Reich gegenüber, sollte es zum Krieg kommen, dem freilich noch das auslösende Moment fehlte. Nach zahlreichen, zähen – mal eingefrorenen, dann wieder aufgetauten und abermals gestoppten – diplomatischen Verhandlungen über die erwähnten Betreuungsrechte an den Heiligen Stätten schien die Frage schließlich ihrer Erledigung entgegenzugehen, als Napoleon III. versöhnliche Absichten signalisierte. In der Folge lehnten die Russen Anfang 1853 weitere Unterhandlungen ab. Nikolaus ließ keine Zweifel daran, seinen Rechten durch die Demonstration militärischer Stärke Nachdruck zu verleihen. Er forderte von der türkischen Regierung ein vertragsmäßiges Schutzrecht über die orthodoxen Untertanen des Sultans – Postulate, welche die Hohe Pforte ablehnen musste, wollte sie ihre eigene Souveränität nicht aufs Spiel setzen. Um Russland die Rechtfertigung für die daraufhin zu erwartende Kriegserklärung zu entziehen, leitete die türkische Regierung abermals Gespräche ein, die vorerst tatsächlich zu einer für beide Seiten annehmbaren Einigung führten.

Aus den veröffentlichten Aktenstücken zur Geschichte des Krim-Krieges ist nicht ersichtlich, wann der russische Entschluss reifte, über die Fragen der Heiligen Stätten hinaus die grundsätzliche nach dem Bestand des Osmanischen Reiches zu stellen.[178] „Der kranke Mann am Bosporus" – ein damals gebräuchlicher Ausdruck für den innen- und außenpolitisch fragilen Zustand des Osmanischen Reiches, der wohl auf Äußerungen von Nikolaus I. in seiner Einschätzung der Türkei als einem „kranken Menschen" zurückgeht – wuchs für die Russen zu einem Angriffsmotiv heran. Wenn der heraufziehenden Gefahr eines türkischen Zusammenbruchs nicht energisch entgegengetreten werde, komme es zur „Gewissheit eines Europäischen Krieges", wie Nikolaus dem englischen Gesandten Lord Seymour gegenüber formulierte. Mit anderen Worten: Die russische Regierung verlangte von England eine Vollmacht für eine Intervention im Osmanischen Reich mit der Begründung, dadurch einen drohenden europäischen Flächenbrand zu verhindern. London stellte sich, gestützt auf die antirussisch eingestellte Öffentlichkeit und angetrieben von ihrem Ersten Lord Aberdeen, auf Krieg ein. Paris zeigte ein stetig wachsendes Interesse an eigener Autorität im orientalischen Raum, um zur Stabilisierung seiner Regierung das französische Volk durch Gebietserwerbungen für sich zu gewinnen. Darüber hinaus sah Napoleon III. in einem Engagement Frankreichs an der Seite Englands ein probates Mittel, um das kontinentale Übergewicht des Zarenreiches zu brechen, mithin die „Heilige Allianz" als Hort der Reaktion zu zerstören mit dem Ziel, den Weg für eine Neuordnung Europas im Sinne seiner „idées napoléoniennes" freizumachen.[179]

Österreich und Preußen waren seit Olmütz unversöhnliche politische Gegner und doch in der Vereinigung mit Russland als bestimmendem Partner zusammengeschlossen. Beide aktive Zeugen der diplomatischen Auseinandersetzungen gingen in ihren Meinungen auseinander: Österreich plädierte trotz einiger Querelen um Montenegro[180], den sich daraus ergebenden Differenzen mit der türkischen Regierung und traditionellen russischen Sympathien für die Erhaltung der Türkei als eigenständigen Staat und neigte in seiner Neutralität dem industriell prosperierenden Westen zu. Preußens Regierung – die wirtschaftliche Stagnation des Ostens im Gegensatz zum aufstrebenden Westeuropa ebenfalls vor Augen[181] – wollte unter allen Umständen seine Neutralität wahren mit dem vordringlichen außenpolitischen Ziel, die „Heilige Allianz" der drei Ostmächte zu konservieren und den Frieden in Deutschland zu sichern. Berlin schien die Lage insgesamt durchaus gelassen betrachtet zu haben – gelassener jedenfalls als Österreich, das eine Stellung zu verlieren hatte. Preußen, so geht aus einem Bericht seines Gesandten in London, Freiherr von Bunsen, hervor, müsse zwar „die jetzt [...] näher tretende Idee einer bevorstehenden Auflösung der Türkei" auffallen. Dies sei aber kein Grund zur Besorgnis. Man dachte sich ohne jedes Entsetzen Konstantinopel russisch, und Syrien französisch: natürlich so, dass England Ägypten nehme und Palästina irgendeine neutrale Stellung erhalte. Vornehmlichste Aufgabe Preußens sei ein Einverständnis der Mächte, um unnützes Blutvergießen zu verhindern.

Im Offizierkorps prallten in dieser Frage drei Lager hart aufeinander. Nicht wenige wollten ihr Land an der Seite Russlands sehen, um die auf der Grundlage konservativer Ordnung ruhende alte Allianz nicht preiszugeben. Im anderen Lager, dem sich auch Roon zuzählte, überwog die Furcht vor einem russischen Riesenreich mit seinem kaum mehr zu bändigenden Anspruch auf eine Universalherrschaft. Den Vorteil des eigenen Staates und dessen Entwicklung zum eigentlichen politischen und militärischen Gravitationsfeld in Deutschland im Blick, solle sich weder Berlin (noch Wien), teilte Roon seinem Freund Fischer am 15. April 1854 mit, zur Führung eines Kontinentalkrieges verleiten lassen, „bevor sie hinlängliche Garantien für die getreue und kräftige Mitwirkung der Seemächte und für die Berücksichtigung ihrer speziellen Interessen erhalten haben“[182]. Nicht zuletzt hielt Oberst von Roon das militärische Potenzial Preußens zu dieser Zeit für viel zu schwach, um mit Aussicht auf Erfolg in fernen Landen eingreifen zu können, und einer Annäherung an England oder Frankreich stand er gänzlich ablehnend gegenüber. Seiner Ansicht nach sei schon England nicht imstande, auch nur 80.000 Mann gegen Russland in Marsch zu setzen. „Glaubt man, daß sich John Bull breit schlagen lassen wird, 70 bis 80.000 M. neu zu errichten? Und wenn ja! Welche Zeit erfordert diese neue Organisation? Wie lange wird die Werbetrommel gerührt werden müssen, um diese Pudding-Fresser aus ihren Werkstätten fortzulocken in das verhaßte rothe Röckchen?“ Eine dritte Gruppe plädierte gar dafür, sich mit eigenen Truppenkontingenten dem Westen zur Verfügung zu stellen. Sie blieb aber ohne prominenten Anhang allein auf weiter Flur.

Von konkreten Kriegsabsichten Russlands war erstmals gegen Ende Februar 1853 offen die Rede, als Nikolaus I. gegenüber dem englischen Gesandten deutlich machte, er werde es nicht hinnehmen, wenn Konstantinopel in englische oder französische Hände fiele. Nach abermals gescheiterten Verhandlungsversuchen, die ein Angebot der türkischen Regierung für ein Defensivbündnis einschlossen, traf Russland massive Kriegsvorbereitungen und kündigte den Einmarsch in die Donaufürstentümer an. In der Folge verselbstständigten sich die Ereignisse:[183] England und Frankreich wiesen am 2. Juni 1853 ihre Mittelmeerflotten an, Kurs in die von der Einfahrt in die Dardanellen nur 20 Kilometer entfernte Besika-Bucht zu nehmen. Nachdem die vier Gesandten der europäischen Großmächte am 24. Juni einen von Wien ausgearbeiteten Vermittlungsplan der Hohen Pforte vorgelegt hatten mit der Zielsetzung, die letzte russische Note mit der letzten von der Türkei an Petersburg verfassten Note zu kombinieren, erließ der brüskierte russische Zar am 26. Juni den Befehl zum Einmarsch seiner Truppen in die Donaufürstentümer – gleichsam als materielle Bürgschaft bis zur Wiederherstellung der verewigten russischen Rechte.

Die Positionierung der englisch-französischen Schiffe und die drohende Besetzung des Donau-Raumes erhöhten die Gefahr eines Krieges weiter, der nur noch durch intensivierte diplomatische Bemühungen abwendbar schien. Österreich und Preußen beließen es bei vagen Ratschlägen und vorsichtigen Warnungen an die russische Regierung. Man appellierte an den Kreml: „Der Kaiser sollte, wie mir [Buol, österreichischer Außenminister, G. S.-W.] dünkt, jetzt einsehen, daß er die Pforte nicht bekriegen kann, ohne England und Frankreich zum Zwecke eines offenen Widerstandes eng vereint zu finden.“[184] Die Hofburg sprach sich zwar für die Forderungen der Russen an die Pforte aus, wünschte aber eine Beilegung des Konfliktes und wies darauf hin, dass es sich im Kriegsfall Russland nicht anschließen

Szene aus dem Krim-Krieg (1853–56).

werde. Preußen ließ indes mitteilen, es sei bestrebt, den Krieg, wenn er denn unvermeidlich würde, lokal zu begrenzen. Befriedigt stellte der preußische Ministerpräsident von Manteuffel am 5. Juli fest, dass „die zeitige Lage der fraglichen Differenz von den beiden deutschen Großmächten ganz unabhängig von einander im Wesentlichen gleichmäßig beurtheilt wird“[185] – mit dem Unterschied allerdings, dass sich das Wiener Kabinett Handlungsfreiheit vorbehielt.

Tatsächlich entsandte Österreich, als Russland Anfang Juli 1853 in den Donaufürstentümern einrücken ließ, Truppen in Stärke von 7.200 Mann zur Sicherung in den Raum Peterwardein. Aus den Akten geht allerdings nicht hervor, ob die Verlegung österreichischer Einheiten auf direkten englisch-französischen Druck hin erfolgte. Es ist lediglich der Hinweis verzeichnet, dass Paris eine eindeutigere Haltung Preußens und Österreichs gegen Russland wünschte, der zumindest Wien nachkam. Preußen reagierte mit dem geheimen Mobilmachungsplan vom 28. Juni 1853, der die Kräfte zentralisierte. Danach bestand jedes Armeekorps (im Krieg) wieder aus zwei Infanterie-Divisionen, einer Kavallerie-Division und der Reserveartillerie mit insgesamt 1.300 Offizieren, 37.300 Mann und 13.000 Pferden. Jede Infanterie-Division umfasste zwei Infanterie-Brigaden (je ein Linien- und ein Landwehr-Regiment), ein Kavallerie-Regiment und zwei Batterien, jede Kavallerie-Division zwei Brigaden zu drei Regimentern sowie eine reitende Batterie. Für den preußischen Generalstab galten nach wie vor die viel zu knapp bemessenen Planstellen von 1824 mit nur 45 Generalstabsoffizieren (im Krieg die doppelte Anzahl).[186]

Die Pforte hatte ihrerseits die russische Offensive als eine gegen sie gerichtete aggressive Handlung gedeutet und einer – wenn auch nicht formalen – Kriegserklärung gleichgesetzt. Die nun anhebenden internationalen Aktivitäten führten zu einer Umkehrung der Verhältnisse, da nunmehr das Osmanische Reich, freilich in Aussicht auf aktive europäische Hilfe, zum Krieg gegen Russland drängte, während jetzt Nikolaus I. über Konzessionen nachdachte. Er fand sich Ende September mit dem österreichischen Kaiser und dem preußischen König bzw. Prinz Wilhelm von Preußen sowie englischen und französischen Gesandten in Olmütz zu Gesprächen ein, in deren Verlauf der Zar die friedlichen Absichten seines Landes unterstrich. Das russische Einlenken, das sich auch in Unterredungen in Warschau fortsetzte, verlief unter dem Eindruck der englisch-französischen Flotten-Präsenz. Währenddessen versuchte Nikolaus I. vergebens, die Allianz des konservativen Ostens zu beschwören – tatsächlich bedeutete es mehr Wunsch als Wirklichkeit, sich Illusionen über eine etwaige Solidarität eines überkommenen Bundes hinzugeben und ihm wirkliche Zukunftschancen einzuräumen.[187]

Die politische Entwicklung schritt sichtlich über die diplomatische hinweg, als die Pforte am 4. Oktober 1853 Russland den Krieg erklärte. Nach Beginn der Kampfhandlungen folgte eine wahre Flut von Noten, Projekten, Friedenskonzepten, Erklärungen und sonstigen mündlichen und schriftlichen Sondierungen, die allesamt in keinem Verhältnis zu ihrer tatsächlichen Wirkung standen. Eine gemeinsame, tragende Lösung kam zunächst nicht in Sicht. Erst am 5. Dezember einigte man sich in Wien auf die Formel, dass ein russisches Vordringen auf türkisches Territorium für die europäischen Mächte unweigerlich den Casus Belli gegen Russland bedeuten würde[188] und arbeitete ein entsprechendes Friedenspapier aus. Als Nikolaus ablehnte, lief die alliierte Flotte in das Schwarze Meer ein. Während die russisch-türkischen Kämpfe über den Jahreswechsel hinaus mit unverminderter Härte fortdauerten, gewann die Diplomatie mit Englands Forderung nach Öffnung der Dardanellen für Kriegsschiffe und den Bau eines Hafens an der asiatischen Küste an Gewissheit, den Frieden nicht mehr wahren zu können.

Den Januar 1854 erlebte Europa im Schwebezustand zwischen Krieg und Frieden mit zwei deutschen Großstaaten, die unausgesetzte Bemühungen um gemeinsame Abstimmungsmöglichkeiten und außenpolitische Übereinstimmungen zeigten. Helmuth von Moltke, seit 1851 Oberst, der den Türken gegenüber alle Sympathien entgegenbrachte, monierte die außenpolitische Passivität beider Länder, die angesichts der unübersehbaren russischen Vorteilsnahme eine „traurige

Rolle“ spielen würden. Er notierte am 25. Januar 1854 an seinen Bruder Adolf: „Offenbar ist ein neuer Machtanwuchs Rußlands ihnen (Preußen und Österreich) am allergefährlichsten, und doch überlassen sie den Westmächten, die Kastanien aus dem Feuer zu holen. Man wird uns das nicht vergessen, und unser Ansehen in Europa wird dadurch nicht wachsen.“[189] Exakt in diese vier Wochen des Januar 1854 fiel die Entstehung einer bemerkenswerten Denkschrift aus der Feder von Oberst von Roon, die in Gesprächen mit General Fischer[190] diskutiert wurde und in der zwanglosen Form eines an Professor Perthes gerichteten Briefes eine sehr aufschlussreiche Programmatik offenbarte. Die Klarheit und Bestimmtheit, mit der er die künftigen politisch-militärischen Bedürfnisse Preußens und Deutschlands – frei von aller momentanen tagespolitischen Brisanz – umriss, offenbarten die Grundlagen des politischen Selbstverständnisses eines Altpreußen, der in seiner unerschütterlichen Geradlinigkeit für die Unanfechtbarkeit des monarchischen Herrschaftsanspruches, die historische Größe seines Landes sowie die Unantastbarkeit tradierter Wertesysteme und Ordnungsprinzipien eintrat.

Was der Historiker Lothar Gall in seiner viel beachteten Biografie über die Charakterzüge des jungen preußischen Abgeordneten von Bismarck sagt, kann (cum grano salis) in diesem Zusammenhang auch für den 48-jährigen Regimentskommandeur von Roon gelten, denn beide wiesen schon vor ihrer eigentlichen gedeihlichen Zusammenarbeit in Parallelen angeordnete politisch-ideologische Ausrichtungen auf: „Der Vorwurf der Enge, der Blindheit für größere Zusammenhänge ließ ihn [...] ebenso unberührt wie der Vorwurf extremer Parteilichkeit. Indem er sich als Christ entlassen fühlte aus einer untragbaren und existentiell unerträglichen Verantwortung für ein unübersehbares Ganzes, sozusagen für die Prinzipien der Weltordnung, gewann für ihn der Dienst an einem konkreten, berechenbaren Interesse den Charakter einer allgemeinen Idee. Er glaubte, den verborgenen Zielen eines Höheren zuzuarbeiten, die zu erfassen dem Menschen unmöglich sei und für die er um so eher Werkzeug sein könne, je mehr er seine eigene partikulare Existenz annehme.“[191]

Roon schien in seinen Ansichten sogar noch fester als Bismarck zu stehen. Immerhin trennte beide der gewiss nicht geringe Altersunterschied von zwölf Jahren und ein Maß an Erfahrungen im Dienst, die der spätere Reichskanzler im Gegensatz zum älteren Roon noch nicht aufbieten konnte. Dieser entwarf in seiner Denkschrift neue Perspektiven für Preußen, einen Sonderweg gewissermaßen, dessen noch enge intellektuelle Grenzen bei allem Respekt vor dem Urheber genauso wenig von der Hand zu weisen sind wie sein wahrhaft prophetischer Blick. Denn er meinte allein in der militärischen Potenz Preußens und ihrer Steigerung, schließlich der Zusammenballung aller deutschen Kräfte, ob mit oder ohne Allianzen, die Zukunft des Staates zu erkennen – und traf damit ins Schwarze, wie die grundstürzenden Ereignisse von 1864, 1866 und 1870/71 beweisen sollten.

Dass der Verfasser seine Schrift mühsam „Etwas Geschriebenes – unthunlich Gebliebenes“ und als Alternative „Etwas Didaktisches – Nimmermehr Praktisches“

betitelte, lässt schon für die Entstehung erahnen, dass ihr zunächst kein direkter Erfolg beschieden war und seine Absichten möglicherweise auch nur ganz private sein sollten. Der Text war allenfalls zum Gebrauch als Diskussionsgrundlage seines engsten Umfeldes bestimmt. Gleichwohl: Roon hat in den Januartagen des Jahres 1854 nicht ahnen können, dass er im Lauf der folgenden beiden Jahrzehnte an der Realisierung der hier skizzierten Wünsche, Vorstellungen, Ideale durch seine amtliche Tätigkeit entscheidend beteiligt sein würde.[192] Drei Monate nachdem er seine Gedanken zu Papier gebracht hatte, war Roon gar als Nachfolger des Kriegsministers von Bonin im Gespräch. Dem König nahestehende Vertraute, unter ihnen Generalfeldmarschall von Dohna sowie die Oberpräsidenten von Senfft und von Kleist-Retzow, hatten Friedrich Wilhelm IV. auf Roons theoretische und praktische Leistungen aufmerksam gemacht. Dem derart Gelobten selbst wurde dies erst später zugetragen.[193] Es ist zwar nicht bekannt, ob auch der Prinz von Preußen bei seinem Bruder in diese Richtung insistierte, aber wenn, dann wird ihm Roons Memorandum als Argumentationshilfe gedient haben, denn natürlich wusste Prinz Wilhelm um die Ausführungen seines Vertrauten. Es ist auch nicht auszuschließen, dass dem romantischen Welten zuneigenden König just in den Wochen, in denen sich Preußen außenpolitisch vorteilhaft positionieren musste, Roons Denkschrift in ihrer einseitig-borussischen Zielgerichtetheit nicht nah genug am gegenwärtigen Alltag stand, um ihn gerade jetzt in die verantwortungsvolle Position des Kriegsministers zu heben. So setzte der Monarch in den schwierigen Tagen Anfang Mai 1854 auf den diplomatisch bewährten Generalmajor von Waldersee als neuen Kriegsminister.[194]

Roon konstatiert in seiner Denkschrift, dass Armeen ihrem Wesen nach gänzlich unpolitisch seien, ihre politische Bedeutung aber mit der Brauchbarkeit für die politischen Zwecke des Staates beständig zunehme. Denn kraft ihrer „materiellen Wucht, die ihr nach ihrer Größe eigen", sei die eigene Armee der Stützpfeiler, der Garant des Staates und sein Schutz. Er stellt nicht in Abrede, dass die deutsche Bundes-Militärverfassung diese Verbindung anstrebe, „aber – den traurigen politischen Verhältnissen Deutschlands gemäß vermag sie es nicht; denn das durch sie um die vaterländischen Waffen zart geschlungene Bändchen ist ein Duft, eine Illusion, höchstens – für den föderativen Schwärmer nämlich – ein schmückender Schnörkel". Die unterschiedlichen Partikularstaaten mit ihren allzu verschiedenen Bestandteilen, er nennt Sprache, Größe, Organisationsformen, Traditionen und Interessen, würden der Idee eines gemeinsamen Heeres entgegenstehen. Dem „bunten Aggregat" fehle ein Haupt und eine „naturwüchsige Gliederung" der Organisation. Er vermisse jede Harmonie, jedes Gleichgewicht, jede gleichmäßige Widerstandskraft, die aber nötig seien, um einheitliche Stärke zu beweisen. In dieser verdammungswürdigen Uneinheitlichkeit liege der Grund für die politische Ohnmacht und Bedeutungslosigkeit Deutschlands, die Roon entschieden anprangert. Einen Ausweg aus dem Dilemma sieht er in einer Bündelung der nationalen militärischen

Kräfte, um die für sich genommen unzureichenden partikularstaatlichen Einzelheere ohne nennenswerte Schlagkraft endlich zu liquidieren. Organisch verbunden, könne ein solche Armee „ganz Europa siegreich die Spitze bieten".

Durch Militärkonventionen mit kleineren Staaten (Mecklenburg-Strelitz, Anhalt-Bernburg, Mecklenburg-Schwerin, Anhalt-Dessau-Köthen und Braunschweig) in den Revolutionsjahren 1849/50 beabsichtigte Preußen, seine militärische Plattform und Operationsbasis erheblich auszubauen: Sie wurden mit dem Olmützer Vertrag bekanntlich wieder aufgelöst.[195] Mit der Bundesbehörde in Frankfurt sei die nötige Einheit, da war sich Roon sicher, nicht herzustellen: „Denn so lange jedes Kriegsherrlein und jedes Parlamentchen dreinzusprechen hat; so lange ferner, selbst nach etwaiger Beseitigung dieser Vielköpfigkeit, der Dualismus fortdauert, welcher Deutschlands Einheit nicht nur verhindert, sondern selbst den Schein dieser Einheit fortwährend mit tiefen und unheilbaren Rissen bedroht; so lange ist für Deutschlands politische wie kriegerische Verbrüderung nichts, gar nicht zu hoffen."[196]

Roon hegte keine Zweifel, dass die Zukunft diese Hindernisse auf dem Weg zu Deutschlands Größe ausräumen und Preußen vor Österreich als zentrifugale Kraft in Stellung bringen würde. Nur hier vermöge Deutschland „Heil und Schutz und nationale Fortdauer" zu finden. Selbstredend müsse Berlin den militärischen Oberbefehl in Anspruch nehmen, die Voraussetzung dafür sei aber nicht eine Reorganisation der bestehenden Bundesverfassung, sondern die grundständige Umgestaltung des deutschen Heerwesens. Er erkannte sehr klar, dass die angestrebte militärische Position nicht etwa auf einen Schlag zu erreichen sei, wie einst durch das „Dreikönigsbündnis" oder die Erfurter Union, sondern diesem hehren Resultat ein langwieriger Prozess vorauslaufen müsse (die geschickte Ausnutzung sich ändernder Umstände und der Abschluss von Militärkonventionen inbegriffen). „Aber mit „Schein-Conzessionen soll man sich darin freilich nicht abspeisen lassen, sondern mit bewußter Bestimmtheit vielmehr nach solchen Zielpunkten streben, welche, der Natur der Verhältnisse entsprechend, Deutschlands Waffenmacht, zu dessen eigenem Heile versteht sich, wirklich und wesentlich Preußens Führung unterordnen."

Roon nennt im Kern nachfolgende Punkte als Basis eines neuen deutschen Heerwesens: die ausschließliche Befugnis Preußens zur Ernennung des Oberbefehlshabers in Krieg und Frieden; die Aufsicht über das gesamte Kriegswesen (Inspizierung, Anordnung der Truppenübungen, Stationierung der Truppenteile); die Änderung des Beförderungs- und Ernennungsrechts (Vorrecht Preußens, nicht der Souveräne der deutschen Einzelstaaten); die Schaffung eines homogenen Offizierkorps (u.a. Gleichstellung der Gehälter und Pensionsansprüche); gleiche Reglements und Militärstrafgesetze sowie gleiche Bewaffnung. Er schließt seinen Brief an Perthes mit salbungsvollen, im letzten Takt gar seherisch anmutenden Worten: „Schließlich bleibt wiederholt daran zu erinnern, daß die vorbezeichneten Zielpunkte nur die Richtung andeuten sollen, in welcher vorkommenden Falles zu wirken ist; daß man daher einerseits, wenn und wo es sein muß, mit einer Annäherung an dieselben sich begnügen, andererseits aber, wenn und wo es geschehen kann, ohne Scheu darüber hinausgreifen müßte. Das von Preußen anzuwendende disponible Maaß von Muth, Kraft und Geschick, die mehr oder minder richtige Beurtheilung der politischen Lagen und Verhältnisse und die mehr oder weniger umsichtige und entschlossene, oder fehlgreifende und zaudernde Benutzung der letztern können und werden allein Art und Größe des Erfolgs bestimmen und uns entweder zur vollen weltmächtigen Ebenbürtigkeit oder von neuem nach Olmütz oder gar weiter führen. [...]

Ja! Die Kluft zwischen Wollen und Vollbringen ist auf dem fraglichen Gebiete in der That entsetzlich groß: ein wahrer Abgrund, der nur auszufüllen ist entweder durch Heldenthaten und Leichenhügel oder durch das Hineinwerfen aller unserer nationalen Sünden, Vorurtheile und Träumereien, all der Zwietracht, Mißgunst und Eifersucht, welche jenen Abgrund aufgerissen und Deutschland zum Spielball fremder und eigener Leidenschaften und Ungeheuerlichkeiten gemacht und darüber in so viel traurige Fetzen und Lumpen zerrissen haben. Alle diese nicht blos föderativ zusammen zu flicken, sondern zu einem gesunden, wenn auch narbenvollen Leibe wieder zusammen zu heilen: wer kann, wer wird es unternehmen, wer es vollbringen?“[197]

Aus seinen Vorschlägen und Ansichten, die bei Perthes und Fischer regen Anklang fanden, sprach Roons blankes Entsetzen über die „Schmach von Olmütz“ und die Biederkeit, ja Ohnmacht, mit der das preußische Königshaus Antworten darauf zu finden suchte. Diese forderten geradezu dazu heraus, nicht nur Konservativen, sondern in ihrer Alternativlosigkeit zunehmend auch preußischen Liberalen aus der Seele zu sprechen: die Lösung der nationalen Frage ohne jegliche demokratische Färbung und ohne ein Österreich.

Wie sollte es Anfang 1854 weitergehen, welchen Weg sollte Preußen in dem orientalischen Konflikt nehmen? Im Dezember hatte der König den Diplomaten und preußischen Gesandten in Paris, Pourtalès, beauftragt, diese Frage im Außenministerium zu bearbeiten. Heraus kam eine Denkschrift, die Friedrich Wilhelm IV. unterschrieb, und die Bedingungen nannte, unter denen Berlin bereit sei, an der Seite der Westmächte in den Krieg zu ziehen, also den offenen Bruch mit Russland zu wagen. Der Westen sollte Preußen gestatten, unter Ausschluss Österreichs eine Militärunion mit den deutschen Klein- und Mittelstaaten zu gründen und so die „Schmach von Olmütz“ zu tilgen.[198] Wien blieb der Vorstoß freilich nicht verborgen. Es beruhigte sich erst wieder, als London das preußische Vorhaben mit dem Argument rundweg ablehnte, der Beistand Österreichs sei allemal wertvoller als eine Verständigung mit Preußen. Aus purer Furcht vor unabsehbaren Folgen machte Friedrich Wilhelm IV. kehrt und wandte sich von England ab. Als ein von Russland initiiertes Defensivabkommen[199] mit Preußen und Österreich am Widerstand der beiden potenziellen deutschen Partner scheiterte und auch Napoleon III. mit einem Vermittlungsversuch glücklos blieb, kündigten Frankreich und England im Februar den Abbruch der diplomatischen Beziehungen zu Russland an und stellten Petersburg das Ultimatum, die russischen Truppen hätten bis zum 30. April die Fürstentümer zu räumen. Die Note wurde durch Preußen und Österreich lediglich unterstützt,[200] eine Konvention der vier Mächte aber kam nicht zustande. Die Russen wiederum reagierten darauf nicht, sondern setzten ihre Truppenbewegungen ungerührt fort. Am 28. März 1854 erklärte England dem Zarenreich den Krieg, eine englisch-französische Übereinkunft folgte.

Die erwartungsvolle Spannung über mögliche Wege, welche die preußische Politik nun einschlagen würde, war in den damaligen politischen und militärischen Kreisen begreiflicherweise groß. Auch Roon und Fischer tauschten sich im März sehr lebhaft über die prekäre Lage aus, v. a. über die nicht enden wollenden Diskussionen darüber, ob Preußen für den Westen Partei ergreifen sollte. „Wenn ich mitzureden hätte", stichelte Fischer gegen die Berliner Diplomaten, „würde ich vorschlagen, daß man vor allen Dingen die schwatzhaften Greise abschaffte und für Diejenigen, die man auf diese Weise nicht loswerden kann, ein selbstthätiges Maulschloß erfände. Gott besser's."[201] Roon reagierte, das preußische Ansinnen, sich der Insel andienen zu wollen ebenfalls scharf verurteilend, es sei vollkommen richtig, sich nicht zu englischen Landsknechten für deren Geld herabwürdigen zu lassen. Derweil hatte der König definitiv gegen eine westliche Allianz und für ein „Schutz- und Trutzbündnis"[202] mit Österreich entschieden, das die Neutralität Preußens in neue, gefestigte Bahnen lenkte und seine drohende Isolierung bannte, während die Wiener Hofburg mit dem Bündnis eine Chance witterte, doch noch in das westliche Lager herüberzuschwenken und Preußen dorthin womöglich sogar mitzunehmen.[203]

Da unterbreitete Bismarck, zu diesem Zeitpunkt preußischer Gesandter beim Bundestag in Frankfurt, dem König überraschend einen Vorschlag, wohl wissend, dass Friedrich Wilhelm IV. einem solchen Coup niemals stattgeben würde: Man solle nur recht freundlich und bereitwillig auf Österreichs mögliche Kontingentforderungen eingehen, „so daß unsere Truppen in der Lage seien, die russische oder die österreichische Grenze mit gleicher Leichtigkeit zu überschreiten, namentlich wenn wir uns nicht genierten, die Ziffer 100.000 uneingestanden zu überschreiten. Mit 200.000 Mann würde Se. Majestät in diesem Augenblick Herr der gesamten europäischen Situation werden, den Frieden diktieren und in Deutschland eine Preußens würdige Stellung gewinnen können."[204] Mit dieser bewusst maßlosen Übertreibung sprach Bismarck im Grunde nichts anderes aus als seine tiefe Missachtung sowohl gegen den österreichisch-preußischen Vertrag wie auch eine Rückkehr zur Allianz der drei Oststaaten, in der Preußen notwendigerweise nur die „dritte Geige" spielen würde. Sein Kalkül ging in eine Richtung, die voll und ganz mit den Überzeugungen Roons (und auch Moltkes) übereinstimmte: Sich jetzt von niemandem vor den Karren spannen zu lassen und so lange abzuwarten, bis der rechte Augenblick gekommen sei, Preußen an die Spitze zu hieven.

Dabei spielte ihm ein selbst gemachter Konflikt des preußischen Königshauses in die Hände, denn nicht nur Pourtalès, den Bismarck für einen der „bestplattierten Hohlköpfe“[205] hielt, die ihm je unter die Augen getreten seien, sondern auch Bunsen und der anglophile Kriegsminister von Bonin hatten (alle drei scholt Bismarck „Bethmänner“) aufgrund ihrer allzu eigenmächtigen Englandsondierungen ihren Abschied nehmen müssen. Der Prinz von Preußen reagierte echauffiert auf die Entlassung des Kriegsministers. Er gab in einem Brief an seinen Bruder seiner Empörung über dessen Abwendung von den Westmächten den allerschärfsten Ausdruck, indem er als „erster Offizier der Armee“, also im Namen des Militärs, gegen die Abberufung des ihm nahestehenden Bonin protestierte und sich damit zu einer ungeheuren Anmaßung hinreißen ließ. Wie nicht anders zu erwarten, forderte Friedrich Wilhelm IV. von dem Prinzen unter der Androhung, ihn von allen militärischen Ämtern zu entheben, dessen schriftliche Entschuldigung. Diese traf nur vier Tage später ein, und der Prinz erkannte, seine Kompetenzen weit überschritten zu haben.[206] Äußerlich war die „Königskrise“ beigelegt, doch sachlich blieb sie die Zeit des gesamten Krim-Krieges über bestehen, was Bismarck, der je nach dem, ob es seiner Karriere nützte, zur einen oder anderen Seite tendierte, wachsam verfolgte.

Die Mai-Korrespondenz zwischen Roon und Fischer erhellte, dass beide eine Parteinahme ablehnten. Fischer schrieb: „Von der Politik dispensire ich mich heute zu sprechen. Das eklatant gewordene Zerwürfnis zwischen dem König und dem Prinzen ist durch Fehler von beiden entstanden. [...] Wie man aber auch über die Sache denken mag, so liegt es im Interesse der Königlichen Familie und des Landes, daß dies Zerwürfnis nicht fortbestehen bleibe.“ Und Roon retournierte an Fischer: „Hinsichtlich des großen Konflikts, dessen Du gedenkst, bin ich vollkommen mit Dir einverstanden.“[207] Interessant ist ein Brief, den der Prinz von seinem Urlaubsort Baden-Baden – dorthin hatte ihn der König vorübergehend stillgesetzt – Ende Mai 1854 an Roon schrieb, in dem er nachdrücklich für seine Haltung wirbt: „Was wird aber jetzt nicht alles reagiert! An mir wird ja auch genagt! Ich hoffe am 7 ten und 11 ten Juny meine persönliche Stellung zum Könige wieder völlig herzustellen, denn – die darf und kann nicht altérirt werden. Aber meine politische Position werde ich vor mir und der Welt, in aller Conséquenz aufrecht erhalten, und von nun an daher völlig fremd diesen Dingen bleiben, was ich durch meine Abreise beweisen wollte.

Wenn man, wie ich, auf Befehl des Königs, Ihm geholfen hat und auf einer bestimmten politischen Bahn, kann Er nicht von mir verlangen, Ihm nun auf einer anderen Bahn zu helfen. Daß aber diese andere entgegengesetzte Bahn gegangen werden soll, geht aus Bonin's Entlassung hervor, der der Mit-Träger dieser früheren Bahn war, welche Entlassung aber aus keinem anderen Grunde erfolgt ist, als um seinen Widerspruch bei einer politischen Schwenkung nicht zu erleben. Erfolgt diese Schwenkung nicht, so werden meine Feinde mir wenigstens dies dann nicht

50-jähriges Dienstjubiläum des Prinzen von Preußen am 1. Januar 1854.

anrechnen können, weil sie wissen, daß ich unthätig war! Da ich kein Beamter bin, der seine Entlassung nimmt, wenn die Anordnungen seines Königs ihm nicht gefallen, sondern unter Leid und Freud mit dem König ausharren muß, so werde ich als sein erster Unterthan, auch sein erster Gehorsamender sein; aber behülflich eine inconséquenz zu begehen, kann ich nicht sein!

Ihr

Prinz von Preußen

P. Scr. Diese Ansichten brauchen Sie nicht gerade geheim zu halten."[208]

Oberst von Roon wird dem Prinzen mit einiger Sicherheit Antwort gegeben haben, die allerdings nicht mehr existiert. Man hätte nur zu gern gewusst, welche Haltung Roon in einem direkten Schriftwechsel mit Prinz Wilhelm jetzt einnahm. In Kenntnis seiner allgemeinen Grundsätze wird er sich vermutlich im Sinne der gemeinsamen preußischen Sache und der Zukunft des Landes für die alsbaldige, dauerhafte Beilegung der Zwistigkeiten ausgesprochen haben.

International waren die Fronten geklärt. Das alliierte Ziel bestand vorerst darin, die Zarenarmee in einer offenen Feldschlacht zu besiegen und Sewastopol zu nehmen. Österreich hatte nach der englischen Kriegserklärung deutlich werden lassen, dass es sich an den Westmächten orientieren wollte. Wien forcierte sein Bestreben durch eine mit Preußen vereinbarte Sommation an Petersburg, der zufolge die russischen Operationen nicht über die Donau ausgedehnt werden dürften und die Donaufürstentümer möglichst bald zu räumen seien. Dieser Note schloss sich Preußen mit einer Unterstützungsdepesche an. Sollte Russland die Punkte nicht erfüllen, werde der österreichische Kaiser seine Soldaten in Marsch setzen. An der Grenze zu Russland waren bereits massive Truppenkonzentrationen vorgenommen worden, die mit russischen Ansammlungen in Polen und der Moldau und der von ihnen ausgehenden Gefährdung österreichischer Sicherheit begründet wurden.[209] Freilich wollte Franz Joseph sein militärisches Engagement durch Preußen unterstützt wissen – und nicht nur dies. Er drängte auf den Beitritt der deutschen Mittelstaaten zum Aprilvertrag. Die deutschen Staaten, vor allem Sachsen und Bayern, begegneten dem deutsch-deutschen „Schutz- und Trutzbündnis" mit anhaltendem Misstrauen und wünschten eine gemeinsame Konferenz, um sich selbst als dritte Kraft einzubringen. Deshalb wurde Ende Mai eine Zusammenkunft in Bamberg unter Teilnahme Österreichs, Preußens und der Deutschen Bundesstaaten einberufen, und am 24. Juli traten die Mittelstaaten dem Aprilbündnis bei.[210]

Am 14. Juni unterzeichneten Österreich und das Osmanische Reich darüber hinaus einen Kontrakt, der das österreichische Besatzungsrecht in den Donaufürstentümern bis zum Abschluss eines Friedensvertrages festschrieb. Damit sicherte sich Habsburg die Möglichkeit einer Besetzung von Bulgarien, der Walachei und Moldau für die Dauer des Krieges, um seinen Einflussbereich auszudehnen – wohlgemerkt unabhängig davon, wie Russland reagieren würde. Preußen musste dem österreichischen Treiben tatenlos zusehen, da es von diesem Schritt seines „Bundesgenossen" nicht in Kenntnis gesetzt worden war.[211] Würden russisches und österreichisches Militär in den Donauländern, aus welchem Grund auch immer, aneinandergeraten – vorausgesetzt, dem ginge eine russische Aggression voraus –, wäre der Casus Foederis gegeben und Preußen zur Entsendung von Truppen verpflichtet. Vor diesem Hintergrund waren die Bemühungen Friedrich Wilhelms IV., den Zaren zur Annahme der Note zu bewegen, nur zu verständlich – mit Erfolg, denn nach der russischen Räumung zogen im September 1854 österreichische Einheiten in den Fürstentümern ein. Die österreichischen Eigenmächtigkeiten erreichten ihren Höhepunkt, als die Vertreter Wiens ohne preußische Beteiligung mit Frankreich und England einen vier Punkte umfassenden Friedensvertrag aushandelten, den Petersburg jedoch ablehnte. Diesem, einem Partner gegenüber, unfreundlichen Akt folgte zwar im Nachhinein die Einladung an Preußen, der Tripel-Allianz beizutreten, doch Berlin wies den nachträglichen Vorschlag brüsk von sich. Warum diese Geheimniskrämerei Österreichs? Spekulierte Wien darauf, dass Preußen doch noch Russlands Weg mit- und mit ihm zusammen untergehen würde? Unterdessen beschleunigte Wien die Vorgänge, indem es die Mobilmachung des deutschen Bundesheeres forderte. Doch der Bundestag lehnte ab. „Da die ständige Kriegsbereitschaft ein Wesensmerkmal stehender Heere ist, enthielt der Bundesbeschluß [vom 8. Februar 1855, G. S.-W.] eigentlich nichts, was nicht ohnedies galt. Er diente nur der diplomatischen Verschleierung des österreichischen Mißerfolgs.“[212]

Das Jahr 1855 verging für Roon ohne Ereignisse von erwähnenswerter Bedeutung. Briefe aus dieser Zeit, die uns Aufschluss über seine Befindlichkeiten, mehr noch aber über seine Gedanken und Ansichten über den Krim-Krieg geben würden, sind, obwohl fraglos geschrieben, weder von ihm noch an ihn erhalten. Die Sammlung seiner *Denkwürdigkeiten* setzt erst wieder im Sommer 1856 ein, als Oberst Roon zum Kommandeur der 20. Infanterie-Brigade in Posen ernannt wurde. Weltgeschichtlich ereignete sich bis zu seiner Versetzung einiges, und es ist daher um so bedauerlicher, dass hierüber keine Kommentare oder sonstige schriftliche Zeugnisse Roons vorliegen, die zeigen würden, was an hoher Politik an der Basis ankam und wie diese reagierte. Der Krim-Krieg setzte sich mit unverminderter Härte unter dauernden, stets von Neuem wieder aufgenommenen Verhandlungen über sein mögliches Ende fort. Im nicht involvierten Preußen überwog mittlerweile die Meinung, dass weder eine Koalition mit noch gegen Russland einen lohnenden Eigengewinn bringen würde. Österreichs Neutralität blieb fragwürdig, viel zu verlockend schien die Aussicht, sich neben England und Frankreich als gleichberechtigte Großmacht zu etablieren, während gleichzeitig Preußen isoliert würde. Aber es blieb dabei: Die Soldaten des Kaisers mussten nicht schießen.

Nach den unfruchtbaren Wiener Konferenzen und dem Fall Sewastopols (23. September 1855) wurde die unabwendbare russische Niederlage, an der auch der neue Zar nichts zu ändern vermochte,[213] mit dem am 25. Februar 1856 beginnenden Pariser Friedenskongress besiegelt, dem zum Missfallen Englands auch Preußen beiwohnte. Der dabei erreichte Frieden führte territorial zur Wiederherstellung des Status quo ante, zur Zurückdrängung Russlands aus der Türkei und dem osmanischen Einflussgebiet. Darüber hinaus war ein russischer Angriff aus dem Nahen Osten in Zukunft ebenfalls ausgeschlossen. Das Zarenreich war von einer vehement auftretenden Allianz geschlagen worden, hatte seinen Nimbus als Groß- und Interventionsmacht unbestritten verloren und sein international seit dem Wiener Kongress gewonnenes Profil eingebüßt.

Die Schwächung Russlands, ausgelöst durch seine Niederlage, war das zentrale und nachhaltigste Ergebnis des Krim-Krieges. Die militärische Katastrophe legte innere Probleme offen, die das russische Reich schon lange plagten: Von der Heeresstruktur über die Rückständigkeit der Infrastruktur bis hin zum gänzlichen Mangel wirtschaftlich-industrieller Entwicklungsphasen zeigte sich die Unterlegenheit gegenüber den westlichen Staaten auf breiter Fläche. Napoleon III. wird gemeinhin als eigentlicher Sieger des Krim-Krieges gehandelt. Er war die Personifizierung des modernen, revolutionären Gedankens in Frankreich, der über die „Heilige Allianz“ sichtlich triumphierte. Dessen Eckpfeiler – Russland – war besiegt, Preußen nie aus der Deckung gekommen, das auf revolutionäre Personen wie Napoleon und demokratieverdächtige Staaten wie England mit militärischer Zurückhaltung reagiert hatte.

Österreich galt gleichsam als zweiter Verlierer der Auseinandersetzung, denn trotz seiner Allianz mit den westlichen Ländern war das Kaiserreich militärisch zu keinem Zeitpunkt aktiv an deren Seite getreten. Seine Rolle als Vermittler und Ausrichter von allerlei Konferenzen dürfte Österreichs Ruf als unsicherer Kantonist nicht wettgemacht haben. Außenpolitisch trieb die Wiener Hofburg nach 1856 ins Abseits. Trotz der latenten Gefahr einer weltweiten Eskalation blieb der Krim-Krieg letztlich ein klassischer Kabinettskrieg an der Peripherie Europas, der in jeder Phase von diplomatischen Verhandlungen begleitet und kontrolliert war, sodass er zu keinem Zeitpunkt aus dem Ruder zu laufen drohte.[214]

Beschaulichkeit in Posen: Brigadekommandeur

Während auf der weltpolitischen Bühne das Ende des dreijährigen Ringens ausgerufen wurde, packte Oberst Albrecht von Roon die Koffer, um seinen Dienst als Kommandeur der 20. Infanterie-Brigade anzutreten. Er verließ das Rheinland nach zehn Jahren nur ungern, denn er musste mit seiner Familie erworbene Freundschaften und zahlreiche Beziehungen in Bonn, Koblenz und Köln mit einem Mal aufgeben. Allein die Aussicht auf Beförderung milderte die Belastung dieser Versetzung aus den umtriebig-freundlichen Rheingegenden in das starre, unwirtliche Posen. Am 4. Juli 1856 schrieb er Perthes, der ihm in unzähligen, über die Jahre geführten Gesprächen geduldiger Zuhörer und unentbehrlicher Gedankengeber zugleich gewesen war: „Die Stunden unseres Zusammenseins sind gezählt. Sie werden schon erfahren haben, daß ich als Brigade-Kommandeur nach Posen versetzt worden bin. Ich bin nicht niedergeschlagen, aber innerlich wie äußerlich sehr in Bewegung, vorzüglich wegen der vielen Liebe, die mir von allen Seiten bewiesen wird, und an die ich auch großenteils glauben muß, – die ich dennoch in diesem Maße nicht zu verdienen glaube. – Gestern früh hat man von mir die Fahnen abgeholt. Das war ein böser Augenblick."[215] Der Prinz machte dem 53-Jährigen Hoffnungen auf eine Rückkehr an den Rhein, sobald dort eine geeignete Stellung vakant sei.[216] Dazu soll sich im Frühjahr 1857 Gelegenheit geboten haben, die Roon wie auch eine andere Möglichkeit ausschlug, weil die Einrichtung seines gesamten Hausstandes in Posen ein erneute Dienstnahme woanders geradezu absurd erscheinen ließ. Aus einem Briefwechsel mit Bismarck vom Oktober 1857 soll hervorgehen, dass Roon die Stelle des Bundesmilitärbevollmächtigten in Frankfurt am Main avisiert worden war.[217]

Seine Pflichten führten ihn zunächst in die Provinz, wo er bei seinen Aushebungsgeschäften und Truppenübungen Land und Leute beobachtete, zu denen er in unmittelbare Berührung kam. Seine Eindrücke teilte er Fischer und Perthes mit, anfangs mit Zurückhaltung, doch später, als sich die Erwartungen über die herrschenden Zustände deutlich positiv entwickelten, mit einigem zweckgebundenen Optimismus. Die Dinge im Großherzogtum, teilte er Fischer am 1. August 1856 mit, hätten ein eigentümliches, dabei günstiges Aussehen gewonnen, die Landeskultur sei sichtlich gewachsen, und auch der Wohlstand der Menschen habe sich entgegen so mancher voreiliger Klischees ebenfalls gefestigt. „Die Partheiungen existieren zwar noch", womit Roon auf den polnischen Aufstand von 1846 und seine gesellschaftlichen Friktionen abhob, „aber die gegenseitigen Reibungen sind unmerklich, und der Polonismus grollt wohl bitter doch nicht laut weiter."[218] Er hatte schlimme Verhältnisse erwartet, Feindseligkeiten, Widerstand, ja offene Opposition gegen paradierende preußische Gewehre. Doch Roon, mit Wirkung vom 15. Oktober 1856 Generalmajor, fand Gastlichkeit, Wärme und Zuvorkommen allerorten, gemütliche Lokale, eine herzliche, in gewisser Hinsicht servile Art von Aufmerksamkeit und Untertänigkeit der Bevölkerung und eine ungeahnte Reinlichkeit darüber hinaus, sodass sein sicherheitshalber mitgeführtes „Insektenpulver" in der Schublade verblieb. Nachdem er eine Dekade als Chef des Generalstabs und ebenso als Regimentskommandeur seine Arbeitslust und -kraft in virulenten Zeiten zur Geltung gebracht und sich außerdem, wenn nötig, nicht gescheut hatte, mit seiner ganzen Persönlichkeit einzutreten, konnte ihm die hiesige Stellung als Brigadekommandeur dauerhaft zwar nicht genügen, aber zumindest Gelegenheit zur Ruhe und inneren Gelassenheit geben. In Posen nahm Roon – bei unsäglich kleinstädtischen Umständen mit „schauderhaften Dörfern" – an dem geselligen Verkehr in Offiziers- und Beamtenkreisen so oft wie möglich Anteil, der sich durch den neuen Kommandierenden General Graf Waldersee noch hob, in dessen Haus er einund ausging.

Kaum war die Orientalische Krise mit dem Ende des Krim-Krieges beigelegt, platzte mitten in diese ländliche Idylle weitab vom politisch relevanten Landesgeschehen ein Konflikt, der Unruhe nach Preußen hineintrug und gar an den Rand eines Krieges mit der Schweiz führte. Grund war die sogenannte Neuenburger Frage, entzündet an der Doppelstellung des Fürstentums Neuenburg als der Schweiz territorial zugehörig einerseits, andererseits aber mit Preußen in Personalunion verbunden.[219] Die Unruhen des Jahres 1848 hatten Radikale zum Umsturz des Kantons in eine Republik genutzt, und nach dem Ende der Revolution betrachtete es Friedrich Wilhelm IV. als sein legitimes Recht, die monarchische Ordnung in der preußischen Exklave wiederherzustellen: Was für Dänemark in Schleswig-Holstein galt, musste also auch für Preußen in Neuenburg gelten. Diese Rechte waren von den Großmächten im Londoner Protokoll vom 24. Mai 1852 festgesetzt worden, ohne dass Berlin sofort reagiert hatte, und später stand der Krim-Krieg als überwölbendes Ereignis einer Intervention im Weg. Jetzt aber, 1856, und der Warterei überdrüssig, nahmen die Neuenburger Royalisten das Heft selbst in die Hand und erhoben sich im September erfolglos gegen die obsiegende demokratische Regierung. Friedrich Wilhelm IV. musste handeln, wollte er nicht sein Gesicht verlieren, und fand im Deutschen Bund sowie in Napoleon III. Unterstützung, während England die Partei der demokratischen Schweizer ergriff.

Diplomatische Bemühungen, unter anderem von Österreich, Bayern und Baden vorangebracht, schlugen fehl, sodass sich der preußische König auf Drängen Bismarcks zur Teilmobilmachung der Armee durchrang, um den „gerechten Forderungen nunmehr auch durch Aufbietung einer dem Zwecke angemessenen Heeresmacht Nachdruck zu verleihen"[220]. General von der Groeben wurde zum Oberkommandierenden für einen möglichen Feldzug in der Schweiz ernannt und nicht, wie eigentlich erwartet, Prinz Wilhelm von Preußen. Diese Kränkung war den Regeln der damaligen Zeit entsprechend nicht unerheblich, immerhin hatte der König einen in der Anciennität jüngeren General berufen und seinen ältesten Bruder mit einem „éclatanten Zeugnis des Nicht-Brauchens“[221] in die Ecke gestellt. Der Konflikt wurde schließlich auf Vermittlung von Napoleon beigelegt, als die Neuenburger Demokraten, wie von Preußen gefordert, ihre Gefangenen unter Einstellung sämtlicher anhängiger Verfahren freiließen. Damit war der Kriegsgrund entfallen, wie Bismarck mitteilte, „nachdem die einzige Bedingung, von welcher Seine Majestät Allerhöchst ihre Bereitwilligkeit hierzu abhängig gemacht hatten, durch die vorstehend gemeldete Thatsache erfüllt worden ist“[222]. Nach einer Konferenz im März 1857, auf der Friedrich Wilhelm IV. am englischen Widerspruch scheiterte, die neuenburgische Verfassung in seinem Sinne zu revidieren, d. h. dort zur Monarchie zurückzukehren, verzichtete er auf seine Rechte. Im Gegenzug versprach die Schweiz Amnestie und die Übernahme aller entstandenen Kosten. Das monarchische hatte gegen das demokratische Prinzip eine klare Niederlage hinnehmen müssen – ein recht bemerkenswertes Phänomen in einer Epoche, die alle denkbaren Bestrebungen zur Wiederherstellung gegenrevolutionärer Ziele zeitigte.

Nach den politischen Aufregungen, die Roon allerdings nur aus der Ferne ohne jede Chance auf aktive Teilnahme zur Kenntnis gelangten, wieder in aller Stille, versetzte ihm der plötzliche Tod von General Fischer im Frühjahr 1857 einen herben Schlag. Auch der Prinz bezeichnete Fischers Ableben ihm gegenüber als einen „großen Verlust für sein Fach, die Armee und für uns speziell hier“. So blieb nur noch ein Geistesverwandter am Rhein: Professor Perthes, zu dem Roon laufenden Kontakt hielt und ihm gegenüber offen Klage führte über das innerliche Ungenügen an seiner dienstlichen Wirksamkeit. Er fühlte sich bei Weitem kraftvoller, energiegeladener, als bloß Rekruten auszuheben und „Briefe von oben nach unten und von unten nach oben“ zu schicken. Er übertrieb nicht mit seiner Befürchtung, „in solchem gedankenlosen Schlendrian innerlich“ abzustumpfen – für einen hohen Offizier seiner Tat- und Visionskraft sowie gewissenhaften Strenge in allen dienstlichen Obliegenheiten war dies wahrlich eine Seelenqual, die nur Schwäche und Mattheit zur Folge haben würde. Das „Hoffen, Fürchten und Sorgen bloß für so kleine Angelegenheiten, allein für die Familie, reicht für einen ausgewachsenen Mann, der für rein geistige Schöpfungen nicht organisiert ist, kaum aus, um dem Dasein den erforderlichen Inhalt zu geben“[223]. Roon, der seine innere Unruhe kaum zu verbergen vermochte, wollte Karriere machen und wusste um seine Fähigkeiten, die hier, in der Provinz bei ödem Gamaschendienst, nicht zum Zuge kamen.

Dennoch fügte er sich als absolut treuer Untertan in die Gegebenheiten, die sein Monarch für ihn vorgesehen hatte, und hielt tapfer auf seinem Posten aus. Roon sah durchaus selbst, dass die jetzige Regierung für entscheidende Personal- und Organisationsveränderungen nicht geeignet sei. Für notwendige Erneuerungen sei der König zu krank, der in der Tat nach mehreren Schlaganfällen nicht mehr arbeitsfähig war. Die Regierungsgeschäfte übernahm sein Bruder, Prinz Wilhelm, zunächst als Stellvertreter (die offizielle Übergabe erfolgte am 7. Oktober 1858). Von ihm erhielt Roon einen deutlichen Wink: „Da mir nach Köln nun doch einmal ein General aus dem 5. Corps zugesandt wird, so wissen Sie, wer mir der Liebste gewesen wäre. Indessen nach Ihrer Antwort vor einem ½ Jahre habe ich keine Demarchen mehr gemacht."[224]

Jetzt war es an Roon, seine vortrefflichen Beziehungen zu dem ehemaligen Prinzen, nun Regenten und künftigen Monarchen zu nutzen, um in ein Ressort zu gelangen, das mit seinem praktischen Vermögen und Wissen um die Strukturen an der Basis des Heeres endlich korrespondierte.

Macht

Vorarbeiten zur Heeresreform

Im Juni 1858 empfing Roon, der zu diesem Zweck in einem Berliner Hotel mit dem Generaladjutanten Gustav von Alvensleben und Otto von Bismarck Tür an Tür Logis nahm, als Johanniter den Ritterschlag sowie die Investitur als Rechtsritter. Dieser hohen Ehre schloss sich eine prunkvolle Feier an, bei der ihm Prinz Wilhelm die Stellung eines Divisionskommandeurs in Aussicht gab. Anlässlich der Audienz bei dem künftigen preußischen König am 25. Juni in Babelsberg besprachen beide die gegenwärtigen Armeeverhältnisse. Der spätere Kaiser soll sich dieser Unterredung in nachfolgenden Jahrzehnten immer wieder genauestens und mit Schwung erinnert haben, da sie ihm – als Geburtsstunde der Heeresreform empfunden – im Gedächtnis geblieben war. Er bat Roon, die Gedanken und Pläne schriftlich bereitzustellen, die ihn knapp einen Monat darauf unter dem Titel „Bemerkungen und Entwürfe zur vaterländischen Heeresverfassung" in Baden-Baden erreichten. In dem Begleitbericht schickt Roon vorweg: „Der vorliegende Aufsatz ist in der Muße eines Bade-Ortes ohne alle Materialien u. Vorarbeiten niedergeschrieben worden, um einer gebieterischen Anregung Folge zu geben. Er macht daher nicht den Anspruch, noch hat er die Bedeutung einer Denkschrift in dem offiziösen Sinne des Wortes, er ist vielmehr als ein erster Entwurf zu einer solchen zu betrachten."[225]

Roons *Denkwürdigkeiten* beinhalten die komplette Denkschrift[226]; im Folgenden sind nur die wichtigsten Passagen extrahiert bzw. ihrem Sinn nach erläuternd wiedergegeben. Voran sei aber die Frage nach der Notwendigkeit einer Reorganisation des Heeres in Preußen überhaupt gestellt. Warum wurde sie zu diesem Zeitpunkt und in diesem Umfang angegangen? Weshalb in einer Intensität, die das Parlament herausforderte und schließlich einen Konflikt provozierte, der den Staat fast an den Rand der Handlungsunfähigkeit gedrückt hätte? Die Motivation für die Heeresreform ist in der einschlägigen Literatur[227] unterschiedlich bewertet worden, wobei sich zwei Erklärungsstränge herausbildeten, die Jahrzehnte über unangefochten die Sicht bestimmten und erst jüngst Relativierungen erfuhren.

Alle bisherigen Entwicklungsschübe des preußischen Heeres, insbesondere nach den Erfahrungen der Mobilmachung von 1850, hatten nur einzelne Aspekte verbessert, die Wehrverfassung von 1814 in ihren Grundstrukturen und wesentlichen Aussagen jedoch nicht angerührt. Eine militärfachliche Modernisierung der Armee war im Zuge der im Allgemeinen und im Speziellen zu beobachtenden hohen Leistungsstandards der Armee und ihres Offizierkorps seit 1819 nachweisbar. Gerade die permanenten Neuerungen und Verbesserungen in den Bereichen Festungsbau und -wesen, Änderungen der Infanterie-, Artillerie- und Kavallerie-Taktik, Berücksichtigung von Telegrafie und Eisenbahn für militärische Nutzung zeigten dies. Dazu gehörte nicht zuletzt die Entwicklung der Geschütze und des Zündnadelgewehrs, das seinen Wert 1866 ausspielte, um den errungenen Vorteil 1870 gegenüber dem technisch anders gearteten französischen „Chassepot" wieder einzubüßen, das weiter schoss, wenngleich nicht genauer.

So kam die Forschung zu dem (einen) lange währenden Urteil, dass es der Krone vorderhand gar nicht unbedingt um eine genuine militärische Reorganisation ihrer Armee ging (denn diese schien ja im Fluss zu sein). Vielmehr beabsichtigte sie durch eine der Öffentlichkeit und den Kammern gut vermittelbare Heeresreform eine Art Verfassung mit dem Ziel der vollständigen militärischen Durchdringung und konservativ-monarchischen Politisierung der gesamten Gesellschaft. Von der Zurückdrängung der Landwehr in die Reserve bei gleichzeitigem Ersatz durch Linien-Regimenter habe man sich die erforderliche buchstäbliche Linientreue der Aktiven versprochen. Die Einrichtung eines massiven Beurlaubtenstandes, also von Reservisten, garantierte die ungefilterte Vermittlung obrigkeitsstaatlicher Interessen und militärischer Werte in die Bevölkerung. Die dauerhafte ideologische Manifestierung des monarchischen Gedankens im preußischen Volk, um allen potenziellen unterschwelligen revolutionären Bestrebungen künftig von vornherein dank eines starken, unbeugsamen Militärstaates zu begegnen, sei das unbeirrbare Endziel gewesen, die Roon'sche Reform mit ihren zahllosen Einzelaspekten also lediglich Mittel zum Zweck. Folglich markiere das Jahr 1860 den Beginn einer die Gesellschaft Preußens durchdringenden Militarisierung und somit den Ausgangspunkt des deutschen Militarismus schlechthin. Das Kunststück habe nun zum einen darin bestanden, das Parlament für die Umsetzung einer solchen aus innenpolitischem Sicherheitsbedürfnis heraus geborenen Umwälzung zu gewinnen und zum anderen, den Militärdienst mit seinen technisch-fachlichen Entfaltungsmöglichkeiten der Gesellschaft schmackhaft zu machen.

Die dafür angeführten Argumente waren simpel, aber wirkungsvoll: Eine Um- und Nachrüstung sei nötig, wolle Preußen einiges Gewicht in die europäische Waagschale werfen. Nur wer sich den Belangen der bewaffneten Macht öffne, richte auch den Blick in die Zukunft eines Landes, das zu größten Hoffnungen Anlass gebe. Ein straff geführtes, einheitliches und kraftvolles Heer würde König und Volk Sicherheit nach außen und innen geben. Dafür wollte Wilhelm nicht nur den gut exerzierten Soldaten, der seinen Stand als eine vorübergehende Erscheinung betrachtete, um nach Ableistung des leidenschaftslos absolvierten Dienstes wieder in das zivile Leben zurückzukehren, sondern den Militär mit Leib und Seele. Wie der Prinz-General sich selbst ganz als Berufssoldat empfinden gelernt habe, so solle es jeder Einberufene tun, um mit dem Historiker Gerhard Ritter zu sprechen. Nicht ein Volksheer mit unsicheren, suspekten „Elementen" unter bürgerlichen Einflüssen, sondern das Ethos eine Berufsheeres auf der Basis der allgemeinen Wehrpflicht schwebe ihm als zuverlässiges Instrument in seiner Hand und Bollwerk gegen revolutionäre und umstürzlerische Absichten vor; das Heer also als Garant der inneren Stabilität mit etwaiger Schutzfunktion nach außen. Dass hierüber der Verfassungskonflikt ausbrach, sollte die Heeresreform mit ihren Exponenten ex post in eine Stellung heben, die ihre ausgewiesenen politischen Ambitionen erst im Nachhinein rechtfertigte.

Dem wird man entgegenhalten müssen, dass zum einen das preußische Friedensheer von tatsächlichen 140.000 Mann in der Lage gewesen war, das Land vor inneren Unruhen zu bewahren. Mit den nach der Heeresreform dazukommenden 60.000 Soldaten würde wenig gewonnen sein. Außerdem befand sich Preußen 1859/60 keineswegs in einem innenpolitisch vagen Zustand, denn dem schrillen sozialistischen Aufbegehren war die Kraft geraubt, wenn auch Befürchtungen der Krone vor frischem revolutionären Eifer unterschwellig präsent waren. Zum zweiten war die vermeintlich angestrebte „Entbürgerlichung" der Armee nie Gegenstand eines eigenen, übergreifend strukturellen Konzeptes – dies wäre sie als etwaiges Zentrum der Reformbemühungen aber gewiss gewesen. Ein Blick in die *Militärischen Schriften weiland Wilhelms des Großen* zeigt, dass sich der Prinzregent nie zurückhielt, von seinen Generalen Schriftstücke geringsten Inhalts einzufordern und dazu noch kleinlich zu kommentieren. Dass eine eigenständige Denkschrift über die offenbar so dringend erforderliche Abschiebung der Landwehr fehlt, ist bei der von der historischen Literatur wohlfeil projizierten ideologischen Wichtigkeit jener „Entbürgerlichung" als Nukleus der „großen Reform" allerdings mehr als seltsam. Die Landwehr ist im Übrigen nie ganz ausgeschaltet worden. Im Gegenteil hat sie in Moltkes Heeren in den Kriegen gegen Österreich und Frankreich brav ihren Mann gestanden, weil die reaktivierte Reserve für den Kampf natürlich unerlässlich war.

Die Heeresreform als ein rein politisches Instrument zur Machtzementierung der zu diesem Zeitpunkt eigentlich völlig ungefährdeten Monarchie zu betrachten, greift als alleiniges Erklärungsmodell ebenso zu kurz wie ein rein militärspezifisches. Dieses würde der Vorstellung folgen, das seit den Befreiungskriegen mehr oder minder marode preußische Militär sei erst von Roon auf Vordermann gebracht worden, der durch innere Reorganisierung mit Aufstockung des Friedensheeres, Verjüngung und Stärkung der Linie durch Reserve der Landwehr usf. jene granitenen Säulen meißelte, auf denen Moltkes siegreiche Einigungskriege fußten. Auch diese Deutung hat sich im Glorienschein von 1866 und 1870/71 trefflich rechtfertigen lassen. Sie wurde bekräftigt durch Memoiren zeitgenössischer Offiziere, die sich auf die Formel reduzieren lassen, Roon habe als „Waffenschmied" des Kaiserreiches Moltke das Eisen gereicht, mit dem der geniale Feldherr unter dem schützenden Schirm eines starken preußischen Königshauses auszog, Deutschland mit dem Schwert zu einen. Die neueste Forschung bewertet die „historische Wahrheit" als ein salomonisches „Sowohl-als-auch" zwischen einer politisch und einer militärisch motivierten Reform und dürfte nach derzeitigem Erkenntnisstand auch richtig liegen.[228] Sie achtet dabei jedoch die vorhandenen staatswirtschaftlichen und finanziellen Motive zu gering. Schuldig bleibt sie auch eine Antwort darauf, weshalb die Reorganisation, jetzt, Ende der 1850er Jahre, forciert wurde und warum nicht schon früher, etwa 1852 oder 1855? Der ernsthafteste Grund für die preußische Heeresreform des Jahres 1860 tritt erst bei Betrachtung übergeordneter Zusammenhänge ans Tageslicht und ist bisher noch nicht entdeckt worden.

Preußens Armee war um 1860 als Ergebnis einer hochprofessionellen Anpassung an technische und soziale Entwicklungsprozesse allen anderen europäischen Heeren in drei Punkten überlegen: erstens die Führungsfähigkeit von Generalstab und Offizierkorps, deren Schule operativen Denkens als herausragendes, alle späteren Generationen beeinflussendes Grundprinzip militärischer Lehre kein anderer als Helmuth von Moltke schuf; zweitens das europaweit modernste Eisenbahnwesen nicht nur für einen verzuglosen Aufmarsch und Truppentransport, sondern auch für die Nachführung von Material, Verpflegung und Reserven; drittens die Verfassung der Großverbände, die im Frieden bereits volle Kriegsfähigkeit besaßen und nicht erst (wie in Frankreich) mit der Mobilmachung behäbig und unter erheblichem Zeitverlust in einen wehrbereiten Zustand gebracht werden mussten. Auf allen anderen Gebieten – sei es Waffentechnik, taktische Grundsätze, Festungsbau oder Telegrafie – galt nahezu Gleichstand mit den europäischen Konkurrenten und in personeller Hinsicht langfristig hoffnungslose Unterlegenheit. Preußens Humanressourcen waren stärker begrenzt als die Frankreichs oder Österreichs, von Russland ganz zu schweigen.

Zahlenmäßig in der Hinterhand, musste der preußische Generalstab stets mit einem Angriffsschwerpunkt unter Berücksichtigung dieser drei Komponenten planen, um eine Überlegenheit auf dem Gefechtsfeld herzustellen: konsequenter Einsatz technischer Errungenschaften, zügiges Heranführen der bereits im Frieden kriegsbereiten Truppen in das Aufmarsch- und Kampfgebiet für die Ballung aller verfügbaren Kräfte sowie zusammengefasster Angriff an der verwundbarsten Stelle des Gegners. Bismarck formulierte dies in seiner ersten Rede vor dem preußischen Abgeordnetenhaus am 30. September 1862 in eigenen Worten: „Preußen muß seine Kraft zusammenfassen und zusammenhalten auf den günstigsten Augenblick."[229] Moltke zog aus der Analyse des italienischen Krieges von 1859 den Schluss, dort sei alles auf ein „rücksichtslos schnelles Handeln" angekommen und übertrug diese scharfe These ohne Abstriche auf den ersten Operationsentwurf für einen preußisch-dänischen Krieg, den er im Dezember des Jahres 1862 niederschrieb.[230] Eine andere Chance als das blitzartige Zupacken besaß Preußen nicht, politisch wie militärisch. Und genau so – schnelle Mobilmachung, in der Bereitstellung zuvorkommen („Praevenire"), kräftige, auf die Entscheidung zielende Offensiven – waren die Einigungskriege geplant. Dass sie indes nicht unbedingt genauso verliefen, sollte der Winter 1870/71 zeigen.[231] Die Erfahrung seit der Schlacht bei Leuthen lehrte den Generalstab, alles in Preußens Heer exakt auf dieses Gefechtsszenario auszurichten.[232]

Das Wesen jener Schlacht von Leuthen am 5. Dezember 1757 – der Seitenblick sei gestattet –, die nichts entschieden, katastrophale Folgen für den Staat Preußen aber hatte abwenden können, lag in ihrer taktischen Vollkommenheit und ihrer Bedeutung als Vorbild für die deutsche Generalstabsschule des 19. und 20. Jahrhunderts, die eigene Unterlegenheit gleichsam zu einer Tugend umzufunktionieren, d. h. die Kräfte nacheinander gezielt mit Masse möglichst gegen die am wenigsten geschützte Stelle des Feindes als (operativen) Teil einer geplanten Umfassung einzusetzen. Sie lieferte damit die Blaupause für die deutsche Kriegführung nachfolgender Jahrzehnte und Jahrhunderte, obwohl sich das Antlitz des Krieges im Lauf der Zeit natürlich wesentlich geändert, Form und Art des Aufmarsches gewandelt und die Zahl und Wirkung der Waffen infolge rasanter technischer Entwicklungen erheblich gesteigert haben. Doch die Elemente des Sieges – eine angestrebte Kesselschlacht mit dem Ziel der Vernichtung des Feindes – waren im Kern stets die gleichen und mussten immer dieselben sein, weil die Verhältnisse in Preußen (und Deutschland) keine andere Wahl ließen.

Der Erfolg im Angriff sei das Resultat einer vorhandenen Überlegenheit, postulierte einst Clausewitz. Eine Überlegenheit, die das kontinentale Preußen und auch Deutschland nie besaßen, weswegen die Operationspläne notwendigerweise keilförmigen Massierungen unter größtmöglicher Ausnutzung des Geländes, Einbeziehung des Überraschungsmomentes und penibelster Exaktheit in allen Bewegungen den Vorzug gaben. Hier zahlte sich die eiserne Disziplin der preußischen Truppen aus, die heute ohne jedes Wissen um die inneren Zusammenhänge jener Epoche gern als pure Menschenschinderei ausgelegt wird, obwohl sie keineswegs ein Manko, sondern vielmehr überlebenswichtig gewesen ist. So hätten sich die Schwenkungen am 5. Dezember 1757 um keine halbe Stunde verzögern dürfen. Leuthen ist die einzige Schlacht des Siebenjährigen Krieges, in der Raum, Zeit und Kraft eine harmonische Größe bildeten und die Ausführung zu höchster Perfektion gelangte – zugegebenermaßen bei groben Führungsfehlern eines perplexen und zur Reaktion kaum befähigten Feindes. Aber Glück war bekanntlich eine Konstante in der Kriegführung Friedrichs des Großen.

Leuthen sandte das (fatale) Signal für Preußen aus, jeden Gegner zu jeder Zeit besiegen zu können, wenn nur die Grundsätze Friedrichs des Großen beherzigt würden (was in den napoleonischen Kriegen nicht der Fall war), wobei nicht genügend Beachtung fand, dass die Parameter im 19. und 20. Jahrhundert andere waren als im 18. Jahrhundert. Leuthen diente dennoch stets als Klischee elitärer, alle preußischen Tugenden offenbarender Qualitäten, die den Sieg geradezu bedingten. Der Aufmarsch zur Schlacht bei Königgrätz 1866 war in seiner Anlage mit dem vor Prag 1757 vergleichbar. Der Einkreisungsschlacht bei Sedan 1870 ging das Mattsetzen der französischen Hauptarmee bei Metz voraus; das schrittweise Vorgehen entsprach der Taktik Friedrichs des Großen 1757, die Kräfte zu konzentrieren, um sie dann nacheinander zu entfalten. Den Marne-Feldzug von 1914, angelegt als „Super-Cannae", nannten bereits die Zeitgenossen in einem Atemzug mit der Schlacht von Leuthen. Diese diente als Original, das, so die Vorstellung, nur kopiert werden müsse. Die materielle Unterlegenheit sei durch die moralisch-mentale Überlegenheit des Kaiserlichen Heeres allemal kompensierbar, was sich als völlige Fehlkalkulation herausstellen sollte. Die Marne-Schlacht offenbarte erstmals die Problematik raumgreifender Bewegungen von nicht mechanisierten Massenheeren bei Unvollkommenheit der vorhandenen nachrichtentechnischen Mittel und damit einhergehender mangelhafter Führungsfähigkeit.

Dennoch bestimmte der Leitsatz die Operationspläne des sich moralisch überlegen wähnenden deutschen Generalstabs zu Beginn des Ersten Weltkriegs, durch kurze, harte Schläge eine rasche Entscheidung zu erzwingen, um die danach freiwerdenden Armeen dem nächsten Gegner entgegenzuwerfen: den Russen im Osten, wo es jedoch bereits im August 1914 zur Schlacht bei Tannenberg kam, die nach Anlage, Durchführung und Ergebnis die Vernichtungsschlacht der deutschen Kriegsgeschichte schlechthin war. In einer operativ schwierigen Lage gelang der deutschen militärischen Minderheit ein vollkommener Sieg über die als „Dampfwalze" berüchtigten russischen Truppen. Dieses Beispiel gab Hitler in den „Barbarossa"-Planungen von 1940/41 dann Anlass, die Sowjetunion als „Koloss auf tönernen Füßen" abzuwerten. Der Erfolg bei Tannenberg macht den Vergleich mit der Schlacht bei Leuthen statthaft, in der es ebenso um die Vernichtung des Feindes ging wie für Friedrich den Großen bei Königgrätz und Moltke bei Sedan.

Nicht die Marne-Schlacht wurde zur Katastrophe, sondern genau genommen und kontrafaktisch Tannenberg! Dort schien der vermeintliche Beweis einer gelungenen Wiederholung der Strategie von Leuthen erbracht worden zu sein, was man auch meinte, auf den Westen übertragen zu können. Doch Osten war nicht gleich Westen, wo der Übergang zu dem seit 1915 prinzipiell bis 1918 andauernden Stellungskrieg die unbedingte Notwendigkeit der operativen Entscheidung frühzeitig zugrunde gerichtet hatte. 20 Jahre nach dem Ende des Ersten Weltkriegs sollte die Leuthen verpflichtete „Idee" wieder auferstehen – jetzt mit schnellen, starken Panzerverbänden, die massive Keile in die Tiefe des Raumes trieben, um den zahlenmäßig stärkeren Gegner weiträumig zu umfassen und zu vernichten. Die „Blitzsiege" über Polen 1939 und Frankreich 1940 waren Vabanquespiele sondergleichen, die unter rein militärischen Gesichtspunkten wohl weder Friedrich der Große noch Wilhelm I. oder der II. gewagt hätten. Als Hitler Polen angreifen ließ, hätte es nur des konsequenten Eingreifens der Franzosen bedurft – die deutsche Sicherung der Westgrenze war sträflich vernachlässigt worden –, um das „Dritte Reich" auszukontern. Die Vorgänge im Mai 1940 entziehen sich erst recht jeder Vorstellungskraft: In den für undurchdringbar gehaltenen Ardennen bildeten über 41.130 deutsche

Panzer und Kraftfahrzeuge über eine Länge von 250 Kilometern von Koblenz bis Sedan den größten Verkehrsstau der europäischen Geschichte. Hier verpassten die Alliierten die einmalige Gelegenheit, die gesamte deutsche Panzerwaffe mit einem Mal zu vernichten.

Die gewaltigen Kesselschlachten in der Anfangsphase des Russland-Feldzuges 1941 wurden zu Kronzeugen dieser als „Blitzkriege" in die Geschichte eingegangenen Strategie und vereinten vermeintliches Führergenie mit den Zeichen der „Vorsehung". Es war ein Trugschluss, damit die entscheidende Schwäche der eigenen permanenten materiellen und personellen Mängel bei gleichzeitigem Anwachsen der Rüstungspotenziale der Alliierten (Kriegseintritt der USA) ausgleichen zu wollen. Wo keine operative Überlegenheit mehr hergestellt werden konnte, praktisch seit dem Scheitern der Offensive vor Moskau 1941, griffen sinnentleerte Haltebefehle und verbrecherische Halsstarrigkeit einer diktatorischen Führung um sich. Dazu kamen ideologische Fehlschlüsse von der eingehämmerten rassischen Vollkommenheit des deutschen Soldaten gegenüber dem slawischen Untermenschentum und den Heeren eines dekadenten, degenerierten Westens als Ausgleich für das in der zweiten Kriegshälfte allgegenwärtige Schwinden der Kräfte. Nur das im Sinne der Auftragstaktik und somit überlegen handelnde Offizier- und Unteroffizierkorps und vorzügliche Generale wie etwa Erich von Manstein verhinderten vorzeitige vollständige Katastrophen auf den Schlachtfeldern. Nicht von ungefähr wurde Leuthen noch kurz vor Ende des „Dritten Reiches" in Durchhalte-Parolen (und Filmen) von der NS-Propaganda bemüht.

Preußen, um in das Jahr 1858 zurückzufinden, musste also seine im internationalen Vergleich spärlichen Vorteile intensivieren und bündeln, um für zukünftige militärische Auseinandersetzungen gerüstet zu sein. Zwar gab es dafür im Augenblick keinerlei greifbare Anhaltspunkte, aber dennoch waren sie (wie 1859 in Italien) jederzeit denkbar. Die zur Maxime erhobene operative Doktrin der schnellen Entscheidung forderte – zu einem Zeitpunkt, da sich alle europäischen Mächte in einem mehr oder weniger konzentrierten Aufrüstungszustand befanden – den gezielten Ausbau der Stärken unter möglichst weitgehender Ausblendung vorhandener Schwächen in gleichzeitigem Bewusstsein einer überlegenen oberen und mittleren Führung. Und dies kategorisch. Höchste Effizienz durch gezielte „Nachrüstung" zu erreichen, war und ist der Wesensgrund für die Heeresreform. Dies realisierte sie ungeachtet der politisch-verfassungsrechtlichen Hemmnisse und Wirren, in die sie geriet und aus der sie gestärkt hervortreten sollte, weil sie die erst dadurch entstandene Frage königlicher Richtlinienkompetenzen klärte. Die einzelnen militärisch-fachlichen, ideologisch-politischen sowie wirtschaftlich-finanziellen Gesichtspunkte bildeten die Bestandteile eines Gesamtkonstruktes, das dem für Preußen lebensnotwendigen Motto folgte, die Stärken zu stärken, die Schwächen zu schwächen und dem Gegner stets einen Schritt voraus zu sein. Dabei ist es mehr als bezeichnend, dass die Regierung 1860 aus finanziellem Zwang weit unter dem theoretisch möglichen Umfang der Rekruteneinstellungen bleiben musste.

Details bestimmten den Fortgang ab 1858. Um das Rüstzeug des Soldaten zu lernen und das Erlernte anzuwenden, hielt der Prinzregent eine dreijährige Dienstzeit[233] für absolut unentbehrlich. Zweieinhalb oder gar nur zwei Jahre Wehrpflicht, wie sie zwischen 1834 und 1856 bestanden hatten, betrachtete er als völlig untauglich. So bekomme man keine Soldaten, lamentierte er, sondern lediglich „dressirte Bauern“[234]. Seine Überzeugung, das Heil der Armee und des Staates finde sich in der viel diskutierten dreijährigen Dienstzeit, gab Wilhelm nie auf, auch nicht gegen Einwände praxiserfahrener Generale, die argwöhnten, in 36 Monaten könnte der Schlendrian Einzug halten und nur diejenigen zum Weiterdienen veranlassen, die im bürgerlichen Dasein ohnehin nichts Ordentliches zuwege brächten.[235]

Roons Papier betonte die Überbelastung der verheirateten Landwehrmänner gegenüber der allzu weitgehenden Dienstbefreiung junger Leute – bei einer Rekrutenzahl von niedrigen 26 Prozent statt 40 Prozent in der von elf auf 18 Millionen Menschen angewachsenen Bevölkerung Preußens. Vorschläge zur Umwandlung der Landwehr ersten Aufgebots in die Reserve des stehenden Heeres gab es wohl, die der Chef der Armeeabteilung im Kriegsministerium, Oberstleutnant Karl von Clausewitz, im Juli 1857 in einer vornehmlich unter dem Gesichtspunkt der Wehrgerechtigkeit entstandenen Denkschrift[236] zusammenfasste: Er wollte die stehende Armee verjüngen, das Volk durch eine frühere Beendigung der Wehrpflicht entlasten, die Wehrpflichtigen vom 20. bis 26. Lebensjahr im stehenden Heer und in der Reserve, im Alter von 27 bis 32 Jahren in der nur zum Festungsdienst bestimmten Landwehr einordnen und ab 32 von der Dienstpflicht befreien. Ferner sollte die aktive Dienstzeit der Infanterie auf zwei Jahre begrenzt werden, um die Kosten im Rahmen zu halten.

Da sich der Prinzregent mit einigen Eckpunkten der Clausewitz'schen Ausführungen nicht anfreunden konnte (v. a. mit der zweijährigen Dienstzeit nicht), rückten Roons *Bemerkungen und Entwürfe* alsbald in den Vordergrund, die den Hauptmangel der Boyen'schen Wehrverfassung von 1814 angingen – die unzulängliche Erfassung der Wehrkraft sowie die Trennung von Linie und Landwehr. In seiner Einleitung legt Roon wortgewaltig die politische und militärische Bedeutung des preußischen Staates in Europa dar. Sich diese Bedeutung zu sichern, sei Preußens eigentliche historische Aufgabe und seine großmächtige Stellung nicht nur ein patriotisches Bedürfnis, sondern „eine für die edelsten und höchsten Interessen der Menschheit unverkennbare politische Nothwendigkeit“[237], um letztlich die Existenz Preußens selbst nicht infrage zu stellen. Seine Worte standen in Einklang mit der vorherrschenden Meinung konservativer Gelehrter und der borussischen Öffentlichkeit. Der Historiker Leopold von Ranke oder der Staatsphilosoph Georg Wilhelm Friedrich Hegel hatten ganz ähnliche Gedanken entwickelt, die Roon in seinen einleitenden Sätzen militärisch knapp bündelt.

Er macht keinen Hehl daraus, dass diese „welthistorische Mission" nur durch geordnete Finanzen zum einen und die effiziente militärische Kraft des Staates zum andern erfüllbar sei: „Wer Leben und Börse zu schützen einer tüchtigen Waffe bedarf, kann sich vernünftigerweise nicht mit einer minder tüchtigen, wenngleich wohlfeileren begnügen wollen. Wer es dennoch thut, wird den ausgegebenen geringen Preis weggeworfen haben und sich zu spät überzeugen, daß er weiser und sparsamer gehandelt hätte, wenn er, um Leib und Gut zu sichern, um das Mehr nicht gegeizt hätte."[238] Alsdann zählt er die Unzulänglichkeiten der bisherigen Heereseinrichtungen auf und leitet daraus seine Änderungsvorschläge ab, die er als Ausdruck seines Innersten eigentlich gar nicht vorschlagend, sondern vielmehr selbstbewusst fordernd vorträgt: Seine Eingaben seien als ein Minimum dessen anzusehen, was auf diesem Gebiet geschehen müsse.

Den größten Missstand zeige die zurzeit bestehende Organisation der Landwehr, wobei er deren Entstehung während der Befreiungskriege als bloßen Notbehelf bei völliger Erschöpfung der personellen, materiellen und finanziellen Ressourcen des Staates im Jahr 1813 historisch durchaus korrekt einordnet. Dass aber die auch nach dem Krieg erforderlichen finanziellen Rücksichten ihre Fortdauer veranlasst hätten, bleibt ihm unverständlich, zumal kriegerische Verwicklungen nach dem Wiener Kongress von 1815 fürs Erste ausgeschlossen schienen. Jetzt jedoch, unter gänzlich veränderten Umständen, nach langen Friedensjahren und den bitteren Erfahrungen des vergangenen Jahrzehnts, gebe es in Aussicht auf möglicherweise anstehende innen- und außenpolitische Umwälzungen keinen Grund mehr, jener antiquierten und bewiesenermaßen unsicheren Form militärischer Ordnung weiterhin Vertrauen entgegenzubringen. Die Landwehr, mit der sich die bürgerlichen Kreise in starkem Maße identifizierten, die durch die strikte Trennung von den aristokratisch geprägten Linien-Regimentern ihre eigene Zweitklassigkeit im preußischen Staat wahrzunehmen meinten, sei, so Roons Kernthese, eine „politisch falsche Institution". Ohne den richtigen soldatischen Geist entbehre sie aller grundlegenden disziplinarischen Ordnung, ohne die kein zuverlässiger militärischer Organismus gedacht werden könne. Die traurigen Vorkommnisse während der Revolutionsjahre hätten dies ein ums andere Mal bestätigt: „Vermag man der Landwehr die unentbehrliche Kriegszucht nicht zu geben, – und das ist bei der heutigen Organisation unmöglich –, so ist es besser das ganze Institut in seiner jetzigen Gestalt und Bedeutung aufhören zu lassen, wie denn auch bekanntlich Scharnhorst, der Begründer desselben, selbst dargelegt hat, ‚daß es für lange Friedens-Epochen ungeeignet sein und einer künftigen Umbildung dringend bedürfen würde'."

Und an gleicher Stelle: „Der Landwehrmann ist eben nicht Soldat; er hat das Waffenhandwerk allerdings in einem gewissen Grade erlernt, aber seine Seele hängt an den Feldern, seinem Meissel, seinen Leisten, an seiner Heimath, nicht an seinen Fahnen." Also müsse die Landwehr durch Eingliederung in das erste Aufgebot mit der Linie verschmelzen und die Zahl geeigneter Truppenführer erhöht werden, um der allenthalben sichtbaren Disziplinlosigkeiten Herr zu werden. Der gesamte innere Betrieb der preußischen (wie jeder anderen) Armee beruhte auf dem Prinzip von Subordination und unbedingtem Gehorsam. Das Heer als Ordnungsmacht einer bürgerlichen Gesellschaft musste von allen zersetzenden Tendenzen ferngehalten werden, gleich, ob es sich um Politik in ihrem weitesten Sinne handelte oder irgendwelche Freiheiten, die auf dem Kasernenhof keinen Platz hatten. „Die bewaffnete Macht deliberiert nicht, sie führt bloß aus" – und dafür hatten Offiziere und Unteroffiziere Sorge zu tragen, deren Zahl noch zu gering war. Deutlich verbesserte Beförderungsaussichten sollten dem Berufssoldatentum eine höhere Anziehungskraft verleihen.

Zugleich seien die allgemeine Wehrpflicht und die gesetzliche dreijährige Dienstzeit bei der Fahne beizubehalten, mehr noch: Dem napoleonischen Grundsatz gemäß: „Die Stärke einer Armee besteht in der Stärke ihrer Kadres" sollten künftig so viele junge Männer als Wehrpflichtige eingestellt werden, wie es die gesetzlichen Bestimmungen und der finanzielle Spielraum zuließen. Roon plädierte wohl aus Gründen der Rücksichtnahme auf das historische Gewissen der Nation für die Beibehaltung des Begriffs „Landwehr". Er hätte sich auch nicht gescheut, die ganze Armee in Landwehr umzutaufen: „Wehrmann" klinge ihm nicht nur angenehmer in den Ohren als „Soldat", sondern sei auch die sehr viel treffendere Bezeichnung. Zu den von ihm besprochenen Aspekten gehörten die Vergrößerung der Militär-Erziehungs- und Bildungsanstalten, die Bestimmung des Kadettenkorps als Ausbildungsstätte für die Söhne unvermögender Offiziere und des verarmten Adels sowie die Verwendung der noch zum Garnisonsdienst fähigen Offiziere nach ihrem offiziellen Abschied bei den Ersatztruppen und der Landwehr zweiten Aufgebots. Von Beginn an war sich Roon wohl völlig im Klaren darüber, dass seine Schrift polarisieren würde, denn die liberalen Strömungen der Zeit liefen gegen militärischen Kadavergehorsam und einen elitären Kastengeist, den er damit zweifellos wiederbelebte. Umgekehrt war dies alles andere als zum Nachteil der Armee, denn durch diese Forcierung würden ein Offizier- und Unteroffizierstand von außerordentlicher innerer Geschlossenheit und fester Tradition entstehen.

Roons Denkschrift, auch wenn er sie so nicht benannt haben wollte, umfasste in Bezug auf die Infanterie, auf die es wortwörtlich „in erster Linie" ankam, bereits alle leitenden Gedanken, die dem späteren offiziellen Reorganisationsentwurf dann zugrunde lagen,[239] die zu vertreten und zu verteidigen Roon eineinhalb Jahre später im Namen der Regierung berufen war. Viele andere Faktoren, allen voran die nationalökonomischen, blieben hingegen wenig beachtet, sodass der Eindruck entsteht, es handele sich bei seinen *Bemerkungen und Eindrücken* um eine gezielte Streitschrift gegen die Landwehr und die das Innerste der Armee schädigende zweijährige Dienstzeit – wohl wissend, mit diesen Argumenten einen Nerv des Prinzregenten zu treffen, der bereits Stellvertreter seines kranken königlichen Bruders war. Die nächsten Besprechungen zwischen dem Prinzen von Preußen und Generalmajor von Roon über das eingereichte Papier fanden während der großen Herbstübungen statt, die der Prinz im September 1858 in der Nähe von Liegnitz abhalten ließ. Wie dieser Austausch verlief, ist jedoch nicht überliefert.

Nachdem Wilhelm Anfang Oktober 1858 als Regent mit der „alleinigen Verantwortlichkeit gegen Gott" die Regierungsgewalt aus den Händen seines nunmehr zu jeder Handlung gänzlich unfähigen Bruders übernommen hatte, zögerte er nicht mehr mit der Durchführung all jener Maßgaben, die er zum Wohle des Vaterlandes für unumgänglich hielt. Zunächst entließ er das Ministerium des Ultrakonservativen von Manteuffel, an dessen Stelle unter Vorsitz des Fürsten Karl Anton von Hohenzollern eine aus Vertretern vorderhand der altliberalen Partei zusammengesetzte Regierung trat. Der Minister ohne Geschäftsbereich von Auerswald, Graf von Schwerin und von Patow bildeten gleichsam die Seele des neuen Ministeriums, Freiherr von Schleinitz übernahm die Verantwortung über die äußeren Angelegenheiten und von Bonin wiederholt das Kriegsministerium. Das neue Ministerium, das nach außen hin den Geist liberaler Ideen atmete, im Kern aber monarchisch geprägt und natürlich entschlossen war, die königlichen Rechte nicht an das Parlament abzutreten, berechtigte die Krone zu einigen Hoffnungen auch in nationaler Hinsicht. Dem allgemeinen Wunsch nach der Einheit des deutschen Staates entsprach die neue Regierung mit ihrer Willensäußerung, die Einigung zu fördern, was bei Liberalen und Nationalen gleichermaßen begrüßt wurde. Die Ansprache des Prinzregenten an das Staatsministerium vom 8. November 1858 charakterisierte die Öffentlichkeit bereitwillig als Beginn einer „Neuen Ära"[240], obwohl er selbst herausstrich, dass durch die personelle Neubesetzung „von einem Bruche mit der Vergangenheit nun und nimmermehr die Rede sein soll. Es soll nur die sorgliche und bessernde Hand angelegt werden, wo sich Willkürliches oder gegen die Bedürfnisse der Zeit Laufendes zeigt."

Wilhelm strebte als Vertreter wertkonservativer, altpreußischer Gesinnung und als Verfechter eines liberalkonservativen Kompromissweges eine selbststandige preußische Politik an mit dem erklärten Ziel, die „Schmach von Olmütz" zu tilgen. Gleichzeitig ging es ihm um die Annäherung an die Großmächte und Zurückhaltung gegenüber Russland sowie den innenpolitischen Ausgleich zwischen Konservatismus und bürgerlich-liberalen Kräften. Inwiefern seine Gattin, die liberal gesinnte weimarsche Prinzessin Augusta, die sich am herausgeputzten Berliner Hof zeitlebens unwohl fühlte, politischen Druck auf ihren Mann ausübte, ist unklar. In Hinblick auf Preußens Wehrmacht gab der seit den Tagen als „Kartätschenprinz" als militärischer Kenner ausgewiesene Prinzregent, nach der Wiedereinführung der dreijährigen Dienstzeit nun die umfassende Neustrukturierung im Sinn, eine klare Linie vor: „Die Armee hat Preußens Größe geschaffen und dessen Wachstum erkämpft; ihre Vernachlässigung hat eine Katastrophe über sie und dadurch über den Staat gebracht, die glorreich verwischt worden ist durch die zeitgemäße Reorganisation des Heeres, welche die Siege der Befreiungskriege bezeichneten. Eine vierzigjährige Erfahrung und zwei kurze Kriegsepisoden haben uns indes auch jetzt aufmerksam gemacht, daß manches, was sich nicht bewährt hat, zu Anordnungen Veranlassung geben wird. Dazu gehören ruhige politische Zustände und – Geld, und es wäre ein schwer sich bestrafender Fehler, wollte man mit einer wohlfeilen Heeresverfassung prangen, die deshalb im Momente der Entscheidung den Erwartungen nicht entspräche. Preußens Heer muß mächtig und angesehen sein, um, wenn es gilt, ein schwerwiegendes politisches Gewicht in die Waagschale legen zu können."[241]

Nach außen sollte Preußen mit allen Mächten in freundschaftliche Beziehungen treten, „ohne sich fremden Einflüssen hinzugeben und ohne sich die Hände frühzeitig durch Traktate zu binden", also voreilig Verträge abzuschließen. Man müsse vielmehr „moralische Eroberungen" machen „durch Hebung aller sittlichen Elemente und durch Ergreifung von Einigungselementen [...]. Die Welt muß wissen, daß Preußen überall das Recht zu schützen bereit ist." Diese hohen Worte, in denen eine dezidierte politische Absichtserklärung mitschwang, fielen allenthalben auf fruchtbaren Boden, auch bei Berufsskeptikern wie Bismarck, der als Gesandter nach St. Petersburg weggelobt wurde,[242] um keinen Sand ins Getriebe der Ausgleichsbestrebungen mit den politischen Parteien, v. a. den Liberalen, streuen zu können. Bismarcks Unentbehrlichkeit für die künftigen Geschicke des Landes stand hingegen für Wilhelm nicht infrage, der dessen Versetzung nach Russland keineswegs als Kaltstellung betrachtete, sondern als eine Art Reserve – um sich den hochbegabten Trumpf im Krisenfall sofort nutzbar machen zu können.

Am 22. November 1858 wurde Roon zum Kommandeur der 14. Division in Düsseldorf ernannt. Zunächst nach Berlin gereist, um Meldung zu machen, fand sich Gelegenheit zu weiteren Gesprächen über die Reformansätze, von deren Notwendigkeit nach der Ansprache des Prinzregenten die Öffentlichkeit ja ausreichend Kenntnis erlangt hatte. „Der Regent", schrieb Roon am 4. Dezember seiner Frau, „war sehr gnädig, ja herzlich warm gegen mich. Mit feuchten Augen und bewegter Stimme und vielem Handschütteln sagte er mir, wie viel Freude es ihm gemacht, daß er gerade mir die 14. Division habe anvertrauen können; es sei ihm eine große Beruhigung, sie mit solch vollem Vertrauen mir übergeben zu können."[243] Während dieses Besuches traf Roon auch mit dem Fürst von Hohenzollern („der immer den Eindruck eines offenen, gemüthlichen Mannes macht") und Minister von Auerswald zusammen, der ihn wie einen alten Freund begrüßt haben soll.

Für Roon stand in Düsseldorf durch die Übernahme der Dienstgeschäfte und Verfügung aller Privatangelegenheiten der übliche Trott auf der Tagesordnung. Er bezog eine recht bescheidene Wohnung in der Stadt, doch es soll nicht übergangen werden, dass der Regent ihm und seiner Familie eine hübsche Sommerresidenz im Schloss zu Benrath, also in nächster Nähe zu Düsseldorf, bereitstellte. In Düsseldorf selbst suchte Roon wieder den persönlichen Kontakt zu seinem alten Freund Professor Perthes, und zu Weihnachten begab er sich zu den Seinen nach Posen,

Generalleutnant von Roon während einer Audienz beim Prinzregenten.

um im Januar des neuen Jahres seine Schwiegereltern in Schlesien zu besuchen. Hin- und Rückreise nutzte er zu Konferenzen u.a. mit General von Alvensleben und dem Prinzregenten in Berlin. Wilhelm wollte schon Anfang Januar eine Kommission im Kriegsministerium einberufen, um die Armeereformprojekte voranzutreiben.

Doch diverse politische Angelegenheiten des Thrones und der offenkundige Widerwille von Bonins, welcher der ganzen Sache überhaupt wenig zugeneigt schien, zögerten alle Aktivitäten hinaus. Roon erboste die erzwungene Untätigkeit zusehends, und er kam sich reichlich überflüssig vor („Weiteres hätte ich hier wohl für jetzt nicht zu thun, denn die lange Bank hält uns noch immer krank"). Schließlich ließ er sich in einen handfesten Disput mit von Bonin ein, von dem er sich sagen lassen musste, er solle doch wieder nach Düsseldorf reisen, denn seiner Division sei er nützlicher als in Berlin. Die Dinge seien zu wichtig, um oberflächlich behandelt zu werden. Er, Bonin, habe bisher nicht die Zeit gefunden, Roons Denkschrift zu lesen, geschweige denn darüber nachzudenken. Das könne Monate dauern. Roon war fassungslos.[244] Schließlich hatte er das Memorandum im Juli vergangenen Jahres vorgelegt und dies gewiss nicht aus unberufenem Vorwitz.

Weshalb aber sträubte sich von Bonin, der sich noch einige Jahre zuvor eindeutig gegen die Landwehr ausgesprochen hatte, derart vehement gegen die beschleunigte Umsetzung der Vorhaben, die ausdrücklich die volle Überzeugung des Regenten trugen? Seiner Befürchtung, die Reformen würden die Armee wieder konservieren, dem Land gegenüber gänzlich entfremden oder sogar gleichgültig werden lassen wie vor 1806, wird man sich kaum anschließen können, denn Wilhelm und Roon wollten eben keine Berufsarmee wie vor Jena und Auerstedt, sondern eine Wehrpflichtarmee, die durch den ständigen Wechsel der Rekruten des Landes einen intensiven, lebendigen Austausch innerhalb des Volkes gewährleisten und damit auch die Neigung zur Militarisierung begünstigen würde. „Weit davon entfernt volksfremd zu sein, sollte diese Armee eine große Volksschule werden, der Offizier Volkserzieher, Volksbildner im größten Stile."[245] Am Abend des 11. Januar berichtete Roon nach der Tafel dem Fürsten von Hohenzollern, um „Schutz zu suchen gegen Bonin's Uebelwollen und zu ermahnen". Er erreichte zwar nichts Fassbares, erfuhr aber en passant, „daß Bonin's Entlassung, die er [Fürst von Hohenzollern, G. S.-W.] übrigens nicht bedauern würde, sich nicht an die Frage knüpfen würde, weil er dann als Märtyrer für diese Sache des Volks [Erhalt der Land-wehr, G. S.-W.] sich gebehrden und dadurch die ‚Volkspartei' in allgemeinen Allarm versetzen, mithin die Ausführung erschweren, wo nicht unmöglich machen würde".[246]

Die von Roon angestrebte Entbürgerlichung des Heeres stand in diametralem Gegensatz zu Bonins Absichten und innenpolitischen Überzeugungen. Er passte nicht in das Konzept der Kamarilla um Roon, Manteuffel und Alvensleben und schon gar nicht zu einer Erneuerung des Heeresapparates in ihrem Sinne. Im Rahmen der Audienz beim Regenten am 12. Januar beschwerte sich Roon über Bonins Widerborstigkeit, der tags darauf während eines Gespräches mit Wilhelm und den Generalen von Roon, von Neumann und von Manteuffel prompt einlenkte: Er werde die Denkschrift baldigst lesen und eine Kommission in Vorschlag bringen, deren Aufgabe die Ausführung der Reformvorhaben sei. Frontmann solle Roon sein. Dabei vermochte Bonin einige spitze Gegenbemerkungen nicht zu unterdrücken, die „seinen üblen Willen zur Sache" bezeugten, wie Roon meinte. Der Prinzregent brachte in dieser Konferenz sein Wohlwollen für die Roon'sche Schrift zum Ausdruck und wünschte, dass auch der Kriegsminister, an dem er ganz offensichtlich zu zweifeln begann, deren Wichtigkeit einsehen möge. Roon hielt seine Eindrücke von der Konferenz fest: „1. Des Prinzen Regenten K. H. ist im Ganzen und Großen für die von mir vorgetragenen Reformvorschläge und wünscht ihre baldige Ausführung; zugleich wünscht er aber auch sehr lebhaft, daß der von ihm erwählte Kriegsminister, als der Mann seines Vertrauens in allen militärischen Dingen, sich gleichfalls von ihrer Nützlichkeit und Nothwendigkeit überzeugen möchte. 2. Dagegen ist der Herr Kriegsminister offenbar ungeneigt auf die fraglichen Veränderungen bona fide einzugehen [...] er meinte wohl eigentlich die Angelegenheit todt schweigen zu können. Für den Fall aber, daß die Lebhaftigkeit des Allerhöchsten Interesses eine solche Politik nicht zulassen sollte, bot und bietet ihm seine amtliche Stellung eine so bedeutende für die fernere Negative, daß alle Commissionen [...] daran zu scheitern drohen. Der Kriegsminister findet in seinen Umgebungen nicht allein die Unterstützungen der Dienstbeflissenheit, sondern auch die vielleicht noch wirksamere, die aus den Rücksichten für die eigene Bequemlichkeit und das eigene amtliche Ansehen entspringt."[247]

Die Reformangelegenheiten, obwohl angeschoben, entwickelten sich in der Folgezeit derart zäh, dass Roon Laune verspürte, sie dem Papierkorb zu übergeben. Zumal auch der Prinzregent nichts mehr in seine Richtung verlauten ließ, nachdem er Kriegsminister von Bonin den Auftrag erteilt hatte, die vorliegenden Konzepte einer Prüfung zu unterziehen. Die Geburt seines ältesten Enkels, des Prinzen Wilhelm und späteren Kaisers Wilhelm II., drängte im preußischen Königshaus alle anderen Interessen kurzzeitig in den Hintergrund. Alvensleben stärkte Roon in diesen Tagen sichtbar den Rücken und gab Hoffnung auf einen guten Fortgang, weil mit General der Infanterie Voigts-Rhetz[248] als Direktor des „Allgemeinen Kriegsdepartements" ein dem Vernehmen nach für die Sache streitender Mann die Hand darüber hielt. Doch das bald folgende Urteil des Allgemeinen Kriegsdepartements fiel wenig schmeichelhaft für Roon aus, „weil das Project überall nur die äußere Erscheinung der Übelstände der jetzigen Landwehreinrichtung, nicht aber ihre tieferen Ursachen ins Auge fasse, daher grell auftrage und die Gründe zum Nachtheile des immerhin wieder zur Verwendung heranzuziehenden, theilweise vortrefflichen Personals verschöbe"[249].

Roon ginge es nur um vordergründige Disziplinierung, und außer über die Infanterie sei über alle anderen Waffen nichts zu erfahren, sodass dem Plan die Eignung fehle, „sich als Grundprinzip für die Organisation der ganzen Armee zu gestalten". Dass der Verfasser die Verwendung der Landwehr (als ja von ihm explizit mangelhaft beurteiltes Personal) in der Linie ersten Aufgebots nicht ausschloss, stieß auf völliges Unverständnis wie auch die von Roon vorgeschlagene Einrichtung von Doppelbataillonen, die im Mobilmachungsfall nur zu Verwirrungen und Unsicherheiten führen würden. Dass mit seinem Plan die Kosten explodierten, nahm man dem Divisionskommandeur, dem natürlich die Einsicht in interne Kalkulationen fehlte, gar nicht einmal übel. Und positiv wertete das Ministerium die Beibehaltung der dreijährigen Dienstpflicht, die Erhöhung der Rekrutenanzahl, die Vergrößerung der Verbände und den Ausbau der Truppenschulen.

Voigts-Rhetz stellte im Februar einen ministeriellen Entwurf vor, der sich durchaus mit Roons und Clausewitz' Grundvorstellungen deckte. Danach sollten die drei jüngsten Jahrgänge der Landwehr ersten Aufgebots zur Reserve der Linie geschlagen werden, sodass vier Jahrgänge Landwehr aus der mobilen Armee ausscheiden würden. Bei Einstellung aller dienstfähigen Männer zur dreijährigen Wehrpflicht (diese stand nach dem Wunsch des Prinzregenten ohnehin außer Frage) sollte die Zahl der Bataillone schon im Frieden, wenn auch in geringerer Stärke, verdoppelt werden. Dies bedeutete allerdings eine Kriegsstärke von nur 802 statt 1.002 Mann pro Bataillon.[250] Dreijährige Dienstzeit oder 1.000 Mann pro Bataillon – damit brauchte man beim Prinzregenten erst gar nicht vorstellig zu werden. Am 25. Februar 1859 ließ er Kriegsminister von Bonin nur über den Roon'schen Vorschlag vortragen, mehr aber geschah nicht. Da auch die Berufung der Kommission vorerst ausgesetzt war, dachte Roon zwischenzeitlich daran, die Denkschrift zu veröffentlichen, wovon er sich einen Schub versprach. Inmitten derlei Gedanken traf ihn wie aus heiterem Himmel ein fürchterlicher Schicksalsschlag: Am 10. April 1859 starb nach kurzer Krankheit sein jüngster, nicht einmal siebenjähriger Sohn. Aufs Schwerste erschüttert, zog sich der Vater vorübergehend in seine Privatsphäre zurück, die bis auf Weiteres keinen Raum für militärische Dinge ließ.

Erst dramatische außenpolitische Vorgänge holten ihn wieder in das berufliche Leben zurück und beförderten sogar indirekt seine Reformvorhaben. Der oberitalienische Konflikt, der in unmittelbarem „Bewegungszusammenhang"[251] mit dem Krim-Krieg stand, weil sich Piemont aufseiten der Westmächte engagiert hatte und nun, gleichsam als Mitglied im Kreis der Großmächte, mit Rückendeckung Frankreichs territoriale Ansprüche zu Lasten Österreichs anmeldete, brach im Mai 1859 offen aus. 1858 hatten Napoleon III. und der sardinische Ministerpräsident Graf Cavour in einem Geheimtreffen vereinbart, dass Frankreich die Inbesitznahme der Lombardei und Venetiens militärisch unterstützen und dafür Savoyen und Nizza erhalten solle. Frankreich ging es neben Gebietsgewinn um die dauerhafte Schwächung Österreichs, das seine Stellung in Lombardo-Venetien auch nach der Niederschlagung der Revolution mit größter Sorge betrachtete.

Der Krieg Piemonts und Frankreichs gegen Österreich erreichte seinen ersten Höhepunkt am 4. Juni in der Schlacht bei Magenta, westlich des Gardasees, der 20 Tage später bei Solferino der zweite, blutigere folgte.[252] Die Siege der Verbündeten versetzten Piemont und Frankreich in die vorteilhafte Lage, ihre Ziele zu verwirklichen, doch Paris steckte zurück, indem es in den Vorfrieden von Villafranca einwilligte. Der Frieden von Zürich nötigte Österreich zwar nur zur Abtretung der Lombardei. Mehr aber schmerzte die Hofburg, dass Kaiser Franz Joseph I. zur Aufgabe seines absolutistischen Herrschaftsanspruches gezwungen war. In einem Schreiben vom Juli 1859 bemerkte Helmuth von Moltke: „Der Friede ist also geschlossen zwischen den beiden katholischen Kaisern. Das Kurze von der Sache ist, daß Oesterreich lieber die Lombardei dran giebt, als daß es Preußen an der Spitze von Deutschland sehen will."[253]

Von einer Schwächung Österreichs würde Preußen unweigerlich profitieren, das während des Konflikts zunächst hart mit sich gerungen hatte, ob es dem Bundesbruder (und Kontrahenten) zu Hilfe eilen oder seine Neutralität wahren sollte.[254] In der politisch-militärischen Führung wurden drei Grundpositionen erkennbar: eine konsequent anti-österreichische, die u.a. Bismarck, Roon und Alvensleben vertraten, eine pro-österreichische mit den Stimmen von Bonin und dem Generalstabschef Moltke, und eine dritte, wenn man so will „realpolitische" um Liberale und gemäßigt Konservative, die den Schulterschluss mit Österreich begrüßten, um eine dauerhaft tragfähige Vertrauensgrundlage zwischen beiden Mächten zu schaffen. Zunächst trat man in Verhandlungen über ein militärisches Engagement Berlins, das unmittelbar bevorzustehen schien. Die Allerhöchste Kabinettsorder vom 20. April 1859 befahl in Preußen die Kriegsbereitschaft von drei Armeekorps und der gesamten Linien-Kavallerie. Drei weitere Korps des Bundes sollten aufgrund des preußischen Antrages ebenfalls in Marschbereitschaft versetzt werden (Marschbereitschaft bedeutete notabene nicht Mobilmachung, sondern lediglich die Bereitstellung von Truppenkontingenten in den Friedensgarnisonen).[255] Wenn durch einen Angriff auf deutsches Bundesgebiet Österreichs der Casus Belli gegeben wäre, würden zwei Armeen (Wrangel und der Herzog von Coburg) unter dem Oberbefehl des Prinzregenten gebildet werden.

Im Juni stand man tatsächlich vor einer Einigung, wie der Fürst von Hohenzollern Roon mitteilte („Für Sie ganz alleine diese wichtige Eröffnung, welche unseren Eintritt in die welthistorische Entwicklung des Dramas bekunden wird"[256]), der am 31. Mai 1859 zum Generalleutnant befördert worden war.[257] Doch die beharrliche Weigerung Preußens, auf Geheiß Österreichs hin Frankreich anzugreifen, sowie die ungeklärte Frage, wer im Mobilmachungsfall die Befehlsgewalt über alle Bundeskontingente übernähme, ließen die Konferenzen für eine direkte Kriegsteilnahme Preußens platzen. Österreich weigerte sich, für eine preußische Beteiligung den Preis eigener Zweitrangigkeit zu zahlen. Preußen wiederum blieb hart und ging einen ebenso taktisch geschickten wie politisch einwandfreien, schließlich erfolgreichen und überdies von der öffentlichen Meinung auch weitgehend gestützten Weg: In der Annahme der sicheren Niederlage Österreichs und der Fesselung starker französischer Kräfte würde der Prinzregent, so das Kalkül Berlins, ohne einen Schuss abgegeben zu haben, an der Spitze eines schlagkräftigen, jederzeit zum Eingreifen fähigen und bereiten Bundesheeres stehen.

So schritt Preußen nach der Niederlage der Österreicher bei Magenta zum Entschluss einer sogenannten bewaffneten Vermittlung.[258] Am 14. Juni erging der Mobilmachungsbefehl an das Gardekorps sowie das III., IV., V., VII. und VIII. Armeekorps (von der Einberufung der Landwehr zweiten Aufgebotes wurde abgesehen). Gemeinsam mit den deutschen Mittel- und Kleinstaaten würde Preußen nach Moltkes Berechnungen stattliche 450.000 Mann ins Feld schicken können. Die Vormarschbefehle nach Solferino wurden tatsächlich erteilt, doch am 13. Juli, zwei Tage nach dem Vorfrieden von Villafranca, wieder zurückgezogen. Frankreich, die Aktivitäten des Nachbarn vor Augen, hatte alles daran gesetzt, zu einem schnellen

Frieden zu gelangen, bevor Preußen seine Soldaten möglicherweise doch noch schießen ließ.

Das Gewicht Habsburgs in Italien war nach der Einigung in Zürich beschnitten, seine Machtposition in Europa nachhaltig erschüttert, die „Schmach von Olmütz" getilgt und Preußen als Zuschauer jenes Kurzkrieges in seit Langem vorteilhaftester außen- und innenpolitischen Position. Moltke resümierte: „Hätte Oesterreich uns als Bundesgenossen haben wollen, es hätte uns längst gehabt. Es wollte uns als Vasallen, ohne Bedingung, ohne Gegenleistung; ohne Sicherheit, daß es nicht an dem Tage Frieden schloß, an dem wir in den Krieg ziehen."[259]

In konservativen militärischen Kreisen nahm man die nach außen hin wankelmütige, ja unentschlossen anmutende Politik des preußischen Regenten mit Unmut zur Kenntnis. Roon klagte, es sei eine günstige Gelegenheit vertan, endlich gegen Österreich Front zu machen und für Klarheit zu sorgen. Vier Tage vor der Schlacht von Solferino notierte er resigniert: „Die Kriegslust ist verbrannt wie Stroh. [...] Es wird, ich fürchte, fast zu viel zum Schämen sein für ein Menschenleben, die nachfolgenden Generationen werden das Geschäft fortsetzen müssen."[260] Fast prophetisch fügt er an: „Doch wer weiß! Gott hilft uns vielleicht dennoch, auch wenn wir's nicht verdienen", und rezitiert in trüber Stimmung ein Gedicht von Adalbert Chamisso: „Das ist die Zeit der schweren Noth! Das ist die schwere Zeit der Noth! Das ist die Noth der schweren Zeit! Das ist die Schwerenoth der Zeit!"

Im Juli hatte Roon seinen ständigen Wohnsitz in Bonn, da sein mobiler Divisionsstab dorthin verlegt worden war. Dies brachte ihn in den erfreulichen Umstand, häufiger als bisher mit Professor Perthes zusammenzutreffen, Meinungen auszutauschen oder sich mit seinem guten Freund bei einem Glas Wein einfach nur zu treffen. Am 1. August vermeldete er seiner Frau, nachdem ihm am selben Tag die Ehre zuteil geworden war, seine Division dem Prinzregenten vorzuführen: „Der sanfte Friedensmarsch tönt nun ganz allgemein heimwärts. Auch unser Armeekorps wird demobil und marschirt in die alten Garnisonen zurück und zwar in den nächsten Tagen."[261]

Die Mobilmachung des Jahres 1859 blieb politisch zwar folgenlos, hatte aber wiederum einige Mängel in den Heeresstrukturen (vornehmlich wegen fehlender Trains) aufgedeckt und in politischen und militärischen Kreisen die Einsicht in die Dringlichkeit der anstehenden Umstrukturierungen genährt. Und nicht nur das: Wilhelm nahm die nach der Mobilmachung vorhandene Kriegsformation als Ausgangspunkt für die anstehende Reorganisation, kehrte also nicht, wie bei Demobilisationen üblich, zum Friedensetat zurück.[262] Zeigten die Erkenntnisse aus dem österreichisch-piemontesischen Krieg nicht auch, dass die moderne Technik, mit anderen artilleristischen und infanteristischen Wirkungen als noch vor zwei oder drei Jahrzehnten, die taktischen Gefechtsgrundsätze rasant veränderten? Dass namentlich die Offizierkorps diesen Änderungen durch zunehmende Perfektionierung ihrer Jahrgänge zwingend Rechnung zu tragen hatten? Dies konnte nichts anderes bedeuten, als auf bewiesenermaßen nicht voll ausgebildetes Landwehrtum weitgehend zu verzichten und die Ausbildung an der Waffe für Mannschaften und Unteroffiziere zu forcieren.

Wohl auch unter dem Einfluss dieser Eindrücke wandelte Wilhelm mit zielbewusster Energie die Landwehr durch Zuweisung der aus der Linie ausscheidenden Jahrgänge und Rekruteneinstellung zu einer Linientruppe um. Am 15. Juli entwarf er im Schloss Babelsberg eigenhändig die Grundzüge für die Formation der Armee für den Zeitraum von einem Jahr (gerechnet ab dem 1. August). Roon sprach Ende Juli mit dem Fürsten von Hohenzollern, der ihm Bonins Sturz andeutete. Dieser reichte seinerseits am 1. September einen neuen Plan ein („Grundzüge zu einer Reform der Armee"), in dem zwei Ziele definiert waren: erstens die Ausbildung einer größeren Anzahl von Rekruten und damit das Ausscheiden älterer Jahrgänge aus der aktiven Armee und zweitens die höhere Kriegsbereitschaft durch eine auch im Frieden bestehende gleichmäßige Verteilung der für den Kriegsdienst in erster Linie vorgesehenen Altersklassen. Der erste Satz des an den Regenten gerichteten Begleitbriefs Bonins betraf gleichwohl seinen bevorstehenden Urlaub in Wiesbaden. Er bat nämlich, den Vortrag zu den avisierten Neuerungen erst nach seiner Rückkehr entgegennehmen und bis dahin keinen Beschluss fassen zu wollen. Zwar brachte er seine Bitte gebührend höflich vor, dennoch war es ein starkes Stück, den allenthalben als hochwichtig empfundenen Reformschritten seine auf sechs Wochen veranschlagten Ferien voranzustellen.[263]

Inhaltlich blieb Bonin auf der Linie von Voigts-Rhetz, der acht Jahrgänge, also drei der bisherigen Landwehr, für den Dienst in der Linienarmee bestimmte, die Zahl der Bataillone verdoppelte, die Friedensstärke auf 502 und die Kriegsstärke auf 802 Mann pro Bataillon festsetzte. Eine Kriegsstärke von 1.002 Soldaten, wie sie der Prinzregent forderte, verlange bei einer dreijährigen Dienstzeit seiner Ansicht nach derart hohe Friedensetats[264], welche die Finanzkraft des Staates übersteigen würden. Insgesamt ergäbe sich ein Mehrbedarf von 18.240 Rekruten, und die Mehrkosten würden sich auf über sieben Millionen Taler jährlich und einmalige Zusatzkosten von fast neun Millionen Talern belaufen. Wilhelm ließ Bonin mitteilen, dass er mit den eingereichten Grundzügen im Wesentlichen einverstanden sei, nur vermöge er bei der Beschleunigung, die der Abschluss der Angelegenheit erfordere, auf dessen Antrag auf Aussetzung des Vortrages nicht einzugehen. Am selben Tag, als Wilhelm Bonins Bericht erreichte, setzte er eine Kabinettsorder auf, die Roon am 5. September zuging: „Ich beauftrage Sie hierdurch, sich alsbald wie möglich nach Berlin zu begeben, um mit dem Kriegs-Minister in Betreff des Mir von Ihnen früher vorgelegten und durch das Allgemeine Kriegs-Departement umgearbeiteten Projekts einer Reorganisation der Armee in weitere Berathung, Behufs der Feststellung dieses Projekts zu treten."[265] Dies bedeutete, dass der Regent der älteren, vom Kriegsministerium umgearbeiteten Vorlage Roons – unter Berücksichtigung bzw. Abänderung und Ergänzung einiger Punkte – klar den Vorzug vor der von Bonin gab. Einige Tage später begab sich Roon nach Berlin, wo er die seltsame Stimmung vorfand, selbst leidlich überflüssig zu sein, da seine Gedanken ja bereits hinreichend verarbeitet waren. Das änderte sich aber schnell, da die Arbeiten im Ministerium rasch und ohne den im Urlaub weilenden Bonin auch konfliktlos fortschritten. Eine Reihe von Bemerkungen, die zu Bonins Vorlage gemacht wurden, fand bei den Besprechungen Roons mit Voigts-Rhetz baldige Erledigung.

Man einigte sich in allen wichtigen Bereichen. Roon ging sogar auf die herabgesetzte Kriegsstärke ein und stimmte auch in einigen anderen, unwichtigeren Abschnitten Konzessionen zu, um die Kosten zu senken. Aber der Prinzregent bestand auf der Kriegsstärke von 1.002 Mann, um eine zu große Schwächung der Linienarmee, die zusammen mit der Verminderung der Landwehr-Kavallerie eine Verringerung um 61.000 Mann ergeben hätte, zu vermeiden. Unumstößlich hielt er in seiner „Neue Organisationsbasis" benannten Schrift an der dreijährigen Dienstzeit fest, weil seiner Überzeugung nach nur sie Disziplin und hinreichende Ausbildung garantierte, und wollte lediglich gestatten, dass 30 Mann jeder Kompanie im zweiten Dienstjahr auf sechs Monate beurlaubt würden.[266]

Für den 16. September waren die abschließenden Konferenzen anberaumt, und Roon notierte am Abend erleichtert: „Heute haben wir die letzte Berathung gehabt. Montag ist noch ein Vortrag bei dem Kriegsminister, d. h. seinem Stellvertreter [Generalleutnant Hering, G. S.-W.]. Dann bin ich für eine Reihe von 7, 8 Tagen überflüssig hier, vielleicht ganz, je nach der Entscheidung des Prinzen. [...] Ich denke daran, so lange nach Pommern zu gehen und den Hühnern nachzulaufen."[267] Am 19. September überstellte Roon seinem künftigen König einen Bericht über „die in Folge der Allerhöchsten Kabinets-Ordres vom 2. und 5. September 1859 zwischen dem Herrn Kriegsminister resp. dessen Delegirten und ihm gepflogenen Berathungen über die beabsichtigte Reorganisation der Armee" und bat um einen Entschluss – zu einem Zeitpunkt, als Bonin natürlich noch nicht wieder aus seiner Wiesbadener Herbstfrische zurückgekehrt sein würde. Abends, so schrieb er seiner Frau, belohnte er sich mit einer Aufführung von Mozarts „Don Juan", der ersten seit „x Jahren".

Nicht einmal eine Woche danach hielt Roon Immediatbericht in Baden-Baden und sah seinen Zweck als „im Wesentlichen erreicht" an. Einem erneuerten Reorganisationsentwurf vom 18. Oktober – Bonin war seit dem 10. Oktober wieder im Ministerium –, der einige von Wilhelm gewünschte Klauseln enthielt, schloss sich ein Gutachten hoher Offiziere des Generalstabs an und alsdann eine Kommission unter der Leitung von Generalfeldmarschall von Wrangel, der auch Roon angehörte und die über vier strittige Fragen ihr Urteil schließlich fast einstimmig positiv abgab: „1. Ist eine Reorganisation der Armee nach den vorgelegten Umrissen wünschenswerth und ins Leben zu rufen? 2. Ist dieselbe dahin auszuführen, daß bei der Infanterie die Garde-, Linien- und Reserve-Regimenter die bisherige Zahl ihrer

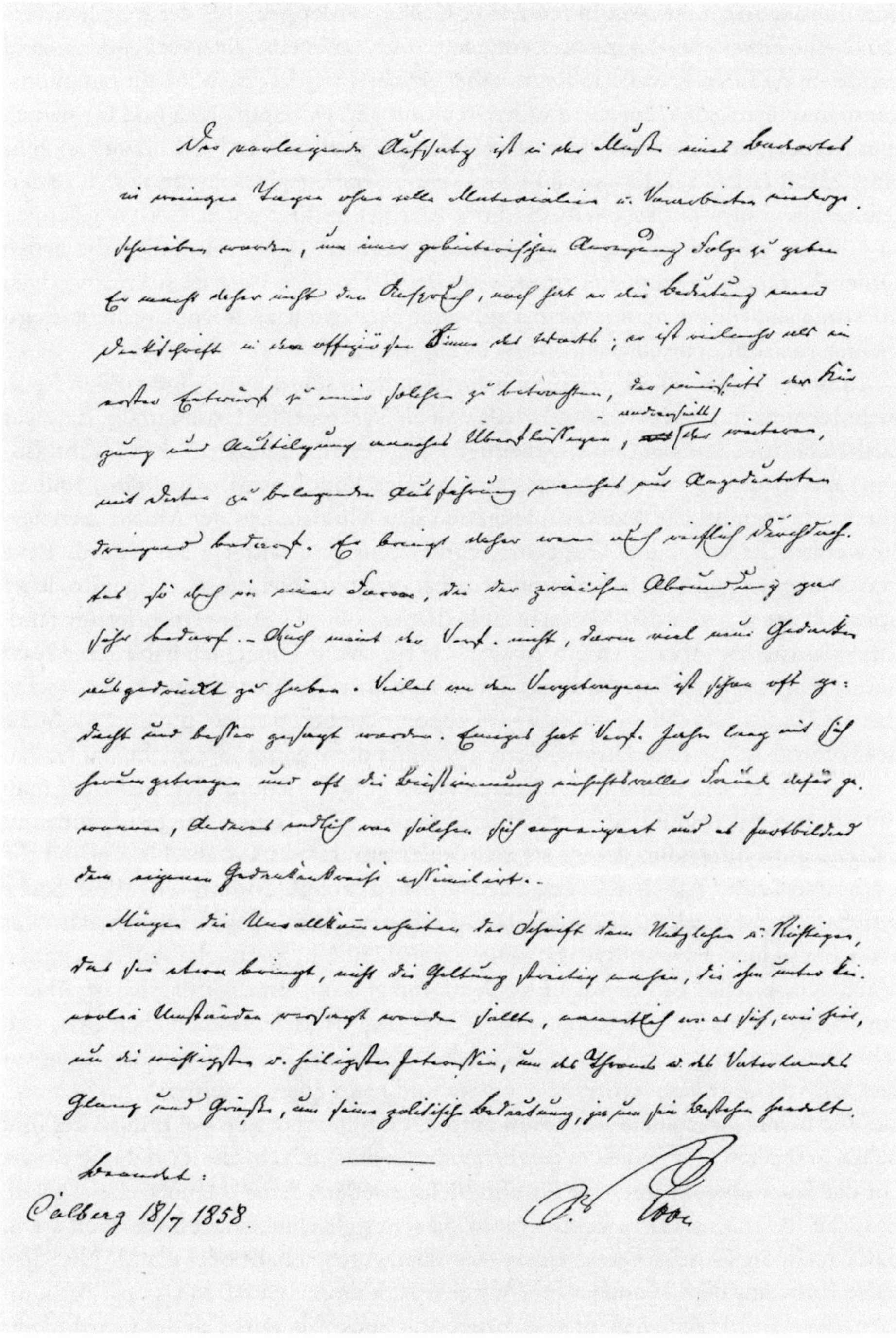
Colberg 18/7 1858.

Roons Begleitschreiben zu dem Reorganisationsentwurf vom 18. Juli 1858.

Bataillonskadres, und zwar in reduzirter Größe, verdoppeln, bei der Kavallerie die Landwehr-Kavallerie-Regimenter eingehen und dafür eine entsprechende Anzahl Garde- und Linien-Kavallerie-Regimenter errichtet werden? 3. Wird ein Bataillonskadre in seiner Reduktion zu 18 Offizieren und 482 Unteroffizieren und Gemeinen (per Kompagnie 4 Offiziere, 13 Unteroffiziere, 3 Spielleute und 104 Gemeine), plus einer Handwerker-Sektion von 20 Handwerkern stark genug sein um in sich zu derselben Höhe der taktischen Ausbildung und des militärischen Geistes gelangen zu können, auf welcher die jetzigen Bataillonskadres stehen? 4. Sollen die neuen Linien-Kavallerie-Regimenter unverweilt formirt werden oder ist sukzessive dazu überzugehen, indem man zunächst die jetzt bestehenden Linien-Kavallerie-Regimenter von fünf Schwadronen auf sechs augmentirt?"[268]

In dieser heißen Phase der Entwurfsvollendung fühlte sich Albrecht von Roon nicht recht wohl in seiner Haut. Er sah sich als Verfasser der Grundarbeit, die zwar zahlreiche Streichungen und Ergänzungen hatte erfahren müssen, aber auf ihn (sowie Oberstleutnant von Clausewitz und etwaige Vorarbeiten) zurückging, und erkannte das gefährliche Manöver, zwischen den Mühlsteinen der Macht zerrieben zu werden. Er war (nur) Truppen-Kommandeur und witterte aus Bonins Ecke Hässlichkeiten gegen sich, während er selbst es strikt ablehnte, sich irgendwelcher Spitzbübereien gegen den Minister zu bedienen, obwohl er es gerechtfertigt fand, ihn kaltzustellen. Aber: „Ich bin zu einfältig für solche Dinge; ich habe keine Nase dafür, wenn man mich nicht direkt darauf hinführt." Zwischenzeitlich überraschte ihn das Gerücht, er solle nach Schlesien abkommandiert werden, um dort die Stelle des General-Adjutanten anzunehmen. „Was hat diese ganze Geschichte zu bedeuten?", fragte er sich und kam zu dem Schluss: „Nun, nichts anderes, als daß man mit mir hier auf anständige Art zu Ende kommen will." Treibende Kraft konnte nur der Kriegsminister sein, der Roon mehr oder minder elegant abschieben und die Lorbeeren seiner Arbeit für sich beanspruchen wollte: „Bonin will diese Sache durchaus selbst machen, er brennt darauf mit dem Eifer eines Neubekehrten. Was soll ich also hier? Fünftes Rad! [...] Morgen früh 10 Uhr hat mich der Kriegsminister zu sich bestellt." Er war auf alles gefasst und gestand seine Aufregung am Abend zuvor offenherzig ein – allerdings ohne jede Besorgnis: „Ich werde in allen Urtheilen sehr zurückhaltend sein und verlasse mich bei etwaigen persönlichen Angriffen auf den mir von Gott verliehenen Mutterwitz und mein gutes Gewissen."

Wie befohlen, meldete sich Roon am 16. Oktober morgens bei Bonin, der ihm neben gespielten Höflichkeiten geradeheraus beibrachte, dass die Zuziehung Roons (zu der Kommission) ihn aufs Empfindlichste verletzt habe. Hauptsache aber sei, dass die Reform zustande komme, und da sei es gleichgültig, „ob die Welt weiß, daß ich [Roon, G. S.-W.] den Urgedanken dazu gegeben habe oder nicht!" Nun also hatte Roon aus dem Munde seines Vorgesetzten dessen ganze Missgunst vernommen, der seiner Freude ungeniert darüber Ausdruck gab, dass sich der Generalleutnant „vom Geschäft", d. h. seinem Kommando in Berlin, zurückziehen und wieder seiner Düsseldorfer 14. Division als Kommandeur widmen wolle. Roon wurde „nach einem Stündchen mit dem zärtlichsten Händeschütteln und den süßesten Freundschafts- und Achtungs-Bezeugungen entlassen. Es ist doch ein gefährlicher Mensch!“[269]

Weitere vier Wochen gingen ins Land, bis Bonin einen wiederum umgestalteten Reorganisationsentwurf mit Datum des 18. November 1859 einreichte.[270] In dem Begleitbericht fügte er an, dass in diesen Änderungen eine wesentliche Verbesserung des ursprünglichen Planes nicht zu erkennen sei. Nunmehr halte er sogar die Durchführbarkeit der Reform aus finanziellen und „staatswirthschaftlichen Interessen“ geradezu für unmöglich. Bei einer eingehenden, gemeinsam mit den General-Adjutanten von Manteuffel und von Alvensleben vorgenommenen abermaligen Durchsicht überzeugte sich der Prinzregent nicht nur von der Nichtigkeit der Äußerungen Bonins, von dem er eine energische Vertretung nicht mehr erwartete, sondern entschied per Kabinettsorder vom 24. November schließlich und endlich die Durchführung der Reorganisation, die Bonin nicht mitzutragen bereit war. Ausschlag gab die Weigerung des Prinzregenten, der liberaldemokratischen Mehrheit des Abgeordnetenhauses, mit dem sich Bonin unter allen Umständen hatte verständigen wollen, in einigen beiläufigen Punkten entgegenzukommen. Der General erbat am 26. November seine Versetzung in den Ruhestand mit der Meldung, dass er die Gegenzeichnung der Order verweigere. Der Version von Hanns Martin Elster sowie Curt Jany, nach der Bonin die Vorschläge des Kriegsdepartements in der Generalkommission hat vortragen lassen, um diese dann mit deren Votum dem Prinzregenten aufzuzwingen, ist nicht beizupflichten.[271] Ein Kriegsminister konnte dem Regenten selbst unter Androhung seines Rücktritts nichts „aufzwingen“, zumal die Krone nicht alternativlos war. Eine wissentliche, absichtliche Täuschung hätte unweigerlich Bonins vollkommene politische und gesellschaftliche Demontage bedeutet, die aber nicht erfolgte.

Unterdessen war Roon „ungebeugt, aber unerquickt“, wie er Professor Perthes anvertraute, nach Düsseldorf an seinen Herd zurückgekehrt. Zwei Wochen später hielt er eine Depesche General von Alvenslebens „auf Allerhöchsten Befehl“ in der Hand, die ihn wieder nach Berlin rief, um beim Prinzregenten vorstellig zu werden. Nun überschlugen sich die Ereignisse: General der Infanterie Eduard von Bonin wurde am 28. November als Kriegsminister offiziell entlassen und zugleich zum Kommandierenden General des VIII. Armeekorps ernannt – ein Korps, das dieser, wie Roon süffisant anmerkte, gar nicht verdient habe. Roon stand als Nachfolger fest, nahm die Nachricht aber zunächst ungläubig auf, da er Intrigen aus Bonins Kreisen vermutete: „Ob ich nun wirklich in das schwere, schwere Joch eingespannt werden werde, das ist mir doch etwas zweifelhaft. Man kabalirt, – irre ich nicht – in's Geheim noch für den Abgetretenen.“

Dessen Rückkehr konnte er erst wirklich ausschließen, nachdem ihn der Prinzregent persönlich gesprochen hatte. Seltsam mutete es allemal an, dass die Ernennung Roons nicht am Tage von Bonins Rücktritt erfolgt war. Wilhelm beschwichtigte: „Das Ministerium ist mit Ihrer Wahl ganz einverstanden, wünscht aber, vor Ihrer Ernennung, das Reorganisations-Project, so wie ich und Sie es wollen, zu seinem solidarischen Eigenthum zu machen, damit vor der Welt und den Kammern Bonin's Unrecht um so klarer hervortritt, womit ich ganz einverstanden bin, weil sonst die Malveillanten behaupten können, daß Bonin ein Märtyrer seiner liberalen Ansichten geworden sei, und Sie ein ganz anderes Project uns oktroyirt hätten."[272]

In Ermangelung eines amtierenden Kriegsministers übernahm der Regent selbst Anfang Dezember 1859 den fälligen Vortrag im Staatsministerium über die militärischen Vorhaben. Er versäumte bei dieser Gelegenheit nicht, Klage über den entlassenen Bonin zu führen, dessen Benehmen er genauso rügte wie dessen ständige, inhaltlich wankelmütige und fragwürdige Bedenken gegen das „Project". Nach einem historischen Überblick über die gesamte Entwicklung der Landwehrfrage seit 1815 legte er die ausgearbeiteten Pläne in vollem Umfang dar. Die offizielle Ernennung Generalleutnant von Roons zum Kriegsminister erging am 5. Dezember, nicht von ungefähr dem Jahrestag der siegreichen Schlacht bei Leuthen 1757. In der Order fällt als ungewöhnlich auf, dass die gleichzeitige Ernennung zum Staatsminister unerwähnt bleibt – ein Versehen, wie sich zeigte, denn schon tags darauf richtete der Fürst von Hohenzollern ein amtliches Schreiben an den „Königlichen Staats- und Kriegsminister, Herrn Generallieutenant von Roon". Es war die Einladung zu seiner am 7. Dezember vormittags 11 Uhr im Schloss erfolgten Einführung in des Königliche Staatsministerium. In dieser Sitzung leistete Roon den nach Artikel 108 der „Verfassungsurkunde" obligatorischen Eid auf die preußische Verfassung: „Nachdem der Kriegsminister General der Infanterie von Bonin seine Entlassung nachgesucht und erhalten hat, will ich Sie hiermit zum Kriegsminister ernennen und vertraue, daß Sie in diesem neuen Amte Mir und dem Vaterlande mit derselben Treue und Umsicht dienen werden, welche Sie in Ihren früheren amtlichen Verhältnissen jederzeit bewährt haben."[273]

Von der Heeresreform zum Verfassungsstreit[274]

Roon war der richtige Mann. Als Verfechter autoritärer Grundsätze und ehrlicher Makler in allen Bereichen der avisierten Reorganisationen, zugleich ausgewiesener militärtheoretischer Fachmann und praxisvertrauter, bodenständiger Troupier, kam in dieser Situation kein anderer General als Kriegsminister infrage. In seinen Korrespondenzen der Wochen vor dem 5. Dezember 1859 schwingt seine Überzeugung mit, auf diesem Posten die bessere Figur machen zu können als von Bonin, dessen „Martyrium für den Liberalismus" jede frische Handlung gelähmt zu haben schien. Aber Roon hätte in diese Richtung niemals forciert oder gar in seinem Umfeld antichambriert und sich wohl stumm gefügt, wenn es dem Regenten eingefallen wäre, ihm ein anderes Kommando, etwa in einer tristen Ecke Preußens, zu übertragen.

Aus seinem passiven Verhalten abzuleiten, er sei als argloser „Divisionskommandeur aus Düsseldorf" dem Prinzregenten nur williges Werkzeug gewesen, hinter dem mit Manteuffel und Alvensleben die eigentlichen Drahtzieher standen, erscheint etwas konstruiert, auf den zweiten Blick aber durchaus plausibel, denn viele interne Vorgänge blieben ihm verborgen, deren Kenntnis seine ständige Präsenz am Ort des Geschehens erfordert hätte. Roon wusste aber sehr wohl, was er konnte. Es musste ihm um seine Zukunft in Staat und Armee nicht bange sein, auch wenn die nächste oder selbst die übernächste Runde nicht an ihn gegangen wäre. So fühlte er sich durch die Berufung vollauf bestätigt und auch geschmeichelt. „Wer die hiesige Noth so kennt wie ich", sprudelt es in einem Brief an Perthes heraus, „wer davon überzeugt ist, daß es, will ein Haus einfallen, jedes ehrlichen Kerls Pflicht ist zu stützen und zu halten, sei es auch mit augenscheinlicher Lebensgefahr, während Ratten und Mäuse und anderes Ungeziefer entflieht; der kann und konnte nicht zweifeln, ob hier zu schütteln oder zu nicken sei."[275]

Als „richtiger Conservativer", dem „ständisch-feudalen Hochkonservatismus" (Ernst Rudolf Huber) jedoch ferner Royalist, nickte er und würde seiner hohen Aufgabe alles kategorisch unterordnen. Einen Narren auf eigene Hand nannte er sich, und dass er mit seinem Werk Schiffbruch erleiden könnte, war ihm wohl bewusst. Denn die Hoftrompeter, denen noch eine ganze Weile Bonins Parfüm in den Fräcken sitzen würde, waren keineswegs verstummt und würden dem neuen Minister nicht wenig Schwierigkeiten bereiten, wenn sie es darauf anlegten. „Soll ein Soldat seinem Kriegsherrn feige den Rücken kehren, wenn er spricht: ‚Komm, steh mir bei' – blos weil ihm dessen andere Helfer nicht wohlgefallen? Nimmermehr! Das was man politische Ehre nennt, fasse ich anders auf, weil ich Soldat bin."[276]

Man wird für Roon annehmen dürfen, dass er seiner eigenen Person, seiner Belange, ja seiner physischen und psychischen Gesundheit ungeachtet dem Ruf Wilhelms gefolgt ist. Ruhmsucht oder fade Eitelkeiten scheiden bei dieser Persönlichkeit als Handlungsgründe ebenso aus wie finanzielle Anreize. Seine Motivation hieß Treue, die er treffend (und auch in diesem Pathos nicht übertrieben) auf den Punkt brachte: „Ehrgeiz und Habgier wirken dabei, soviel ich weiß, nicht mit; ein Menschenkind meiner Art kann garnicht anders, als mit Gottes Hülfe auch das Schwerste und Gefährlichste versuchen, wenn es sich, wie hier, um das Wichtigste und Höchste handelt, was es in eines Mannes Lebensberuf giebt: um die politische Gesundheit seines Vaterlandes."[277]

Das war ehrlich gesprochen: ohne billige Fassade oder Überheblichkeit, ohne Trachten nach etwaiger persönlicher Vorteilnahme. Plage und Mühsal des Amtes und neidische Seitenblicke einiger Loyalität heuchelnder Generalskameraden würden den mit 56 Jahren dem Patent nach jüngsten Generalleutnant der preußischen Armee erwarten, der schon jetzt reichlich wehmütig auf seine Düsseldorfer Tretmühle zurückblickte, die er für ungleich behaglicher hielt als das, was ihm nun bevorstand.

In den ersten Tagen nach seiner Ernennung vermochte Roon eine gewisse Unsicherheit nicht zu verbergen. Nicht so sehr das Amt unmittelbar betreffend als vielmehr gegenüber den zu erwartenden Ränkespielen und vergifteten Ratschlägen, die unweigerlich zum Geschäft der Politikerei gehörten, deren Unvorhersehbarkeit und Willkür der lautere Roon zutiefst verabscheute. Mochte er sich noch so nachdrücklich als Nur-Soldat empfehlen – jetzt war er ein Homo novus, der Kriegsminister im Rat der Krone, und als solcher oblag ihm eine politische Spitzenfunktion im engsten Zirkel der Macht. Als fraktionsloser Abgeordneter des Parlaments, dem er von 1859 bis 1861 und dann von 1863 bis 1870 angehörte, sah er den Vorteil seiner Position darin, Fachminister im besten Sinne zu sein und somit auf politische Rücksichten verzichten zu können. Er glaubte, in der Lage zu sein, sich allein auf sein Ressort zu beschränken. Doch das war ein Trugschluss, wie sich herausstellte, denn auf dem Höhepunkt des Verfassungskonfliktes gab er jedwede politische Zurückhaltung auf und übte durch die Bedeutung seiner Person an der Seite Bismarcks auch in nicht-militärischen Fragen einen außergewöhnlichen Einfluss im Parlament des preußischen Landtages (später in dem des norddeutschen und dann deutschen Reichstages) aus.

Roon verabscheute das Pult, an das die Umstände ihn jetzt stellten, weil Phrasendrescherei in geschwungenen Reden, wie sie nun mal jedem politischen Zankbetrieb zueigen sind, nicht seine Sache waren. Worte blieben ihm Worte, und selbst die glänzendste Beredsamkeit vermochte ihm nach allem, was bekannt ist, nicht zu imponieren – die Bismarcks vielleicht ausgenommen. Anfangs soll er bei öffentlichen Auftritten mit einer Befangenheit gekämpft haben, die sein Ansehen beschädigte. Allerdings vermochte er diese zum einen durch seine hohe, gebietende Gestalt, entschlossenes Auftreten und feste Stimme zu kaschieren. Zum anderen gab er dem Publikum stets von vornherein zu verstehen, keine „Rede" zu halten, sondern nur „zur Sache" zu sprechen. So nahm er Kritikern seiner vermeintlichen rhetorischen Schwächen ihre Angriffslust, denn die „Sache" an sich forderte allemal höhere Priorität als der schöne Schein locker gefügter Silben. Volle Beherrschung des Stoffes und gründlichste Fachkenntnis der Materie begruben etwaige stilistische Unsicherheiten, die sich im Lauf der Zeit ohnehin verloren.

Mehr noch: Roon, der oratorischen Prunk und alles Floskelhafte verschmähte, entwickelte mit höherem Lebensalter eine erstaunliche Fähigkeit, seine Ausdrücke schlagfertig zu wählen und seine Zuhörer selbst dann noch zu bannen, wenn er, was nicht selten war, weil ihn ein chronisches Halsleiden dazu nötigte, in maßvollem Tempo zu sprechen, drei bis vier Stunden referierte. Studiert man das Kompendium seiner in den Jahren 1860 bis 1873 gehaltenen und von seinem Sohn Waldemar edierten Parlamentsreden[278], wird man sich ehrliche Bewunderung für Roons Bereitschaft zur Fortbildung auch in diesen, offenkundig banalen Dingen nicht versagen können: Sätze und Gedanken wie gemeißelt, mal meisterhaft polemisch, mal geschickt fordernd, und je nach dem, in welches Publikum er blickte, verstand er sich auf Apostrophe ebenso wie auf die Künste des feinen Stichs.

Wer ihm im Sprachduktus der Gegenwart „aggressive Stammtischrhetorik" andichtet und die „bärbeißige, schnauzbärtige Erscheinung" zum Anlass einer offenbar gezielten Diskreditierung seiner Person und Dekonstruktion seiner unbestreitbaren Leistungen nimmt, versieht Roon, dessen Sein und Wirken doch erst der Schatten der Wirklichkeit beglaubigt, mit falschen Etiketten.[279] Sein ausgeprägter Mutterwitz und seine achtenswerten philosophischen Regungen, die durchaus dazu taugen, in einen Zitatenschatz aufgenommen zu werden, können dem nicht entgehen, der sich mit Roons Leben und Zeugnissen seiner Zeit wirklich ins Benehmen setzt. „Die Vergänglichkeit unseres Daseins ist mir heute wieder einmal sehr lebhaft zum Bewußtsein gekommen", schrieb er beispielsweise am 6. September 1864 an seine Frau. „Wenn wir immer bedächten, daß jeder Augenblick uns vor die Schranken der Ewigkeit führen kann, so würden wir auch rechtzeitig unser Haus bestellen."[280] Oder, später: „Mir ist sehr abendlich zu Sinne. Die Sehnsucht nach Ruhe erfüllt alle Tiefen meines Herzens und erhält in der Müdigkeit des alten kranken Leibes täglich, stündlich neue Anlässe und Verstärkung."[281] Nach „Stammtischrhetorik" klingt das jedenfalls nicht.

Roons neues Amt sorgte für Aufsehen. In der Armee, in der General von Bonin als Militär hochgeschätzt, seiner politischen Haltung wegen aber nicht eben beliebt war, begegnete man dem Nachfolger alles in allem mit großem Vertrauen und Sympathie. Nicht weniger freudig begrüßte die konservative Seite den Wechsel. Ihr war Bonin, schon aus der Zeit seiner ersten Amtsführung 1852 bis 1854, wegen seiner allzu offen zur Schau gestellten liberalen Gesinnung suspekt. Seine Wiedereinführung als Kriegsminister hatte man mit Argwohn und auch einiger Besorgnis betrachtet, da er dort nicht als passender Vertreter der Armee galt und dauernder Einfluss in anti-konservativen Kreisen zu befürchten stand. Roon hingegen achteten diese in verschiedenen Industrie- und Wirtschaftsgesellschaften entscheidungsgewaltigen Männer als markig-ernsten, aufrechten Charakter mit einer ausgeprägten Neigung zur Sachlichkeit, den sie ohne Weiteres als einen der ihren in Anspruch nähmen, falls es die politische Räson verlangte. Ihrer Ansicht nach erfuhr das Ministerium der „Neuen Ära" durch Roons Eintritt eine gesinnungstüchtige Verbesserung, möglicherweise erhoffte man sich durch ihn eine Richtungskorrektur. Es ist aber auch nicht auszuschließen, dass ihn sogar einige hochkonservative Köpfe ablehnten, weil er in ebendieses Ministerium eingetreten war. Roon folgte indes nicht politischen Ambitionen, sondern einzig seiner Maxime: „Das Reformwerk ist eine Existenzfrage für Preußen, es muß vollbracht werden!"

Die Presse eiferte mal in die eine, mal die andere Richtung, je nach dem, welcher sie sich zurechnete: Konservative Blätter wie die *Kreuzzeitung* jubilierten, die liberalen brachten erwartungsgemäß keine sehr wohlwollenden Begrüßungen zustande, und die demokratischen bliesen zur Attacke, noch bevor Roon überhaupt durch irgendeine Handlung dazu Veranlassung gegeben hätte. Ein schroffer Soldat sei er, Reaktionär, Junker, Feudaler, vom Prinzregenten als grober Keil ins freiheitlich-volksfreundliche Ministerium getrieben.[282] Die Gazetten jener Städte und Kreise hingegen, in denen Roon als Kommandeur oder weiland Lehrer Dienst getan hatte, so in Potsdam oder Düsseldorf, hoben fast liebenswürdige Artikel in die Öffentlichkeit.

Eine pointierte, Roons Innerem absolut entsprechende Regung und dabei wohlmeinende Warnung vernahm er von Professor Perthes, der am 4. Dezember 1859 einen sehr bemerkenswerten Brief an ihn abgehen ließ, der nur von einem intimen Kenner seiner Persönlichkeit verfasst sein konnte: „Mein lieber und verehrter Freund! Gott sei Dank für soweit! Das ist mein erster Ruf, weil ich zuerst nicht an Sie, sondern an unser Vaterland denke. Nur eine Frage giebt es in diesem Augenblick, mit welcher die Existenz Preußens unmittelbar verwachsen ist, und diese Frage ist die nach der Neugestaltung der Armee. Sie allein sind es, der – nach Griesheim's und Fischer's Tode – die ganze Bedeutung derselben erkannt und Anderen verständlich gemacht hat; Sie sind es, der die Antwort gesucht, gefunden und unter schwierigen Umständen erfochten und aufrecht erhalten hat; Sie sind es, der die Widerstrebenden gewonnen oder besiegt und sich, was nicht gering anzuschlagen ist, im Einzelnen Berichtigungen hat gefallen lassen. Die Frage und Antwort ist mit Ihnen verwachsen, und es ist nicht abzusehen, wie ein Anderer das, was Sie gedacht, entworfen, verfochten und zum Anerkenntniß gebracht haben, wirklich und wahr in das Leben hätte führen können. Darum sage ich noch einmal: Gott sei Dank soweit!

Sehe ich aber auf Sie persönlich, so steigen Sorgen aus der Tiefe auf, und das Bitten scheint mehr am Platze, als das Danken.

Politisch sind Sie im Ministerium eine fremdartige Erscheinung. Das Bewußtsein, Ehrenmänner wie Schwerin, Bethmann-Hollweg und auch Patow neben sich zu haben und der Wille, nur Fachminister zu sein, hilft über einzelne Schwierigkeiten fort; aber wenn das Staatsministerium als solches beschließt und unterzeichnet, erscheinen die Ehrenmänner doch als politische Gegner, und Sie treten nicht als Fachminister, sondern als Staatsminister auf. Immer wieder protestiren, macht Ihre Stellung unleidlich und auch, wenn Sie protestiren, müssen Sie doch schließlich mit unterzeichnen, und Ihr Name wird in der Gesetzsammlung gar manches Mal erscheinen, wo Sie ihn nur mit Widerwillen sehen. Das ist nicht leicht für einen Mann wie Sie und ist unmöglich zu ändern. [...]

Wie viel Anderes noch, was schwer und was gefährlich ist, auch abgesehen von der Wucht der eigentlichen Frage, drängt sich dem Zuschauer auf, der ruhig zwischen seinen Büchern sitzt! Doch – wozu das Gerede des Stubensitzers. –

Wie mag es, mein lieber, lieber Freund, jetzt in Ihrem Innern drängen und arbeiten! Die behaglich-vornehme Stellung in Düsseldorf, die Unruhe, der Aerger, der Verdruß, die Ihrer in Berlin warten, werden Sie halb sehnsüchtig rückwärts sehen lassen; reichliches Auskommen, Glanz, Ehre der neuen Stellung wird Sie umwirbeln und vorwärts ziehen. Das sind die kleinen Geister, die im Menschen ihr Wesen treiben; sie fehlen nie und nirgends, wenn uns etwas Bedeutendes begegnet, und wir sollen uns nicht läugnen, daß sie da sind und sie uns nicht über den Kopf wachsen lassen. Das hat nun bei Ihnen und hat in diesem Falle keine Noth. Der an Sie ergangene Ruf ist ein ungewöhnlich großer. Der Staat, von dem Deutschlands künftiges Geschick abhängt, soll wesentlich durch Sie eine neue Basis seiner Stellung zu und im eigenen inneren Leben erhalten; ein Stück Geschichte ist Ihren Händen anvertraut, Sie sind nicht nur in der Gegenwart vor die Augen Preußens, Deutschlands und Europas gestellt, sondern sind auch ein historischer Mann geworden; wer künftig sich mit Preußens Geschichte beschäftigen will, kann Sie nicht übersehen! [...]"[283]

Roon erlebte bei seinem Amtsantritt eine für ihn schwierige Situation im Kabinett der „Neuen Ära", das mit seinem liberal ausgerichteten Programm bei der breiten Masse Anklang fand. Die nationale Einigung als zentraler Bestandteil bürgerlicher Sehnsüchte der Bevölkerung strebte, wie bereits erwähnt und an dieser Stelle noch einmal betont, auch dezidiert der Liberalismus an. Dass er im Innern aber die persönlichen Rechte und wie auch immer geartete Wünsche des Einzelnen stärken, der individuellen Freiheit Raum gebende demokratische Grundsätze ins Werk zu setzen beabsichtigte und die gemäßigte Erfüllung der Wehrpflicht Boyen'scher Prägung favorisierte, lief den Intentionen Roons krass zuwider, für den die Unantastbarkeit von Thron und Armee sowie die Unterordnung des Individuums unter den monarchischen Willen oberstes Gesetz waren.

Roon wollte ein auf der Kommandogewalt des Souveräns gründendes Staatsheer und als dessen Voraussetzung eine vom Parlament unabhängige, allein dem Monarchen verpflichtete Staatsverfassung. Parallelen zwischen Roons und Scharnhorsts Reformprojekten sind unverkennbar, denn auch Scharnhorst strebte die Gleichgesetzlichkeit von Wehr- und Staatsverfassung an, jedoch mit dem bedeutsamen Unterschied, dass der Reformer der „Befreiungskriege“ dauerhaft ein Volksheer im Volksstaat etablieren wollte.[284] Roon interpretierte sein Reformwerk dagegen als Grundlage ungeteilter Machtposition des preußischen Staates nach innen wie nach außen und als starker Arm des Königs.

Für seine Heeresreorganisation hatte der Kriegsminister nunmehr die gesetzliche Basis zu schaffen und ließ in Kommissionen an entsprechenden Entwürfen arbeiten, die, wie es die Verfassung verlangte, dem Abgeordnetenhaus als Gesetzgeber und Budgetverantwortlichem vorzulegen waren. Die endgültigen Vorlagen („Militärgesetz“ und „Finanzgesetz“), die dem Parlament schließlich zugingen, beinhalteten folgende Zahlen: Vermehrung der jährlich einzustellenden Rekruten von 40.000 auf 65.000 Mann, Erhöhung der Präsenzstärke des Heeres von 150.000 auf 220.000 Mann, Neuaufstellung von 39 Infanterie-Regimentern und zehn Kavallerie-Regimentern in der Linie, dreijährige aktive Dienstzeit sowie Teilung der Landwehr ersten Aufgebots.[285] Zum gegebenen Zeitpunkt bestand die Landwehr ersten Aufgebots aus sieben und des zweiten aus ebenfalls sieben Jahrgängen. Im Kriegsfall hätte die Linie nach bestehendem Recht gemeinsam mit der Landwehr ersten Aufgebots das Feldheer gebildet. Eine Felddivision bestand aus einer Landwehr-Brigade sowie einer Linieninfanterie- und Kavallerie-Brigade. Das Etappen- und Heimatheer bildete die Landwehr zweiten Aufgebots. Die drei jüngeren Jahrgänge sollten der Reserve (und damit der Linie) zugeschlagen werden, die vier älteren Jahrgänge die Landwehr zweiten Aufgebots vermehren. Die somit aus acht Jahrgängen (drei aktive, fünf Reserve) bestehende Linie sollte im Kriegsfall allein das Feldheer bilden und die elf Jahrgänge Landwehr ausschließlich in der Etappe sowie in Festungen und Garnisonen Dienst tun. Die errechneten Gesamtkosten für diese Planungen beliefen sich auf 9,5 Millionen Taler pro Jahr.

Damit blieben diese weit unter seinen theoretischen, in der Praxis aber aus finanziellen Gründen nicht durchführbaren Möglichkeiten, ganz abgesehen von der verheerenden außenpolitischen Signalwirkung einer ungehemmten, für die Außenwelt sichtbaren Aufrüstung: Denn würden alle tauglichen Männer bei dreijähriger Dienstzeit verpflichtet, könnten dem preußischen Staat ein Friedenspräsenzheer von 250.000 Mann und eine Kriegsheer in Stärke von 375.000 Mann zur Verfügung stehen. Europaweit – England, das keine Wehrpflicht besaß, ausgenommen – lag Preußen mit seiner Ausschöpfung der Wehrkraft zwar relativ betrachtet an der Spitze, absolut aber deutlich hinter Österreich (ca. 78.000 Rekruten), Russland (ca. 100.000 Rekruten) und Frankreich (ca. 96.000 Rekruten) zurück. Viele Hände hatten an der letztlichen Vorlage mitgewirkt, der Einfluss von Clausewitz und der noch größere des Prinzregenten sind ebenso wenig wegzudiskutieren wie die seltsam anmutende inhaltliche Zurückhaltung Roons, der voran-

Roon als Kriegsminister.

gegangene Arbeiten bzw. ihre Ergebnisse aufgegriffen und konturiert hat. Seine eigentliche Leistung bestand vielmehr in seiner eingebrachten Polemik, die polarisierte und womöglich auch scharfmachen sollte. Wer weiß, ob nicht genau dies vom Prinzregenten bezweckt war – mitgeteilt in einem der Nachwelt nicht erhaltenen Vier-Augen-Gespräch?

Den am 12. Januar 1860 zusammentretenden Landtag eröffnete der Prinzregent mit einer feierlichen Thronrede im Königlichen Schloss. In seinen Schlusssätzen warb er eindringlich für das Reformwerk, indem er die Zukunft Preußens und die gesamtmilitärischen Interessen der Hohenzollern beschwor: „Eine Frage von tief eingreifender Wichtigkeit heischt die Fürsorge Meiner Regierung und die Ihrige. Als Ich im vergangenen Jahr genötigt war, die Entfaltung unserer Kriegsmacht anzuordnen, eilten die einberufenen Mannschaften mit Eifer und Hingebung zu den Fahnen, und Ich bin stolz darauf, diesem sich nie verleugnenden Patriotismus Meine

Anerkennung zu zollen. Wenn unsere Heeresverfassung dennoch einer Reform bedarf, so findet diese weder im Mangel an Opferfreudigkeit noch an mutiger Streitbarkeit ihren Grund.

Im Drange einer schweren Zeit wurde unsre Heeresverfassung geschaffen. Der damaligen Volkszahl und Finanzkraft des Staates entsprechend, ist sie im Gefühl ruhmreicher Erfolge festgehalten worden. Die Erfahrungen der letzten Jahre, in denen die Wehrkraft mehrfach aufgeboten werden mußte, haben jedoch verschiedenartige, tief empfundene Übelstände immer klarer herausgestellt. Die Beseitigung derselben ist Meine Pflicht und Mein Recht, und Ich nehme Ihre verfassungsmäßige Mitwirkung für Maßregeln in Anspruch, welche die Wehrkraft steigern, der Zunahme der Bevölkerung entsprechen und der Entwickelung unsrer industriellen und wirtschaftlichen Verhältnisse gerecht werden. Zu diesem Zweck wird Ihnen der Entwurf eines Gesetzes über die allgemeine Wehrpflicht mit den nötigen finanziellen Vorlagen zugehen.

Es ist nicht die Absicht, mit dem Vermächtnis einer großen Zeit zu brechen. Die preußische Armee wird auch künftig das preußische Volk in Waffen sein. Es ist die Aufgabe, innerhalb der durch die Finanzkräfte des Landes gezogenen Grenzen die überkommene Heeresverfassung durch Verjüngung ihrer Formen mit neuer Lebenskraft zu erfüllen. Gewähren Sie einer reiflichst erwogenen, die bürgerlichen wie die militärischen Gesamtinteressen gleichmäßig umfassenden Vorlage Ihre vorurteilsfreie Prüfung und Beistimmung! Sie wird nach allen Seiten hin Zeugnis geben von dem Vertrauen des Landes in Meine redlichen Absichten.

Meine Herren! Der Vertretung des Landes ist eine Maßregel von solcher Bedeutung für den Schutz und Schirm, für die Größe und die Macht des Vaterlandes noch nicht vorgelegt worden. Es gilt, die Geschicke des Vaterlandes gegen die Wechselfälle der Zukunft sicher zu stellen. Das walte Gott! Er segne den König, welchem dieses Werk am Herzen lag und halte Seine Hand über den Tagen unsres Königs und Herrn! – Es lebe der König!"[286]

Einige Wochen darauf wurden die Vorlagen im Abgeordnetenhaus eingebracht, und dessen Vollzähligkeit in der Sitzung am 10. Februar 1860 zeugte von der Wichtigkeit und Ernsthaftigkeit des Gegenstandes.[287] Es war zugleich das Datum von Roons erstem Parlamentsauftritt, den er nach der ihm eigenen Art mit den Worten einleitete: „Ich habe dem, was Se. Hoheit [Ministerpräsident Fürst von Hohenzollern, der sich zunächst an das Plenum richtete, G. S.-W.] hier vorgetragen hat, nur sehr wenig hinzuzufügen." Mit seinem Hinweis, der neue Entwurf füge sich nahtlos an das bestehende Recht und namentlich an das Gesetz vom 3. September 1814 an und würde lediglich entfernen, was den gegenwärtigen Verhältnissen nicht mehr entspreche, nahm er der Vorlage den Charakter eines neuen Gesetzes, sodass die Abgeordneten, ginge es nach dem Willen der Regierung, ohne direkte Mitwirkung bleiben sollten. Dass man es den Kammern überhaupt vorlege, bezeuge den guten Willen der Regierung und ihr Entgegenkommen.

Doch weil der Beschluss über die Finanzierung der Reorganisation dem Gesetzgeber oblag, war die Reform des Heeres, „obwohl sie wehrrechtlich in die Entscheidungsgewalt des Königs fiel, doch budgetrechtlich von der Bewilligung der Mittel durch die drei Faktoren der Gesetzgebung, den König und beide Kammern, abhängig“[288]. Im Wissen um diese Abhängigkeit vom Landtag, der ohne Weiteres in der Lage war, durch seine verweigernde Haltung König und Kabinett in einem jährlich wiederkehrenden Kampf um den Etat zu neutralisieren, setzte die Regierung nun alles daran, dem Parlament dieses scharfe Schwert aus der Hand zu schlagen, um selbst Handlungsfreiheit zu erlangen. Der erste von Roon eingebrachte Gesetzentwurf umfasste die Verpflichtung zum Kriegsdienst und die daraus resultierende Stärke und Zusammensetzung des Heeres. Gemäß den schon in seiner Denkschrift vom Juli 1858 unterbreiteten Vorschlägen wurde die Verlängerung der Reservepflicht von zwei auf vier Jahre, dagegen eine Verkürzung der Dienstpflicht in der Landwehr und der Gesamtdienstpflicht überhaupt in Aussicht gestellt. Die künftigen Landwehrtruppen sollten die Reservearmee bilden und zunächst nicht in die Linie eingegliedert werden.

Hingegen gingen die jetzt offiziellen Vorschläge zur Anzahl der definitiv neu zu errichtenden Truppenteile und Formationen weiter als noch in der Denkschrift – aus finanziellen Beweggründen – avisiert. Denn in den Kommissionen war man zu der Überzeugung gelangt, dass bei der Infanterie schon im Frieden sämtliche Bataillonskadres für das künftige Feldheer zu formieren seien, statt sie erst bei einer Mobilmachung aus den verschiedenen Truppenteilen zu bilden und auf Kriegsstärke zu bringen. Dadurch stand jetzt nahezu eine Verdoppelung der Infanteriebataillone des Friedensheeres auf dem Papier. Dagegen wurde die Friedensstärke der alten und neuen Bataillone, außer bei denen der Garderegimenter, um ca. 150 Mann gegenüber dem früheren Etat verringert. Damit einher ging freilich auch die etatmäßige Bestätigung bzw. der Ausbau höherer Kommandostellen. Die Reformen und Neuformationen der anderen Waffengattungen besaßen dagegen einen geringeren Umfang und beschränkten sich des Geldes wegen nur auf das Allernotwendigste. Der zweite Entwurf beantragte die Bewilligung der Finanzmittel (9,5 Millionen Taler) für die Übergangsperiode und für den Unterhalt der reorganisierten und verstärkten Armee.[289]

Weder gegen die grundsätzliche Heeresvermehrung noch gegen die Kosten regte sich Widerstand des Landtages am 10. Februar, denn gerade die Liberalen wussten nur zu genau, dass ihr sehnlichstes Ziel einer nationalen Einigung ohne ein starkes preußisches Heer, selbst wenn es gar nicht zum Einsatz käme, Utopie bleiben musste. Zudem erkannten die Abgeordneten durchaus die allgemeine außenpolitische Fragilität, die jederzeit einen wie auch immer motivierten Krieg unvermeidbar werden lassen konnte, wie die Ereignisse von 1859 gezeigt hatten. In zwei Punkten aber gab sich die liberale Mehrheit unnachgiebig: in ihren Forderungen nach der Beschränkung der Dienstzeit auf zwei Jahre (und zwar aus wahltaktischer Rücksichtnahme auf die Stimmungen potenzieller Wähler, da eine dreijährige Dienstzeit eine erhebliche Mehrbelastung für älteste Söhne und junge Familienväter bedeuten würde) und nach der Beibehaltung des Verhältnisses von Linie und Landwehr, was wiederum aus den bereits genannten Gründen auf die strikte Ablehnung des Königs stieß. Der vom Parlament eingesetzte Ausschuss unter dem Vorsitz des Führers der Liberalen, Georg Freiherr von Vincke, beschloss kategorisch, die Zustimmung zu der Heeresvermehrung und somit für die Finanzmittel zu versagen, wenn es bei der dreijährigen Dienstzeit bliebe, die für die Liberaldemokraten ein nicht hinnehmbarer Rückschritt in den altpreußisch-friderizianischen Ständestaat bedeuten und die angestrebte Verbürgerlichung der Armee verbauen würde.

Die Ansichten der Liberalen wurzelten nicht ganz grundlos in der tief empfundenen Furcht „bürgerlicher" Preußen, die sich durchaus als gute Staatsdiener und Patrioten begriffen, im Kriegsfall nicht gleichberechtigt an der Seite bevorzugter Linien-Truppen für ihr Land einstehen zu dürfen: „Der Bürger in Waffen empfand die geplante militärische Zurücksetzung der Landwehr als eine capitis diminutio. Eben deshalb setzte die bürgerliche Gesellschaft sich mit allen Mitteln gerade auch gegen die Roonsche Landwehr-Reform zur Wehr."[290] Man musste keine antipreußischen Ressentiments pflegen, um klar zu erkennen, dass sich in Kavallerie und Garde ein aristokratischer Dünkel konservierte, der bürgerliche Geister nun einmal empörte.

Die Regierung sah sich in einer Situation gefangen, aus der nur ein Weg herausführte: die Reorganisation nicht als Gesetz im juristischen Sinn auszugeben, sondern lediglich als Erweiterung des bestehenden Gesetzes (worauf Roon in seiner Rede bereits ausdrücklich hingewiesen hatte), die allein Sache der Kommandogewalt – also der königlichen Prärogative – sei und in den Einzelheiten einer Zustimmung durch die Volksvertreter nicht bedürfe. Staatsrechtlich betrachtet, lag das Entscheidungsrecht nach § 3 des Wehrgesetzes aus dem Jahre 1814 in der Tat beim König bzw. seinem Stellvertreter, was auch durch die neue Verfassung von 1850 unangetastet geblieben war. Vermehrung und Umformierung, Dislozierung und Neuaufstellung von Truppenkörpern fielen in die dem König obliegende Organisation und waren vom Parlament völlig unabhängig: „Da auch die Entscheidung über die Einteilung der Truppe in Verbände beim König lag, konnte dieser die Heeresvermehrung organisationsrechtlich aus eigener Machtvollkommenheit ohne Mitwirkung der Kammern durch Armeebefehl anordnen." (Ernst Rudolf Huber) Dies änderte allerdings nichts an der Tatsache, dass die Genehmigung des Haushalts im Abgeordnetenhaus verblieb, gleichgültig, ob die Reform als Gesetz betrachtet würde oder nicht.

Da aber die von den Liberalen gewünschten Heeresvermehrungen ohne erhebliche finanzielle Aufstockungen nicht zu bewerkstelligen waren, ging das Parlament einen folgenschweren Kompromiss ein, indem es der Krone für die Etatjahre 1860/61 und 1861/62 provisorische Bewilligungen zusprach in der festen Überzeugung, zu einem späteren Zeitpunkt seine weitere Zustimmung zu versagen, um die Regierung an der (langfristig angelegten) Umsetzung der dreijährigen Dienstpflicht und Zurückdrängung der Landwehr zu hindern. Damit war die Geldmenge über einen Nachtragsetat für die Roon'sche Heeresreform zwar bis zum 30. Juni 1861 gesichert, langfristig aber infrage gestellt, was Freiherr von Vincke als Ausschuss-Vorsitzender mit einem Seitenhieb gegen Roon kommentierte: Die Regierung könne durchaus Regimentskommandeure und Offiziere für die neuen Linien-Regimenter ernennen und auch neue Kavallerie-Regimenter aufstellen – nur müsse sie darauf gefasst sein, dass diese Offiziere und Formationen eventuell in den „Aussterbeetat" kämen, wenn der Landtag die Beibehaltung jener Stellen und Truppenteile irgendwann ablehnen sollte. Roon wies in der Sitzung vom 15. Mai 1860 Vinckes Einlassungen zurück, ohne sich an der Debatte um Vorzüge und Nachteile des „Provisoriums" weiter zu beteiligen.

Die erste Kammer nahm die Kreditvorlage und die übrigen Finanzgesetze am 22. Mai 1860 einstimmig an (in namentlicher Abstimmung votierten alle stimmenden 102 Mitglieder dafür): „Das Herrenhaus hat nur mit Befriedigung entnehmen können, daß die königliche Staatsregierung Entschließungen gefaßt hat, welche zur wesentlichen Kräftigung des Heeres zu führen geeignet sind, und hofft mit Zuversicht, daß sie auf diesem Wege beharren und alle zur Reorganisation des Heeres erforderlichen Maßregeln energisch zur Ausführung bringen, zu diesem Behufe auch insoweit, als dieselben nicht schon kraft der Prärogative des Kriegsherrn durchgeführt werden können, die erforderlichen gesetzlichen Bestimmungen seiner Zeit einbringen werde."[291]

Das preußische Herrenhaus war – ähnlich dem *House of Lords* in Großbritannien – ein Zusammenschluss „historisch berechtigter Obrigkeiten" (so Friedrich Wilhelm IV.), bildete nach der Verfassungsurkunde vom 31. Januar 1850 die erste Kammer des Parlaments und zusammen mit dem Abgeordnetenhaus die Legislative. Entscheidend war der ausschlaggebende Einfluss des Königs auf die Zusammensetzung dieser Kammer mit seinen vom Monarchen ernannten Prinzen des königlichen Hauses, erblichen Mitgliedern und auf Lebenszeit ernannten Mitgliedern als neoständisches Gegengewicht zu den demokratisch gewählten Volksvertretern.

Mit dem ausgehandelten Kompromiss hing Roons Reformwerk am Tropf der Kammern, und je nach dem, ob die Abgeordneten in kommenden Legislaturperioden (Sessionen) den Daumen heben oder senken würden, wurde seine Umsetzung möglich oder eben nicht. Wohl und Wehe der militärischen Zukunft Preußens lagen damit de facto in den Händen von Altliberalen, Linksliberalen und radikalen Demokraten. Eine gänzlich inakzeptable Vorstellung für den Prinzregenten und seinen Kriegsminister, die sich kurzerhand des „Tricks" bedienten, die vom Landtag bloß als zeitweilige Überbrückung betrachtete Bewilligung als „Definitivum" (Ernst Rudolf Huber) zu behandeln. So schuf die Regierung vollendete Tatsachen, indem sie mit der Umsetzung der Reform so energisch und in einem Stil anhob, der es schlechterdings kaum zulassen würde, die einmal eingeleiteten Maßnahmen wieder rückgängig zu machen. Die 36 Landwehr-Regimenter wurden sofort aufgelöst und durch dieselbe Anzahl neuer Linien-Infanterie-Regimenter ersetzt, die im Juni 1860 Namen erhielten und damit „gesetzt" waren. Einen Monat später erfolgte eine Beförderungswelle für Offiziere und Unteroffiziere (ihnen hätte man den neuen Dienstgrad kaum wieder nehmen können) dieser Truppenteile, denen der Prinzregent im Oktober Fahnen und Feldzeichen verlieh. Den Höhepunkt bildete die Teilnahme aller neuen Regimenter an der Krönungsfeier Wilhelms I. nach dem Tod seines Bruders am 18. Januar 1861 in Königsberg: Die Armee leistete den Eid auf den neuen Monarchen, der mit dieser Inszenierung seine traditionellen Rechte als Souverän und oberster Kriegsherr des preußischen Staates untermauerte, wohlgemerkt ohne die geltende Verfassung zu hintergehen.[292]

Die „Antwort" der Staatsregierung auf das ungeliebte Provisorium war in ihrer Stringenz Ausdruck des unbedingten Willens, dem Parlament unter keinen Umständen das Feld zu überlassen. Der Prinzregent versäumte es nicht, anlässlich seiner Thronrede zum Ende „der parlamentarischen Kampagne" des Jahres 1860 seinem Unmut über die zögerliche Haltung der Abgeordneten Ausdruck zu geben, räumte jedoch ein, dass sich ja alle noch zum Guten gewendet habe. Dies war die Nahtstelle, die den Heeres- mit dem Verfassungskonflikt verknüpfte, denn mit der unbeirrten Fortsetzung der Reform war die Aushöhlung des parlamentarischen Budgetrechtes faktisch vollzogen. Und wies eine solche taktische Verfahrensweise nicht einen prinzipiellen Weg, wie der Landtag dauerhaft stillgelegt werden, das System der „Neuen Ära" aus den Angeln gehoben und damit Demokratie und Liberalismus narkotisiert werden konnten? Gewiss werden in den Fraktionen des grundsätzlich auf Verständigung und Ausgleich bedachten Parlaments auch andere Faktoren eine Rolle gespielt haben – man denke etwa an die Grundforderung der „Neuen Ära" nach Aufhebung der Steuerbefreiungen für die ostelbischen Junker. Diese würde man auf keinen Fall durchsetzen können, verweigerte man dem Monarchen und seiner Regierung schon jetzt, in den Angelegenheiten der Heeresreform, den Handschlag.

Durch geschicktes Taktieren war die Sache also vom Tisch. In der Folge konnte sich Roon nunmehr seiner eigentlichen Aufgabe an der Spitze des Ressorts widmen, die der eines Verwaltungsministers entsprach und naturgemäß in der Öffentlichkeit weniger hervorgetreten und besprochen wurde als die überlieferte Beteiligung an den parlamentarischen Auseinandersetzungen. Mit seinem Adjutanten Rittmeister von Hartrott, dem Generalinspekteur des Militärbildungswesens General von Peucker und v. a. General Freiherr von Manteuffel[293] als Chef des Militärkabinetts und der „Abteilung für persönliche Angelegenheiten im Kriegsministerium" (dem heutigen Personalamt der Bundeswehr entsprechend) wusste Roon tatkräftige, ihm politisch in jedem Fall nahestehende Praktiker an seiner Seite. Karl Rochus Edwin von Manteuffel galt als Inbegriff des reaktionären, politisch ambitionierten Generals. Aus traditionsreicher preußischer Familie stammend, war er Adjutant von Prinz Albrecht gewesen, pflegte Kontakte zu ultrakonservativen Kreisen und trat dezidiert für die Effizienzsteigerung der Armee zum Zweck des inneren wie äußeren Einsatzes ein. Alles Parlamentarische, Liberale, Demokratische war ihm unverständlich, zuwider gar.[294] Damit stand er nicht allein, und es wundert kaum, wenn Manteuffel in der „Konfliktzeit" zu Hochform auflief und alles tat, um die verhassten Salonliberalen – ganz gleich, ob gemäßigte Altliberale oder radikale Fortschrittler – als Staatsfeinde zu bezeichnen.

Roon packte die Reorganisation beherzt an und erhielt jede erdenkliche praktische und theoretische Schützenhilfe von Manteuffel, für den das Provisorium ein Unding war. Diese Zwischenlösung könne nur dazu verhelfen, „daß die Armee auf die Tribüne, nicht mehr auf den Kriegsherrn blicken würde; ad oculos wäre ihr demonstriert, daß nicht dieser die Regimenter formieren und die Zukunft seiner Offiziere sichern würde, sondern daß Formation und Schicksal der Offiziere von Kammerbeschlüssen abhängig sei [...]. Die Armee ist aus einer königlichen eine Parlamentsarmee geworden. Ich halte den Bestand der Armee in ihrer Moral und ihrer inneren Energie gefährdet und halte die Stellung des Prinzregenten kompromittiert, wenn die Regimenter nicht jetzt sofort definitiv errichtet werden", was ja tatsächlich der Fall war.[295]

Nicht nur auf Manteuffel konnte sich Roon stützen, sondern auch auf das Engagement Moltkes, genauer: auf seine entworfenen Mobilmachungspläne. Schwerpunkte dieser Direktiven für den Mobilmachungsfall waren Dezentralisierung und Gewährleistung zügiger Truppentransporte durch Nutzung von Eisenbahn und Telegrafie. Gerade vor dem Hintergrund gänzlich fehlender Erfahrungen der Preußen im Krieg in Italien 1859 ist die geistig-visionäre Kraft General von Moltkes nicht hoch genug einzuschätzen, dessen soldatischer Werdegang und Lebensleistung nachfolgend kurz angerührt werden sollen, weil ohne einen Blick auf seine Person die einschneidenden Ereignisse der 1860er und 1870er Jahre nicht einleuchten.[296]

Moltke gilt als genialer Stratege und als der eigentliche Schöpfer des modernen Generalstabs. Seine militärgeschichtliche Bedeutung besteht aber v. a. in der Begründung einer Schule operativen Denkens, deren Prinzip in der knappen Formulierung „getrennt marschieren, vereint schlagen" Generationen von Heerführern bis zum Ende des Zweiten Weltkriegs geprägt hat. Moltke erkannte schon frühzeitig die Bedeutung der Eisenbahn und des elektrischen Telegrafen als Mittel einer operativen Kriegführung für Aufmarsch, Transport und Führung von Massenheeren. Der tiefreligiöse und hochgebildete Soldat zeichnete sich aber auch als höchst talentierter Schriftsteller aus. Seine Prosa zählt zur ausgesuchtesten Literatur des 19. Jahrhunderts, und nicht von ungefähr war er einer der wenigen Ritter des Ordens Pour le Mérite, dem außer der Kriegsklasse auch die Friedensklasse verliehen wurde.

Helmuth Carl Bernhard von Moltke wurde am 26. Oktober 1800 in Parchim (Mecklenburg) geboren. Sein Vater, der in der dänischen Armee diente, konnte seinen Söhnen keine standesgemäße Erziehung bieten, sodass Helmuth und seine Brüder ohne Rücksicht auf persönliche Neigungen zur Soldatenlaufbahn bestimmt und 1811 in dänischen Kadettenanstalten untergebracht wurden, für die der Vater Freistellen erhalten hatte. Die (Roon ähnliche) äußerst karge und entbehrungsreiche Schulzeit wurde allerdings durch Verbindungen gesellschaftlich exponierter Eltern eines Freundes mit führenden Persönlichkeiten des geistigen Lebens in Kopenhagen verbessert, die den jungen Moltke in den Genuss reicher Bildungsmöglichkeiten brachten. 1819 zum Leutnant im dänischen Infanterieregiment Oldenburg in Rendsburg ernannt, bemühte er sich – aufgrund besserer Karrierechancen – um Aufnahme in die preußische Armee.

Nach erfolgreicher Absolvierung der Offizierprüfung, in der man ihm „eine nicht gewöhnliche Bildung und eine auffallende Reife des Verstandes" attestierte, wurde er 1822 als Sekonde-Lieutenant im Leibgrenadier-Regiment König Friedrich Wilhelm III. (1. Brandenburgisches) Nr. 8 eingestellt und in Frankfurt/Oder stationiert. Dort qualifizierte sich der junge Moltke innerhalb kürzester Zeit für eine Kommandierung zur Allgemeinen Kriegsschule nach Berlin (1823–26). Soweit es seine bescheidenen finanziellen Verhältnisse zuließen, nutzte er seine Freizeit zur Weiterbildung. Er war Gasthörer an der Universität, besuchte Theater, Konzerte und Museen. Zur Aufbesserung seiner schmalen Bezüge verfasste er Novellen, die in verschiedenen Zeitschriften zur Veröffentlichung gelangten. Später konzentrierte sich Moltke auf die Bearbeitung militärspezifischer Themen.

Auch als Topograf und Zeichner von Redouten zeigte Moltke einiges Talent. Nach einer Zwischenverwendung als Lehr- und Prüfoffizier für Offiziersanwärter an der Divisionsschule der 5. Division in Frankfurt/Oder wurde er 1828 zum Topografischen Büro des Großen Generalstabs nach Berlin kommandiert. Dort zeichnete er sich durch kartografische Arbeiten aus, sodass er 1832 zum Großen Generalstab kommandiert, 1833 als Premier-Leutnant dorthin versetzt und 1835 zum Hauptmann befördert wurde. In diesem Jahr erhielt Moltke einen sechsmonatigen Urlaub für eine Bildungsreise nach Wien, Athen, Neapel und Konstantinopel. Zur gleichen Zeit bat der türkische Sultan Mahmud II. den preußischen König Friedrich Wilhelm III. um Entsendung von Militärberatern zur Reorganisation des türkischen Heeres nach europäischem Muster. So erhielt der in Konstantinopel weilende Moltke Anfang 1836 seine Verfügung zur Instruktion und Organisation türkischer Truppen.

Als Berater des Oberbefehlshabers Hafiz Pascha nahm er 1838/39 am Feldzug der türkischen Armee gegen die in Syrien operierende ägyptische Armee des Mehmed Ali und hier an der Schlacht von Nisib am oberen Euphrat am 24. Juni 1839 teil. Da Hafiz Pascha Moltkes taktischen Ratschlägen nicht folgte, erlitt seine Armee eine vernichtende Niederlage, der er nur mit knapper Not entkam. Moltke, der

1837 den hohen türkischen Orden von Nischam Ifterhan in Empfang nahm, wurde nach seiner Rückmeldung im Großen Generalstab 1839 Ritter des Ordens Pour le Mérite.

Am 18. April 1840 wurde er zum Generalstab des IV. Armeekorps mit Dienstsitz Berlin versetzt (1842 Major), das unter dem Befehl des Prinzen Karl von Preußen stand und Ende 1845 wegen seiner umfassenden Bildung zum Adjutanten von Prinz Heinrich von Preußen ernannt. Moltke erhielt nun seine Versetzung zum Generalstab des VII. Armeekorps nach Koblenz und 1848 zunächst als Vorsteher der I. Abteilung im Großen Generalstab I nach Berlin, dann als Chef des Generalstabs beim IV. Armeekorps nach Magdeburg (1850 Oberstleutnant, 1851 Oberst). 1855–57 war der zum Generalmajor (Patent vom 15. Oktober 1856) beförderte Adjutant von Prinz Friedrich Wilhelm von Preußen, dem späteren Kaiser Friedrich III. In dieser Verwendung hatte er nicht allein die Pflichten eines militärischen Adjutanten wahrzunehmen, sondern vielmehr als Mentor die Erziehung des für eine spätere Thronfolge vorgesehenen Prinzen zu ergänzen.

Neben seiner Bildung und den militärfachlichen Kenntnissen empfahlen ihn v.a. sein taktvoll zurückhaltendes Wesen und seine Diskretion für diese Aufgabe. Seit 1857 mit der Führung der Geschäfte des Chefs des Großen Generalstabs beauftragt und ein Jahr darauf offiziell dazu ernannt, hatte Moltke seine bedeutendste Dienststellung erreicht, von der er erst nach drei Jahrzehnten durch Kaiser Wilhelm II. entbunden werden sollte. 1859 zum Generalleutnant, 1866 zum General der Infanterie befördert, erreichte er mit der Avancierung zum Generalfeldmarschall am 16. Juni 1871 den Gipfel seiner militärischen Laufbahn. Mit Moltke stand ein Offizier an der Spitze des Generalstabs, für den die Auseinandersetzung mit geistigen, künstlerischen und wissenschaftlichen Aspekten existenziell war. Er stand uneingeschränkt hinter den modernen technischen Errungenschaften und der rasant fortschreitenden Industrialisierung. Als überzeugter Monarchist lehnte er jedoch die mit der Entwicklung zur Industriegesellschaft zwingend einhergehende Tendenz zu Demokratisierung und Teilhabe der Gesellschaft am politischen Entscheidungsprozess entschieden ab – und befand sich in diesem Punkt auf einer Seite mit Roon, Manteuffel und dem späteren preußischen Ministerpräsidenten und Reichskanzler Bismarck.

Auf königlichen Wunsch nahm er 1867 seine Wahl zum Reichstagsabgeordneten an und vertrat als Mitglied der konservativen Fraktion den Wahlkreis Memel-Heydekrug zuerst im Norddeutschen und dann bis zu seinem Tod im Deutschen Reichstag, wo er sich immer wieder zu militärischen Fragen äußerte. Seit 1872 auch Mitglied des preußischen Herrenhauses, dachte Moltke als Nichtpreuße ausgeprägt deutsch-nationalistisch. Er ließ sich jedoch durch die realistische, vernunftgelenkte Einsicht so zügeln, dass der Traum von einem größeren Deutschland keine Handlungsorientierung für die praktische Politik geben konnte und durfte. Im Großen Generalstab sah er die allein zuständige Institution für Fragen der operativen Kriegsvorbereitung, des Aufmarsches und der Operationsführung. Daher verlangte er die Loslösung von jeglicher zivilen Kontrolle und das Beratungsmonopol des Generalstabschefs gegenüber dem Oberbefehlshaber. Er forderte auch das alleinige militärische Beratungsmonopol für den König, das ihm Kaiser Wilhelm I., mit dem Moltke ähnlich wie mit Roon ein tiefes Vertrauensverhältnis verband, erstmalig in der Endphase des Deutsch-Dänischen Krieges Ende April 1864 einräumte. Gleiches tat er auch am 2. Juni 1866, 13 Tage vor dem Preußisch-Österreichischen Krieg, und am 20. Juli 1870, einen Tag nach der französischen Kriegserklärung, indem er Moltke zum Chef des Generalstabs der Armee im Großen Hauptquartier ernannte – wohlgemerkt für die Dauer des Krieges. Damit verfügte er über eine ganz entscheidende Machtbefugnis.

In den deutschen Einigungskriegen, v. a. in den Siegen von Königgrätz am 3. Juli 1866 und Sedan am 1. September 1870, konnte Moltke die heute noch gültigen Prinzipien seiner operativen Ideen unter Beweis stellen: genaueste, geradezu pedantische Vorbereitung des Krieges und der Schlacht, getrennter Aufmarsch der Armeen und Konzentration der Kräfte erst auf dem Schlachtfeld, keine Ermattungsstrategie, sondern Vernichtung der gegnerischen Streitkräfte in einer Umfassungsschlacht, weitgehende Handlungsfreiheit der nachgeordneten Armeeführer, strenge Einhaltung von Marschordnung und taktischer Gefechtsgliederung, Bevorzugung des Flankenangriffs und Staffelung der Truppe in der Tiefe. Moltke hat kein systematisches Lehrgebäude seiner strategischen Auffassungen hinterlassen. Aufgrund einer Vielzahl nicht vorhersehbarer Faktoren hielt er einen Feldzug nur bis zum Beginn der ersten Feindberührung im Voraus für planbar. Der Krieg von 1870 sollte dies mustergültig unter Beweis stellen.

So begriff er Strategie stets als ein System der Aushilfen, das der Lage entsprechend durch gesunden Menschenverstand anzuwenden war.[297] Die daraus resultierende Handlungsfreiheit für die militärischen Unterführer, die er im Rahmen der „Auftragstaktik" gewährte, setzte allerdings eine Einheitlichkeit im operativen Denken voraus, zu der er während der langen Dienstzeit im Generalstab seine Offiziere erzogen hatte. Moltke begründete damit eine der besten Traditionen militärischen Führungsdenkens in deutschen Streitkräften. Materielle Voraussetzung für die erfolgreiche Anwendung seiner operativen Prinzipien war eine konsequente Nutzung der technischen Errungenschaften, der wirtschaftlichen und industriellen Ressourcen, wie sie von keinem seiner Zeitgenossen mit einer solchen Folgerichtigkeit und Intensität gefordert wurde.

Neben dem Einsatz moderner Waffen (Zündnadelgewehr und Artillerie) waren Eisenbahn und Telegrafie die entscheidenden Mittel, mit denen die raschen strategischen Bewegungen der von ihm erstmalig geführten Massenheere überhaupt möglich wurden. Moltke, der sich bereits seit den 1830er Jahren mit großer Tatkraft für den Aufbau eines leistungsfähigen Eisenbahnnetzes eingesetzt hatte, sollte der erste Feldherr in Europa sein, der die strategischen Möglichkeiten dieses neuen

„Der preußische Herkules. Wird er's schaffen?" Französische Karikatur auf die preußische Heeresreform.

Verkehrsmittels in voller Konsequenz in seine Planungen einbezog. Er war damit Wegbereiter des industrialisierten Volkskrieges, dessen technisch-wirtschaftliche Voraussetzungen er in aller Schärfe erkannte und auch die dafür notwendigen führungstechnischen Grundlagen schuf. Dabei dachte er noch immer in den Kategorien von Feldzügen und sah den Krieg der Zukunft noch nicht mit aller Konsequenz als Schlagabtausch hochgerüsteter Industriepotenziale.

Für Moltke, der sich aus christlicher Grundhaltung (auch hier Roon ähnlich) nur als „Werkzeug in eines Höheren Hand" betrachtete, war Krieg im idealen Sinn ein Glied der göttlichen Weltordnung wie Unwetter, Not oder Krankheit. Ohne Krieg müsse die Welt im Materialismus versinken, der ewige Friede sei nur „ein Traum und nicht einmal ein schöner". Seiner Überzeugung nach bezweckte der Krieg die Durchführung der Regierungspolitik mit Waffengewalt. Moltke wurde dabei nicht müde, die Eigengesetzlichkeit des Krieges zu betonen, dem sich während seiner Dauer alles unterzuordnen habe. In dieser Frage geriet er, wie noch zu sehen sein wird, 1866 und 1870/71 in Konflikt mit Bismarck, dem Moltkes militärisch gefasster Strategiebegriff zu eng erschien. In tiefer Loyalität zu seinem Monarchen, der ihm auf diesem Weg voranging, beugte sich Moltke schließlich Bismarcks überlegenem politischen Verstand und dessen eisernem Durchsetzungswillen.

Zum ersten Mal maßgebend wirkte er als Feldherr in der Schlacht bei Königgrätz (3. Juli 1866) und dann im Deutsch-Französischen Krieg von 1870/71. Durch seine Siege über die Armeen zweier europäischer Großmächte galt er als erfolgreichster Feldherr seiner Zeit. So hatte er schon nach 1866 zahlreiche Ehrungen erfahren. Eine 1866 vom König gewährte Dotation ermöglichte ihm den Erwerb der schlesischen Güter Kreisau, Wierischau und Graditz, die der kinderlose Moltke zum Familienfideikommiss Kreisau zusammenfasste. Er bestimmte Wilhelm, den ältesten Sohn seines Bruders Adolf, zum Majoratsherrn, der nach Moltkes Tod Kreisau erbte. Mit der Verleihung der Friedensklasse des Ordens Pour le Mérite im Jahr 1874 würdigte der Kaiser auch die kulturellen Leistungen Moltkes, unter dessen Leitung die Generalstabswerke über den italienischen Krieg 1859, die kartografische Aufnahme Roms sowie die Kriege von 1864, 1866 und 1870/71 entstanden waren. Wiederholte Gesuche um Verabschiedung aus dem aktiven Dienst aus Altersgründen lehnte Wilhelm I. ab. Kaiser Wilhelm II. entband Moltke erst am 10. August 1888 auf dessen eigenen Wunsch unter gleichzeitiger Ernennung zum Präses der Landesverteidigungskommission von seinen Pflichten als Chef des Großen Generalstabs.

Moltkes eiserne Nerven ließen nur selten seinen inneren Zustand äußerlich erkennen. Obwohl selbst von eher schwächlicher Konstitution und labiler Gesundheit, bewahrte er seine straffe, soldatische Haltung bis ins hohe Alter von 91 Jahren. Er war zurückhaltend und vornehm, sprach in Gesellschaft kaum ein überflüssiges Wort, was ihm den Beinamen „der große Schweiger“ eintrug. Der einzige ihm wirklich nahestehende Mensch war wohl seine Frau Mary, geborene von Burt, die er 40-jährig heiratete, als sie erst 16 Jahre alt war. 1870 wurde er in den Grafenstand erhoben, erhielt das Großkreuz des Eisernen Kreuzes und am 16. Juni 1871, bei der Parade der siegreichen Truppen in Berlin, den Marschallstab. Seinen 90. Geburtstag feierte das gesamte deutsche Volk mit einem beeindruckenden Fackelzug. Am 24. April 1891 schloss dieser beispielhafte, große Soldat friedlich – und ohne je ernsthaft erkrankt zu sein – nach einem Whistspiel im Kreis der Familie für immer seine Augen. Generalfeldmarschall Helmuth Graf von Moltke gilt auch heute noch als Inbegriff des an sittliche Maßstäbe gebundenen genialen Feldherrn und vielseitig gebildeten Soldaten, dessen operative Prinzipien und Führungsgrundsätze zu den besten Traditionen deutschen Soldatentums zählen.

Für Roon begann das Jahr 1861 mit einer Überraschung: Dass er die Leitung der Marineverwaltung übernahm und am 16. April auch zum Marineminister ernannt wurde,[298] scheint auf den ersten Blick für einen Landmilitär kurios, da er nie erkennbares Interesse an der Marine gezeigt hatte. Die Übertragung dieser Aufgabe zeugte in jedem Fall von großem Vertrauen des Monarchen, denn seit geraumer Zeit schickte sich Preußen an, auch zur See einiges an Gewicht zuzulegen. Bekanntlich war die Flotte als Kriegsinstrument gegen Dänemark eine Frucht des Jahres 1848,[299] als das Frankfurter Parlament der Bundesversammlung empfahl, sechs Millionen Taler für die Gründung einer Marine bereitzustellen. Die erste deutsche Flotte war sowohl ihrem Anspruch nach wie auch de jure eine Reichsflotte, de facto aber blieb sie immer nur eine Marine des Deutschen Bundes. Dass die erste deutsche Marine eine Geburt ausschließlich parlamentarisch-demokratischer Anstrengungen gewesen sei, ist hingegen ein von Politikern und Militärs unserer Tage gern gepflegtes Klischee, das auch dann nicht zur Wahrheit wird, wenn man sich auf das Frankfurter Parlament beruft, das, wie gesagt, der Bundesversammlung als der eigentlichen Gründerin lediglich eine Empfehlung ausgesprochen hatte.

Auch wenn die deutsche Flotte 1852/53 veräußert wurde (und in Teilen an Preußen ging), blieb die Erkenntnis, dass es nach den gescheiterten Sehnsüchten der Jahre 1848/49 einer Marine in einem Einheitsstaat bedurfte, um künftig im Konzert der Mächte mitzuspielen. Der Flottengedanke hatte sich unauslöschlich in das Bewusstsein des Volkes eingegraben: Marine besaß Symbolkraft und war Ausdruck höchster Staatsräson. Das blieb, das einte im Zerfall. Nach Olmütz hatte sich Preußen fügen müssen und seine maritimen Kräfte auf den Küstenschutz beschränkt, den es von Danzig, Stralsund und Swinemünde aus bestellte. Einer Hochseeflotte, weit entfernt, galt nie die Rede. Zwar drängte Prinz Adalbert unverdrossen auf Preußens Stärke in der See, wollte mehr als nur den Küsten- und Handelsschutz und leitete 1853, ein Jahr vor seiner Ernennung zum Oberbefehlshaber, den Kauf eines Terrains um den Jadebusen ein, um irgendwann einmal hier einen Stützpunkt für eine preußische Nordseeflotte zu installieren.

Doch Preußen war ein Land, in dem die Armee das militärische Element war und nicht eine Marine. Wer preußisch dachte, der dachte kontinental, und den Generalen musste die Flotte ein kostspieliges Nebenbei sein, dem überdies nach ihrer Art ein übler Geruch der 1848er-Revolution anhaftete. Immerhin wurden viele Offiziere und Offizieranwärter der Reichsflotte in die preußische Marine übernommen, zumal Admiral Brommy, 1849–53 Oberbefehlshaber, in einem Bericht an Prinz Adalbert seine Offiziere und sich selbst von jedweder Beziehung zu der demokratischen Bewegung von 1848 freisprach. Um die Marine vor der Einflussnahme der Armee zu bewahren, löste sie der Prinz aus dem Kriegsministerium heraus und unterstellte sie einer eigens geschaffenen „Admiralität" mit oberster Kommando- und Verwaltungsstruktur, die der bis 1858 amtierende Ministerpräsident Preußens, Otto Theodor von Manteuffel (1805–1882), leitete. Ministerium und Admiralität waren auf diese Weise eng miteinander verknüpft, sodass weder der eine, Adalbert, noch der andere, Manteuffel, eigene Wege gehen konnte.

Man unterhielt neben Ruderkanonenbooten einige Korvetten, da größere Schiffe infolge mangelnder Werftkapazitäten und Finanzzuweisung nicht gebaut werden konnten. Also war die Aufgabe festgeschrieben: Korvetten zum erweiterten Küstenschutz, niemals zum Gefecht um Höheres, etwa um die Vorherrschaft in der Ostsee, die unbestritten bei den Dänen und den Russen lag. Die Personaldecke war überdies zu dünn, als dass man Größeres hätte im Sinn führen können. Schwedische Seeoffiziere taten zwar vermehrt Dienst auf Preußens Schiffen, doch für eine schlagkräftige Flotte gegen Russland und die Seeländer Skandinaviens reichte es nicht.

Dennoch arbeitete sich die Marine rasch zu einem militärischen Faktor im Selbstverständnis der Preußen herauf, und sie verspürte weder Lust noch Laune, ihr Dasein als „Blinddarm der Armee" zu fristen. Schon gar nicht wollte sie als kleiner Bruder Österreichs gelten, weswegen sie einige Ansprüche auf Betätigungen erhob, die recht erfolgreich zum Abschluss gelangten. Als Übungsfahrt vom Ministerium genehmigt, zeigte Preußen Flagge im Golf von Neuguinea. Den marokkanischen Seeraub an einer Stettiner Brigg rächend, stieß die Radkorvette „Danzig" zum Kap Tres Forcas vor und ging am 7. August 1856 ins Gefecht, um die verletzte Ehre wiederherzustellen. Der dabei errungene Erfolg war Antrieb für weitere Unternehmungen – weniger praktisch-kriegerischer denn theoretisch-strategischer Natur: Die Admiralität überlegte, wie Marokko zu besetzen sei, gar zum preußischen Kolonialgebiet umgewandelt werden könne. Zwar gab Manteuffel dem seiner Ansicht nach gefährlichen Abenteuerdrang der Marineoffiziere nicht nach, aber die Marine hatte ihre Fähigkeit zu selbstständigem Handeln unter Beweis gestellt. Die Admiralität wurde getrennt in ein Oberkommando und eine Marineverwaltung. Letztere lag zunächst in den Händen von Vizeadmiral Schröder, einem weit gereisten, vielseitigen und erfahrenen Seemann aus den Niederlanden, der bereits in der Reichsflotte in der „Technischen Marine-Kommission" mitgearbeitet hatte, jetzt jedoch nach einem schweren Zerwürfnis mit dem Prinzen – seinerseits Chef des Oberkommandos – schon 1860 seinen Abschied nahm.

Was aufgebaut, umorganisiert oder mit neuen Vorzeichen versehen und aufgerüstet wurde, war wie der Gegenstand selbst vorwiegend von symbolischer Kraft. Freilich: Man warnte vor Dänemark, war dem nördlichen Nachbarn vielleicht auch eine Warnung, stellte hin und wieder Seeräubern nach und erging sich in ausgebreiteten Theorien von Invasionen und Landnahme, die eine Marine bewerkstelligen könne. Aber taugte die Flotte eigentlich zu mehr als nur zur Dekoration eines Staates, als Warnung und zur Abstrafung wilder Gesellen? In der Tat war es so, und die „ostasiatische Expedition" der Preußen zeugte davon. Der erste sogenannte Opiumkrieg, von England in den Jahren 1839–42 gegen China geführt, sowie die spätere gewaltsame Öffnung Japans durch ein US-Expeditionsgeschwader unter dem Befehl von Commodore M. C. Perry schworen westliche Begehrlichkeiten in Ostasien herauf und verhalfen der dortigen Szenerie zu Bewegung.

Mit dabei war damals auf amerikanischer Seite ein Maler namens Wilhelm Heine, dessen Reiseerinnerungen er keinem Geringeren als Prinz Adalbert widmete: „Königliche Hoheit! Als Wanderer auf dem weiten Weltmeere ist mir noch nicht die Freude geworden, einem deutschen Kriegsschiffe zu begegnen, denn bis vor nicht vielen Jahren ist diesem wichtigen Zweige der Nationalbewaffnung verhältnismäßig nur wenig Aufmerksamkeit geschenkt worden, und mit Bedauern mußte ich wahrnehmen, daß deutsche Handelshäuser in fernen Ländern oft durch den Mangel an einer bewaffneten Macht der Willkür von zuweilen ganz unbedeutenden Despoten ausgesetzt waren. Mit inniger Freude nehme ich daher wahr, daß Preußen die Wichtigkeit einer Flotte für den Schutz des Handels erkannt hat, und daß der Anfang zu diesem großen Werke in so Hoffnung erregender Weise gemacht worden ist."[300]

Zuvor schon hatte Perry seine *Narrative of the Expedition* herausgebracht, und beide wurden Preußen zum Signal. Viele orientierten sich gen China, Siam und Japan, und auch Berlin reagierte umgehend mit der Entsendung eines nicht unbeträchtlichen Teils seiner Flotte unter dem Kommando des späteren preußischen Innenministers Friedrich Graf zu Eulenburg in neue Gewässer. Das Bekanntwerden der preußischen Farben auf den Weltmeeren, wirtschaftliches und wissenschaftliches Interesse des mittlerweile auf dem Weg der Industrialisierung befindlichen Preußen und eines sich immer stärker ausdehnenden deutschen Überseehandels schlossen sich zu einem Motivationsverbund zusammen, der vier preußische Kriegsschiffe in den Fernen Osten trieb. Zwar ging die „Frauenlob" – so genannt, weil großzügige Spenden guter Landestöchter ihren Bau ermöglicht hatten – in stürmischer See unter, doch immerhin kamen die Unterzeichnung von Handelsverträgen und der Austausch diplomatischer Noten mit Japan, China und Thailand zustande. Die Verträge waren einseitig zu Preußens Gunsten ausgelegt und so Präludium des sich etablierenden weltweiten Imperialismus. Eigentlich hatten die Preußen weiter gehen und Gebiete annektieren wollen, weil die preußische Staatsführung durchaus den Wert überseeischer Verbindungen für die Industrialisierung des eigenen Landes erkannte. Derartige Ideen bestanden in den Kreisen der Admiralität schon länger, aber der Tod von rund einem Drittel der Seefahrer schreckte vor Weiterem zurück.

Der Erfolg, von Landtag und Bevölkerung enthusiastisch begangen, mochte über die vergleichsweise bescheidenen Verhältnisse der preußischen Flotte hinweggetäuscht haben. Sie war und blieb im Kern eine Küstenschutzmarine, und während das Geschwader nach dem Fernen Osten aufbrach, hätte sie sich beinahe bewähren müssen. Preußen rüstete 1859 mit Panzerschiffen und Kanonenbooten und beeilte sich, eine Art Küstenverteidigungsbund verschiedener deutscher Staaten unter eigener Führung ins Leben zu rufen. In der Folge überrollte eine wahre „Navalismus-Welle", von Roon gekonnt in Szene gesetzt, die Öffentlichkeit. Trotz der propagandistisch unterfütterten maritimen Begeisterung stellte sich der von Preußen erwünschte politische Erfolg nicht ein.

Schneller noch als bei der Handelsschifffahrt gelangten die Errungenschaften der Industrialisierung bei den Kriegsflotten der europäischen Nationen zur Einführung. Im Krim-Krieg hatte sich die operative Überlegenheit des dampfgetriebenen Kriegsschiffs herauskristallisiert. Die Einführung eiserner Granaten mit Aufschlagzünder zwang zur Panzerung, und mit dem Stapellauf der französischen Panzerfregatte „Gloire" begann 1859 der Wettlauf zwischen Geschützkalibern und Panzerstärken. Die Flotten waren fortan ein Spiegelbild des industriellen Entwicklungs- und Leistungsstandes ihrer Nationen. Während des Amerikanischen Bürgerkrieges (1861–65) führte bei Hampton Roads die floßartig, nur wenig über die Wasseroberfläche ragende „Monitor" der Nordstaaten am 9. März 1862 ihren drehbaren und gepanzerten Geschützturm, der ein Rundumfeuern ermöglichte, gegen die ebenfalls gepanzerte „Virginia". Beide trugen nur geringe Schäden davon und bewiesen aufs Trefflichste die Wirksamkeit ihres eisernen Schutzes. Preußen witterte die Chance, sich mit der Produktion solcher Kolosse in die Spitzengruppe der Seemächte zu schieben. Mit der „Monitor" ähnlichen Kriegsschiffen wäre die Ostsee gut kontrollierbar, vielleicht auch die Nordseeküste. Doch Roon, das sei vorweggenommen, scheiterte mit seinen Flottenplänen, mit denen sich die Marine endlich als Militär hätte ausweisen und die Österreicher beeindrucken können.

Panzerschiffe waren ohne Weiteres dazu in der Lage, „nach erkämpftem Sieg (gegen die skandinavischen Länder) den Handelsschiffen die Durchfahrt nach der Nordsee (zu) garantieren", schrieb ein Adjutant und Leutnant zur See, „im Kampfe aber gegen eine Seemacht ersten Ranges wird eine Flotte von dem Umfang und der Zusammensetzung der beabsichtigten nicht nur jeden Küstenangriff vereiteln, sondern durch Ausfälle gegen den blockierenden Feind die Häfen und Küsten zeitweise frei machen und dem bedrängten Handel wieder auf einige Zeit freie Bahn brechen können".[301] Der junge Mann, von Roon mit Lob bedacht („Diese Behandlungsweise gefällt mir"), hatte die Situation mit gutem Auge gesehen. Aber die zaudernde, dann blockierende Haltung der Oppositionellen im Landtag vereitelte das Roon'sche Flottenvorhaben[302] und trug die Schuld an der schlecht ausgerüsteten und mangelhaft vorbereiteten Marine, mit der Preußen 1864 gegen Dänemark in den Krieg ziehen sollte.

Der Exkurs zeigt, dass Preußen und die Marine zwar keine einander bedingenden Größen waren, Berlin aber den Wert einer Seemacht erkannte und Roon allemal Hoffnung gab, mit energischer Hand die Grundlagen für eine schlagkräftige Flotte zu schaffen.[303] In Marineangelegenheiten stand der Minister erstmals am 27. Mai 1861 dem Abgeordnetenhaus Rede und Antwort. Dabei rechtfertigte er die bisher noch nicht erfolgte Vorlegung eines Flottengründungsplanes mit anderen Schwerpunkten im laufenden Jahr – er meinte die Heeresreform – und seiner Überbelastung: „Wenn nun durch Allerhöchstes Vertrauen dem Centner, der schon von mir zu tragen ist, noch ein Pfund hinzugelegt worden ist, so werden Sie begreifen, daß seit dem 16. April die Aufgabe von mir nicht zu lösen war."[304] An dem ausdrücklichen Willen zur Stärkung maritimer Potenz indes gebrach es nicht, wie Roon im selben Atemzug beteuerte: „In dieser Beziehung will ich andeuten, daß es nicht allein darauf ankommt, unsre Küsten und Stromeingänge und Häfen durch Kanonenboote, Strandbatterien und andre Mittel direkt zu verteidigen, sondern darauf, einen Schlag, der uns zugedacht ist, durch einen Gegenschlag an der feindlichen Küste erwidern zu können, (Bravo!) und ich glaube, daß unsre Küstenlage dazu ebensoviel Gelegenheit bietet, wie die unsrer maritimen Nachbarn. Ich meine, eben diesen maritimen Nachbarn gewachsen zu sein, zur See wie zu Lande, das müsse unser Streben sein, und dieses Bestreben ist es auch, welches die Regierung bei dem Plane, den sie dem Landtage vorzulegen hat, gewiß ins Auge faßt." Und mit einem Seitenhieb auf die vom Plenum bewilligte finanzielle Ausstattung für die Legislaturperiode ergänzte Roon süffisant, dass der Bienenkorb derzeit nicht sehr reich an Honig sei, „aber wir dürfen hoffen, daß fleißige Bienen ihren Honig künftig zutragen werden".

In dieser Frühjahrssitzung bewilligte der Landtag den erhöhten Militäretat wiederum nur als „Extraordinarium" und verlangte zugleich die Vorlage eines Gesetzes zur Abänderung der Bestimmungen vom 3. September 1814. Das Gremium wollte auf diese Weise die Staatsregierung dazu zwingen, zwischen der Herabsetzung der Dienstpflicht auf zwei Jahre oder der Bewilligung der Militärausgaben nur in Form eines bloßen Provisoriums zu entscheiden. Roon lehnte dies jedoch im Sinne seines Königs ab und wies überdies etwaige Bemühungen von Ministern zurück. Eskalierend wirkten im Frühjahr 1861 die groben verbalen Gefechte, die sich Manteuffel mit Abgeordneten lieferte. In der Folge kam es sogar zu einem Duell mit Karl Twesten, in dessen Verlauf sich der General als der bessere Schütze erwies. Der Regent reagierte erschüttert, weil ein offizielles kriegsgerichtliches Verfahren gegen von Manteuffel unausweichlich schien. Noch schwerer wog, ausgerechnet jetzt auf den bewährten Haudegen verzichten zu müssen: „In diesem Moment Manteuffel's Dienste zu entbehren, der Triumf der Démocratie ihn aus meiner Nähe gejagt zu haben, das Aufsehen, was dieses Ereignis in meiner allernächsten Umgebung machen muß, das sind Dinge, die mir fast die Sinne rauben können, weil es meiner Regierung einen neuen unglückseligen Stempel aufdrückt!! Wo will der Himmel mit mir hin!"[305] Schließlich musste Manteuffel nur eine kurze Festungshaft in Magdeburg verbüßen. Den Zwischenfall machte dies freilich keineswegs ungeschehen, der dem Landtag reichlich Zündstoff lieferte.

Bei seiner sessionsmäßigen Schließung am 5. Juni verharrten die einander gegenüberstehenden Lager in einem Schwebezustand: Das Parlament bewilligte die Regierungsforderungen abermals nur vorläufig, was die Krone wiederum erneut in eine vollendete Tatsache uminterpretierte. Über Art und Weise, wie diese Bewilligung zustande gekommen war, wollte der Monarch hinwegsehen, weil sie, wie er in seiner Ansprache herausstellte, das „Lebensprinzip der großen Maßregel" nicht berührt habe. Der Regierung waren rechtlich alle Wege bereitet, in der Heeresreorganisation wie vorgesehen fortzufahren. Doch mit einigem Recht spürte der König Gegenwind von zwei Seiten: vom Parlament ohnedies und permanent, und nun auch noch von seinen Ministern, die Roon vergebens bekniet hatten, klein beizugeben.

Allein Roon blieb dem König als getreuer Hagen, der ihn nicht nur einmal beschwor, seine königliche Machtvollkommenheit gegenüber den Ministern zu wahren. Das nach Entlassung einiger parteiabhängiger Minister zu erwartende Unheil dürfe keineswegs überschätzt werden, im Gegenteil würde es sich als erträglich erweisen: „Ew. Majestät werden kraft Ihrer Königlichen Macht andere Minister ernennen, und wenn Sie solche nicht aus den Führern der lautesten und extremsten Partheien erwählen, so wird das Geschrei der Partheien nicht lästiger fallen, als es ohnedies schon geschieht."[306] In der Tat ließ Wilhelm den Gedanken in sich reifen, personelle und strukturelle Änderungen in seinem Ministerium vorzunehmen, um die Rechte der Krone entschlossener als bisher zu demonstrieren. Der Fürst von Hohenzollern, nominell das Amt des preußischen Ministerpräsidenten bekleidend, blieb den Geschäften aus gesundheitlichen Gründen schon eine Weile fern; Außenminister Freiherr von Schleinitz räumte seinen Platz zugunsten Graf von Bernstorffs und trat an die Spitze des Ministeriums des Königlichen Hauses.[307] Über einen Wechsel im Innenministerium (Graf Schwerin) wurde ebenfalls nachgedacht, zumal dieser in der „Huldigungsfrage" andere Ansichten hatte erkennen lassen als die Majorität des Staatsministeriums und gegebenenfalls als Unsicherheitsfaktor galt. Für diesen Posten war Bismarck in Aussicht genommen, der aber abwinkte („Ich würde mich nicht leicht zu der Erbschaft Schwerin's entschließen"[308]), da er Belange der Außen- denen der Innenpolitik deutlich vorzog und übrigens im äußeren Wirken entschieden den Hebel für positive Bewegungen im Innern sah.

Wirkliche machtpolitische Perspektiven, die nicht nur die Mehrheit der Abgeordneten, sondern auch die mit ihnen sympathisierenden Mitglieder der Regierung für einen Kurswechsel einnehmen könnten, offenbarten sich nur auf dem Feld der Außenpolitik, auf dem erzielte Siege innenpolitisch instrumentalisierbar waren. Mit anderen Worten: Ein Coup in der Weltpolitik, für den sich die deutsche Frage wie nichts anderes anbot, würde die öffentliche Meinung für die Regierung und gegen das Parlament mobilisieren. Die Missstimmungen im Lande vermochte Bismarck aus der Distanz dabei nur schlecht nachzuvollziehen. Die Staatsregierung stolpere hier über Zwirnsfäden, räsonierte er, aber dahin komme man nun mal, wenn jeder Pressbengel, der den Mund gegen die Regierung aufreiße, Recht bekomme. Auch Roon war entrüstet. In einem Brief an Perthes beschwerte er sich über die seiner Ansicht nach gar zu offenkundige Parlamentshörigkeit maßgeblicher Teile der Regierung als untrügliches Zeichen einer ernsthaftesten Krise. Er spielte mit dem Gedanken an seinen Abschied und entwarf gar – die im Dezember anstehenden Wahlen im Blick, die bei einem Linksruck fraglos zur Verschärfung der Situation beitrügen – das schlimmste Schreckensbild: die Abdankung des Königs: „Die Mitglieder des Staatsministeriums, den Kultusminister [Bethmann-Hollweg, G. S.-W.] und bedingungsweise mich ausgenommen, halten ihren Rücktritt für staatsver-

Fahnenweihe am 18. Januar 1861.

derblich und ihren Verlust für unersetzlich. Dagegen wollen sie den König und den Staat in bester Absicht, d. h. in blinder Verehrung der konstitutionellen Doktrin, unpreußisch machen und mit vollen Segeln fortfahren, auf ein parlamentarisches Regiment loszusteuern. [...] ‚Verflucht, wer mit dem Teufel spielt', und ich füge, in Anwendung auf den vorliegenden Fall, hinzu: ein Narr, ein blöder Thor würde ich mir selbst erscheinen, wenn ich heute die Möglichkeit, das Staatsruder aus den Händen der in gefährlichen Irrthümern und Absichten befangenen Männer zu reißen, nicht benutzte, etwa weil dies in einem späteren Moment noch vortheilhafter sein könnte. Nichts giebt die Garantie, daß es möglich sein wird. Komm was da wolle! Nach meinem Ermessen giebt es für Preußen nichts Schlimmeres, als sein Aufgehen in den doktrinären Schwindel. Aus dem Schlammbad einer neuen Revolution kann es neu gestärkt hervorgehen, in der Cloake des doktrinären Liberalismus wird es unrettbar verfaulen.

Halten Sie mich nicht für fanatisch. [...] Halten Sie mich auch nicht für falsch. Ich habe meinen Handschuh offen hingeworfen, aber niemand wagt ihn offen aufzuheben. Nur mit der Erklärung, d. h. mit der förmlichen, deutlich und scharf betonten Erklärung: ‚Sie oder Ich!' bin ich aus Klugheitsgründen noch nicht hervorgetreten, implicite liegt sie aber schon in der gegenwärtigen Situation. Das wissen die Herren gewiß, aber sie sagen das Gegentheil, so ostensible als möglich. – Was ich für jetzt am vortheilhaftesten hielte, ist der Rücktritt einiger der Minister, natürlich der doktrinären Stimmführer, der in festen Parteiverbindung stehenden, deren Antecedentien ihnen verbieten, bei einem festen starken Königthum stehen zu bleiben. Diese aber wollen am wenigsten, weil sie Fanatiker ihrer Doktrin sind, deren Verlebendigung sie bei ihrem Rückzuge gefährdet glauben. Und dennoch ist es unmöglich, daß sie bleiben, wenn der König – König bleiben will! Sie erkennen, daß die Krisis bei ihrer Culmination angekommen ist.

Sie sehen, ich will keinen sogenannten ‚Systemwechsel', sondern lediglich die Verleugnung der liberalen Interpretation des Novemberprogramms [von 1858, G. S.-W.]. In einer conservativen Auffassung bin ich ins Amt getreten; ich kann, will und muß daran festhalten, ich muß aber auch wünschen und wirken, daß diese Auffassung, welche die des Königs ist, und weil sie es ist, zur offiziellen Geltung und Anerkennung gelange. [...]"[309]

In diese Zeit fiel der erste von Roons Hilferufen an den umtriebigen starken Mann am rechten Rand, mit dem er eins war: „Periculum in mora!" Er sollte ihn später wiederholen. Roon wollte Bismarck möglichst bald sehen, um das weitere Vorgehen zu besprechen. Doch vorerst mussten sich beide mit schriftlichen Noten begnügen, weil Bismarck (noch) keine Lust verspürte, seine Petersburger Bequemlichkeit gegen Berliner Hektik einzutauschen. Der nach wie vor in Russland weilende Botschafter äußerte in einigen an den Kriegsminister gerichteten Zeilen vom 2. Juli 1861 ohne Umschweife seine Ansicht darüber: So wäre es besser gewesen, „in der Militärfrage stramm zu halten gegen Kühne, mit der Kammer zu brechen, sie aufzulösen und damit der Nation zu zeigen, wie der König zu den Leuten steht"[310]. Man müsse jetzt die Wahlen im Winter abwarten, von denen er nichts Gutes erwarte. Sie könnten aber als Signal zum Aufbruch taugen, denn eine rechtzeitige Auflösung nach handgreiflichen Ausschreitungen der Majorität sei ein sehr heilsames Mittel, „vielleicht das richtigste, zu dem man gelangen kann, um gesunden Blutumlauf herzustellen". Als sei es das Wetterleuchten vor einem unweigerlich heraufziehenden Gewitter, wurde Wilhelm I. im Sommer Ziel eines Attentats.

Aus Enttäuschung über die vertanen Chancen einer deutschen Einigung gab der Student Oskar Becker am 14. Juli 1861 in Baden-Baden einen Pistolenschuss auf den preußischen König ab, der leichte Verletzungen am linken Bein erlitt. Das Ereignis nahm der Monarch als Wink des Himmels, nichts zu überstürzen. Heute noch zeugt ein kleiner Schrein mit Madonnenstatue und ewigen Lichtern einige Meter vom Ort des dramatischen Vorfalls entfernt.

Im Herbst 1861 folgte die offizielle Krönungsfeier Wilhelms, der Anfang Januar bereits die Thronbesteigung vorangegangen war. In Königsberg prachtvoll inszeniert, setzte sich der Regent selbst die Krone aufs Haupt und empfing traditionsgemäß Zepter, Reichsapfel und Reichsschwert. Danach krönte er seine Frau zur Königin und verlautbarte: „Von Gottes Gnaden tragen Preußens Könige seit 160 Jahren die Krone. Nachdem durch zeitgemäße Einrichtung der Thron umgeben ist, besteige ich ihn als König. Aber eingedenk, daß die Krone nur von Gott kommt, habe ich durch die Krönung an geheiligter Stätte bekundet, daß ich sie in Demut aus freien Händen empfangen habe." Die Zeremonie am 18. Oktober 1861 war ein nach zähem Ringen gefügter Kompromiss zwischen der von Wilhelm bevorzugten Erbhuldigung und der von der Verfassung (rechtlich einwandfrei) beanspruchten Eidesleistung im Parlament und verstärkte das Misstrauen gegen seine konstitutionellen Ansichten.[311] Bismarck und Roon wohnten der Feier selbstverständlich bei. Roon hatte zuvor anlässlich seiner in aller Stille begangenen Silbernen Hochzeit zwei Wochen in der Schweiz verbracht und sich anschließend bei den Königsrevuen in Köln und Düsseldorf gezeigt. Nicht von ungefähr präsentierten sich unter den dort gemusterten 50.000 Mann Linientruppen die neu vereidigten Regimenter. Bemerkenswert war die Arroganz, mit der Bismarck bei dieser Gelegenheit die Abgeordneten als „Ratgeber der Krone" begrüßte.

Der Schock kam im Dezember. Nachdem sich die liberale Opposition des Landtages schon Mitte des Jahres zur „Deutschen Fortschrittspartei" unter dem Motto zusammengeschlossen hatte, Existenz und Größe Preußens hingen von der Einigung Deutschlands ab, die ohne eine starke Zentralgewalt und ohne gemeinsame deutsche Volksvertretung, also Frankfurt, nicht gedacht werden könne, errang diese mit Altliberalen und Linksliberalen („linkes Zentrum") bei den Neuwahlen eine überwältigende Mehrheit. Die Konservativen versanken hingegen zum Entsetzen des Thrones in der Bedeutungslosigkeit. Sie hatten dem Programm der Linken, das in erster Linie auf die deutsche Einigung bei konsequenter Verwirklichung eines verfassungsmäßigen Rechtsstaates (und seiner Wirtschaftspolitik) unter einer liberaldemokratischen Regierung abzielte, nichts entgegenzusetzen gehabt. Die Bündelung finanziell-wirtschaftlicher Kräfte, die Milderung der Not „Unterprivilegierter" und allem voran die Anerkennung konstitutioneller Rahmenbedingungen in der Bevölkerung waren die beherrschenden Schlagworte, die ihre Wirkung nicht verfehlten und am 6. Dezember 1861 die Mehrheit der Wähler in Preußen (und mit dem „Nationalverein" die größte deutsche grenzübergreifende Populärorganisation Mitteleuropas!) gewannen. Jetzt war klar: Das linke Übergewicht von zwei Dritteln im preußischen Abgeordnetenhaus würde nie und nimmer die im Staatshaushaltsplan für 1862/63 zu veranschlagenden Mittel für die Heeresreform bewilligen, wenn die Regierung ihrerseits nicht die Einführung der zweijährigen Dienstzeit und die alte Relation von Linie und Landwehr wiederherstellen würde.[312]

Das uneinsichtige Verhalten der mehrheitlichen Fortschrittspartei, auf ihrem Standpunkt zu beharren, auf der einen, und das eiserne Selbstbewusstsein der Monarchie, sich keinesfalls dem Parlamentswillen zu beugen, auf der anderen Seite, steckten die Fronten ab. Dies bestärkte Wilhelm in seiner Überzeugung, jederzeit mit revolutionären Eskalationen rechnen zu müssen, die bis dahin Chimären gewesen waren. Alle Zeichen standen auf Konfrontation, die Bismarck durch seinen herablassenden Charme gegenüber den Kammern weiter forcierte und der Soldat Roon mit seiner Anregung perfekt machte, notfalls das Militär marschieren zu lassen. Gegen einen Aufruhr im Volk, der für den Fall einer Auflösung des Parlaments mutmaßlich schien, soll es Regierungspläne gegeben haben. Prinz Friedrich Karl glaubte indes nicht an eine Ausuferung und erst recht nicht an Gewalt, da sich die Gegenseite kaum zu solchen Verstößen und Missgriffen würde hinreißen lassen, die mit Pulver und Blei zu kontern wären. „Das ist das Ueble, und das ist der Unterschied zwischen den Demokraten von 1848 und den heutigen Fortschrittsmännern. Es sind andere Mittel, die diese klüger gewordenen Männer anwenden, welche den Fluch für uns haben, daß viele wirkliche Biedermänner sich nicht überzeugen können, daß wir in der Revolution sind. Sind denn nicht blos die Mittel verschieden, die Zwecke aber dieselben? Wollen jene denn nicht, was sie 1848 durch Barrikaden und Sturmpetitionen erreichten, jetzt auch, aber langsamer und im Laufe von Jahren? Darüber muß dem König Licht werden.“[313]

Aber hätte dem König nicht auch einsichtig werden müssen, dass sich bei den Neuwahlen am 6. Dezember der Wille des (wählenden) Volkes manifestiert hatte, den die Hofkamarilla mit Eiseskälte ignorierte? Wie er darüber dachte, steht dahin. Dass Bismarck nichts von der „Kanaille“ hielt, ist in seinen Äußerungen greifbar. Roon wird ähnliche Ansichten gepflegt haben.[314]

Im Lauf des Jahres hatte der Kriegsminister vor dem Abgeordnetenhaus in entnervenden Auseinandersetzungen um zahllose zähe Kleinigkeiten seines Ressorts eine Regierung mit liberalen Ministerkollegen repräsentiert, denen er sich von Tag zu Tag mehr entfremdete. Man konnte es ihm nicht verdenken, wenn er um Weihnachten 1861 seinen Herrn (erneut) um Entlassung bat. Erwartungsgemäß verweigerte der Monarch das Ansinnen, um nicht seinen stärksten Fels in der Brandung zu verlieren. Roon fing sich schnell. Schon am 27. Dezember stellte er aufgeräumt fest, dass sich seine Lage nun, da die Positionen abgesteckt und die Masken heruntergerissen seien, im Ganzen gar nicht so schlecht ausnehme. Er habe ein klar erkanntes Ziel vor Augen und sei fest entschlossen, den parlamentarischen Feldzug siegreich zum Ende zu führen in einem neuen Jahr, „das für mich und – was wichtiger – für unser theures Preußenland ein entscheidungsreiches werden wird“[315].

Konfliktzeit

Am 14. Januar 1862 trat der Landtag, nach den Wahlen nunmehr gestärkt um altgediente Achtundvierziger, zu seiner ersten Beratung im neuen Jahr zusammen.[316] In seiner obligatorischen Thronrede beschwor der Monarch vor den Abgeordneten die Notwendigkeit der (laufenden) Heeresreorganisation, um „Schlagfertigkeit" und „Kriegstüchtigkeit" der preußischen Truppen und damit die „Lebensbedingungen" und „Sicherheit des Vaterlandes" nicht zu gefährden.[317] Die Regierung wolle so rasch als möglich den von den Kammern geforderten Entwurf zur Abänderung des Gesetzes vom 3. September 1814 über die Verpflichtung zum Kriegsdienst vorlegen, über die das Parlament dann zu entscheiden habe. Dieser Part oblag Roon, der am 23. Januar in der Sitzung des Herrenhauses die erwähnte Novelle vorlegte und dies mit solch salbungsvollen Einlassungen, die den Anwesenden noch lange als geflügelte Worte in Erinnerung geblieben sein sollen. Er, Roon, wolle sich über die Bedeutung des Gesetzentwurfes an diesem Ort eigentlich gar nicht näher aussprechen. Sein Zusammenhang mit der Organisation des königlichen Heeres sei unverkennbar, und da er bereits zweimal die Gelegenheit gehabe habe, „die angenehme Temperatur, welche in diesem Hause in betreff jener großen Maßregel herrscht, zu fühlen, so wäre es eine Art von Undankbarkeit, wenn ich die Herren mit einer weitläufigen Auseinandersetzung der Notwendigkeit und Nützlichkeit des fraglichen Gesetzentwurfes ermüden wollte"[318].

Er bat die Parlamentarier um eine möglichst beschleunigte Entscheidung, damit die Geschäfte ungehindert fortgeführt werden könnten. Roon vermied jede Schärfe, doch das Herrenhaus witterte hinter seinen einigermaßen überraschenden Liebenswürdigkeiten taktische Winkelzüge und lehnte, wie nicht anders zu erwarten, eine unveränderte Annahme des Entwurfes sowie die erneute Bewilligung der finanziellen Mittel für die Heeresreorganisation ab. Außerdem verlangten die Kammern eine dezidierte Aufschlüsselung aller Finanzposten, um für den Fall Vorsorge zu treffen, dass sich die Regierung, alle wahren Absichten verschleiernd, die erforderlichen Gelder aus anderen Töpfen beschaffen würde. Als Finanzminister von Patow diesen Antrag mit der Erklärung abschmetterte, er werte eine Annahme durch die Abgeordneten als Misstrauensvotum, und diese am 6. März dafür stimmten, war der Bruch zwischen Krone und Parlament vollzogen.

Jetzt kam Bewegung in die ohnedies seit Monaten erregten politischen Verhältnisse: Nur fünf Tage später löste der König das Abgeordnetenhaus auf und stellte in sein Kabinett ausschließlich erzkonservative, antiliberale, reformfeindliche Köpfe ein, die dem Prinzip einer „Neuen Ära" Hohn sprachen. Roon hat den König maßgeblich darin bestärkt, diesen Weg zu beschreiten, um einer tendenziösen Opposition eines Hauses mit demokratischer Majorität ein für allemal den Garaus zu machen, „denn eine Umkehr zu den Tendenzen des abgelebten Ministeriums wäre das Aufgeben des historischen Königthums in Preußen und die Inthronisation der Parlamentsherrschaft, die dann ohne Schwierigkeit mit klingendem Spiel als Siegerin einherziehen würde“[319]. In diesen Tagen gewann Roon als „Hardliner“ enorm an Einfluss, und es hat den Anschein, als habe er Wilhelm nicht nur die einzelnen Personen für die neu zu besetzenden Posten eingeflüstert, sondern sei eigentlicher Motor der Neubildung gewesen. Seinen Freund Perthes fragte er beiläufig, ob er jemanden kenne, der als Handelsminister infrage komme: „M's Eifer ist zweifelhaft und Kühlwetter gefällt mir nicht sehr; ich fürchte er würde uns die Coleur verderben mit seinem 48er Abglanz.“[320] Er erhielt zwar nicht die gewünschte Auskunft, aber freudige Lobpreisungen: „Sie sind es, das können und dürfen Sie sich nicht verhehlen, der das Ministerium bestimmt und demselben seine Ziele setzt“, oder: „Die Leitung ist in Ihrer Hand.“ Es handele sich nicht um einzelne windbrüchige Entscheidungen, sondern um die langfristige Gesamtausrichtung des Staates Preußen. Im März 1862 bedurfte es keiner Husarenattacke, sondern eines strategischen Plans, keines politischen Blücher, sondern eines politischen Scharnhorst: Und dieser war kein anderer als Roon, der sich redlich mühte, die Verantwortlichkeit seiner Stellung herunterzuspielen.

Die liberale Öffentlichkeit fasste die neue Regierung als Bedrohung und Rückschritt in das überkommen geglaubte Zeitalter absolutistischer Herrscherwillkür auf, und die Wahl des Abgeordnetenhauses am 6. Mai 1862 war eine schallende, von Roon nichtsdestotrotz einkalkulierte Ohrfeige.[321] Abermals verteilte sich die große Mehrheit auf Liberale und Demokraten, während nicht ein einziger der kandidierenden Minister gewählt wurde. Indes trieb dies Roon ganze Wasserströme auf die Mühlen, den konservativen Kurs eisern beizubehalten und den König in seinem Willen zu bestärken, den Kampf gegen die sozialen, liberalen und demokratischen, mithin alle antimonarchischen Gruppen unbeirrt fortzusetzen. Unterdessen, und dies machte den Kriegsminister mental so stark und frohgemut, gab Bismarck deutliche Signale in Richtung Außenministerium, das von Bernstorff gehörte. Er stellte seine baldige Anwesenheit in Berlin in Aussicht.

Fraglos verwendete sich Roon bei seinem König vehement für Bismarck, der den Gesandten, dessen politisch-diplomatische Begabungen er beileibe nicht unterschätzte, bislang dennoch mit einigem Argwohn beäugt und schon einmal abgelehnt hatte, weil er ihm allzu umtriebig erschien. Doch jetzt war ein Mann seines Zuschnitts nicht unwillkommen, den er als Gefährten Roons in die schmutzige Arena des parlamentarischen Kampfkolosseums hinabsteigen lassen konnte. Unbeugsam, energisch, politisch mutig bis zur Selbstaufgabe, unternehmungslustig und willens, Großes für das preußische Königtum nicht nur zu wünschen, sondern auch zu leisten, kurz: ein kongenialer Partner des Kriegsministers, sein Antipode.

Doch Wilhelm schickte Bismarck nach Paris, wiewohl nicht ohne einen Abstecher über Berlin, wo ihn sein Herr zu längeren Audienzen empfing, und auch mit Roon traf er mehrfach zu Unterredungen zusammen. Dass Bismarck in der Uniform eines Kürassierregiments (allerdings nur mit Majors-Epauletten geziert, und selbst diese in der Diplomatie belächelte Charge zu erreichen, soll den Gesandten einige Aufregung gekostet haben) an der üblichen Frühjahrsparade Ende Mai auf dem Tempelhofer Feld teilnahm, wertete das politische Berlin als Anzeichen für Bismarcks künftiges Engagement im Ministerium. Tatsächlich stand es Ende Mai 1862 fest, und kein anderer als Roon hat Wilhelm von dem scharfkantigen Politstrategen als künftig federführendem Minister überzeugen können. Paris war nur ein Wartegleis, auf dem der Kandidat auszuharren hatte, bis Wilhelm ihn und die Umstände für reif genug hielt.[322] Denn unabhängig von diesen ganz pragmatischen Personalfragen war politisch alles offen und die weitere Reaktion gegenüber dem Parlament ungeklärt.

Den Sommer über schwebte die Frage im Raum, wie der König entscheiden würde: Würde er den Weg der Konfrontation oder des Kompromisses gehen? Zumal in seiner unmittelbaren familiären Umgebung mit Königin Augusta, dem Kronprinzen sowie dem badischen Großherzog mäßigende Kräfte am Werk waren, die in ihrer Beeinflussung des Monarchen täglich an Gewicht gewannen. Am 19. Mai erfolgte die Wiedereröffnung des Landtages nach den Wahlen. Der neue Ministerpräsident Prinz Adolf von Hohenlohe-Ingelfingen – der Fürst von Hohenzollern hatte im Zuge des Kabinetts-Revirements aus gesundheitlichen Gründen resigniert – leitete sie mit der verlesenen Thronrede ein, in der Wilhelm die Erwartung äußerte, „daß die Verurteilung unsrer Armeeinrichtung und unsrer Armeebedürfnisse die Rücksichten für die, auf der ungeschmälerten Tüchtigkeit der Armee beruhende Unabhängigkeit und Sicherheit des Vaterlandes maßgebend sein würden“[323]. Nicht weniger als der Staatshaushalt für 1862 und 1863 stand auf der Tagesordnung, und die Regierung beeilte sich, die vom Parlament gewünschte Aufschlüsselung des Etats in seinen einzelnen Posten offenzulegen. Es sei gelungen, so Finanzminister von der Heydt, der von Patow beerbt hatte, die finanziellen Erfordernisse gegenüber dem Haushalt von Januar nicht unerheblich, nämlich um ca. 800.000 Taler, zu verringern.

In den Generaldebatten Anfang Juni griffen einige linksliberale Abgeordnete Regierung und Ministerium mit einer außergewöhnlichen Lebhaftigkeit an, die Roon in seiner Rede am 5. Juni aggressiv konterte: Die Fortschrittspartei habe dem Königtum den Krieg erklärt, und dies könne man durchaus eine „Drohung mit der Revolution nennen“. Sibyllinisch deutete er seine Aufgabe als Kriegsminister, „das Land mit allen seinen Wehr- und Waffenkräften so zu organisieren, daß es eben mit allen seinen Wehr- und Waffenkräften dem Feinde gegenübertreten kann, und daß keine Kraft im Lande ungenützt zurückbleibe“[324]. Etwa zur gleichen Zeit teilte Bismarck seiner Frau aus Paris mit, er werde vermutlich in acht bis zehn Tagen nach

Berlin zitiert, und dann seien Tanz und Spiel vorbei. Einstweilen begnügte er sich mit guten Ratschlägen an Roon, der ihn klar als „Haupt des Ministerii“ inthronisieren wollte, für das er Hohenlohe ganz und gar ungeeignet hielt. Der König aber, diesen Eindruck gewann Bismarck ein ums andere Mal, zweifelte, ob sein Botschafter in der gegenwärtigen Session überhaupt noch nützlich werden könne und seine Berufung – wenn sie überhaupt erfolge – nicht bis zum Winter Zeit habe. Jedenfalls äußerte Wilhelm den Wunsch, Bernstorff möge doch Außenminister bleiben. Ein Ministerium ohne Portefeuille widerstrebte wiederum Bismarck, der darin kaum Möglichkeiten zur Entfaltung und Einwirkung auf die politischen Zeitläufte erblickte.[325]

So waren just zu einem brenzligen Zeitpunkt wichtige Fragen unbeantwortet. Denn Anfang August begannen die Kommissionsberatungen über den Militäretat, die Roon mit den Worten kommentierte: „Die von den Gegnern aus Unentschlossenheit und Bosheit bisher verschobene Katastrophe naht.“[326] Das Resultat der Beratschlagungen übertraf alle Befürchtungen. Die gemäßigten Mitglieder der Budgetkommission befanden sich in der Minderheit, sodass die wochenlangen Verhandlungen mit dem negativen Ergebnis für die Regierung schlossen, den Antrag für alle Ausgaben der Reorganisation für das Jahr 1862 abzulehnen und dem Landtag den Vorschlag zu unterbreiten, die gesamte Reform überhaupt zu negieren. Als unmittelbare Reaktion darauf legte das Ministerium, Roon inbegriffen, am 9. September, kurz vor der entscheidenden Sitzungswoche des Parlaments, dem König einen Immediatbericht vor, der im Fall der Ablehnung des Haushaltsentwurfs nur zwei Möglichkeiten bereithielt: entweder die wiederholte Auflösung des Abgeordnetenhauses oder das Einlenken der Regierung. Letzteres wurde dem König von seinen Ministern dringend empfohlen, weil Neuwahlen, wie sie nun schon zweimal mit für die Krone desaströsem Ausgang stattgefunden hatten, ein weiteres Mal wohl kaum positive Ergebnisse zeitigen würden. Doch der König machte Front gegen seine Minister, indem er sich entschlossen zeigte, bei Ablehnung des Entwurfs die Regierung ohne bewilligtes Budget zu führen, d. h. dem Parlament den letzten noch verbleibenden Degen aus der Hand zu schlagen.[327]

Lothar Gall urteilt über den königlichen Beschluss: „In der Tat sprach das, was dahinter stand, jedem modernen Verfassungsdenken Hohn. Es hieß nichts anderes, als daß die Krone nur so lange an das Votum der Volksvertretung in Finanzsachen gebunden sei, solange sie sich mit ihr zu einigen vermochte. Sei das nicht der Fall, dann habe sie und nicht das Parlament über die Verwendung der Staatsfinanzen zu entscheiden. Jeder, der die Entwicklung des parlamentarischen Verfassungsstaates seit den exemplarischen Auseinandersetzungen im England des 17. Jahrhunderts auch nur in Umrissen kannte, wußte, daß ohne volles und uneingeschränktes Budgetrecht, wie es auch die preußische Verfassung dem Parlament einräumte, dieses faktisch machtlos war. Es ihm mit irgendwelchen Tricks entziehen zu wollen, bedeutete, einen kalten Staatsstreich zumindest zu planen.“[328]

Dies war die Situation, als das Plenum am 11. September 1862 in die Beratung des Militäretats eintrat, die Roon nach einem erholsamen Kurzurlaub in Pommern durchaus entspannt anging. Er sei kein Mann überlegter Vorbereitung, übermittelte er Perthes, sondern verlasse sich auf seine „aus momentanen Antrieben handelnde instinctive Natur". In der felsenfesten Überzeugung, den Ring als Sieger zu verlassen, stapelte Roon in diesem Brief maßlos tief, denn vorbereitet war er, und zwar trefflich, wie sich zeigen sollte. Der stellvertretende Ministerpräsident und Finanzminister von der Heydt eröffnete die vom 11. bis 18. September 1862 währende Generaldiskussion, die sich in Eifer und Hitzigkeit zu der bedeutendsten parlamentarischen Auseinandersetzung in Preußen seit den Revolutionsjahren emporschraubte. An ihrem Ende sollte das Ministerium Bismarck stehen. Heydts in versöhnlichem Ton vorgebrachte Eingangserklärung ließ den gesamten Komplex der Heeresreorganisation Revue passieren, nicht ohne einen Großteil der Schuld an der ausbleibenden definitiven Regelung dem Landtag zuzuschreiben. Die Regierung erkenne aber an, so räumte er ein, dass die „Formation der Armee, insofern damit eine dauernde Etatserhöhung oder Gesetzesveränderung verbunden sei, als definitiv erst nach erfolgter Zustimmung des Landtages betrachtet werden könne."[329] Die Krone sei also damit einverstanden, dass die Kosten der Reorganisation zunächst wieder im Extraordinarium statt im Ordinarium bewilligt würden.

Heydt erwähnte nicht, dass die Staatsregierung ein solches Provisorium seit geraumer Zeit ohnehin als Fixum behandelte und auch weiterhin zu behandeln gedachte. Roon trat in der Sache fest und gewohnt unprätentiös auf. Er verfocht zu Beginn der Debatte wie eh und je dezidiert die Belange seines Königs und gab die Reformierung der Armee als Lebenselixier Preußens aus. An Hauskrawall dachte, wie die ersten Runden offenbarten, keine der beiden Seiten, und als die Abgeordneten Stavenhagen und Sybel (der Historiker) vom linken Zentrum sowie der streitbare Twesten (Manteuffels einstiger Duellant) von der Fortschrittspartei den Kompromissvorschlag einbrachten, der Landtag möge den Antrag der Regierung billigen, allerdings unter der Bedingung des Verzichts auf die dreijährige Dienstzeit,[330] gab es Hoffnung auf Verständigung, die der Kriegsminister erwiderte. Er reichte die Hand.

Roon reichte die Hand? Tatsächlich, und die gelehrte Welt rätselte lange, weshalb des Königs gehorsamster Diener nun ganz offensichtlich seine urtümlichste Pflicht verletzte, indem ausgerechnet er jetzt den Abgeordneten gegenüber Verhandlungsbereitschaft signalisierte. Hielt Roon diesen höchst vitalen Kernaspekt königlicher Interessen nicht mehr für wert, einen Staatseklat zu riskieren, vor dem er sonst nicht zurückschreckte? Was bewog ihn zu diesem scheinbar so sensationellen Schritt?[331] Die Antwort ist schnell gefunden. Nicht im Entferntesten dachte er daran, dem Parlament auch nur etwas entgegenzukommen, im Gegenteil sei der wohl oder übel bevorstehende Beschluss für ihn von so „terroristischer Natur, daß der König nicht darauf eingehen kann, ohne die Krone tief zu demüthigen"[332]. Er verknüpfte das Angebot der zweijährigen Dienstzeit vielmehr geschickt mit „gewissen Kompensationen", die das neue für 1862/63 geltende Wehrrecht bereithielt, das Roon in Form einer Denkschrift am 10. Oktober Wilhelm I. vorlegte. Da deren Vorarbeiten aber in den Sommer zurückreichten, verfügte der Kriegsminister selbstverständlich schon in der September-Debatte über das Papier.

Darin war die Einstellung von so vielen Berufssoldaten festgelegt, um ein Drittel der Bataillone personell zu bestücken und somit jeden dritten Jahrgang ausgehobener Rekruten zu ersetzen. Die Besoldung dieser Kapitulanten würden prinzipiell jene Abgänger erbringen, die sich von ihrem letzten Dienstjahr ohnehin freikaufen wollten. Eine Finesse war dieser Plan allemal, sowohl die Interessen des Landtages zu berücksichtigen als auch dem Wunsch des Königs nach einer höheren Anzahl von Berufssoldaten zu entsprechen, für die sich der Regent bekanntermaßen immer eingesetzt hatte. Des Weiteren enthielt die Denkschrift die erregende Neuerung, den Umfang der Präsenzarmee gesetzlich auf ein Prozent der Bevölkerung festzulegen, was angesichts eines damals zu konstatierenden erfreulichen Bevölkerungswachstums auch ein proportional wachsendes Heer bedeuten würde. Von dessen Kopfzahl sollte drittens schließlich die Höhe der finanziellen Aufwendungen im Haushalt abhängig gemacht werden, auch das gesetzlich verankert. Damit hielt Roon ein maßgeschneidertes Regelwerk parat, das den Entscheidungsbefugnissen des Parlaments für den Augenblick ebenso schmeichelte, wie es sie langfristig klar beschneiden würde.

Dennoch musste Roon seine Avancen in der alles entscheidenden Sitzung am 17. September auf Druck Wilhelms wieder zurückziehen. In dem kurz zuvor abgehaltenen Kronrat hatte der König sein Ministerium nämlich mit der Drohung vor vollendete Tatsachen gestellt, er werde abdanken, wenn ihm seine Minister in dieser Angelegenheit die Treue versagten.[333] Unter allen Umständen hielt er, der sich auf keinen Fall dem Parlament beugen würde und vorsorglich seine Abdankungsurkunde ausgestellt hatte, an der dreijährigen Dienstzeit fest. Wie zu erwarten war, verwarfen die Abgeordneten daraufhin ihrerseits mehrheitlich den Antrag von Stavenhagen, Sybel und Twesten. Die Kontrahenten hatten sich nach anfänglicher Bewegung letztlich in der zweitrangigen Frage nach der zweijährigen Dienstzeit, für die es in der Vergangenheit ja manch gute Gründe gegeben hatte, mit Übereifer ineinander verkeilt und ließen nun nicht mehr los. Dies war indes nur der berühmte Tropfen, der das Fass zum Überlaufen brachte, an dessen Boden das Grundproblem der Verfassung lag: „An der Entscheidung über die Dauer der Dienstzeit mußte sich erweisen, wer die Herrschaft im Staate innehabe, das Parlament oder die Krone. [...] Das Ziel der Linksliberalen und der Fortschrittspartei war die Parlamentarisierung der Kommandogewalt und des Heeres, damit zugleich aber auch die Parlamentarisierung der Regierung und des Staats. Der endgültige Sturz des monarchischen Prinzips, die Unterwerfung des preußischen Königtums unter die Volksvertretung sollte das Ergebnis des Verfassungskonflikts sein. Das liberaldemokratische Verfas-

Die Reorganisations-Kommission. Von links: Kriegsminister von Roon, General von Manteuffel, General von Wrangel, König Wilhelm.

sungssystem, das die Gegenrevolution 1848 zerbrochen hatte, wollte die Linke nun ohne Revolution auf ‚legalem Weg' in Preußen aufrichten."[334]

Der König hatte, wie es ihm zustand, als Souverän entschieden und seine Minister in dieser für ihn wohl ernsthaftesten Stunde hinter sich versammelt. Doch was nun? Für Roon, der seinen Trumpf vor dem Parlament nicht hatte ausspielen können, bedeutete die Beharrlichkeit Wilhelms in Tateinheit mit der Halsstarrigkeit der Linken eine herbe Niederlage, die er in einer Beichte an Perthes am 20. September indirekt eingestand: „Mir blutet das Herz bei dem Gedanken an die Schwächung unseres Ansehens im Auslande und die Zerrüttung aller Begriffe und Verhältnisse im Innern, die sich daran knüpfen werden. Aber ich kann nicht zu einem schimpflichen Frieden rathen und einen ehrenvollen sehe ich nicht ab; also Krieg! sollten mich auch alle Schmerzen und Wunden eines solchen zuerst treffen! Was sagt nun Ihr Staatsrecht über die obschwebende schwere Frage, die leider zur brennendsten Partheifrage geworden ist? Ein schwächlicher Versöhnungsversuch am 17., bei dem leider mir die Hauptrolle zugefallen war, ist ohne Resultat geblieben und damit von Neuem constatirt, daß die Opposition keinen Frieden, sondern

Unterwerfung will. Dem ist ein ehrenhafter Untergang vorzuziehen, ein Schicksal, dem ein heißer Kampf vorangehen wird. Das Gefühl körperlicher Herabstimmung, welches mich bei dem Gedanken schaudern macht, wird mit Gottes Hülfe weichen. Aber entsetzlich ist der andere, daß ich mir von Neuem erst die Waffe mühsam werde schmieden müssen, mit deren Hülfe er auszufechten ist. Doch – ich bin erschöpft, und daher genöthigt zu schließen, so rhapsodisch diese Mitteilung auch bleiben mag. Uebrigens mache ich auch tröstliche Erfahrungen. Die Armee schickt mir täglich Zurufe. Auch aus anderen Theilen gelangen Adressen und Beifallsäußerungen zu mir, und zu morgen ist mir aus Magdeburg eine Adresse mit 7000 Unterschriften angekündigt. Wenn auch Gott allein die Ehre gebührt, so wird doch ein schwaches Menschenherz durch solche Zeichen ermuthigt. Mit herzlichem Händedruck und Freundesgruß, auch für Ihre liebe und liebenswerthe Frau und Kinder

Ihr treuer matter Freund

Roon."[335]

Als Roon diese Zeilen schrieb, weilte Bismarck in Berlin. Die Umstände seiner Mission schmückte er in den *Gedanken und Erinnerungen*, entstanden in seiner Friedrichsruher Geschäftigkeit nach 1890, übermäßig gesten- und legendenreich aus, um die Nachwelt im Glauben zu halten, er sei in der schwersten Stunde des Hohenzollern'schen Hauses gleichsam als Retter aus dem Nichts an die Seite seines Herrn getreten.[336] Roons (vereinbartem) Ruf – „Periculum in mora. Dépêchez-vous" – folgte er in der Phase höchster staatlicher Anspannung, aber dass er als Minister eingesetzt werden sollte, war schon seit Längerem beschlossene Sache. Für Roon erfüllte sich mit der Berufung Bismarcks zum preußischen Ministerpräsidenten und Außenminister sein lang gehegter Wunsch, einen ebenso prinzipientreuen wie politisch gewieften Vasall als Kampfgenossen gemeinsamen Sinnes im Bunde zu wissen, der seinerseits nicht mit Sympathiebekundungen für Roon geizte. Besten Freund und Kameraden nannte er ihn: „Er war unerreicht in der Treue, Tapferkeit und Leistungsfähigkeit, womit er vor und nach meinem Eintritt die Krisis überwinden half, in welche der Staat durch das Experiment der Neuen Ära geraten war. Er verstand sein Ressort und beherrschte es, war der beste Redner unter uns, ein Mann von Geist und unerschütterlich in der Gesinnung eines ehrliebenden preußischen Offiziers. [...] Sein Privatleben war einwandfrei."[337] Das war es in der Tat.[338]

War Roon der verlängerte militärische Arm Wilhelms, so würde Bismarck, der als Junker das Herrenhaus nach Kräften stützte, nun dessen zweiter, politischer Arm sein. Für Bismarck bedeutete die Beförderung seine bedingungslose Bindung an den König (die er selbst als Losung ausgab). Er würde fürs Erste an den Querelen um die Heeresreform-Budgetierung gemessen werden, kompromisslos die Position der Krone zu vertreten. Nicht vergänglichen Regierungsprogrammen verpflichtete er sich, sondern einzig und allein dem Willen des Monarchen, und er versetzte sich von Beginn an in die komfortable Situation, auf niemanden als seinen Herrn Rücksicht nehmen zu müssen. Lieber wolle er mit dem König untergehen, so Bismarck, als ihn im Gezerre mit dem Parlament im Stich zu lassen: „Diese Auffassung war damals durchaus lebendig und maßgebend in mir, weil ich die Negation und die Phrase der damaligen Opposition für politisch verderblich hielt im Angesicht der nationalen Aufgabe Preußens und weil ich für Wilhelm I. persönlich so starke Gefühle der Hingebung und Anhänglichkeit hegte, daß mir der Gedanke, in Gemeinschaft mit ihm zugrunde zu gehen, als ein nach Umständen natürlicher und sympathischer Abschluß des Lebens erschien.“[339] Dass Bismarck in seinen *Gedanken und Erinnerungen* zugunsten einer Augenblicksdramatik ex post manches übertrieb und auch Unwahrheiten nicht scheute, ist Teil seiner Selbstinszenierung und hinlänglich bekannt.

Es sei dahingestellt, ob Roon mit seinem Einsatz für Bismarck der preußisch-deutschen Geschichte einen Bären- oder Segensdienst erwiesen hat. In jedem Fall ist der 22. September 1862 mit der Ernennung Bismarcks zunächst zum Staatsminister und Interimsvorsitzenden des Staatsministeriums ein einschneidendes historisches Datum. Nicht nur, dass es ohne die Verfassungskrise mit ihrem Frontmann Bismarck niemals eine großpreußisch-kleindeutsche Reichsgründung gegeben hätte: Der geborene Berufspolitiker, „begabt mit einem hellwachen analytischen Verstand und scharfsinniger Urteilsfähigkeit“[340], sollte in den kommenden Jahrzehnten die Geschicke seines Landes in einer Weise bestimmen und lenken, die damals nicht im Mindesten absehbar war. Für den Moment bedeutete sein Erscheinen in Berlin aber zunächst eine zusätzliche Belastung im ohnehin zum Zerreißen gespannten Verhältnis zwischen Thron und Parlament, denn ein Ausgleich, wie ihn die Mehrzahl der Minister angestrebt hatte, schloss sich nunmehr kategorisch aus. Bismarck stand in seiner unbegrenzten Ergebenheit zur Dynastie geradezu symbolhaft für die Verhärtung der Fronten. Diese gingen vollends in zwei eherne Blöcke über, als die oppositionelle Mehrheit des Abgeordnetenhauses am 23. September die Reformkosten aus dem Militäretat für die laufende Session strich[341] und damit den Bestand der preußischen Armee de facto für nichtig erklärte – ein Zustand, den die Verfassung so gar nicht vorsah.

Für die Regierung ergab sich nun ungewollt die Option, von dem in einem solchen Fall eintretenden Notrecht Gebrauch zu machen, die Geschäfte ohne Staatshaushaltsgesetz fortführen zu können und das opponierende Abgeordnetenhaus schlicht zu übergehen. Wenn kein Budget zustande komme, so Bismarck, dann sei „tabula rasa“. Wenige Tage darauf erschien er zum ersten Mal vor der Kammer und zog den Etat für 1863, der dem Parlament zeitgleich mit dem Budget für 1862 zugegangen war, zurück. Auf königliche Weisung beugte er damit der Gefahr vor, auch diesen Haushalt von den Abgeordneten austrocknen zu lassen. Tags darauf schlug er mit seiner berühmt-berüchtigten „Eisen-und-Blut-Rede“, die auch im eigenen Lager gehörig für Irritation sorgte und selbst Roon aufbrachte,[342] den Pflock endgültig ein. Was Roon zweideutig „geistreiche Exkurse“ nannte, waren unangemessen scharfe Worte, deren politische Intentionen das In- und Ausland als unnötig kriegerisch auffassen musste und Bismarck noch vor seiner offiziellen Amtseinführung als den Machtpolitiker entblößte, der er zeit seines Lebens tatsächlich war: „Nicht auf Preußens Liberalismus sieht Deutschland, sondern auf seine Macht; Bayern, Württemberg, Baden mögen dem Liberalismus indulgieren, darum wird ihnen doch keiner Preußens Rolle anweisen; Preußen muß seine Kraft zusammenfassen und zusammenhalten auf den günstigsten Augenblick, der schon einige Male verpaßt ist; Preußens Grenzen nach den Wiener Verträgen sind zu einem gesunden Staatsleben nicht günstig; nicht durch Reden und Majoritätsbeschlüsse werden die großen Fragen der Zeit entschieden – das ist der große Fehler von 1848 und 1849 gewesen – sondern durch Eisen und Blut."[343]

Der König, der in Baden-Baden weilend von Bismarcks starkem Auftritt aus den Zeitungen erfuhr, war entsetzt. Im Geiste sah er seinen Kopf „vor dem Opernplatz, unter meinen Fenstern" in den Staub rollen. Der neue Regierungschef hatte alle Mühe, sich zu erklären und Wilhelm davon zu überzeugen, dass es für Preußen sowie für die gestaltenden Persönlichkeiten nun einmal um Leben und Tod gehe, seine Wortwahl also durchaus angebracht gewesen sei (man musste ihm zugute halten, dass er vor dem Parlament ohne Umschweife Ross und Reiter genannt und keinesfalls versucht hatte, sich zu verbiegen). Erst als Bismarck König Wilhelm unter Rückgriff auf archaische Deutungsmuster bei der Offiziersehre packte, soll sich, wie Bismarck blumig ausführt, die Stimmung des Monarchen aufgehellt haben. Das Leben für König und Vaterland einzusetzen, sei die Pflicht des preußischen Offiziers, um so mehr die des Königs als des ersten Offiziers im Lande. Könne man überhaupt anständiger umkommen? „Ich selbst im Kampf für die Sache meines Königs, und Ew. Majestät, indem Sie Ihre königlichen Rechte von Gottes Gnaden mit dem eigenen Blute besiegeln, ob auf dem Schafott oder auf dem Schlachtfelde, ändert nichts an dem rühmlichen Einsetzen von Leib und Leben für die von Gottes Gnaden verliehenen Rechte. [...] Ew. Majestät sind in der Notwendigkeit zu fechten. Sie können nicht kapitulieren, Sie müssen, und wenn es mit körperlicher Gefahr wäre, der Vergewaltigung entgegentreten."[344] Ob dieser Passus wahrheitsgetreu oder in Bismarck'scher Manier überhöht ist, bleibt ungewiss. Verbrieft ist, dass Bismarck auf halber Wegstrecke dem Monarchen entgegenkam, um seine harschen Äußerungen in ein besseres Licht zu stellen.

Am 11. Oktober erfolgte die Verwerfung des vorher vom Parlament angenommenen verkürzten Haushaltes durch die erste Kammer.[345] Ein staatsrechtlich ungewöhnlicher, aber nicht unzulässiger Vorgang, denn das Herrenhaus hatte lediglich sein Recht in Anspruch genommen, einen von der zweiten Kammer geänderten Entwurf abzulehnen. Dass es aber zugleich den Regierungsentwurf verabschiedete und mit diesem Schritt die Kompetenzen der Abgeordneten nicht nur ignorierte, sondern ohne Weiteres auf sich übertrug, lief der Verfassung gänzlich zuwider. Die Abgeordneten empörten sich und erklärten, der gefasste Entscheid sei verfassungswidrig und somit „null und nichtig". In dieser Zwangslage verkündete Wilhelm in seiner Thronrede, die den Landtag am 13. Oktober 1862 beschloss, das in Öffentlichkeit, Gazetten und auf Versammlungen ausgiebig diskutierte „budgetlose Regiment". Gleichwohl betonte er auf Anraten Bismarcks, die Regierung sei jederzeit um Ausgleich mit dem Parlament bemüht. Liberale und Demokraten witterten vollzogenen Verfassungsbruch, Verteidiger der Krone betrachteten den „Staatsstreich" als unabdingbare Notwendigkeit zur Erhaltung staatlicher Handlungsfähigkeit. Darüber geriet in Vergessenheit, dass der eigentliche Zankapfel, das Heer, völlig unangetastet blieb und seine Reformierung ungehindert fortlief, die Roon nach der „Teilung" seiner politischen Pflichten mit Bismarck wieder ernster in Augenschein nehmen konnte.[346]

Die Herkulesarbeit indes – das Tagesgeschäft nach außen und innen – hatte Bismarck zu stemmen, für den die schleswig-holsteinische Frage sowie die schwerwiegende um die Führerschaft in Deutschland die maßgeblichen der Zukunft waren.[347] Österreich, das nach seiner Niederlage in Italien konstitutionelle Strukturen einführte und sich bereitwillig liberalen Anliegen öffnete, schlug erkennbar den Weg einer großdeutschen Lösung unter seiner Ägide ein. Mit der mählichen Etablierung Habsburgs als deutscher Hausmacht drehte sich in Preußen die Spirale der Angst, ohne Gegenwehr an Gewicht in Europa zu verlieren und womöglich die traditionell gewachsene Monarchie dem Verfall anheim geben zu müssen. Als Reaktion auf die drohende Gefahr brachte sich Preußen in der Wirtschafts- und Zollvereinspolitik gegen Österreich in Position, denn der Ende März 1862 geschlossene Handelsvertrag mit Frankreich setzte markante Zeichen gegen die Wiener Hofburg und in Richtung preußisches Hegemonialstreben.

Das außenpolitische Wetterleuchten ging einher mit dem schwindenden Einfluss der Konservativen in Berlin, während gleichzeitig die liberal-demokratischen Kräfte weiter erstarkten. Um der innenpolitisch aufgeregten Situation Herr zu werden, strebte Bismarck als leitender Minister und Außenminister keineswegs einen zermürbenden Kleinkrieg mit den mannigfachen liberalen und demokratischen Strömungen im Land an. Vielmehr bemühte er sich um deren Bekehrung zum monarchischen Konservatismus durch staatsmännische Behandlung deutscher politischer (und wirtschaftlicher) Gesamtinteressen bei wohlinszenierter Mobilisierung der öffentlichen Meinung, frei nach dem Grundsatz: Über den außenpolitischen Erfolg zum innenpolitischen. Eine langfristige Festigung der königlichen Macht gegenüber dem Parlament wäre dann ein Quasi-Automatismus.

Bismarck verstand die Einigung Deutschlands unter Preußens Führung bei gleichzeitiger Vermehrung seiner Macht und Größe als sein innigstes Anliegen. Preußen war die einzige Idee, an der sich sein Handeln orientierte. Auf dem europäischen Schachbrett sollte er 28 Jahre lang Moral durch Zweckmäßigkeit ersetzen, Kombinationen entwerfen und verwerfen, gerade so, wie er sie für sich und Preußen und dann Deutschland für vorteilhaft erachtete. Freunde von heute waren ihm

Feinde von morgen. In vielem Roon ähnlich, unterschied er sich hierin aber klar und deutlich von diesem, der einen einmal gewonnenen Herzensfreund nie und nimmer auf dem Altar von Macht, Karriere und Intrigen geopfert hätte (jedenfalls ist nichts bekannt geworden). Bismarcks rücksichtslose Energie folgte anderen Bedingungen. Im November 1862 gab er eine Kostprobe seiner irrationalen Wandelbarkeit, als er im lange schwelenden kurhessischen Verfassungskonflikt den monarchisch fest verankerten Kurfürst säbelrasselnd zur Verständigung mit dem hessischen Landtag nötigte.[348]

Allein um das Publikum auf sich zu ziehen, heuchelte Bismarck Verständnis für die liberale Seite. Er wusste allzu genau, dass man in einem Verfassungsstaat seine eigenen Vorstellungen und Ziele nur in gedeihlichem Auskommen mit dem Parlament durchsetzen konnte – eine aus der Not heraus geborene Zwangspartnerschaft, die er stehenden Fußes wieder lösen würde, sobald er des ungeliebten Partners nicht mehr bedurfte. Insofern muss die „Konfliktzeit", die seit dem 13. Oktober 1862 ein unumkehrbares Faktotum war, immer auch als Übergang verstanden werden. An dessen Ende sollten freilich die königliche Entscheidungshoheit vor dem Gewicht der Abgeordneten rangieren, und taktische Interessenkonvergenz war dort anzustreben, wo der höchste staatliche Anspruch, die deutsche Einheit, im Sinne des Großen, Gemeinsamen, Ganzen alle sonstigen kleinteiligen und bisweilen kleinlichen Divergenzen zu überdecken hatte.

Kein anderer jener Ära verstand es besser als Bismarck, Geheimdiplomatie so elegant mit klassischer Kabinettspolitik zu verbinden und den Zwecken der Krone nutzbar zu machen. Vom Tag seiner Berufung an standen für ihn, der als parkettsicherer Botschafter in St. Petersburg und Paris die Extreme der europäischen Zivilisation zu durchschauen gelernt hatte,[349] die Etappen seiner Politik fest, von denen er keinen Zentimeter abrückte: die Erringung von Preußens Hegemonie in Europa und in politischer Konsequenz der Ausgleich mit den liberal-demokratischen Parteiungen. Bismarck gab die Richtung vor. Er entwickelte sich zur unumstrittenen, kaltblütig-entschlossenen Führerfigur, die im rechten Augenblick vorsichtige Psychologie mit brutalem Hinlangen vertauschte. Roon, Moltke, Manteuffel, Alvensleben oder Gerlach waren im Vergleich zu ihm fast biedere Naturen – und auf diesem Weg nur seine tüchtigen Begleiter, die, jeder für sich, ihr Bestes gaben. Und wenn sie, wie Manteuffel, ihr eigenes Streben übertrieben, liefen sie Gefahr, dem Übermächtigen ins offene Messer zu laufen. Dass die Einigung letztlich in drei Kriegen besiegelt wurde und nicht mittels Verständigungsnoten der europäischen Spitzendiplomatie, beweist zum einen den stahlharten Willen Bismarcks, die Wendemarken preußischer Geschichte nötigenfalls mit Blut zu erkämpfen, und zum anderen, dass selbst das fortgeschrittene 19. Jahrhundert sich noch ungeniert der Mittel althergebrachter Machtpolitik bediente.

In den letzten Monaten des Jahres 1862 gab Minister Roon nichts Persönliches mehr preis. Man weiß, dass seine Frau zu chronischer Kränklichkeit neigte und darf

Im Abgeordnetenhaus. Vorn sitzend: Otto von Bismarck.

annehmen, dass die Kinder eine alles in allem vergnügliche, ihrem Stand angemessene Obhut genossen. Eigene Befindlichkeiten aber, Zuneigungen, Sehnsüchte, unvergessliche Glücksmomente, Leidenschaften und menschliche Ergriffenheiten, mithin all das, was den Zeitgenossen Roon der nachgeborenen Öffentlichkeit in privater Sphäre zeigt, sind ebenso wenig auszumachen wie Informatives über seine Gesundheit, die nicht immer zum Besten bestellt war. Es mag in seinem Amt begründet liegen, das kaum mehr Raum für jene zahlreichen Briefkontakte ließ, denen er in der Vergangenheit seinen Gemüts- und Seelenzustand mehr oder minder offen mitteilte. Der Kriegsminister wurde mit fortdauernder Wahrnehmung seiner Geschäfte in allen Angelegenheiten des Familien- und Freundschaftsgefüges schweigsamer. Es scheint, als sei sein Eigenleben immer mehr überwältigt, immer stärker ausgelöscht worden durch die tiefe Sorge um die äußere Welt. Erst Jahre später, nach 1866, als sich die Anstauungen merklich lösten, taute Roon wieder auf. Dass er im letzten Quartal des Jahres 1862 regen schriftlichen Austausch mit Bismarck pflegte, entsprach einem völlig normalen Verkehr unter Ministerkollegen. Es ging um die Neubesetzung einiger Posten und den Umgang mit unliebsamen Presseerzeugnissen aus der liberale Ecke.[350]

Es mag in diesen Tagen gewesen sein, als Roon ein in prächtiges Leder eingeschlagenes Buch auf seinem Schreibtisch vorfand, dessen Inhalt höchst ungewöhnlich und dessen Autor bis dahin gänzlich unbekannt war. Anfangs in einer Auflage von 1.000 Exemplaren erschienen, steigerte diese sich in einer zweiten um 1.600 und in einer schnell folgenden dritten um noch einmal 3.000 Exemplare und wurde vom Verfasser in die richtigen Hände gegeben – in die Boudoirs der Königinnen, Redaktionen führender Zeitungen und Büros europäischer Kriegsminister. Praktisch über Nacht eine Sensation, bereitete der herausgebende Genfer Verlag flugs deutsche, englische, italienische und schwedische Übersetzungen eines Werkes vor, das die theoretische Grundlage für eine beispiellose humanitäre Errungenschaft des 19. Jahrhunderts gab. In *Eine Erinnerung an Solferino*[351] richtete der Schweizer Kaufmann Henri Dunant einen flammenden Appell an die Welt, die Augen vor den Entsetzlichkeiten des Krieges nicht zu verschließen und den auf Gefechtsfeldern geschundenen Kreaturen Hilfe und Beistand in der Stunde ihrer höchsten seelischen und körperlichen Bedrängnis zu gewähren. Er hatte als zufälliger Augenzeuge der Solferino-Schlacht die grausamsten Verletzungen und Verstümmelungen hautnah miterlebt und sich daraufhin entschlossen, der hässlichen Kriegsmaschinerie in die Speichen zu langen und alles zur Bekämpfung dieses schrecklichsten aller Übel zu mobilisieren, zumal die Fortschritte der medizinischen Forschung noch gering waren.

Das Buch war ein Ausdruck purer Menschlichkeit, sein Autor ein edler Diener von Freiheit und Vernunft wider den Krieg und das unnatürliche Elend an seinem Rand, das infolge technischer Errungenschaften, die in Form neuer Waffen in Solferino zum Einsatz kamen, besonders krass hervortrat. In seinen Sätzen bündelt Dunant das gesamte Ideengut des *Roten Kreuzes*, als dessen geistiger Urheber er in die Geschichte eingegangen ist: Er skizziert die Grundzüge der Organisation, umschreibt das Prinzip der Neutralität von Ärzten und Pflegern, entwirft ein einheitliches Abzeichen (die gekonterte Schweizer Nationalflagge), kurz: die Professionalisierung und Internationalisierung der Verwundetenversorgung. Jeder, den der Schrecken des Kriegsmordes mit Abscheu erfüllte, merkte auf; so jedenfalls die europäischen Gesellschaften. Nur die Militärverwaltungen – zumindest von der französischen weiß man dies sicher – verhielten sich reserviert. Als der französische Admiral Fourichon seinem Kriegsminister Marschall Randon die *Erinnerung an Solferino* überreichte, schob dieser die Schrift entrüstet mit der Bemerkung beiseite, sie sei ein Buch gegen Frankreich.[352] Und der kaiserliche Hausminister Marschall Vaillant, der gebeten wurde, sich für Dunants Bestreben einzusetzen, ließ amtlich verkünden, er wolle von der Angelegenheit nichts wissen. Er bedaure nur, dass die Zeiten vorbei seien, in denen man die eroberten Städte verbrannt, die gefangenen Besatzungen umgebracht und die Verwundeten vollends niedergemacht habe.[353]

Die Maßlosigkeiten dieses alternden französischen Generals wird Roon gewiss nicht geteilt, Sentimentalitäten aber genauso wenig zugelassen haben. In Preußen hielt man den Gesundheitsdienst im Feld durchaus für innovativ, die Militärverwaltung für funktionierend und modern. Da Frieden herrschte, war der Krieg in den Köpfen der Menschen zu unreal und zu wenig präsent, als dass aus Dunants Forderungen eine Volksbewegung hätte entstehen können. Obwohl der Verfasser der *Erinnerung* in den Pariser Salons herumgereicht wurde und die Stufenleiter der irdischen Hierarchie hinaufstieg (Demokratien besitzen eine unfehlbare Schwäche für gesellschaftliche Exklusivität), blieb er für die Preußen vorerst nur ein Träumer zweiten Ranges, dessen humanitären Phantastereien man in höflicher Manier alles Gute wünschte. Aber schon 1863 kam die Praxis zur Theorie. Ausgerechnet in Berlin fand im September ein Kongress für Wohltätigkeit statt, der sich vorderhand mit Sterblichkeitsstatistiken der Zivilbevölkerung und Militärs in Kriegen auseinandersetzte. In dessen Folge empfing Roon, neugierig geworden, den Schweizer, der für eine Konferenz in Genf warb. Der preußische Kriegsminister versprach sich anfangs nicht viel von einem solchen Gespräch,[354] denn ihm wollte nicht einleuchten, was Krieg mit dieser auf der soeben stattgehabten Berliner Versammlung diskutierten Art von Wohltätigkeit eigentlich zu tun habe. Als er hörte, Dunant schwebe die dauerhafte Neutralisierung von Ärzten und Verwundeten vor, war Roon gewonnen, der den Vorteil einer systematischen Krankenversorgung sofort erfasste: Ordnung im blutigen Chaos des Schlachtfeldes. Er versprach, sich beim König für diese Belange einzusetzen.

Dunant, der wusste, dass allein mit Pazifisten das *Rote Kreuz* niemals gegründet werden konnte, nutzte die Bereitschaft der Preußen zur Mitarbeit. Die dem zeitgenössischen Vernehmen nach beste Armee mit ihren hochprofessionellen Organisatoren des Kampfes musste andere Nationen mitreißen, die schon allein um des internationalen Prestiges und politischen Ressentiments willen ihre Unterstützung nicht versagen würden. Und so war es auch. Erfolgreich zog Dunant von Hof zu Hof, von Regierung zu Regierung, und noch im gleichen Jahr begann der Aufbau des *Roten Kreuzes*. Nicht von ungefähr wurde der Deutsch-Dänische Krieg von 1864 der erste, in dem der Geist internationaler Caritas zur Milderung der Leiden wirkte,[355] während Florence Nightingale in London und im 1861 bis 1865 andauernden Amerikanischen Bürgerkrieg die *United States Sanitary Commission* um Clara Barton verwirklichten, was andernorts auf dem Planeten noch undenkbar schien. Sämtliche Grundsteine waren gesetzt, Dunants unerschütterlicher Eifer und Mut mit der Realisierung gekrönt. Hochverehrt, starb der Träger des Friedensnobelpreises am 30. Oktober 1910. Die Blutmühlen des Ersten Weltkriegs, die seine menschenfreundlichen Intentionen aufs Grässlichste verzerren sollten, musste er nicht mehr erleben.

Nach den personellen Änderungen im Staatsministerium eröffnete Ministerpräsident Bismarck am 14. Januar 1863 den wieder einberufenen Landtag und brachte die Neuvorlage des Staatshaushaltes für das laufende und nächste Jahr ein. Und das unter den denkbar schlechtesten Voraussetzungen,[356] denn der im Januar 1863 in Polen ausgebrochene Aufstand als sichtbarer Ausdruck einer liberal-nationalen Befreiungsbewegung polarisierte und erhitzte die Gemüter in Preußen zusätzlich. Während die Liberalen die Vorgänge im östlichen Nachbarland begrüßten, stellte die preußische Regierung zur Grenzsicherung teilweise Kriegsbereitschaft des I., II., V. und VI. Armeekorps her, deren Oberbefehl General von Werder[357] übernahm.

Durch diese energisch ergriffenen Maßnahmen blieb preußisches Hoheitsgebiet von den Auswirkungen der polnischen Erhebungen (und deren Niederwerfung durch russische Truppen) zwar verschont. Und sicherlich zeigten sie auch die Wirksamkeit der jetzigen Heeresorganisation, denn im Gegensatz zu 1848, als zur Bekämpfung der polnischen Revolution zahlreiche Landwehren mobil gemacht worden waren, genügten jetzt die stehenden Truppenteile als Machtdemonstration borussischer Stärke. Aber eigentliche Brisanz erlangten die Vorgänge in Polen durch die preußisch-russische Übereinkunft, die Bismarck und das konservative Lager den Liberalen im eigenen Land und Europa weiter entfremdeten, während sich Frankreich, England und auch Österreich gegen antipolnische Interventionen verwahrten.[358] Dem Vorwurf der außenpolitischen Isolation vermochte sich die preußische Regierung nurmehr schlecht zu entziehen und schwächte ihre Position gegenüber dem Landtag in allen denkbaren Punkten. So war Bismarcks am 14. Januar vor dem Parlament geäußerter Wunsch nach dauerhafter Verständigung über die schwebenden Differenzen und einmütigem Zusammenwirken mit den Abgeordneten kaum mehr als ein taktischer Schachzug, den Landtagspräsident Grabow seinerseits mit einem direkten Angriff auf die Regierung erwiderte.

Unerquickliche Auseinandersetzungen über die Rechtmäßigkeit des budgetlosen Regiments sowie über die Grenzen der parlamentarischen Disziplinargewalt gegenüber den Ministern, die das politische Alltagsgeschäft zeitweise aus dem Ruder laufen ließen, bestimmten das erste Halbjahr und mündeten letztlich in der Machtfrage. Bismarck glänzte mit rhetorischen Bravourstückchen und ließ keine Zweifel daran, dass der zweiten Kammer wohl an Rechten zugebilligt werde, was ihr per Verfassung zustehe. Was aber darüber hinaus verlangt werde, werde man glattweg ablehnen, denn seine und die Aufgabe der Regierung sei es, die Rechte der Krone mit Ausdauer wahrzunehmen: „Das preußische Königtum hat seine Mission noch nicht erfüllt, es ist noch nicht reif dazu, einen rein ornamentalen Schmuck Ihres Verfassungsgebäudes zu bilden, noch nicht reif, als ein toter Maschinenteil dem Mechanismus des parlamentarischen Regiments eingefügt zu werden.“[359] Wilhelm heizte die Debatte weiter an, indem er Anfang Februar 1863 mit seinem königlichen Wort an die Abgeordneten den tiefen Gegensatz zwischen Regierung und Landtag ungeschminkt beim Namen nannte und damit erstmals offiziell machte.[360]

Auf dem Nebenschauplatz der Heeresreform schlug sich um diese Zeit Roon mit dem Parlament über seinen angekündigten Entwurf einer Novelle zum Gesetz vom 3. September 1814 herum. Es entwickelte sich eine ebenfalls wenig ersprießliche Debatte über die Verpflichtung zum Kriegsdienst, die auch dann nicht zu Roons Gunsten endete, als er mit einer umfangreichen Denkschrift aufwartete, die abermals Notwendigkeit und Zweckmäßigkeit der ganzen Militärvorlage unterstrich. Zum Ärger der Regierung kamen trotz aller Anstrengungen beschlussfähige Entscheidungen nicht zustande. Roon haderte. Wie Balsam auf seine Seele wirkte da ein eigenhändiges Schreiben Wilhelms an den Kriegsminister vom 17. März 1863. An diesem Tag nämlich jährte sich zum 50. Mal das Edikt Friedrich Wilhelms III. *An mein Volk*, das die Preußen zum Kampf gegen die napoleonische Fremdherrschaft aufgerufen hatte, und fast gleichzeitig die Stiftung des Eisernen Kreuzes. Der Monarch erwies bei einem Empfang in Berlin alten Mitkämpfern hohe Ehre und beschwor öffentlichkeitswirksam die Verdienste der Landwehr und die glorreiche Tradition der preußischen Armee, deren Neugestaltung keineswegs einen Bruch mit der ruhmvollen Vergangenheit bedeute. An Roon, dem er das Großkomtur-Kreuz verlieh, wandte er sich persönlich: „Wenngleich Sie an den Kämpfen, die wir heute feiern, noch keinen Theil nehmen konnten, so sind Sie durch die Ihnen von mir anvertraute Stellung ein so muthiger und getreuer Kämpfer im Frieden geworden, daß ich den heutigen Tag nicht vorübergehen lassen kann, ohne Sie vor der Armée, für die Sie unausgesetzt und unerschrocken streiten, um dieselbe für Thaten zu kräftigen, wie die waren, die nun ½ Jahrhundert hinter uns liegen, – auszuzeichnen. Als Anerkennung Ihrer Leistungen für Thron, Heer und Vaterland, verleihe ich Ihnen das Groß-Komtur-Kreuz des Königlichen Haus-Ordens von Hohenzollern. Möge dasselbe Sie stets erinnern an die nie erlöschende Dankbarkeit

Ihres Wilhelm R."[361]

Nach den üblichen Kommissionsverhandlungen lag Roons Entwurf der Vertretung Anfang Mai in notgedrungen abgespeckter Form vor und entsprach nun einem für beide Seiten akzeptablen Kompromiss. Die Stärke des Heeres und der Landwehr sollte alljährlich nach den jeweiligen Staatsverhältnissen von Neuem bestimmt werden. Dies bedeutete die Wiederherstellung der Landwehr ersten Aufgebots bei gleichzeitiger Beibehaltung der dreijährigen Dienstzeit. „Es war ein Akt der Staatsweisheit, wenn Roon ‚aus Entgegenkommen' erneut den Weg des Wehrgesetzes zu gehen versuchte, obwohl er damit die einseitige Bestimmungsmacht der Krone über die Heeresorganisation, die Heeresstärke und die Dauer der Dienstzeit zu einem Teil preisgab. Dem Parlament bot sich mit diesem ‚Entgegenkommen' der Regierung eine große Chance. Es hätte zwar sein jährliches Budgetrecht beschränkt; dafür wäre ihm ein wichtiger Anteil an der materiellrechtlichen Bestimmungsmacht über das Heer zugefallen."[362] Selbst die Linke war einer Zustimmung nicht abgeneigt – unter der Voraussetzung allerdings, dass die Regierung weitergehende Forderungen („Amendement Forckenbeck“ der Fortschrittspartei, das die Dauer der Dienstzeit in einer Art Stufenplan von zwei Jahren an aufwärts festlegte) umsetzen werde.[363]

Dem konnte Roon nicht beipflichten, weil dies unweigerlich bedeutet hätte, dem König die letzte Entscheidung über die Stärke des Heeres zu nehmen. Bei dieser Sachlage und der politischen Stimmung, die das Abgeordnetenhaus im Allgemeinen beherrschte, war noch vor Beginn der eigentlichen Generaldiskussion klar, dass Schlussfassungen zu diesem Zeitpunkt unmöglich waren. Am zweiten Tag der Debatte, es war der 9. Mai 1863, ergriff Roon das Wort und holte weit aus, um am Ende festzustellen, dass es dem Parlament einzig und allein um seine Machterweiterung gehe, während König und Regierung anstrebten, was die Pflicht eines jeden preußischen Patrioten sei: die Manifestierung einer dauerhaft schlagkräftigen Armee. Die Situation eskalierte am 11. Mai, als der Abgeordnete von Sybel den Kriegsminister scharf attackierte und ihn zum Rücktritt aufforderte: „Ein Mann, der mehr als jeder andre das Seine dazu beigetragen hat, daß der Rechtszustand im Vaterlande alteriert worden ist, der sollte nicht von Patriotismus reden; es wäre denn, daß er dem Lande den ersten wahrhaft patriotischen Schritt seiner Laufbahn anzeigt, daß er nämlich aufhören wollte, das Hindernis des Friedens zwischen König und Volk zu sein.“[364]

In seiner Antwort warf Roon daraufhin seinem Vorredner „ganz unberechtigte Anmaßung“ vor. Als er dann vom Vizepräsidenten des Landtages, Heinrich von Bockum-Dolffs, unterbrochen wurde, sich aber nicht unterbrechen ließ, folgte ein munterer Schlagabtausch. Roon: „Ich habe das Wort und werde es nicht fortgeben...“ Bockum-Dolffs: „Wenn ich den Herrn Kriegsminister zu unterbrechen habe, so hat er zu schweigen...“ Roon: „Ich kann sprechen nach der Verfassung, wenn ich will, und es hat niemand das Recht, mich zu unterbrechen...“ Bockum-Dolffs: „Ich unterbreche den Herrn Kriegsminister. Wenn der Präsident spricht, so hat hier jeder zu schweigen...“ Roon: „Ich muß bemerken, daß ich wiederholt protestiere gegen das Recht, welches der Herr Präsident sich der königlichen Regierung gegenüber nimmt...“ Zum Zeichen der Vertagung bedeckte von Bockum-Dolffs daraufhin sein Haupt mit einem Hut, der ihm, viel zu groß, über beide Ohren herabgefallen sein soll, und schloss die Sitzung unter spontan ausbrechender stürmischer Heiterkeit in beiden sonst so bierernsten politischen Lagern.

Dem Kriegsminister das Wort abgeschnitten zu haben, hatte natürlich ein Nachspiel. Die unmittelbare Folge war eine Erklärung der Minister, in diesem Abgeordnetenhaus so lange nicht zu erscheinen, bis es gegenüber dem König eine Note abgegeben habe, keinerlei Disziplinargewalt gegenüber dem königlichen Ministerium zu beanspruchen. Wie zu erwarten, weigerte sich die Kammer, Abbitte zu leisten. Sie ging im Gegenteil in die Offensive, indem sie den Entwurf zur Kriegsdienstpflicht kurzerhand von der Tagesordnung strich. Am 22. Mai stellte sie schließlich sogar ein Misstrauensvotum, nachdem der König seine engste Verbundenheit mit dem Staatsministerium zum Ausdruck gebracht hatte.[365] Nur ein Wechsel des Systems und der Personen, also der Übergang zu einer parlamentarischen Regierung, könne die Basis für Verständigung und Zusammenarbeit begründen, so die Abgeordnetenkammer. Diese Aufforderung wies der König am 26. Mai natürlich zurück[366] und beendete die Session tags darauf – ohne absehbare Lösungen und ohne verabschiedeten Etat, aber auch ohne – was ihm zugestanden hätte – das Parlament aufzulösen. Damit hatte er das Problem lediglich vertagt. Die mit einiger Verzögerung doch noch vollzogene Auflösung des Abgeordnetenhauses am 2. September und dessen Neuwahl am 28. Oktober sollten die Lage für die Regierung nicht wesentlich bessern.

Durch einen Anfang Juni erfolgten rigiden königlichen Presseerlass, der die öffentliche Meinung in einer bisher nicht gekannten Weise gängelte und dessen eigentlicher Zweck darin bestand, jegliche Kritik am budgetlosen Regiment in Zeitungen und Zeitschriften gegebenenfalls durch Verbot im Keim zu ersticken, trieb Wilhelm den Konflikt auf die Spitze.[367] Gewonnen war dadurch nichts. Im Gegenteil hatte die Regierung die Auseinandersetzung mit dem Landtag nur verschoben und mit derlei Verordnungen zugleich die Öffentlichkeit gegen sich in Stellung gebracht: „Die Masse der Unterdrückungsmaßnahmen, ihre ostentative Willkür und die von Bismarck gewollte Personalisierung des politischen Kampfes haben beim gebildeten Bürgertum eine tiefe und langdauernde Erbitterung ausgelöst, die im linken Liberalismus über die Reichsgründung jahrzehntelang hinausreicht."[368]

Denn so eindringlich die Konservativen ihn beim Eintritt in das königliche Ministerium als Verstärkung begrüßt hatten, so klar stieg es dem politischen und militärischen Umfeld in den ersten Monaten seines Dienstes in Berlin ins Bewusstsein, dass die Taten und Absichten Bismarcks in jedem Fall polarisierend und verschärfend wirkten und dass alle Entgegenkommen signalisierenden Schritte letztlich wohlüberlegte Scheinmanöver gewesen waren. Der Staatsrechtler Perthes, den in den Korrespondenzen mit Roon stets eine unnachahmliche Gedankenklarheit auszeichnete, äußerste sich (als ein der preußischen Regierung zuneigender Patriot) mehr als besorgt über die konfrontativen Aktivitäten des neuen Ministerpräsidenten. Diese Ansicht spiegelte eine durchaus breite, sogar grenzüberschreitende Abneigung wider – nicht nur beim politischen Gegner. Bekannt ist die Einschätzung Bismarcks durch den (zweifachen) britischen Premierministers Benjamin Disraeli. „Take care of this man", soll er seine Königin gewarnt haben, „he means what he says."[369]

Anfang Juli 1863 entschloss sich Roon zu einer Reise nach Minden, wo das 15. Infanterie-Regiment sein 50-jähriges Stiftungsfest beging. Dazu war der Minister geladen, da er ja eine zeitlang in diesem Regiment gestanden hatte. Dabei nahm er auch die sich bietende Gelegenheit wahr, auf Festveranstaltungen in Westfalen Stimmung für das eigene Lager zu machen. In einer seiner Reden bezeichnete er sich unter allgemeinem Beifall als „Feldwebel“ in der „großen Kompanie“, deren Hauptmann der König selbst sei.[370] In der zweiten Julihälfte zog sich Roon zur Erholung nach Berchtesgaden zurück, um Mitte August gemeinsam mit Bismarck über die feierliche Zeremonie von 25 Souveränen in Frankfurt, die den österreichischen Bundesreformplan[371] zur Installierung der Wiener Führung annahmen, Hohn und Spott auszugießen. Die Frankfurter Farce sei doch recht verdrießlich, meinte Roon, weil sie nichts anderes bewirke, als dem demokratischen Treiben Vorschub zu leisten.[372] Bismarck, der sich mit dem Kriegsminister in dieser Angelegenheit regelmäßig austauschte, setzte seinerseits die Forderungen nach preußisch-österreichischer Parität und einer Nationalversammlung dagegen, mit der er die Liberalen geschickt umgarnte, und die wiederum für Österreich nicht annehmbar waren.

So entstand eine Pattsituation, die sich durch zunächst unkalkulierbare, wohl aber bald forcierbare außenpolitische Ereignisse zu Preußens Gunsten entschied. Die inneren Brandherde – das deutsch-deutsche Duell um die Hegemonie und der ewige Zwist mit den die Öffentlichkeit immer effektiver einnehmenden Liberaldemokraten – durch äußere Spektakel ausgetreten zu haben, die (letztlich durch drei Kriege erfolgreiche) Außenpolitik Preußens also als eine Art innenpolitische Krisenstrategie zu betrachten, hat bereits die Zeitgenossen als Erklärungsmodell elektrisiert.[373] Die Geschichtsschreibung machte sich dies gern zueigen: „Der Lauf der Dinge drängte dazu, durch Lösung der großen Aufgaben in der äußeren Politik – vor allem der deutschen Frage – erst der Überzeugung zum Siege zu verhelfen, daß die Haltung der Regierung berechtigt sei, und dann den inneren Frieden wieder herzustellen.“[374] Roon, der sich in diesem Zusammenhang selbst als entmenschten Politiker ohne väterliches Gefühl bezeichnete, sehnte sich unverhohlen nach einer militärischen Lösung, „um des Geschwürs im Innern halber, das zu tief sitzt, um nach solch’ leichten Ritzen zur Entleerung und Heilung zu gelangen“[375].

Da Bismarck ein positives Ende der Waffengänge gegen Dänemark, Österreich und Frankreich unmöglich vorhersehen konnte, wird man ihm mit einigem Recht die Neigung zu hohem Risiko vorwerfen können, ein Wesensmerkmal, das sein Handeln zeit seines Lebens auszeichnete. Über den folgenreichen Entschlüssen der Herbst- und Wintermonate muss bei allem ehrlichen Treu und Glauben der dramatis personae an die Überlegenheit der preußischen Waffen und des Generalstabs[376] eine Ungewissheit gelegen haben, welche die einen lähmte und die anderen antrieb. Auch wenn Bismarck mit absoluter Sicherheit zu den letzteren zählte, eine schleichende Nervosität vermochte selbst er nicht zu unterdrücken. Zu offensichtlich waren seine Unsicherheit, sein Schwanken, als er Roon am 21. Januar 1864 schrieb: „Ohne Gottes Wunder ist das Spiel verloren, und auf uns wird die Schuld von Mit- und Nachwelt geworfen. Wie Gott will, Er wird wissen, wie lange Preußen bestehn soll. Aber leid ist mirs sehr, wenn es aufhört, das weiß Gott!“[377] – Nur einen Tag später jedoch warf er den Abgeordneten mit Bezug auf Preußens Armee in der vollen Montur seiner sprachlichen Wirkkraft zu: „Der rocher de bronce steht noch heute fest; er bildet das Fundament der preußischen Geschichte, des preußischen Ruhmes, der preußischen Großmacht und des verfassungsmäßigen Königtums! Diesen ehernen Felsen werden Sie nicht zu erschüttern vermögen durch Ihren Nationalverein, durch Ihre Resolution und Ihr liberum veto!“[378]

Krieg und innerer Konflikt 1864/65

Zwei Handlungsstränge bestimmten 1864 das Geschehen in Preußen: Die nach wie vor schwebenden Zerwürfnisse im Innern und der Krieg gegen Dänemark, der sie überdeckte und Öffentlichkeit und Teile der Opposition schließlich in die Arme der Krone trieb. In seiner Thronrede, mit der Wilhelm am 9. November 1863 die Geschäfte des Landtags wieder aufnehmen ließ, wünschte er sich sehnlichst die Beilegung des Konflikts mit dem Parlament, er beharrte aber auf den Grundlagen der Heeresreform, von der er nur zu gut wusste, dass sie weiterhin Zankapfel sein würde: „Ich habe nicht allein für die innere Wohlfahrt, sondern auch für die äußere Sicherheit des Staates Sorge zu tragen und muß in beiden Beziehungen auf Ihre Mitwirkung rechnen können [...]. Das Heer ist auch nach der Reorganisation, wie Ich dies schon im Jahre 1860 an dieser Stelle ausgesprochen, das preußische Volk in Waffen, und zwar in größerer Wahrheit denn zuvor; denn während die verstärkte Organisation der Linie eine Erleichterung der älteren Landwehrklassen möglich macht, ist die Gesamtstärke der Landwehr unverändert geblieben. Diese Formation hat sich in den verflossenen Jahren auf Grund der Bewilligungen des Landtages während der Sitzungsperioden von 1860 und 1861 zu einer dauernden Staatseinrichtung ausgebildet, deren Bestand ohne bedenkliche Gefährdung der wichtigsten Interessen des Landes nicht mehr in Frage gestellt werden kann. Die Erkenntnis dieser Gefahr legt Mir die Pflicht auf, Meine nach der Verfassung erforderliche Zustimmung nur einem solchen Staatshaushaltsetat zu erteilen, durch welchen die Erhaltung der bestehenden Heereseinrichtung sichergestellt ist. Um den gesetzlichen Abschluß dieser Angelegenheit endlich herbeizuführen, wird Ihnen der umgearbeitete Entwurf eines Gesetzes über die Verpflichtung zum Kriegsdienst vorgelegt werden.“[379]

In den Verhandlungen der folgenden Wochen war es an Roon, die königlichen Standpunkte und Prinzipien, auf denen sie beruhten, gegenüber den an Heftigkeit zunehmenden Angriffen der Majorität unentwegt aufrechtzuerhalten. Er brachte am 23. November den angekündigten Gesetzentwurf ein, dessen Grundzüge im Wesentlichen die gleichen waren, wie sie schon die Dienstpflicht-Novelle Anfang des Jahres enthalten hatte.[380] Es bedarf kaum noch der Erwähnung, dass die Kammer den an die dreijährige Dienstzeit gebundenen Regierungsentwurf abschmetterte. Und nicht nur dies: Gemeinsam mit ihrer Ablehnung der erwähnten Presseverordnung brachte man der Regierung eine herbe Niederlage bei, die sich schweren Herzens zur Aufhebung der Notverordnung gedrängt sah. Schließlich verstümmelte der Landtag den Haushaltsplan für 1864 derart, dass er für Wilhelm unannehmbar wurde, und versagte darüber hinaus seine Zustimmung für einen Zwölf-

Millionen-Kredit zu einer außerplanmäßigen Aufstockung des Militäretats. Roon polterte: Dies sei Tendenzpolitik und werde betrieben mit dem erklärten Willen, das Ministerium stürzen und Beschlüsse fassen zu wollen, welche die Sicherheit des Landes infrage stellten.[381]

Wiederum sah sich das Herrenhaus genötigt, den Etat für 1864 in seiner ursprünglichen Form zu akzeptieren und wie schon zwei Jahre zuvor das budgetlose Regiment weiterzuführen. Da als Alternative lediglich die völlige Handlungsunfähigkeit blieb, just in einer Phase, als die Rüstungen gegen Dänemark einem Höhepunkt zustrebten, sah man im Herrenhaus keine andere Wahl. Beide Lager verharrten fortan in einer Art „Stellungskrieg" mit gewissen Vorteilen aufseiten der Regierung, die sich im Besitz der Exekutive wusste. Die Plenarsitzungen in den Dezember- und Januarwochen 1863/64 standen schon deutlich im Schatten der Vorgänge um Schleswig-Holstein, die den Krieg gegen Dänemark vorbereiteten.

Nach dem Ende des Deutsch-Dänischen Krieges 1848/49 und selbst, als das 2. Londoner Protokoll von 1852 die Personalunion der dänischen Krone mit den Herzogtümern Schleswig, Holstein und Lauenburg festgeschrieben hatte, blieb die schleswig-holsteinische Frage ein virulentes Problem der beiden europäischen Großmächte Preußen und Österreich. Hinzu kam die enorme Sprengkraft nationalistisch begründeter Volksbewegungen: die dänische mit dem Anspruch auf reale Erweiterung, sprich Eingliederung der Streitobjekte, auf der einen und die norddeutsche auf der anderen Seite, die sich dänischen Ansprüchen vehement widersetzte.[382] Als 1863 die dänische Krone erneut, wie 1848, versuchte, unter Verletzung bestehenden Rechts Schleswig mit Verfassungsmodifikationen zu nehmen (Holstein war Mitglied des Deutschen Bundes), beschloss der Bundestag am 1. Oktober 1863 die Bundesexekution. Diese sollte von den beiden rivalisierenden Mächten Österreich und Preußen sowie Sachsen und Hannover vollzogen werden.[383] Jene hätten militärisch allerdings erst dann in Erscheinung zu treten, wenn Dänemark Widerstand leisten würde. „Für den Fall, daß es zu Feindseligkeiten in Schleswig käme, und also die zwischen den Deutschen Mächten und Dänemark bestehenden Vertragsverhältnisse hinfällig würden, behalten die Höfe von Preußen und Österreich sich vor, die künftigen Verhältnisse der Herzogtümer nur in gegenseitigem Einverständnis festzustellen."[384] Mit dieser Vereinbarung nutzte Bismarck die einmalige Chance, dem Konkurrenten die weitere Vorgehensweise in dieser Angelegenheit jederzeit vorzuschreiben.

Der preußische Ministerpräsident wusste dabei natürlich, dass Österreich durch einen Krieg – auch an preußischer Seite und gleich, wie er ausginge – nach dem Desaster von Solferino 1859 gegen Franzosen und Piemontesen finanziell weiter geschwächt sein würde. Für sein Vorgehen hatte sich Bismarck vor den Abgeordneten, die sich lieber in den Dienst der Frankfurter Majorität im Bundestag gestellt hätten, als sich der königlichen (also Bismarck'schen) Politik zu ergeben, rechtfertigen müssen. In einer Rede vor dem Deutschen Reichstag am 24. Januar 1882 nahm er rückbesinnend darauf Bezug: „Lesen Sie doch die damaligen Verhandlungen: wie bin ich vilipendiert worden, weil es mir neben der Bundesexekution gelungen war, Österreich für gemeinsame Operationen zu gewinnen! Wir hätten also Österreich den Kauf aufsagen, auf den gemeinschaftlichen Feldzug verzichten müssen und dafür die Bundesexekution vollziehen müssen, um dann ein gutes Zeugnis des Bundespräsidiums zu erhalten und den Bund zu verewigen, nachdem wir für ihn getan hätten, was wir konnten. Wir würden aber ohne Österreich viel wahrscheinlicher durch Europa, von dem europäischen Seniorenkonvent, gemaßregelt worden sein und uns bundesprotokollarisch gefügt haben; wir würden eben ein zweites Olmütz erlebt haben."[385]

Schon im Dezember 1863 waren 12.000 Hannoveraner und Sachsen in Holstein einmarschiert, das von den Dänen kampflos geräumt wurde. Ende Januar 1864 hatten sich insgesamt 55.000 Mann in Holstein gesammelt: das I. Korps unter dem österreichischen Feldmarschall-Leutnant Ludwig von Gablenz mit 20.000 Mann und das II. Korps unter Prinz Friedrich Karl von Preußen mit 24.000 Mann.[386] Die Reserve bildeten eine preußische Garde-Division und ein österreichisches Korps mit zusammen 11.000 Mann. Oberbefehlshaber war der mit 80 Jahren betagte Generalfeldmarschall von Wrangel, der schon 1848/49 Oberbefehlshaber gewesen war. Der Aufmarsch gelang verzugslos und diente der Nachwelt als schlagender Beweis für die Notwendigkeit der Heeresreform, da die zögerliche Bereitstellung der Truppen in der Vergangenheit immer als Indiz für die Unfertigkeit und mangelnde Disziplin, gerade der Landwehr, gegolten hatte.[387]

Generalleutnant von Moltke stand zwar seit dem 29. Oktober 1857 an der Spitze des Generalstabs (seit September 1858 auch dauerhaft und nicht mehr nur interimistisch), hatte aber so gut wie kein Gewicht, weder die vorbereitenden Befehle betreffend noch die Operationsführung. Er wurde anfänglich über die Vorgänge im Norden vom Kriegsministerium gar nicht informiert und musste sich zwischenzeitlich mit Meldungen aus zweiter Hand, darunter sogar Zeitungsberichte, abfinden.[388] Dem Großen Generalstab, in dessen einzelnen Abteilungen (u.a. Plankammer, trigonometrische und topografische Abteilung) umfangreiche Vorarbeiten geleistet wurden, war nur die Aufgabe eines Vorbereiters für die eigentlichen Entscheidungen durch das Kriegministerium gegeben und der Chef des Generalstabs folglich eine Art Zuarbeiter des Kriegsministers. Als erster militärischer Ratgeber der Krone verfügte Roon über die unmittelbare und direkte Stimme, nicht aber der Chef des Generalstabs, der im Gegensatz zu späteren Feldzügen keine Immediatstellung beim Monarchen besaß, wodurch alle Eingaben erst durch das Kriegsministerium geprüft wurden. So war Roon nicht nur für die Armee, ihre Versorgung und ihren Nachschub umfänglich verantwortlich, sondern in gleichem Maß auch für die Tätigkeit des Generalstabs im Krieg.

Als Kopenhagen die Aufforderung ablehnte, innerhalb von 48 Stunden die November-Verfassung aufzuheben, welche die Eingliederung Schleswigs vorsah, rückten die Verbündeten am 1. Februar 1864 über die Eider. Der Krieg, ursprünglich eine Bundesexekution, hatte begonnen.[389] Für Roon ging es um alles oder nichts: „Durch einiges Ungeschick unsererseits und viel Überhebung und Mißtrauen anderseits brodelt jetzt einmal wieder die kleinstaatliche Hexenküche stinkend auf, getrieben von den unheimlichen demokratischen Dünsten und Dämpfen, die ihrem gesamten Thun und Lassen als Vehikel dienen. Wir werden darauf mit einer verstärkten Rüstung antworten, denn wir sind ganz und gar fest entschlossen, uns nicht majorisieren, noch [...] terrorisieren zu lassen [...]. Besser im Feuer einer kräftigen Aktion stürzen und enden, als vergiftet hinsinken und auch enden."[390]

Nach einem bereits 1862 entworfenen Plan Moltkes sollte die Befestigungsanlage Danewerk durch einen umfassenden Angriff genommen werden, um die Dänen von ihren Rückzugslinien abzuschneiden. Die Österreicher gingen auf dem linken Flügel u.a. nach dem Gefecht bei Jagel am 3. Februar 1864 zwar planmäßig vor, doch der rechte Flügel scheiterte mit seinem Versuch, die Schlei zu überqueren. Weil Wrangel das Eintreffen der Preußen abwarten wollte, verzögerte sich der Vormarsch. Dies ermöglichte den Dänen unter General Christian Julius de Meza die unbemerkte Räumung des Werkes in der Nacht vom 5. auf den 6. Februar, sodass Moltkes eigentlicher Plan hinfällig war. Roon äußerte sich über den Verlauf verärgert, da er den Rückzug des Gegners in seine Schanzen ahnte und wusste, die wie preußischen Truppen darauf zu reagieren hätten: „Wäre es gestern [6. Februar, G. S.-W.], wie beabsichtigt, zu der großen Aktion [der Schlacht, G. S.-W.] gekommen, die die Dänen nicht abzuwarten für gut befunden, wer weiß, wer dann nicht alles zu ähnlichen Zwecken[391] hätte nach Schleswig reisen mögen. Ich bin zwar nicht ganz zufrieden mit dieser Wendung der Dinge [...]. Zwar werden sich die Dänen wohl noch irgend wo stellen, bei Düppel, meine ich, gewiß in einer neuen verschanzten Stellung, aber ein Hauptschlag ist schwerlich noch zu führen."[392]

Ein Großteil der dänischen Truppen ging über Flensburg in die der Insel Alsen vorgelagerten, verschanzten Stellungen bei Düppel zurück, nachdem ihre aufgrund der winterlichen Verhältnisse nur zögerlich nachkommende Nachhut vom I. Korps bei Översee zerschlagen worden war. Der andere, zahlenmäßig schwächere Armeeteil Dänemarks sollte in Jütland verteidigen. Moltke sprach sich klar gegen einen Angriff auf die zehn Schanzen bei Düppel aus, weil er vermutlich zu hohe Verluste einfordern würde. Man solle es bei der scharfen Beobachtung der Schanzen wie auch der Festung Fredericia in Jütland belassen und den Schwerpunkt auf die Besetzung Jütlands legen, da nur hier die vernichtende Wirkung der überlegenen Kräftekonzentration voll zum Tragen käme. Die Bundesexekution beschränkte die militärischen Unternehmungen jedoch strikt auf Holstein und Schleswig. Von einer Eroberung Jütlands war nicht die Rede.

Als Wrangel dort einrücken ließ, erhob Österreich folgerichtig Einspruch gegen ein weiteres Vordringen in Gefilde, die überhaupt nicht zu seiner Interessensphäre gehörten, woraufhin Wilhelm I. den Chef des Militärkabinetts (Abteilung für persönliche Angelegenheiten), von Manteuffel, nach Wien entsandte, um beim Kaiser Stimmung für die gemeinsame Sache zu machen. Berlin musste das Eingreifen Russlands und Englands fürchten – wie schon 1849, als ebendiese Bedrohung die Preußen zum Rückzug gezwungen hatte. Dass sich Dänemark in der Verfassungsfrage unnachgiebig zeigte, bannte jedoch die Gefahr einer ausländischen Intervention. Moltke war mittlerweile von König Wilhelm I. zum Oberkommando nach Flensburg entsandt worden, von wo aus er die Sache besser im Blick behalten und dem König unmittelbar berichten konnte.

Ihm oblag zwar keine operative Führungsaufgabe, aber der Generalleutnant hatte sich mit diesem Zug geschickt in das Zentrum vorgeschoben. In einer Denkschrift vom 22. Februar 1864 ließ Moltke Wilhelm I. wissen: „Der von Preußen und Österreich gestellten Forderung, das Herzogthum Schleswig zu räumen, sind die Dänen nicht nachgekommen. In Folge dessen hat sich auf Schleswigschem Gebiet ein Gefecht entsponnen, welches auf das Jütländische hinüber geführt hat. [...] Was die weitere Okkupation von Jütland betrifft, so ist diese Maßregel militärisch gewiß die richtige."[393] Mit dem Rückzug ihrer Hauptkräfte (23.000 Mann) auf die Düppeler Schanzen, von denen die preußisch-österreichischen Truppen in der Flanke bedroht wurden, und mit dem Rest auf die der Insel Fünen vorgelagerte Festung Fredericia bestand für die Verbündeten keine Möglichkeit mehr, den Feind in einer Umfassungsschlacht zu stellen. Am 1. März – am selben Tag erhielt Generalleutnant Georg Daniel Gerlach den Befehl über die dänischen Truppen – verständigten sich Preußen und Österreicher darauf, den Hauptangriff mit dem I. (preußischen) Korps gegen die Düppel-Alsen-Stellung zu führen, während das II. (österreichische Korps) gegen dänisches Kernland, also Jütland, vorrückte. Gemeinsam mit dem III. Korps wurde Fredericia genommen.[394]

Die Düppeler Schanzen waren eine Befestigungsanlage mit 88 Geschützen, die auf Höhenzügen lag, beiderseits von der See begrenzt wurde und die Übergänge nach Alsen deckte. Die erste Linie von 3,2 Kilometern Ausdehnung bestand aus sieben großen geschlossenen Schanzen (Redouten) und drei kleineren offenen Schanzen (Halbredouten), die durch Gräben verbunden waren. Die unvollständige zweite Linie hatte vier kleinere offene Schanzen (Lunetten). Zwei weitere Schanzen deckten die beiden Schiffsbrücken über den Alsensund nach Sonderburg. Als Hauptschwächen der Düppeler Schanzen galten ihre geringe Tiefe, die erhöhte Geschützaufstellung und der Mangel an beschusssicheren Unterständen. Darüber hinaus bestand ein Nachteil in der Bestückung mit veralteter Artillerie, die den preußischen Geschützen mit gezogenem Rohr unterlegen war.

Mitte März begann das I. Korps mit der Belagerung. Verstärkt, verfügten die Preußen unter Prinz Friedrich Karl im Ganzen über 37.000 Mann, 67 Feld- und 102 Festungsgeschütze, die allerdings nur nach und nach eintrafen, sodass ein massives Feuer durch die Belagerungsartillerie ausblieb. Die Schanzen waren wohl in Mitleidenschaft gezogen worden, die dänischen Geschütze aber zum Großteil in-

Erstürmung der Düppeler Schanzen.

takt geblieben. Nur gelegentlich gestört von dem dänischen Panzerschiff „Rolf Krake" in der Flensburger Förde, zog sich die Belagerung mit allen Vorbereitungen für einen Angriff über einen Monat hin. Roon drängte den Monarchen mit lebhafter Unterstützung Bismarcks und Manteuffels zur Entscheidung eines Frontalangriffs: „Ew. Majestät muß in diesem Feldzuge irgend einen erheblichen Erfolg gewinnen, um den erlangten Respekt im Auslande wie im Inlande nicht nur nicht zu verlieren, sondern in einem solchen Grade zu erhöhen, daß wir dadurch über viele Schwierigkeiten hinweggehoben werden. Ew. Majestät Armee brennt darauf."[395]

Die Erstürmung der als Feldbefestigungen angelegten Düppeler Schanzen erfolgte am 18. April 1864 gegen zehn Uhr morgens und führte schon am frühen Nachmittag zum Erfolg: Bei 263 eigenen Gefallenen und 938 Verwundeten betrugen die dänischen Verluste – die Masse hatte sich nach Alsen absetzen können – 1.400 Tote und Verwundete.[396] Operativ wurde der schnell erfochtene Sieg über die dänischen Besatzungen von den Preußen nicht genutzt, d. h. ein Nachsetzen nach

Alsen, um die entwichenen feindlichen Kontingente zu stellen, blieb aus. Die Situation drohte zu kippen, als das II. (österreichische) Korps weiter in das Landesinnere vorstieß und die Operationslinie überdehnte. Moltke drängte auf die Vernichtung der in Jütland stehenden feindlichen Kontingente – und wurde Chef des Generalstabs der verbündeten Armee. Um den 20. April 1863 bereiteten Wilhelm und der Kronprinz zur Begrüßung der siegreichen preußischen Truppen ihre Reise in den Norden vor. Roon reiste mit und empfing bei dieser Gelegenheit eine neue Anerkennung durch nachstehende Allerhöchste Order: „Sie haben Mir bei der für den Staat so erfolgreichen Neuorganisation der Armee und in der umsichtigen Verwaltung Ihres umfangreichen Ressorts ausgezeichnet wichtige Dienste geleistet und haben somit zu den glänzenden Resultaten, welche ein Theil der Armee auf dem Kriegsschauplatze errungen hat, wesentlich beigetragen. Ich ergreife mit besonderer Genugthuung die Gelegenheit Meiner hiesigen Anwesenheit, um auch Ihnen ein öffentliches Zeichen Meiner Königlichen Anerkennung dadurch zu geben, daß ich Sie zum Chef des Ostpreußischen Füsilier-Regiments No. 33, an dessen Spitze Sie bereits als Commandeur gestanden haben, ernenne. Mögen Sie hierin zugleich einen erneuten Beweis Meines Ihnen gewidmeten persönlichen Wohlwollens erblicken.

Flensburg den 23. April 1864.

Wilhelm“[397]

Unterdessen hatte sich auch die Preußische Marine tapfer geschlagen:[398] Das unter Führung von Kapitän zur See Eduard von Jachmann angelegte und mustergültig durchgeführte Ausfallgefecht vor Jasmund gegen eine Übermacht von 3:5 Schiffen und 43:180 Geschützen am 17. März war ein Achtungserfolg, denn Jachmann entkam dem verfolgenden Feind durch ein beherztes Ausweichmanöver. Im bekannten Seegefecht bei Helgoland am 9. Mai 1864 gelang es dem österreichischen Geschwader unter Kommodore Wilhelm von Tegetthoff mit den Schraubenfregatten „Schwarzenberg“ und „Radetzky“, die dänische Blockade der Deutschen Bucht aufzubrechen, während preußische Kanonenboote vier unter dänischer Flagge fahrende schleswig-holsteinische Schiffe aufbrachten.

Nachdem die Dänen unter dem Druck des III. Korps die Festung Fredericia geräumt und ihre Kräfte auf den Inseln Alsen und Fünen konzentriert hatten, entschloss sich Moltke zum Vernichtungsschlag.[399] Allerdings fehlten dafür abermals die politischen Voraussetzungen, denn ein Vorgehen gegen Fünen war nicht Gegenstand des preußisch-österreichischen Vertrages gewesen.[400] Anders Alsen. Ein auf Betreiben neutraler Staaten ausgehandelter Waffenstillstand vom 12. Mai bis 26. Juli 1864 gab Moltke, der die Zügel nun fest in Händen hielt, die nötige Zeit für Angriffsvorbereitungen. König Wilhelm I. löste auf freundliches, aber bestimmtes Drängen Roons und Manteuffels hin am 18. Mai den verdienten, mit der Operationsführung aber völlig überforderten von Wrangel, den seine Soldaten ob seiner väterlichen Art liebevoll „Papa Wrangel“ nannten, ab und stellte Prinz Friedrich

Karl an die Spitze. Moltke aber, der Fünen gezwungenermaßen in den Hintergrund rücken lassen musste, zog unbestritten die Fäden und konzentrierte das I. Korps unter General Herwarth von Bittenfeld gegen Alsen.

Der Krieg wurde am 28. Juni unter für Preußen günstigen Umständen fortgesetzt. Die Landung glückte, wenn auch unter hohen Verlusten. Bei Sonderburg wurden die Dänen geschlagen, ihre Reste schifften sich nach Fünen ein. Jütland konnte vom II. Korps bis zum Kap Skagen ohne nennenswerten Widerstand besetzt werden, ebenso die schleswigschen Nordseeinseln Sylt, Römö und Fanö. Die Vernichtung des Feindes im Blick, wollte Moltke jetzt endlich auch gegen Fünen vorgehen. Doch die gegnerische Kraft war erlahmt, Hoffnung auf ausländische Hilfe nicht mehr zu erwarten. So entstanden am 1. August 1864 der Präliminarfrieden und am 30. Oktober der Frieden von Wien: Schleswig, Lauenburg und Holstein mussten an Österreich und Preußen abgetreten werden, die jetzt die gemeinsame Verwaltung übernahmen.[401] Roon frohlockte: „Wie dies Alles so glücklich gekommen, das ist Gottes Wille, der den Uebermüthigen in Kopenhagen plötzlich Verzagtheit ins Herz goß, und wenn man die weiteren Nebenumstände kennt, die sich aber zur brieflichen Mittheilung nicht eignen, so muß man Gott doppelt danken."[402]

Die Frage nach der Vorherrschaft im Deutschen Bund war allerdings nicht entschieden, im Gegenteil barg die entstandene Lage neuen Zündstoff, den Bismarck jederzeit zuungunsten Wiens sich entwickeln lassen konnte. Die nicht zu übersehenden Spannungen zwischen den bisherigen Verbündeten mehrten sich, forciert durch Strömungen am Wiener Hof, die antipreußische Regungen verstärkt zur Geltung brachten. Aber auch Bismarck zeigte alle Entschlossenheit, die Macht nördlich der Mainlinie mit oder ohne Österreich für Preußen dauerhaft zu zementieren. Das „Kondominium", am 14. August in Gastein vollzogen, „erwies sich als Provisorium und damit als wenig geeignet, neue Konflikte in der Zukunft auszuschließen".[403] Demgegenüber pflegte Preußen das Geflecht zu Russland – im Juni und ein zweites Mal im Herbst weilte Kaiser Alexander zu einvernehmlichen Unterredungen in Berlin – und Frankreich.

Roon verbrachte im August 1864 einige Tage zunächst als Kurgast in Gastein (nach den dortigen Verhandlungen) und daraufhin in Pommern, um auszuspannen und neue Kraft zu schöpfen, während der König mit Bismarck und Manteuffel in Wien „Feuer hinter die Friedensverhandlungen"[404] machte. Wieder in Berlin, erhielt Roon per Telegramm die Anweisung, sich demnächst mit einer Abordnung in das Lager von Chalons zu begeben. Die Beobachtung dortiger Manöver war eine diplomatisch wohlwollende Geste gegenüber dem französischen Kaiser, um besonderes Einvernehmen mit dem westlichen Nachbarn zu dokumentieren.[405] Der Kriegsminister trat am 26. August seine Reise in Begleitung ausgewählter Offiziere an und wollte bei seinem Abstecher „ins Land der rothen Höschen" (so Roon) auch die Gelegenheit nutzen, in seiner Eigenschaft als Marineminister den Kriegshafen von Cherbourg zu besuchen, wo er nach den abgehaltenen Truppenschauen Anfang

September zu seiner allerdings enttäuschenden Inspektion eintraf. Von gesundheitlichen Problemen geplagt – das altbekannte Halsleiden verursachte ihm immer häufiger ernsthafte Beklemmungszustände –, kehrte er am 11. (oder 12.) September 1864 wieder nach Berlin zurück.

Lediglich unterbrochen von den Feierlichkeiten anlässlich der Hochzeit seines ältesten Sohnes, der als Hauptmann im Generalstab Dienst tat, mit der ersten Tochter Moritz von Blanckenburgs Mitte Oktober, gehörten die nächsten Monate der Demobilmachung.[406] Diese erlaubte es Roon auf längere Frist nicht, sein Ressort zu verlassen, zumal ihm bei eventueller Abwesenheit Bismarcks dessen Vertretung zufiel. Am 16. November 1864 folgte der Austausch von Ratifikationen des Wiener Friedens, und am selben Tag wandte sich König Wilhelm in einem Lobschreiben an Roon: „Der glorreiche Krieg gegen Dänemark ist durch einen ehrenvollen Frieden beendigt. Der zum Kampf berufene Theil meiner Armee hat durch ausgezeichnete und überraschende Thaten neuen unvergänglichen Ruhm sich erworben und dargethan, daß das Heer in allen seinen Theilen und zu jedem Augenblicke Kriegsbereit ist. Andere Theile der Armee haben während fast 1 ½ Jahren mühevollem und anstrengendem Dienste obgelegen und durch die Vollbringung der ihnen gestellten Aufgaben, Ehren und Anerkennung sich erworben, während die Friedensthätigkeit der ihre Garnisonen nicht verlassenhabenden Truppen unablässig auf deren Kriegstüchtigkeit gerichtet war.

Wenn somit die gesamte Armee meinen Erwartungen in allen Stücken vollkommen entsprochen hat, so gebührt Ihnen, dem ich die Pflege dieses Kleinods Preußens übertragen habe, meine vollste Anerkennung für die Art und Weise, mit welcher Sie Ihrem Amte vorstehen, und wodurch das Heer vollständig vorbereitet und ausgerüstet zu den ihm gestellten Aufgaben auszog. Indem ich Ihnen meinen tiefgefühlten Dank für Ihre unablässige Thätigkeit ausspreche, der Ihnen auch für die Thätigkeit gebührt, die Sie der Marine widmen, die, so jung und gering sie auch erst ist, dennoch in Hingebung, Thatkraft und Tapferkeit mit der Land-Armee gewetteifert hat, – verleihe Ich Ihnen, als öffentlichen Beweis meines Dankes und meiner Anerkennung, das Großkreuz meines Rothen Adler-Ordens, das hierbei erfolgt.

Ihr treu ergebener

Wilhelm“[407]

Auch von anderen Seiten empfing Roon Ehrungen: In Frankreich war ihm vom Kaiser das Großkreuz seines Hausordens verliehen worden, und Österreich würdigte den Preußen durch eine (weitere) Auszeichnung sowie ein Handschreiben Kaiser Franz Josephs. Der Freude über das Erreichte schlossen sich im neuen Jahr eingetrübte Anfangswochen an, denn mit seinem Intimus und Mitstreiter auf der konservativen Bank, General Edwin von Manteuffel, kam es zu Irritationen. Manteuffel hatte in seiner sehr vertrauten Stellung als unmittelbarer Ratgeber des Königs das Nebeneinander des Militärkabinetts mit dem Ministerium angestrebt und damit Roons Autorität direkt angerührt, der die Eingaben nicht unwidersprochen lassen konnte. Daraufhin bat Manteuffel um die Entbindung von seinen Pflichten als Kabinettschef. Zwar wurde ihm dieser Wunsch – vorläufig – abgeschlagen, aber als General von Bonin, Kommandierender General des VIII. Armeekorps, starb, strebte Manteuffel als Ersatz nach Kräften diesem Posten zu. Er wandte sich an Roon, der ihn lieber als Kommandierenden General in Holstein sah,[408] und an den König, der abwinkte: Zu viele andere müsse er bei einem solchen Avancement übergehen, und das könne er nicht. Wilhelm I. beauftragte Manteuffel schließlich im Sommer 1865 mit dem Oberbefehl in den Herzogtümern, womit Manteuffel als politisch ambitionierter General und unkalkulierbarer Feuerkopf in Berlin ausfiel. Seine Versetzung wurde unter Beteiligung Bismarcks vorangetrieben, dem Manteuffels politischer Ehrgeiz nicht behagte.[409]

Preußen war nach dem Krieg gegen die Dänen euphorisiert, denn er bedeutete nicht nur einen erheblichen Achtungserfolg nach außen, sondern ganz so, wie Bismarck und Roon wünschten und hofften, wohl auch einen politisch nutzbaren Prestigegewinn nach innen. Mit der Armee hatte damaligem Verständnis gemäß das göttliche Recht der Monarchie gesiegt, und nach Ansicht der Krone würde jede noch so geübte Vorwurfspraxis in künftigen parlamentarischen Auseinandersetzungen mit schwer widerlegbaren Argumenten zurückgewiesen, jedes regierungskritische Ansinnen der Landtagsmajorität ausgehebelt werden können durch Hinweise auf die unbestrittenen Erfolge im Feld. War dies mit Blick auf die im Raum stehende Heeresfrage ein kaum aufzuholender Vorsprung? Würde die Position der Regierung jetzt stärker sein als je zuvor seit den Befreiungskriegen?[410] Man sollte annehmen können, Düppel würde seine werbende Kraft auch im Innern zur Geltung bringen. Doch weit gefehlt, denn die politischen Raufereien mit den Parteiengegnern gingen, nachdem 1864 diesbezüglich ruhig verlaufen war, ein Jahr darauf mit unverminderter Intensität weiter. Während man rasche Übereinkunft in den Verhandlungen um ein Versorgungsgesetz für Invaliden und Hinterbliebene erzielte (was nach dem Krieg nicht weiter verwunderte), drängte die Dienstpflichtvorlage erneut mit aller Heftigkeit in den Vordergrund einer nicht enden wollenden Generaldebatte, die vom 28. April bis 5. Mai 1865 die Nerven aller Beteiligten aufrieb.

Vorab hatte sich Roon in einer der zahlreichen Vorlaufsitzungen angeschickt, Größe und ideellen Wert Preußens in die Waagschale zu werfen, wodurch er zu späteren Zeitpunkten vermeiden würde, den glanzvollen Auftritt der Armee ein Jahr zuvor immer wieder im Munde führen und sich möglicherweise zu allgemeinem Verdruss wiederholen zu müssen: „Lassen Sie mich zum Schlusse der gern gehegten Erwartung Worte geben, daß das im Lande tief empfundene Bedürfnis nach Verständigung bei Behandlung der Vorlage in diesem Hause seinen berechtigten Widerhall finden, dass das Gefühl für Preußens Macht und Größe in diesem Hause stets mächtiger sein möge, als der verderbliche Geist der Parteiungen, als persönliche Sympathien oder Antipathien."[411]

Die gegenseitigen Sticheleien erreichten ihren Höhepunkt am letzten Tag der Debatte, als sich der Abgeordnete Gneist vom linken Zentrum persönlich beleidigender Anwürfe nicht enthielt, die Roon mit Verweis auf dessen „Überhebung" und „Unverschämtheit" erwiderte.[412] Minister und Vertreter zogen sich Ermahnungen durch Vizepräsident von Unruh zu, beide hätten die Grenzen des parlamentarischen Brauches weit überschritten. Erst nachdem Roon und Gneist ihre Worte relativiert hatten, fuhren die Kontroversen in geordneten Bahnen weiter – und geradewegs in die befürchtete Sackgasse. Mit 258 gegen 33 Stimmen votierte die überwältigende Mehrheit des Hauses gegen das Gesetz und damit die dreijährige Dienstzeit.[413] Der Konflikt ging weiter.

Fast vier Wochen später musste die Regierung die zweite Schlappe der laufenden Session verkraften, deren Entstehung noch diffiziler war als die Dienstzeit- und Budgetdebatte. Während diese noch andauerte, brachte Roon am 5. April 1865 in seiner Eigenschaft als Marineminister einen Gesetzentwurf ein, der den außerordentlichen Kredit für die Marineverwaltung und den Ausbau der Flotte anzeigte. Diese hatte ihre Existenzberechtigung nach den Erfahrungen der deutsch-dänischen Kriege 1849 und 1864 voll und ganz unter Beweis gestellt. Besonderes Aufsehen erregte, dass Roon in seiner Begründung mit Bestimmtheit den Willen Preußens unterstrich, im Besitz des Kieler Hafens zu bleiben und darüber hinaus ein „Marine-Etablissement" in der Kieler Bucht einzurichten: die artilleristische Befestigung von Friedrichsort. Die Angelegenheit wurde ausgesprochen problematisch und deswegen außenpolitisch brisant, da die Wiener Hofburg ein Wort mitzureden hatte, wenn der „Partner" dort Ansprüche anmeldete.

Prompt verlangte eine österreichische Note zum Ausgleich für genutzte bzw. künftige militärische Liegenschaften in Kiel die Verminderung preußischer Truppen, die Wilhelm rundweg ablehnte: „Ich kann mich dazu nicht verstehen, da jede Concession an Oesterreich mit neuem Undank und Prétensionen erwiedert wird."[414] Die Diskussionen, die den Landtag Anfang Juni beherrschten, verschoben ihren Mittelpunkt vom Innern aufs Äußere; die Marine gab nur den ersten Akt für eine Generalabrechnung der Linken, insonderheit durch den bekannten Virchow, an „dieser Regierung" und ihrer fehlerhaften Politik. Auch wenn einige Abgeordnete für den Entwurf stimmten, weil sie die Popularität der Seestreitkräfte richtig einschätzten, kam eine Mehrheit nicht zustande. In der Resolution vom 2. Juni heißt es: „Das Haus der Abgeordneten befindet sich nicht in der Lage, dem gegenwärtigen Staatsministerium, welches das verfassungsmäßige Budgetrecht des Abgeordnetenhauses thatsächlich mißachtet, Anleihen zu bewilligen."[415]

Da konnte Roon noch so eindringlich auf den Charakter der Marine nicht nur als preußische Waffe, sondern Teil des gesamten deutschen Verteidigungssystems hinweisen: „Ich bedaure, daß politische Erwägungen so weit gehen können, um eine solche nach meiner Auffassung unerläßliche Vorbedingung für Preußens politische Mission zu verweigern und unmöglich zu machen. Preußens Mittel für

Deutschlands Zwecke zu Deutschlands Heil in Anspruch zu nehmen, das ist das Richtige."[416] Die Debatte schaukelte sich mit gegenseitigen Vorwürfen auf und erreichte ihren Höhepunkt in beleidigenden Äußerungen Virchows an die Adresse Bismarcks, der den Saal verließ und ihm eine Duellforderung zugehen ließ. Roon ergriff für den abwesenden Ministerpräsidenten das Wort und wies die Anschuldigungen zurück. Der Ehrenhandel zwischen Bismarck und Virchow wäre an dieser Stelle nur von nebensächlichem Interesse, wenn daraus nicht eine Plenarsitzung erwachsen wäre, nachdem durch unaufgeklärte Indiskretion die Presse von der Sache erfahren und vor der Öffentlichkeit genüsslich ausgebreitet hätte.

Immerhin ging es um nichts weniger als die Integrität der Minister gegenüber parlamentarischen Angriffen, gegen die sich Roon am 8. Juni 1865 entschieden verwahrte: „Die persönliche Ehre des Mannes ist sein eigenstes, und es giebt keine Macht der Erde, auch nicht die höchste, welche darüber Richter sein kann."[417] Nachdem die Landtagsmehrheit den Staatshaushalt für 1865 abermals nur in verkürzter Form angenommen hatte und dieser vom Herrenhaus erwartungsgemäß abgelehnt worden war, bewegte sich die Regierung wie schon in der vorangegangenen Session in einem verfassungsrechtlichen Vakuum. Roon geißelte die Entscheidungen der Majorität rundweg als Verrat,[418] und Bismarck machte in seiner den Landtag beschließenden Rede am 17. Juni deutlich, wie die Regierung nun weiter zu verfahren gedenke – nämlich so wie bisher, und das hieß: ohne Parlament: „Sie wird, unbeirrt durch feindseligen und maßlosen Widerstand in Rede und Schrift, stark im Bewußtsein ihres guten Rechts und guten Willens, den geordneten Gang der öffentlichen Angelegenheiten aufrecht erhalten und die Interessen des Landes nach außen wie nach innen kräftigst vertreten."[419]

Während Roon im Juni noch den wenig ersprießlichen parlamentarischen Kämpfen beigewohnte hatte, verlebte seine Familie mit königlicher Erlaubnis den Sommer auf dem Erdmannsdorfer Schloss im Erzgebirge. Mit dem Ende der Landtagsperiode konnte auch er sich losreisen, um den Seinen zu folgen. Roon fand für einige ruhige Wochen verdiente Erholung in einem selbst so empfundenen „Schlaraffenleben", bevor ihn einige amtliche Geschäfte in der leidigen, offenen Vormachtfrage nach Regensburg riefen und danach, als er wieder in die Berliner Lebenswellen eingetaucht war, Inspektionsreisen nach Kiel, Sonderburg, Bremerhaven, zum Jadebusen und nach Merseburg führten. Von Ragnit aus nahm er sich an einem Sonntag im Oktober die Zeit für einen Brief an Professor Perthes, in dem er im Gegensatz zu früheren Korrespondenzen keinerlei politische Gegenwartsfragen erörterte, sondern nur Beiläufigkeiten zum Besten gab, so zum Beispiel Anschauungen über Elchwild oder hiesige Feldarbeiterinnen.

Die große Politik, die im Herbst und Winter eine neue, heiße Phase versprach, und in die er wie nur wenige im engsten Zirkel der Berliner Regierungskreise involviert war, spielte keine Rolle und durfte es auch nicht. Roons der bürgerlich-zivilen Außenwelt in die Hand gegebenen Schriftstücke aus dieser Zeit sind bar jeder Verlautbarung politisch-militärischer Informationen und Einschätzungen. Er blieb oberflächlich, bisweilen sogar höchst banal, wohingegen Perthes immer intensiver und staatstragender politisierte. Es mag sein, dass Roon der allzu aufdringlichen professoralen Geschwätzigkeit vorübergehend überdrüssig wurde, denn man gewinnt ohne Weiteres den Eindruck, als habe er den Kontakt zu Perthes in der Phase mannigfacher beruflicher Verpflichtungen und Anspannungen nur höflichkeitshalber aufrechterhalten.[420] Später, nach dem Sieg bei Königgrätz, um Zentnerlasten leichter, wurde er wieder umgänglicher und sparte gegenüber Perthes weder mit Lob noch kleinen Gefälligkeiten.[421]

Königgrätz und die Folgen 1866 bis 1870

Auch nach der erwähnten Einigung von Gastein hatten Preußen und Österreicher keine gemeinsame deutschlandpolitische Linie finden können, obwohl Bismarck seinem österreichischen Amtskollegen Bernhard Graf von Rechberg noch einmal das Angebot einer Machtteilung vorgelegt hatte.[422] Preußen sollte im Norden (Schleswig), Österreich im Süden (Holstein) dominieren. Sogar von einer gemeinsamen Rückeroberung der 1859 verloren gegangenen Lombardei und nicht unerheblichen Geldzahlungen aus Berlin war die Rede gewesen.[423] Ob sich Bismarck allerdings dauerhaft mit einem Arrangement mit dem ungeliebten Nachbarn begnügt hätte, darf füglich bezweifelt werden, denn zu groß waren sein Hunger und sein Wille nach Expansion. Die Wiener Hofburg wähnte sich ihrerseits in Überschätzung ihrer Möglichkeiten in überlegener Position und winkte ab, obwohl ihr außenpolitischer Spielraum infolge anwachsender Staatsschulden immer geringer wurde. Seit 1865 weigerten sich alle namhaften europäischen Bankhäuser, der kaum noch liquiden Habsburger Monarchie neue Kredite zu gewähren. So wurden zuerst die finanzpolitischen Weichen des Krieges zu ihren Ungunsten gestellt, bevor die rüstungspolitischen und diplomatischen Entscheidungen folgten.

Das preußisch-österreichische Verhältnis befand sich also in einem latent gefahrvollen Zustand, die Stimmungen konnten jederzeit kippen.[424] Unverkennbar antipreußische Züge der österreichischen Politik bestärkten Bismarck nun in seiner nicht um jeden Preis konfrontativen Ausrichtung. Die Inbesitznahme ganz Schleswig-Holsteins durch Preußen als conditio sine qua non des gesamtdeutschen Einigungsprozesses zu begreifen, wurde aber Anfang 1866 immer deutlicher. Gegenseitige an Schärfe zunehmende Noten[425] brachten den Ministerpräsidenten dazu, die Frage der Bundesreform wieder zu aktualisieren – scharf kalkulierend, dass Österreich seine Zustimmung natürlich verweigern würde –, die dazu geeignet schien, als legitimes Kriegsziel zu rangieren. Gedanken an einen Feldzug umtrieben Roon und Bismarck, ohne diesen jedoch zu forcieren. Aber die Option einer „militärischen Kraftprobe unter Bedingungen [...], die eine optimale Ausnutzung des Erfolges zugunsten der preußischen Großmacht und des alten Regimes versprachen“[426], rückte in Reichweite. Dass dafür in Berlin – im Gegensatz zu Wien – genug Geld zur Verfügung stand, „giebt unserm Auftreten gegen Oesterreich den nöthigen Applomb, so daß wir hoffen dürfen, man werde auch ohne Krieg, den wir alle nicht wünschen, den berechtigten Forderungen nachgeben“[427].

Die Kriegsfinanzierung in Preußen war seit Sommer 1865 prinzipiell geregelt, in Österreich nicht, und während man dort gezwungen war, aus finanzieller Not heraus abzurüsten, legte Preußen zu. Zudem durfte die preußische Regierung im

Fall einer Auseinandersetzung mit Österreich auf die neutrale Haltung Italiens, Englands und Russlands zählen, sodass vorerst nur Frankreich als Unsicherheitsfaktor blieb, dem Bismarck in einem diplomatischen Handstreich das erwünschte Neutralitätsversprechen doch noch abrang. Und selbst die süddeutschen Staaten, die dynastisch und konfessionell zwar in traditionsreicher Bande mit Österreich verflochten waren, sahen sich längst schon in direkten Abhängigkeiten zum wirtschaftlich dominanten Preußen. Hier schien Bismarcks „Spiel mit den fünf Kugeln" bereits durch, auf das er sich später meisterhaft verstand.

So besaß Berlin zweifellos die besseren Möglichkeiten, wohlwissend, dass der drohende Bruderkrieg alles andere als populär sein würde. Nicht nur in der deutschen Öffentlichkeit regte sich Stimmung dagegen, selbst die preußischen Botschafter in Paris und London tadelten die Politik ihres Chefs, auf den sogar ein erfolgloses Attentat verübt wurde.[428] Zu einem allgemeinen Stimmungsumschwung taugte jedoch auch das nicht. In dieser gespannten Situation brachte die am 15. Januar 1866 eröffnete Landtagssession keine weiterführenden Ergebnisse. Der König lehnte die Vorlage eines neuen Militärgesetzes ab, beließ es bei den alten Gesetzen und der Reform.[429] Nur für die rasche Entwicklung der preußischen Seemacht wurden außerordentliche Mittel beantragt, während der übrige Heeresbedarf wieder im ordentlichen Haushalt eingestellt war. Am 3. Februar vertrat Roon die Marinevorlage und reagierte auf einige Interpellationen. Nachdem der Landtag gegen die Einverleibung Lauenburgs durch Preußen votiert und auch einen Antrag auf eine Adresse an den König zum Ausgleich des Konfliktes im Budgetstreit abgelehnt hatte, erklärte Bismarck am 22. Februar die Schließung des Parlaments für den darauffolgenden Tag mit den (Wilhelm zitierenden) Worten: Das Abgeordnetenhaus sei „nicht dem Frieden, sondern dem Streite zugewandt, nicht den Gesetzesvorlagen, sondern dem Bestreben gewidmet, zu Angriffen auf die Regierung den Anlass auf solchen Gebieten zu suchen, welche die Landesverfassung dem Wirkungskreise der Volksvertretung nicht überwiesen hat"[430].

Was das Parlament offenbar nicht wusste: Am 21. Februar war der Kronrat übereingekommen, dass Bundesreform und schleswig-holsteinische Frage nötigenfalls durch Krieg gegen Österreich entschieden werden müssten, das in fortschreitenden militärischen Vorbereitungen stand. Exakt einen Monat danach fanden Vorbesprechungen über „Rüstungs-Maßregeln" statt, u.a. mit Roon, Alvensleben, Tresckow und Moltke – und zwar in seiner Eigenschaft als künftiger Chef des Generalstabs des Armeekommandos, was bis dato nicht üblich gewesen war. Allerdings erhielt er erst unmittelbar vor der Schlacht bei Königgrätz, am 2. Juli 1866, das Recht zum Immediatvortrag vor dem König.[431] Die Nervosität stieg, als entscheidende Befehle von allerhöchster Stelle zwecks Aufstellung der Armeen immer noch nicht ergingen, man aber jederzeit mit einer österreichischen Mobilmachung zu rechnen hatte. Am 27. März beschloss der Kronrat dann die partielle Einziehung von Reservisten und entsprechende Maßnahmen zur zeitnahen Aufrüstung. Bismarck ließ Roon wissen:

„Es ist sehr zu wünschen, daß der König noch morgen seine definitiven Befehle [zur Teilmobilmachung, G. S.-W.] giebt. Donnerstag wird er nicht in der Stimmung für dergleichen sein.[432] In der Tat unterzeichnete Wilhelm I. am 29. März 1866 die Befehle – schweren Herzens, wie er in einem an Roon gerichteten Billet eingestand: „Ich hatte Ostern ganz vergessen; wäre es noch möglich, den Abgang der Ordres bis Sonnabend zu verschieben? Fragen Sie Bismarck deshalb und schreiben Sie dann Antwort."[433]

Von einer voreiligen Mobilmachung riet indes Moltke dringend ab. Er setzte sich lediglich für eine Verstärkung der in den bedrohten Provinzen befindlichen Truppen, den zusätzlichen Ausbau dortiger Festungen und die Ergänzung der Artillerie auf Kriegsstärke ein. In einer Denkschrift an den König wies er auf die Veränderung der militärischen Verhältnisse nach der Annäherung Bayerns an Österreich hin, nicht so sehr die bayerische Armee betreffend als vielmehr die mögliche Nutzung der Bahnlinie Regensburg–Prag für österreichische Truppentransporte.[434] Es lag auf der Hand, dass Wilhelm nicht leicht dazu zu bewegen war, sich auf einen Krieg mit Habsburg und halb Deutschland (denn auch Sachsen stand zu Wien) einzulassen. Königliches Zaudern bestimmte die Szenerie, für das Roon Verständnis fand. Er schrieb Bismarck am 4. April, er möge sich in die Lage des Königs versetzen, „womöglich in seine Haut und seine ganze Natur, Denk- und Gefühlsweise und sagen Sie selbst, ob es zu verwundern, wenn Er, bei den in Scene gesetzten Intriquen aus nächster Hand, schwankend, unsicher und zweifelhaft wird?"[435]

Während der Monarch in eine Art verspätete Winterstarre verfiel, wurden Bismarck und Roon aktiv; jener in der Politik, dieser im Militärischen. In dieser Phase erfuhr Bismarck jede erdenkliche Unterstützung von den Militärs. Roon hielt eine Auseinandersetzung mit Österreich für unvermeidlich, wenn es partout nicht nachgeben wollte. Für ihn ging es nur noch um den Zeitpunkt des Bruches.[436] Dass dieser Augenblick gekommen sei, glaubte im Frühjahr 1866 auch Moltke. Jedes Zögern würde, so der Generalstabschef, den preußischen Rüstungsvorsprung zunichte machen und zu einer Katastrophe führen. Weil in der Truppenstärke zwischen Preußen und Österreich nahezu Gleichstand herrschte, komme es, wie er Roon am 5. April wissen ließ, nicht auf die absolute Zahl der Köpfe an, sondern wesentlich auf die Zeit, in der sie auf beiden Seiten zur Geltung gebracht würden. Mahnend und warnend gab Moltke an, Preußen müsse tunlichst die Initiative ergreifen, dürfe mit den Bereitstellungen auf keinen Fall später als die Österreicher beginnen, was voll und ganz dem ehernen Grundsatz des „Praevenire" entsprach. Dass man bei jeder Zögerung nur verlieren könne, war ebenfalls Roons feste Überzeugung, der aufs Engste mit Moltke zusammenarbeitete, zu dem Wilhelm I. seit dessen Operationsführung 1864 in ein auch persönlich vertrauensvolles Verhältnis getreten war. Dabei durfte die Mobilmachung nicht erfolgen – denn sie war das unumstößliche Signal zum Kampf –, bevor nicht alle Voraussetzungen für den reibungslosen Truppenaufmarsch gegeben waren.

Moltkes Strategie ging auf seine im Winter 1865/66 für den Fall eines preußisch-österreichischen Krieges ausgearbeitete Denkschrift zurück. Zentraler Punkt war die Vernichtung der feindlichen Streitkräfte im Sinne eines absoluten Krieges unter Nutzung moderner technischer Errungenschaften wie Eisenbahn, Telegrafie und Zündnadelgewehr.[437] Er plante die konkave Heranführung dreier Heeresgruppen zum Schlachtort in Böhmen, die sich dann für eine groß angelegte Umfassung des Gegners vereinen sollten, wobei der Generalstab im Unklaren war, welche Einfallrichtung die Österreicher wählen würden. Davon und ob es gelänge, achteinhalb Armeekorps so lange wie irgend möglich in der Trennung zu halten, bevor sie sich für die Entscheidung rechtzeitig sammeln könnten, hing der Erfolg des Feldzuges ab, dessen Planungen nicht unwidersprochen blieben: zu kühn, zu verwegen, zu gewagt.[438] Moltke aber setzte sich durch.

Noch war Frieden, noch fehlte die Initialzündung. Maßgeblich für den Kriegsausbruch wurden ab Frühjahr 1866 dann jene diplomatischen Ränkespiele, die erst Bismarck hinter dem Rücken der Österreicher und später die Österreicher hinter dem Rücken der Preußen einfädelten. Beide Regierungen hintergingen dabei deutsches Bundesrecht, wobei Berlin den Anfang machte. Doch erwies sich auch jetzt die Überlegenheit der preußischen Realpolitik gegenüber der unsicheren und zaudernden Staatsführung Wiens. Am 8. April 1866 war Bismarck der Abschluss eines gegen Österreich gerichteten, zunächst auf drei Monate befristeten Offensiv- und Defensivbündnisses mit Italien gelungen.[439] Die Allianz mit der italienischen Nationalbewegung, deren Ziel die Rückgewinnung Venetiens war, drohte Österreich in einen Zweifrontenkrieg zu verstricken. Mehr noch zählte der Zeitdruck, in den sich Preußen durch die Vereinbarung versetzt hatte. Mit seinem Bundesreformantrag leitete es bereits einen Tag später vor der Bundesversammlung einen gezielten antiösterreichischen Provokationskurs ein.[440] Zwar rang der neue österreichische Außenminister Alexander Graf Mensdorff-Pouilly weiter um eine Verständigung, doch resignierte auch er angesichts der massiven, unvermindert weitergeführten italienischen und preußischen Rüstungen. Folglich waren die Berliner Stimmungen aufgeräumt: „Unsere Angelegenheiten gehen und stehen gut, und ich zweifle nicht, daß unsre Wege zu erwünschten Zielen führen unter der Voraussetzung, daß Gr. B.'s. Gesundheit [Bismarck litt u.a. an Magenbeschwerden, G. S.-W.] ihn nicht lahm legt. Das freilich hieße nach meiner Ueberzeugung die Schlacht von Kollin[441] zum zweitenmal verlieren, und wir müßten eben uns wie gute Christen bescheiden, daß Preußens Größe nicht in Gottes Plänen liegt."[442]

Wegen dieser Eigendynamik blieb Wien nur noch ein Befreiungsschlag: Während Preußen auf Eskalation setzte und seinen gestaffelten Eisenbahnaufmarsch vollendete, schlossen der österreichische und der französische Kaiser am 12. Juni 1866 einen Geheimvertrag, der die französische Neutralität mit der Abtretung Venetiens an Frankreich auch im Fall des erwarteten österreichischen Sieges über Preußen erkaufte. Beide einigten sich darauf, Österreich und die deutschen Mittel-

Kriegsrat in Gitschin. Von links: König Wilhelm, Moltke, Bismarck und Roon.

staaten auf Kosten Preußens und seiner Verbündeten zu vergrößern und einen neuen Rheinstaat im Deutschen Bund zu schaffen.[443] Bevor der Krieg begann, hatte Österreich bereits auf seine letzte italienische Provinz verzichtet. Nach den Mobilmachungsbefehlen König Wilhelms I. am 5. und 12. Mai 1866[444] war bis Ende Mai der gesamte Personal- und Pferdebestand der Linieneinheiten zu den Truppenteilen überführt worden. Österreich stand mit den vier Königreichen Bayern, Hannover, Württemberg, Sachsen, den Großherzogtümern Baden und Hessen-Darmstadt sowie wenigen kleinen Staaten gegen Preußen, das mit den norddeutschen Staaten Mecklenburg-Schwerin, Mecklenburg-Strelitz, Oldenburg, Sachsen-Weimar, Sachsen-Koburg, Sachsen-Altenburg, Braunschweig, Anhalt, Hamburg, Lübeck, Bremen und einigen kleinen Staaten verbündet war.

Vom 16. bis 23. Mai erfolgte in Kombination von Fußmarsch und Eisenbahntransport die Konzentration des III., IV., V. und VI. preußischen Armeekorps in

Schlesien und in der Lausitz. Teile des VIII. Armeekorps wurden von Trier nach Koblenz verlegt. Ab 23. Mai wurden alle übrigen, inzwischen mobilgemachten Armeekorps in die grenznahen Bestimmungsräume befohlen. In dieser bis zum 5. Juni währenden Periode konnten täglich ca. 40 Truppenzüge abgefertigt werden. Nach der Konzentrierung der aus Landwehr bestehenden Reservekorps vom 6. bis zum 11. Juni war die preußische Armee nach fast störungsfreiem Aufmarsch am 11. Juni vollständig versammelt und zur Führung eines Angriffskrieges bereit. Am selben Tag hatte Wien vor der Bundesversammlung den Antrag auf Mobilisierung der nichtpreußischen Bundestruppen gestellt, um dem gewalttätigen Vorgehen Preußens entgegenzuwirken.[445] Der richtige Zeitpunkt hierfür war indes bereits verstrichen.[446] Denn nach dem Abbruch der diplomatischen Beziehungen zu Wien am 12. Juni und den kriegsauslösenden preußischen Ultimaten vom 15. Juni griffen die Preußen am Tag darauf an. Am 18. Juni erklärte Italien, dem Vertrag mit Preußen folgend, Österreich den Krieg. Zwei Tage später überreichten preußische Parlamentäre den Österreichern „Notifikationen“, aus denen hervorging, dass sich beide Staaten im Kriegszustand befänden. Offizielle Kriegserklärungen erfolgten nicht.[447]

In Europa ging man allgemein davon aus, die „Berliner Wachtparade“ werde dem österreichischen Rivalen im Kampf schnell unterliegen,[448] und selbst die Preußen übten sich in Zurückhaltung. Roon sah sich in den Tagen vor Beginn der Kämpfe als „Seiltänzer, der eine schwere, schwankende, todte Last auf dem Nacken über den Niagara trägt, wissend, daß jedes Fehltreten, Ausgleiten, ja nur ungleichmäßiges Schwanken des zu Tragenden den Sturz in den Abgrund herbeiführen“ werde. Er müsse „bängliches Herzklopfen“ vernehmen beim Blick auf die „Misere der Gegenwart“. Preußen unterhalte zwar „550.000 Mann wohl ausgerüsteter und trotz allen parlamentarischen Haders vom besten Geiste beseelte Truppen auf den Beinen, gewiß genug, um den aus vielen Schlacken und wenig Gold und Silber formirten vielzungigen Goliath umzuwerfen: dennoch können wir – ist es Gottes Wille – geschlagen werden und unterliegen.“[449]

Der Krieg brach mit dem Einmarsch preußischer Truppen in Hannover und Kurhessen aus. Einer Einkreisung der hannoverschen Armee bei Langensalza in Thüringen folgte am 27. Juni das erste größere Gefecht im Westen, in dessen Verlauf die Hannoveraner einen von Moltke nicht geplanten Angriff einer preußischen Abteilung zwar zurückschlugen. Umstellt, musste der blinde König Georg V. von Hannover aber zwei Tage später – unbesiegt – in völlig aussichtsloser Lage kapitulieren; und dies, bevor die süddeutschen Bundeskontingente mobilgemacht worden waren. Dreierlei zeigte das Gefecht bei Langensalza: Erstens verlor die Kavallerie an Bedeutung, da die Hannoveraner Reiter gegen die im Karree aufgestellten, zum großen Teil mit dem neuen Hinterlader ausgerüsteten preußischen Infanteristen weitgehend chancenlos waren. Zweitens verursachten die durch den gezogenen Lauf drallstabilisierten Geschosse der preußischen Zündnadelgewehre weniger unregelmäßige Schusskanäle. Dies begünstigte bei der Versorgung der Verwundeten eine schnellere Wundheilung als bei den bis dahin üblichen stark zerfetzten und zerrissenen Wunden. Drittens bewies das Rote Kreuz bei Langensalza, wozu es fähig war: Bereits während der Schlacht erschienen freiwillige Helfer mit Tragbahren und Leitern und besorgten den Abtransport von Verwundeten aus beiden Lagern, die in eilig eingerichteten, ortsnahen Lazaretten nicht nur von Ärzten, sondern von den ersten Rote-Kreuz-Schwestern fachmännische Hilfe erfuhren.

Die preußischen Divisionen, von nun an „Mainarmee", wurden für weitere Operationen gegen Bayern und das noch in der Formation begriffene VIII. Bundeskorps frei; der Mainarmee gelang es, die getrennten Gegner einzeln zu schlagen. Die Entscheidung aber musste im Osten fallen. Am 15. Juni abends bzw. am 16. Juni früh morgens überschritten die Elb- und eine Division der 1. Armee die Grenze und erreichten Riesa. Die sächsische Armee wich nach Böhmen auf das I. österreichische Korps an der Iser aus. In Sachsen kam es zu einigen Angriffen, und im Süddeutschen gingen Gefechte von Verbänden der Mainarmee gegen die Bayern glücklich für die preußischen Waffen aus.

Unterdessen entschied am 3. Juli 1866 der preußische Sieg bei Königgrätz den Krieg. Königgrätz war der Name einer kleinen veralteten Festung in Nordböhmen an der Elbe. In der Nähe, am westlichen Elbufer, auf einer Fläche von zehn Kilometern Breite und fünf Kilometern Tiefe, ereignete sich an jenem Tag eine der großen Schlachten der Weltgeschichte, die größte des 19. Jahrhunderts. Nach den strapaziösen Rückmärschen der vorangegangenen Wochen hatte der populäre österreichische Feldzeugmeister Ludwig Ritter von Benedek[450] seinen Truppen höher gelegene Stellungen am Westufer der Elbe nahe Königgrätz zugewiesen. Seine Artillerie besaß freies Schussfeld, seine Infanterie- und Kavallerieverbände standen engmassiert und in tiefer Gliederung auf der inneren Linie. Einige Kommandeure hatten die Befehle Benedeks allerdings nicht vollständig befolgt und ihre Truppen eigenmächtig weiter vorn aufgestellt, um die Bistritz-Linie zu halten. Die Bildung starker Reserven und die Nichtbesetzung vorteilhafter Geländepunkte außerhalb der engen Aufstellung deuteten darauf hin, dass sich der österreichische Feldherr keineswegs auf die Defensive beschränken wollte. Vielmehr dachte er, den erwarteten Angriff der 1. preußischen Armee elastisch aufzufangen, mit einem harten Stoß über die Bistritz zurückzuwerfen und schließlich im Rechtsabmarsch die langsam von Norden herannahende Armee des preußischen Kronprinzen mit überlegenen Kräften aufzurollen. Dies entsprach der gängigen Auffassung, dass ein von den äußeren Linien angreifender Gegner erfolgreich nacheinander mit überlegenen Kräften attackiert werden könne.

Zunächst hatte es tatsächlich den Anschein, dass der österreichische Plan aufgehen würde. Moltke ließ die preußische 1. Armee ab acht Uhr im Zentrum auf breiter Front angreifen. Die infolge der ständigen Märsche ermüdeten Soldaten – sie hatten nur zwei bis drei Stunden geschlafen – schleppten sich durch die vom Regen aufgeweichten Getreidefelder bergan in Richtung der zum Teil mannstiefen Bistritz. An deren steilen Hängen erwartete sie das mörderische Feuer gedeckt aufgestellter österreichischer Batterien. Unter großen Verlusten blieb der preußische Angriff stecken. Hinter den durchnässten Preußen lag die Bistritz, über welche die eigenen Geschütze nicht nachkamen – und vor ihnen befand sich im Nebel die österreichische Artillerie. Auch der verzögerte und wenig massierte Einsatz der preußischen Elbarmee unter Prinz Friedrich Karl gegen zehn Uhr auf die linke Flanke der Österreicher und Sachsen brachte keinen Erfolg. Da sich die 2. preußische Armee unter dem Kommando des Kronprinzen an der rechten österreichischen Flanke noch immer nicht blicken ließ, war ein Angriff über beide Flanken nicht möglich.

Die zahlenmäßig noch immer weit unterlegene preußische Armee geriet in eine kritische Lage. Es bestand die Gefahr, dass Benedek mit seinen Verbänden aus den Stellungen hervorbrechen und sich mit Übermacht auf die in den Tälern wartenden Preußen werfen würde. In dieser Situation war kaltblütiges Ausharren gefragt. Als Prinz Friedrich Karl sein Reservekorps zum Angriff beorderte, um die beherrschenden Höhen zu nehmen, griff Moltke ein und verhinderte den unsinnigen Einsatz. Während sich überall der Morgennebel lichtete und die Sonne hervorbrach, löste sich die Schlacht auf der ganzen Breite der Front in zahlreiche Feuergefechte auf, bei denen die Preußen aufgrund ihrer überlegenen Infanteriebewaffnung mit dem Zündnadelgewehr die österreichisch-sächsische Infanterie auf Distanz hielten.

Gegen Mittag sah Benedek die Zeit für eine Entscheidung gekommen. Er wollte endlich angreifen und ließ die Armeereserven nach vorn beordern, um gegen das nach langen Abnutzungskämpfen geschwächte Zentrum der preußischen Aufstellung einen alles entscheidenden Stoß zu führen. Dabei bildeten zwei am rechten Flügel der Österreicher stehende Korps Front gegen die 1. preußische Armee, obwohl ihnen eigentlich wichtige Deckungsaufgaben gegen die vom Norden herannahende 2. preußische Armee oblagen. Als Benedek den Fehler bemerkte, ließ er die beiden Korps aus den Kämpfen herauslösen und wieder ihre alten Stellungen einnehmen. Doch das Gros der Österreicher blieb frontal gebunden. Vor allem im Swieb-Wald wogten die Kämpfe hin und her. Hier wurden 49 österreichische Bataillone mit 120 Geschützen durch 14 preußische Bataillone mit 24 Geschützen gebunden. Dieses Festbeißen starker österreichischer Kräfte vor der eigentlichen Stellung des rechten Flügels lag nicht in der Absicht Benedeks.

Die Gefahr, die bald vom nördlichen Frontabschnitt ausging, wo sich die Armee des preußischen Kronprinzen über aufgeweichte Wege langsam näherte, wurde von ihm dennoch unterschätzt. An seinem rechten Flügel waren die preußischen „Pickelhauben" mit dem Fernglas im gleißenden Licht der Julisonne noch immer nicht auszumachen. Unterdessen hatte Moltke unter Mithilfe der preußischen Elbarmee im Süden seine Angriffe gegen den linken österreichischen Flügel verstärkt. In diese Richtung glaubte Benedek seine Reserven führen zu müssen, um eine Um-

Bei Königgrätz. Zu Pferde von links: König Wilhelm, Moltke, Roon und Bismarck.

fassung der Front und das Abschneiden der Rückzugslinie nach Königgrätz und Pardubitz zu verhindern. So war es kein Wunder, dass die preußische 2. Armee gegen 14 Uhr, nach dem um drei Stunden verspäteten Eintreffen auf dem Schlachtfeld, im Nordabschnitt ohne großen Widerstand den eilig aufgebauten Flankenschutz der beiden österreichischen Korps durchstieß und damit das Blatt wendete. Jedes weitere Vordringen der schnell feuernden Armee des Kronprinzen hätte für Benedek womöglich eine noch größere Katastrophe bedeutet, da der Rückzug der Österreicher über die Elbbrücken abgeschnitten worden wäre.

Die preußische Führung konzentrierte sich jetzt auf den Ausbau des tiefen Einbruchs, den die preußische 1. Garde-Division überraschend im Zentrum der Österreicher bei Chlum erzielt hatte. Plötzlich waren die Preußen vor Benedeks Augen aus den hoch stehenden Getreidefeldern aufgetaucht. Zwar drohte dieser Einbruch die im Mittelabschnitt kämpfenden österreichischen Verbände abzuschneiden, weshalb ihn Benedek unter Einsatz seines I. und VI. Reservekorps abzuriegeln versuchte. Ein tiefer Stoß von Moltkes 2. Armee in den Rücken der Österreicher aber hätte noch viel weitreichendere Folgen gehabt. Da es den beiden österreichischen Reservekorps trotz hartnäckiger, eng massierter Angriffe nicht gelang, die Ausgangslage gegen das Schnellfeuer der preußischen Infanterie wiederherzustellen, blieb schließlich nur die Zurücknahme der österreichischen Front im Zentrum. Dieser Rückzug in Richtung Elbe aber gestaltete sich äußerst diszipliniert. Die österreichische Nordarmee musste sich zunächst von den Preußen lösen und zog sich danach, gedeckt durch ihre vorzügliche Artillerie und den heldenmütigen Einsatz ihrer ständig attackierenden Kavallerie, über die insgesamt zwölf Elbbrücken, darunter sechs Behelfsbrücken, zurück. Erst hier begann sie sich aufzulösen. Da der preußische Stoß im Norden zu kurz angesetzt worden war und die österreichische Front im Süden standgehalten hatte, entging die Nordarmee trotz hoher Verluste (etwa 43.000 Mann) der Vernichtung. Zu einer energischen Verfolgung waren die Preußen aufgrund von Verlusten (etwa 9.000 Mann) und Erschöpfung nicht in der Lage.

Bedenkt man die große Anzahl an Gefallenen, den Schmerz der Verwundeten und das Wehklagen von ringsum Sterbenden, zählt jene Begebenheit, als Bismarck auf dem Höhepunkt und der Ungewissheit der Entscheidungsschlacht Moltke sein Zigarrenetui reichte und dieser mit Bedacht die beste, d.h. am wenigsten beschädigte, für sich auswählte, gewiss zu den makabersten Szenen auf dem Schlachtfeld. Moltke, der sich beim Passieren einer zerschossenen österreichischen Geschützstellung tief erschüttert zeigte, verkannte keineswegs das Leid und Elend, das jeder Krieg mit sich brachte, hielt ihn jedoch (im Hegel'schen Sinne) für eine sittliche Notwendigkeit. Ob Roon, der weniger aus philosophischen Erwägungen, sondern mehr aus seiner religiös-gläubigen Demut heraus Tod und Verderben auf der Wahlstatt höheren Mächten zuordnete,[451] seinem langjährigen Kampfgefährten Bismarck am Nachmittag des 3. Juli im Überschwang des Sieges auf dem Schlachtfeld – wie in den *Denkwürdigkeiten* überliefert – zurief: „Bismarck, diesmal hat uns der brave Musketier noch einmal herausgerissen!“[452], kann sich zugetragen haben oder auch nicht. Einzelne österreichische Artilleriestellungen feuerten noch lange nach der Entscheidung weiter, um den Rückzug der eigenen Armee zu decken. Moltke ordnete an, den ausgelaugten Truppen etwas Ruhe zu gönnen. Der preußische Vormarsch wurde erst am 7. Juli gegen die sich in Richtung Olmütz und dann nach Wien absetzenden Österreicher fortgesetzt. Einen Tag nach der Schlacht meldete sich Roon aus dem Hauptquartier bei Horitz in einem Brief an seine Frau: „Mein theures Weib! Nur wenige Worte: Waldemar[453] sitzt bei mir, frisch und gesund hat Helm[454] gestern nach der Schlacht gleichfalls gesund gesprochen. Unsern kleinen blauen Dragoner habe ich gestern unmittelbar nach einer glücklichen Attacke, voll Glanz und strahlender Freude auf dem lieben Gesicht gesehen – einen Augenblick nur. Zwar war das Geschäft noch nicht ganz beendet, aber der Feind war schon auf der Flucht; es fielen nur noch einzelne Granaten von drüben.

Die Schlacht war im großartigsten Styl, ca. 200 000 M. auf jeder Seite, 1500–1600 Geschütze musizierten. Blutige Verluste auf beiden Seiten lassen sich der Zahl nach noch nicht angeben. [...] Manche Bataillone haben die Mehrzahl ihrer Offiziere verloren. In dieser Beziehung des Entsetzens genug! – Aber Gott hat uns einen glänzenden Sieg gegeben. Der Feind ist aus einer außerordentlich starken Stellung nach 12stündigem hartem Kampfe herausgeschlagen mit schweren Verlusten, ca. 10 000 Gefangene sind in unsern Händen, 40 Geschütze, die ihm abgenommen, habe ich selbst gesehen, andere werden noch aufgefunden werden, mehrere Fahnen, ein ungeheures Material an andern Waffen und Fuhrwerk liegt auf dem meilenweiten Schlachtfelde zerstreut. – Die Verwundeten! Das Herz blutet, wenn man diese Armee auf dem Felde in Waffen liegen sieht und die Unmöglichkeit nicht überwinden kann, die darin liegt, daß man nicht allen sogleich helfen kann. Als ich gestern Abend recht müde hierher ritt, waren unsere Verwundeten meist schon aufgelesen, aber Oesterreicher und Sachsen lagen noch zu Tausenden. Jetzt wird die Fähigkeit unserer Ambulancen wohl auch für sie gesorgt haben. Alle Ortschaften umher sind voll improvisirter Lazarethe, die Johanniter in Verzweiflung, weil sie sich diesen Verhältnissen gegenüber zu schwach fühlen. Gott helfe!

Unsere Truppen haben sich glänzend geschlagen und erwiesen sich als unwiderstehlich. Ueberall, wo sich der König zeigte, jubelndes Hurrah! das nicht enden wollte. Alle Schmerzen und Anstrengungen schienen vergessen. Mit Trommelschlag und Musik ging es brausend weiter. Aber Gott allein sei die Ehre!“[455]

Bei Königgrätz erfochten die Preußen dank ihrer überlegenen operativen Führung und höheren Kampfkraft sowie der Wirkung des Zündnadelgewehrs einen klaren Sieg – mit weitreichenden politischen Folgen. Eine Vernichtungsschlacht aber war es nicht. Da danach die Vereinigung der süddeutschen Armeekorps und eine einheitliche Operationsplanung aufgrund von Kompetenzstreitigkeiten misslang, brach der Widerstand der Süddeutschen rasch zusammen.

Nach der italienischen Kriegserklärung am 18. Juni hatte die italienische Armee unter König Viktor Emanuel II. und General La Marmora den Mincio überschritten, ohne allerdings genug Vorsorge gegen die Österreicher zu treffen, die noch jenseits der Etsch vermutet wurden. Von Erzherzog Albrecht und seinem Generalstabschef John schwungvoll geführt, trat die österreichische Südarmee der italienischen Übermacht jedoch unerwartet am 24. Juni 1866 in der Schlacht bei Custozza entgegen und errang den Sieg. Die moralische Wirkung war erheblich. Auch als nach der Niederlage bei Königgrätz das Gros der Südarmee zur Verteidigung Wiens abgezogen wurde, rückten die Italiener nur äußerst zaghaft nach. Am 20. Juli 1866, kurz vor Verkündung des Waffenstillstandes, war der österreichischen Flotte bei der dalmatinischen Insel Lissa ein großer und abermals unerwarteter Seesieg gegen die in Panzerung und Feuerkraft weit überlegene italienische Flotte gelungen: Der österreichische Flottenchef, Admiral Wilhelm von Tegetthoff, dessen Vater ein gebürtiger Westfale war, hatte das feindliche Feuer mit erstaunlicher Kaltblütigkeit unterlaufen und durch geschicktes Manövrieren seine Schiffe zum Rammstoß angesetzt. Zwei italienische Panzerschiffe waren schwer beschädigt worden. Er selbst hatte mit seinem Flaggschiff, der Panzerfregatte „Ferdinand Max“, das italienische Flaggschiff „Red' Italia“ in den Grund gebohrt. Nach diesem Triumph stellte der Kaiser den Flottenverband aus Kostengründen außer Dienst. Tegetthof selbst zog sich zurück.[456] Die preußische Marine, das sei der Vollständigkeit halber angefügt, trat im Deutsch-Österreichischen Krieg nicht in Erscheinung.

Für die Deutschen bedeutete der preußische Sieg bei Königgrätz die entscheidende Weichenstellung in Richtung einer „kleindeutschen" Reichseinigung. Nach dem Vorfrieden von Nikolsburg (26. Juli 1866) und dem Prager Friedensvertrag am 23. August 1866[457] wurde nun die machtpolitische Neuordnung Deutschlands durch Annexionen und Druck vorangebracht. Bismarck behandelte Österreich maßvoll, da er es noch als Verbündeten für die Zukunft benötigte.[458] Moltke und der preußische König hatten indes einen Schritt weitergehen und in Wien einmarschieren wollen, was der Ministerpräsident mit Erfolg abwenden konnte. Roon, den vollständigen militärischen Triumph im Sinn, dachte wie Moltke: „Wir marschiren dennoch nach Wien oder, – wenn der Feind sich entgegen zu stellen noch einmal wagt –, zu einer zweiten Schlacht. Der Entschluß ist zweifellos richtig."[459] Die Mittel zur Fortsetzung des Krieges waren ohne Wenn und Aber gegeben. So meldete der Kriegsminister seinem König, es stünden dank der Reorganisation fast 700.000 Mann unter Waffen, was gegen zwei Fronten – eine österreichische und eine französische – reichen würde, falls die Politik dies verlange. Mit 200.000 bis 300.000 Mann könne die Armee Preußens operationsfähig am Rhein stehen – und zwar früher als die Franzosen.[460]

Bekanntlich kam es nicht dazu, aber die unterschiedlichen Auffassungen Bismarcks zu Moltke und Roon in der Frage der Vollendung eines Feldzuges besaßen grundlegenden Charakter, denn sie rührten an nichts Geringerem als an die Gegensätze von Politik und Kriegführung bzw. ihrer höchsten Exponenten. Der schroffen Rücksichtslosigkeit, mit der Moltke in frappanter Widersprüchlichkeit zu seinem intellektuell großzügigen Naturell den Gegner in die totale Vernichtung treiben wollte, traten irritierend friedvoll erscheinende Absichten des ansonsten erbarmungslosen, hartherzigen Kraftmenschen Bismarck entgegen, dem Moltkes Niveau stets suspekt blieb.[461] Der General ordnete alle politischen Gesichtspunkte den militärischen unter, sobald der Entschluss zum Krieg einmal gefasst war. In Momenten der eigentlichen praktischen Ausübung des Kriegshandwerks aber hätten die Politik und ihre Vertreter zu schweigen, deren Zuständigkeiten erst dann wieder von Belang wären, wenn die Schlacht geschlagen sei. Um die komplette Wehrlosmachung des Feindes zu erreichen, müssten alle zu Gebote stehenden Mittel angewendet werden.[462]

Für Bismarck hingegen galt der Primat der Politik unausgesetzt auch im Krieg, den er lediglich als ein Hilfsmittel für staatlich verantwortliches Handeln begriff. Und da er nichts mehr fürchtete als eine unkontrollierbare Verselbstständigung der Dinge, forderte er seine unmittelbare Autorität in einer selbstherrlichen Art, die ein feinsinniger Zeitgenosse wie Moltke abstoßend finden musste. Hier prallten zwei gegensätzliche Ansichten aufeinander, wobei die Unterschiedlichkeit der Naturen, denen nur Anstand und Höflichkeit verbaten, ihre jeweiligen Antipathien offen zu bekunden, den Konflikt anheizte, der schließlich 1870 zu einem offenen Streit ausarten sollte. Hier wirkte sich negativ aus, dass die Militärs nur in Feldzugskatego-

Das Kriegsministerium in Berlin.

rien dachten und handelten und nicht das politisch-militärische Ganze erfassten – im Gegensatz zum amerikanischen Kriegsschauplatz, der von der sogenannten *grand strategy* bestimmt wurde und derartige Differenzen von vornherein ausschloss.

Roon, seinem Wesen nach Bismarck eigentlich näherstehend als Moltke, ergriff nach Königgrätz als Militär die Partei des Militärs. Sein unverstelltes, von politischen Nützlichkeiten und Konjunkturen freies Verhältnis forderte von dem Kriegsminister geradezu kategorisch das praktisch Naheliegende und militärisch Machbare. Ein Satz wie der folgende konnte von keinem anderen als Roon stammen: „Ein Feldzug von 4 Wochen mit allem Effekt! Eine promptere Geschäftserledigung kann man doch von alten Männern nicht beanspruchen.“[463] Moltke sah er als strategischen Kopf im Krieg, Bismarck als den politischen Lenker. Sich selbst betrachtete er als Organisator und „Manager“ des Krieges – und forderte daher ein Jahr später die formale Gleichstellung mit dem Kanzler, der wiederum nach den Erfahrungen von Königgrätz seine Einflüsse auf dem militärischen Sektor geltend machen wollte, um dessen Verselbstständigung zu verhindern.[464] Die Spezialisierung hatte zu Höchstleistungen eines jeden auf seinem Gebiet und damit unweigerlich zur Vollkommenheit im Ganzen geführt, auch wenn sich schon die Zeitgenossen eingestehen mussten, von Wankelmütigkeiten und krassen Fehlentschlüssen des österreichischen Gegners profitiert zu haben. Das preußische Dreigestirn erhielt anlässlich der großen Truppenparade am 20. September 1866 sinnfälligen Ausdruck, als Roon, Bismarck und Moltke vor dem König (auf dessen befehlsmäßigen Wunsch hin) einher ritten. Einigermaßen amüsiert nahmen sie einige Monate später die Doktorwürde der Universität Halle entgegen: Sie durften sich nun Doktoren der Philosophie nennen.[465]

Sämtliche ehemaligen deutschen Bundesländer nördlich des Mains, mit Ausnahme von Luxemburg, Limburg (Niederlande) und Teilen Hessens, gingen unter der Führung Preußens im neu gegründeten „Norddeutschen Bund" auf, dem Roon als Mitglied der konservativen Fraktion für den Wahlkreis Teltow-Beeskow-Storkow bis 1868 angehören sollte. Heer und Marine (jetzt „Norddeutsche Bundesmarine" oder „Marine des Norddeutschen Bundes") unterstanden der preußischen Krone, die gemäß der Verfassung Kriege erklären, Friedenschlüsse erzielen und Bündnisse eingehen konnte. Obwohl auch Verträge mit den süddeutschen Staaten in Artikel 4 des Prager Friedens vorgesehen waren, schlossen nur vereinzelt süddeutsche Staaten „Schutz- und Trutz"-Bündnisse mit Preußen.

Planmäßig traf Roon im Gefolge des Königs am 4. August 1866 über Prag und Görlitz wieder in Berlin ein, und schon am nächsten Tag eröffnete Wilhelm I. in eigener Person die Sitzungen des neu gewählten Landtages. Die Lorbeeren von Königgrätz ließen die Konservativen gestärkt aus den Wahlen hervorgehen. „Eben dies, daß die sichtbaren Erfolge der deutschen Politik Bismarcks einen großen Teil der liberalen Gegner umstimmten, schuf die parlamentarische Voraussetzung für diese Politik der Indemnität."[466] Durch den Beschluss vom 14. September erhielt die Regierung diese gewünschte Indemnität, also die „nachträgliche Gutheißung" des Haushaltes, die das faktische Ende des Verfassungskonflikts besiegelte. Auch wurde später das Budget für 1867 verfassungsmäßig festgestellt, sowie den dringenden Anträgen Roons auf eine Solderhöhung der Mannschaften und die Verstärkung der Marine durch Bereitstellung eines Teils der Kriegskontribution entsprochen. Der großartige militärische Sieg befeuerte den von der Regierung herbeigesehnten Meinungsumschwung und war Basis einer innenpolitischen Neugestaltung nach Bismarcks Vorstellungen. An den diesbezüglichen Verhandlungen mit der Landesvertretung beteiligte sich Roon persönlich nur sporadisch. Sein Engagement galt der Demobilmachung und Dislozierung von Heeresteilen in den neu erworbenen Provinzen.

Die neue Einteilung der Armee[467] konnte ohne den bisher üblichen parlamentarischen Lärm vorgenommen werden, worüber Roon, der nach den Anstrengungen der vorangegangenen Monate nachlassenden Elan in sich spürte, Freude und Genugtuung empfand. Namentlich sein hartnäckiges Kehlkopfleiden, das sich hin und wieder in asthmatischen Anfällen entlud, veranlassten ihn zu einem längeren Urlaub. Etwas blumig, aber nicht mal übertrieben, formulierte Perthes die Notwendigkeit einer Erholung seines Freundes: „Die übermenschlichen Anstrengungen, die Ihrem Geiste, und ich möchte hinzufügen auch Ihrem Gewissen, zugemutet worden sind, die Verantwortung, welche sich von Jahr zu Jahr, von Monat zu Monat steigerte, bis sie in den gewaltigen Mittagsstunden des 3. Juli sich in ihrer ganzen Furchtbarkeit vor Ihnen aufstellte; die Fieberglut des Preußenherzens, welche der Sieg und dessen Folgen herbeiführte, haben ihren Körper müde und mürbe gemacht und dadurch Ihrem Geiste sein Werkzeug geschädigt."[468] Roon, man muss es sich vor Augen halten, stand im Augenblick des Sieges von Königgrätz im 64. Lebensjahr.

Begleitet von seiner Frau und der ältesten Tochter Elisabeth nahm er nach Besuchen in Bonn und Zürich Aufenthalt am Genfer See, wo er sich wochenlang in einer Pension mit den Moltkes befand. Der Süden bekam ihm so gut, dass er ernstlich an Überwinterung in Italien dachte. Selbst der König schaltete sich ein, der seinen Kriegsminister über Generaladjutant von Tresckow wissen ließ, „daß Sie nicht an die Rückkehr nach Berlin denken, sondern so lange im milderen Klima verweilen möchten, als dies für Ihre Gesundheit irgend erforderlich erscheine"[469]. In der Körper und Geist durchflutenden alpinen Herbstsonne erwog er sogar den gänzlichen Rückzug von allen Geschäften. Da Wilhelm ihm und seinen Mitstreitern Bismarck und Moltke stattliche Dotationen gewähren sollte, war der Abschied in den Ruhestand eine in jeder Hinsicht verlockende Alternative zum Berliner Stress.

Doch schon Ende November und entgegen ärztlicher Mahnungen trieb es ihn wieder an die Maschine, die in vollem Gang war, seit der Landtag 14 Tage vorher seine Arbeit aufgenommen hatte. Zeitgleich traf auch Bismarck ein, der fortan bestrebt war, – parallel zur dauerhaften Festigung der Macht seiner eigenen Person – den Norddeutschen Bund innerlich zu stabilisieren und auszubauen: „Dieser Bund war die politische Umsetzung einer höchst realistischen Grundeinsicht in den Gang der wirtschaftlichen, der gesellschaftlichen und der politischen Entwicklung, also weit mehr Vollzug dessen, was an der Zeit war, als eine individuell-manipulatorische Schöpfung."[470] Nur hin und wieder beteiligte sich Roon an den obligatorischen Parlamentstagungen, in die scharfe Würze kam, als sich einige Abgeordnete gegen die „Nationalbelohnungen", d. h. Dotationen, für Bismarck und Roon aussprachen, die sie wegen ihrer „früheren Sünden" nicht verdient hätten. Aber natürlich wurde die Genehmigung vollzogen, und am 12. Februar 1867 empfing Roon die nachstehende Königliche Order: „Im Rückblick auf die entscheidenden Kämpfe des vergangenen Jahres, welche dem Preußischen Namen neue unvergängliche Ehren eingetragen haben, wird es den spätesten Geschlechtern unvergessen sein, welchen Antheil Sie an der unübertrefflichen Ausbildung Meines Heerwesens gehabt haben, ohne welche die glorreichen Erfolge des Krieges nicht hätten erreicht werden können. Diesem Ihrem hohen Verdienste habe Ich durch Verleihung einer Dotation von Dreihundert Tausend Thalern eine erneute Anerkennung zu gewähren beschlossen. Der Finanzminister ist angewiesen, diese Summe zu Ihrer Verfügung zu stellen. Es würde Meinen Wünschen entsprechen, wenn Sie diese Dotation, deren Verleihung Meinen und des Vaterlandes Dank besthätigen soll, durch fideicommissarische Anordnungen, zu einem Grund- oder Kapitalbesitze[471] bestimmten, welcher mit dem Ruhme Ihres Namens auch Ihrer Familie dauernd erhalten bliebe.

Ihr dankbarer und treu ergebener König

Wilhelm"[472]

Nach Auflösung des Deutschen Bundes stellte sich die Frage nach dem Verbleib Luxemburgs (Roon nennt sie die „alberne luxemburgische Bombe"[473]), und dies umso mehr, als Frankreich die Gebietserweiterungen und preußischen Waffenerfolge mit großem Misstrauen betrachtete. Der von Frankreich unverhohlen artikulierte Anspruch auf Luxemburg gleichsam als Ausgleich für den erheblichen preußischen Zuwachs wurde von der deutschen Öffentlichkeit landesweit mit Empörung quittiert: Alte Reichslande sollten an Frankreich fallen? Moltke hatte durchaus Pläne für einen Präventivkrieg gegen Frankreich, und Roon ließ an einem beschleunigten Retablissement von Armee und Logistik arbeiten, da auch er die Auseinandersetzung mit dem westlichen Nachbarn für unvermeidlich hielt: „Ich kann als Kriegsminister sagen, ‚ich bin dazu fähig' und muß als Politiker anerkennen, daß der Entscheidungskampf zwischen dem sich spreizenden, cholerisch eifersüchtigen Hahn und dem Adler nur eine Frage der Zeit ist. [...] Ein baldiger Krieg gewährt uns, trotz unsrer Unfertigkeit, mehr Chancen als ein späterer, weil der Gegner noch unfertiger."[474] Doch die süddeutschen Staaten reagierten zurückhaltend, und auch international regte sich Widerstand, sodass beide Parteien auf der Londoner Konferenz vom Mai 1867 zurücksteckten.[475]

Inzwischen war die militärische Organisation des Norddeutschen Bundes fortgeschritten: Mit fast allen norddeutschen Bundesstaaten schloss Preußen Militärkonventionen. Ein einheitlicher, gleichmäßig bewaffneter, ausgerüsteter und ausgebildeter Heeresorganismus mit zentraler Führung ersetzte nun das alte Bundesheer mit seinen zehn zusammengewürfelten Armeekorps. Die Erfahrungen des Feldzuges von 1866 konnten auf vielen Gebieten des Heerwesens angewendet werden, insbesondere die Vervollkommnung des Truppenaufmarsches und die Verbesserung von Verpflegung, Nachschub, Sanität, Trains und Etappe dienten der künftigen Offensivkraft der Feldarmee. Die Organisation von Reserve und Landwehr – das gesamte Bundesgebiet teilte sich jetzt in einzelne Landwehrbezirke – und schließlich der geplante Ausbau der Marine trugen der Steigerung des machtpolitischen Gewichts Rechnung. Der „Flottengründungsplan von 1867" präzisierte den Auftrag[476] einer Marine, deren Oberbefehlshaber der König von Preußen war. Den künftigen Bedarf an Schiffen gab Marineminister Roon in einem Antrag neben der Panzerflotte – drei Einheiten wurden aus England angekauft, drei Panzerfregatten („Großer Kurfürst", „Preußen" und „Friedrich der Große") auf deutschen Werften in Auftrag gegeben – mit neun Korvetten größerer Bauart und acht Avisos an. Die Fortschrittspartei lehnte dies zwar erwartungsgemäß als völlig überhöht ab, die

Mehrheit nahm ihn jedoch an. Auf Bismarcks Drängen hin führte der Norddeutsche Bund und damit auch seine Marine, die mit Kiel und Wilhelmshaven über zwei gut ausgebaute Kriegshäfen verfügte, eine neue Flagge, die in zweierlei Hinsicht die Räson des Ministerpräsidenten spiegelte: Anstelle der verhassten revolutionären Farben Schwarz-Rot-Gold setzte er per Verfassungsdekret die schwarz-weiß-rote Flagge – Preußens Schwarz-Weiß und das Weiß-Rot der Hansestädte, die nach einigen Modifizierungen bis 1921 „Reichskriegsflagge" blieb und auf deutschen Kriegsschiffen wehte.

In mehreren Wahlkreisen als Kandidat aufgestellt, wurde Roon zum Abgeordneten für den Norddeutschen Reichstag[477] gewählt, in dem er Anfang April mehrfach das Wort ergriff, als Debatten um das Bundeskriegswesen anstanden. Nach der Regierungsvorlage sollte die Friedensstärke des Heeres ein Prozent der Bevölkerung betragen und alle zehn Jahre eine Neuordnung erfahren. Diese Positionen standen nicht infrage, aber Ärger verursachte die Forderung nach einer undatierten Festsetzung der Kosten von 225 Talern pro Mann und Jahr, die die Opposition nur bis Ende 1871 zugestehen wollte. Als Bismarck reflexartig mit Rücktritt drohte, fielen auch hier die Schranken (vorbehaltlich des dann zu vereinbarenden Etatgesetzes). Im Vollgefühl der Regierungsüberlegenheit schloss Wilhelm die Sitzungen am 17. April 1867, und die darauffolgende Herbstsession ergab ein ähnliches Bild, als das „Gesetz über die Verpflichtung zum Kriegsdienst" ohne nennenswerte Schwierigkeiten durchging. Nach dem verabschiedeten Heeresverfassungsgesetz meldete Roon nicht ohne Stolz am 20. Oktober seinem in Baden-Baden weilenden König den endgültigen Abschluss der Armeereorganisation. Einen Tag später schon reagierte der sichtlich gerührte Monarch: „Soeben empfange ich Ihr Schreiben von gestern, mit dem Abdruck des nunmehr festgestellten Wehrgesetzes, und fügen Sie den Glückwunsch hinzu, daß endlich nach 8jährigen schweren Kämpfen dies Werk vollendet ist. Wenn ich Ihnen dafür meinen Dank ausspreche, so weiß ich aber auch, wem ich diesen Sieg verdanke, und das sind Sie!

Wenn ich den Weg nachgehe, den dieses Werk gegangen ist, seit unserer ersten Unterredung auf Babelsberg, bis es nun vollendet ist, so siehet man recht klar, wie das Schicksal die Menschen zusammenfügt, um etwas Großes zu schaffen!

Empfangen Sie also nun nochmals meinen herzlichen und tiefgefühlten Dank, für Alles was Sie in den 8 Jahren, mit Hintansetzung Ihrer Gesundheit, geleistet haben, um das so nöthige Ziel zu erreichen. Den größten Lohn haben Sie auf den Schlachtfeldern von 1864 und 66 geerntet, wo die Gesetzlich-unfertige Armée solche Erfolge erfocht! Es ist gewiß ein Ereignis ohne Gleichen, daß eine aus Parhei-Haß verunglimpfte Armée seine Parthei-Gegner so aus dem Felde schlagen mußte!!

Mit treuester Dankbarkeit! Ihr ergebener König

Wilhelm"[478]

Etwa zur gleichen Zeit und nach einem ausgedehnten Urlaub, der ihn und seine Frau in sein Heimatörtchen Pleushagen, wo er seine Kindheitstage wieder aufleben ließ, und zur Milderung quälender Kartharre und Atemnöte nach Lugano führte, nahm Roon das Großkreuz des Badischen Militär-Verdienstordens aus der Hand des Großherzogs von Baden entgegen. In Berlin erkaltete die Lust an seinen Ämtern bedenklich, die ewig gleichgezogene Bahn des Tagesgeschäftes reizte ihn umso weniger, je mehr er über seine dauernden gesundheitlichen Miseren klagte. „In der Politik", schrieb er dem ungleich schwerer angeschlagenen Perthes, „fühle ich mich entsetzlich stumpf, meine Theilnahme für die weitere Entwickelung beschränkt sich auf das Unvermeidliche in meinem Ressort."[479]

Mit dem Ende der Heeresreform sah er auch seine Aufgabe als beendet an, und so verwundert es nicht, wenn er seinen ohnehin erwogenen Rücktrittsabsichten Konturen gab. Am 16. November sandte er eine entsprechende Eingabe an den König, die er mit erschütterter Gesundheit und schwankendem Gemüt begründete: „Nur die tiefschmerzliche Ueberzeugung von meiner seit einigen Jahren immer deutlicher hervortretenden körperlichen Unfähigkeit zu Leistungen, welche dem Dienste und meinem Ehrgefühl genügen könnten, zwingt mich dazu, die früher gehegte Hoffnung aufzugeben, Ew. Majestät meine Dienste bis zum letzten Athemzuge widmen zu können."[480] Wilhelm lehnte mit salbungsvollen Worten ab und gestattete nur eine mehrmonatige Abwesenheit in südlichen Gefilden. Also packte Roon, der als Kriegsminister von General Podbielski und in maritimen Belangen von Admiral Jachmann vertreten wurde, im Dezember die Koffer, um „nach dem großen Europäischen Siechen- und Bummelhaus Nizza", wie er spöttisch anmerkte, aufzubrechen. Seine fade Stimmung wurde zusätzlich eingetrübt durch den Tod von Perthes am 25. November, der Roon zwar nicht fassungslos machte, denn dem Hinscheiden war ein ermattendes Vegetieren vorausgegangen. Aber mit Perthes ging eine treue, reine Seele, die Roons Karriere über Jahrzehnte mahnend und warnend, fördernd und ermunternd begleitet hatte.

So war ihm ziemlich elend zumute, als er mit seinen Damen die Heimat am 30. Dezember über Umwege gen Süden verließ, um sich dort gesundheitlich wiederherzustellen. Dazu gab ihm Wilhelm drei Monate Zeit, falls nötig, auch mehr. Erst von Nizza, dann von Lugano aus hielt Roon in den Genesungsmonaten Kontakt zu Bismarck, Blanckenburg und Hartrott, konnte sich auch nicht ganz von den politischen und militärischen Fachfragen der Zeit lösen (z. B. dem Stand des Sanitätswesens), und an zunehmender Länge und inhaltlicher Intensität seines Schriftverkehrs ist das Wiederaufleben körperlicher Energien deutlich abzulesen. In der Abgeschiedenheit des ausgeruhten und gemäßigten Lebens horchte er in sich hinein und stellte bisweilen ans Existenzielle des menschlichen Daseins rührende Überlegungen an, die einen inwendigen, selbstzweiflerischen Roon bezeugen: „Mir ist sehr abendlich zu Sinne. Die Sehnsucht nach Ruhe erfüllt alle Tiefen meines Herzens und erhält in der Müdigkeit des alten kranken Leibes täglich, stündlich neue Anlässe und Verstärkung. So schlafen gehen wie Freund Perthes, – ja wer das erst fertig gebracht hätte! Das ist das Eine, das Erste, was Noth thut. Aber neben diesem ungewissen Blick in den dunkeln Spiegel der Zukunft ist die Rückschau in die Vergangenheit mit allen ihren Sünden, Verkehrtheiten, Unterlassungen und Übereilungen gewiß nicht sehr erquicklich. Nicht daß ich mich in asketischer Qual darum abkümmerte, – dazu ist meine Natur nicht angelegt –, aber wie viel Zerrbilder, die man einst für Meisterstücke zu halten geneigt war! Wäre ich körperlich rüstiger, ich würde mich versucht fühlen, die Dinge so aufzuzeichnen und darzustellen, wie ich sie einst sah und wie ich sie jetzt sehe. Freilich aber – wer schützte mich dabei vor neuen Mißverständnissen und Irrthümern? Wie viel würde dabei an neuen Selbsttäuschungen mit unterlaufen? Ja! – ‚Alles Wissen ist Stückwerk!' – auch das vom eigenen Denken und Leben."[481]

Nachdem er seinen Aufenthalt um einige Wochen verlängert hatte, kehrte er Ende Mai 1868 mit den Seinen über Venedig nach Berlin zurück, wo sich nicht nur die Familie fortentwickelte (die älteste Tochter Elisabeth heiratete Heinrich von Brauchitsch), sondern auch Roon sich selbst: Am 16. Juni erfolgte die Allerhöchste Ernennung zum Stellvertreter des Bundeskanzlers in allen Heeres- und Marineangelegenheiten. Von April bis Juni führte die preußische Regierung Verhandlungen mit den Königreichen Württemberg und Bayern sowie mit Hessen-Darmstadt und Baden über Militärbündnisse für den Fall eines deutsch-französischen Krieges.[482] Diese sagten ihre Unterstützung zu, wobei der Operationsplan, wie Moltke Roon am 29. Juni zu wissen gab, ausschließlich Sache des Oberfeldherrn sei, also des preußischen Königs. Wer die Details der Abmachungen besieht, erkennt, dass Preußen schon Ende 1868 gut gerüstet war, sollte es zum Äußersten kommen.[483] Im September begleitete Roon, der den nach einem gefährlichen Sturz vom Pferd nur schleppend sich erholenden Bismarck als Stellvertreter ersetzen musste, seinen König nach Schleswig-Holstein, um von Flensburg aus Düppel, Sonderburg und Apenrade zu inspizieren und zu notieren, die Truppen seien stets und „überall vortrefflich".

Im Winter 1868/69 von parlamentarischen Streifzügen weitestgehend verschont, ließ sich der Bundeskriegsminister im Januar bei gestärkter Konstitution sogar zu Jagdausflügen nach Pommern hinreißen. Die aus den Anfangsmonaten des Jahres 1869 stammenden und auch von dort bestellten Korrespondenzen mit Bismarck tragen mitunter etwas komische Züge, bemitleideten sie sich doch fortwährend gegenseitig ob ihres von mannigfachen Krankheiten und vom Lebensalter geschwächten Organismus. So gingen die Monate dahin. Roon wurde 65, schied als nunmehriges Mitglied des Bundesrates als Abgeordneter aus, nahm die Ernennung zum Vorsitzenden des Bundesrates für den deutschen Zollverein sowie die zum Vertreter des Bundeskanzlers in sämtlichen Bundessachen an. In der Folge musste er sich mit solch staatstragenden Fragen auseinandersetzen, ob die Beamten des preußischen Marineministeriums als preußische oder als Bundesbeamte anzusehen seien. Darüber wurde nicht nur ernsthaft debattiert, sondern er, Roon, wollte aufgrund der deswegen entstandenen Auseinandersetzungen sogar seine Entlassung als Staatsminister einreichen.

Erst nachdem Bismarck „Deutsch“, „Norddeutsch“ und „Preußisch“ als Eins ausgab und er seinem Freund und Kriegsminister in der Manier eines Vollblutpolitikers wortreich beibrachte, „daß wir beide und unser allergn. Herr geborne Norddeutsche sind, während vor etwa 170 Jahren unsre Vorfahren sich im höheren Interesse ruhig gefallen ließen, den glorreichen Namen der Brandenburger gegen den damals ziemlich verschollenen der Preußen zu vertauschen, ohne Preußen zu sein“[484], ließ Roon sein Vorhaben fallen. Am 5. Dezember 1869 freute er sich, im Familienkreis den zehnten Jahrestag seiner Ernennung zum Minister seiner Majestät zu begehen, auch wenn ihm die beiden Lungenflügel wieder arg zu schaffen machten. Zu Weihnachten bedachte ihn der König mit einer goldenen, nur zehnfach aufgelegten Siegesmedaille, die er als „Familien-Kleinod von unschätzbarem Werthe“ ins Herz schloss.[485]

Allerdings trügt der Anschein von Langeweile oder „Saure-Gurken-Zeit“. Die Quisquilien, mit denen Bismarck, Roon, Blanckenburg und auch Moltke 1869 um sich warfen, verdeckten die vorhandenen außenpolitischen Spannungen, denn das Grundproblem war nicht beseitigt. Der international wachsende Einfluss Preußens blieb Frankreich stets verdächtig. Andererseits wusste man in Preußen nur zu gut, dass die Franzosen einer Einigung Deutschlands durch Zusammengehen von Norddeutschem Bund und süddeutschen Staaten niemals tatenlos zusehen würden. In diesem zwischen 1866 und 1870 kompliziert erscheinenden Gebilde von innen- und außenpolitischen Kräften und Gegenkräften, Reichsgewalt und Ländergewalt, Reichstag und Landtagen, Nationalgefühl und Partikularismus vermochte Bismarck sein ganzes diplomatisches Geschick und politisches Durchsetzungsvermögen ins Spiel zu bringen.[486] Es war keine Frage, dass sich sein politisches Denken auf die staatliche Einigung der deutschen Länder unter einem starken Kaiser ausrichtete. Dabei verband er nationale Begehrlichkeiten überaus raffiniert mit mahnender Zurückhaltung.

Aber vorerst drängte ein anderer auf neue Etappen. Die Niederlage in der Luxemburg-Frage noch immer vor Augen, trachtete der französische Kaiser Napoleon III. danach, Preußen international zu schwächen, wofür er im Sommer 1870 eine geeignete Gelegenheit zu erkennen meinte. Die Anwartschaft des dem preußischen Hohenzollern-Haus verwandten Prinzen Leopold von Hohenzollern-Sigmaringen auf den spanischen Thron wurde von Frankreich mit Kriegsdrohung beantwortet. Als Chef des Hauses Hohenzollern gab Wilhelm I. seine Einwilligung in die Thronkandidatur, bewegte die Sigmaringer aber kurz darauf mit Erfolg zum Verzicht, um den Konflikt friedlich beizulegen. Damit sah der preußische König die Sache als erledigt an. Nicht aber Napoleon III. Am 13. Juli 1870 übergab der französische Botschafter Benedetti dem in Bad Ems weilenden Wilhelm I. auf der Promenade unangemeldet und daher höchst provozierend jene Forderung, die dem im Hintergrund wartenden Bismarck in ungeahnter Weise zuspielte: Er, der König von Preußen, solle dieser Kandidatur auch künftig nicht zustimmen. Vorher war über den preußischen Botschafter in Paris bereits eine förmliche Entschuldigung von König Wilhelm derart verlangt worden, dass er mit seiner Zustimmung zur Thronkandidatur des Prinzen den Interessen und der Ehre des französischen Volkes nicht habe zu nahe treten wollen. Beides zusammengenommen eine Demütigung, die von einer Großmacht wie Preußen nicht hinnehmbar war.[487]

In einem zur Veröffentlichung bestimmten Telegramm – dem einzigen Aktenstück in der Vorgeschichte des Deutsch-Französischen Krieges – wurde Bismarck von der entschieden ablehnenden Haltung des Königs benachrichtigt. Noch am späten Abend ließ der preußische Ministerpräsident das Telegramm als „Emser Depesche" in verkürzter und verschärfter Form veröffentlichen, deren zweiter (und letzter) Satz alles Weitere entschied: „Seine Majestät der König hat es darauf abgelehnt, den französischen Botschafter nochmals zu empfangen, und demselben durch den Adjutanten vom Dienst sagen lassen, daß Seine Majestät dem Botschafter nichts weiter mitzuteilen habe."[488]

Damit nötigte er den französischen Kaiser nach Maßgabe damaligen Verständnisses zur Kriegserklärung, die von den Franzosen allenthalben forciert worden war. Österreich blieb neutral. Am 14. Juli, nachmittags um drei Uhr, befahl Napoleon III. die Einberufung der Reserven. Im Gegenzug sprach König Wilhelm I. in der Nacht vom 15. auf den 16. Juli die Mobilmachung des gesamten Norddeutschen Bundesheeres aus. Roon gab später in Gesellschaften gern zum Besten, in seiner Amtszeit selten so wenig gearbeitet zu haben wie in diesen beiden Wochen zwischen Mobilmachung und Krieg.[489] Die Aufmarschmaschinerie sei so reibungslos gelaufen, dass die Büros des Kriegsministers nicht eine einzige Anfrage der Generalkommandos hätten beantworten müssen. Viele Offiziere und amtierende Generale mussten kurzfristig aus ihrem Urlaub, zum Teil aus dem Ausland, geholt werden, und Roon veranschlagte für die volle Kriegsfähigkeit des Bundes lediglich einige Tage: „Wenn uns die Kerls nur noch diese Woche in Ruhe lassen, so wollen wir ihnen in der nächsten die rothen [Hosen, G. S. W.] stramm zu ziehen versuchen, und nicht aufhören bis – doch keine Großsprecherei! Ich rede ja auch blos von unserm guten Willen."[490] Die französische Hoffnung auf Zurückhaltung der süddeutschen Staaten erfüllte sich nicht, denn am 16. Juli ließ der bayerische König Ludwig II. seine Truppen mobilmachen, die er drei Tage später dem preußischen Kommando übergab. Baden und Württemberg schlossen sich an. Als die offizielle Kriegserklärung[491] am 19. Juli 1870 in Berlin eintraf, waren die Vorbereitungen zur kriegerischen Auseinandersetzung beiderseits weitgehend abgeschlossen. Roon war fest davon überzeugt, dass die Franzosen dem preußisch-deutschen Kontingent nicht zuvorkommen würden.[492]

Der Kern des französischen Heeres bestand seit seiner Umstrukturierung von 1868 zwar aus erfahrenen Soldaten, der Ausbildungsstand der Reserven war jedoch dürftig. Nimmt man Fälle von Korruption und desolater Organisation hinzu, so dürfte die Kriegsbereitschaft der Franzosen insgesamt nicht sehr hoch anzusetzen gewesen sein. Demgegenüber standen auf deutscher Seite eine in Jahren gewachsene Kampfkraft und Kriegsbereitschaft der einzelnen Truppenkontingente und v. a. das Gefühl moralischer Überlegenheit, nun endlich zusammenzufügen, was zusammengehörte („Schwaben und Preußen Hand in Hand; Der Nord, der Süd – ein Heer! Was ist des Deutschen Vaterland? Wir fragen's heut' nicht mehr!"). Vor seiner Abreise (und vier seiner Söhne sowie eines Schwiegersohns) versammelte Roon die Familie zu einer traulichen Feier, um an der Mittagstafel, an der „von einer weinerlichen und weichen Abschiedsstimmung [...] ebenso wenig etwas zu spüren (war), wie von übermütigem Siegestaumel"[493], ein ums andere Mal ein Hoch auf die Scheidenden und Zurückbleibenden auszubringen. Aber seine „häuslichen Angelegenheiten" hatte der Kriegsminister schon geordnet, und die Rechnungen waren auch bezahlt, außer der letzten für eine Champagnerlieferung, die er an Ort und Stelle in Reims zu begleichen gedachte, „wie er es auch wirklich gethan hat"[494], wie sein als Feldprediger mitreisender Schwager Rogge bestätigte.

Deutsch-Französischer Krieg[495] – und Sieg in Roons 50. Dienstjahr

„Morgen dampfen wir gen Mainz, in dessen Umgebung dann eine hübsche Armee vereinigt sein wird. Eine schönere und versprechendere sah Deutschland nie."[496] Mobilmachung, Aufmarsch und Verladen der Truppen per Eisenbahn verliefen mustergültig. Das Kräfteverhältnis zu Beginn des Krieges betrug 567.000 Mann (Soll) und 4.000 Geschütze (Hinterlader mit gezogenem Rohr sowie „Mitrailleusen", Vorläufer der Maschinengewehre) auf französischer und 1,186 Millionen Mann sowie 3.050 Geschütze (Hinterlader mit gezogenem Rohr) auf deutscher Seite, zusammengefasst in drei Armeen und einer Reserve: Die 1. Armee (VII., VIII. preußisches Armeekorps und 3. preußische Kavallerie-Division) unter General der Infanterie von Steinmetz[497] stand bei Trier, die 2. Armee (Gardekorps, III., IV., IX. X. und XII. preußisches Armeekorps sowie 5. und 6. preußische Kavallerie-Division) unter Prinz Friedrich Karl südlich von Mainz und die 3. Armee (V. und XI. preußisches Armeekorps, I. und II. bayerisches Armeekorps, 4. Kavallerie-Division sowie je eine württembergische und badische Division) unter dem Befehl von Kronprinz Friedrich Wilhelm von Preußen im Raum Germersheim-Landau mit Hauptquartier in Karlsruhe. Moltke ging von einer französischen Offensive aus dem Raum Metz/Straßburg in das Maintal mit Vormarschrichtung Böhmen aus („Rache für Sadowa", wie die Franzosen die Schlacht bei Königgrätz nach einer in der Nähe gelegenen kleinen Ortschaft nannten), vor allem, um den Norden Deutschlands vom Süden zu trennen. Das vermutete Ziel: ein Separatfrieden mit dem Süden, um sich danach mit freiem Rücken gegen den Norddeutschen Bund und die Hauptmacht Preußen zu wenden. Ob die Franzosen in Anbetracht des gänzlich unfertigen Zustandes ihrer Truppen und der chaotischen Verhältnisse beim Aufmarsch tatsächlich dazu in der Lage gewesen wären, sei dahingestellt.[498]

Dass sie aber ihre Möglichkeiten völlig überschätzten, das national begeisterte und von Aussichten auf die ersehnte Einheit angeheizte Deutschland spalten zu können, darf hingegen als gesichert gelten. Moltke beabsichtigte gegen diese (tatsächliche und alternativlose) Planung, durch Zusammenfassung aller Kräfte im Zentrum der angenommenen Front die französische Hauptmacht nahe der Grenze am Durchbruch zu hindern, dem Gegner gegebenenfalls nach Norden oder Süden auszuweichen, ihn in seinen Flanken zu fassen, von seinen rückwärtigen Verbindungen abzutrennen und dann gegen Paris eng gestaffelt vorzugehen. Würde man zur Offensive übergehen können, wollte er den Feind, idealerweise grenznah und unter der Voraussetzung numerischer Überlegenheit, in einer Entscheidungsschlacht stellen und danach Paris besetzen. In treffender Einschätzung der inneren Verfassung des Feindstaates fürchtete Moltke das Aufbegehren französischer Patrioten und einen dauerhaften Kleinkrieg, auf den Deutschland in keiner Weise vorbereitet war. Würde die von dem deutschen Generalfeldmarschall angestrebte Entscheidungsschlacht nicht stattfinden, könnte die Situation kritisch werden.

Der Kampf begann am 2. August[499] mit einem Vorstoß des II. französischen Armeekorps (die Franzosen bezeichneten ihre Korps zwar mit arabischen Ziffern, sie erhalten hier aber der Einheitlichkeit wegen römische), das Teile des VIII. preußischen Armeekorps aus Saarbrücken verdrängte, dann aber zur Überraschung der Deutschen aufgrund eklatanter Versorgungsengpässe verhielt. Um diese günstige Situation zu nutzen, galt es für Moltke nun, alle drei Armeen zur Entscheidungsschlacht herbeizuführen, was einige Koordinationsprobleme in sich barg. Später als geplant, marschierte die 3. Armee auf dem linken Flügel vor. Am 4. August kam es zum glücklichen Gefecht bei Weißenburg. Noch ehe der französische Marschall MacMahon dort weitere Kräfte heranführen konnte, wurden seine Truppen in einer für beide Kontrahenten verlustreichen Schlacht am 6. August bei Wörth geschlagen, nachdem Preußen, Bayern und Württemberger in einem Flankenangriff den elsässischen Ort erstürmt hatten.

Die anschließende Verfolgung der sich auf Reichshofen zurückziehenden Franzosen durch Kavallerie – die Infanteristen waren nach kräftezehrenden Fußmärschen und Kämpfen zu schwach – war nicht zwingend. An jenem Tag drängten auch Teile der 1. und 2. Armee bei Spichern ihren Gegner zurück, ohne dass es zu der von Moltke beabsichtigten Operation gegen das feindliche Hauptkontingent, die von Napoleon III. befehligte „Rheinarmee", kommen konnte. Die Lage gestaltete sich zusehends unklarer, die Fühlung mit dem Gegner ging auf ganzer Front verloren. Gerade die Führung der 1. Armee hatte mit ihrem eigenmächtigen, improvisierten Handeln Moltkes Absichten zunichte gemacht. Für die deutschen Truppen erwiesen sich diese ersten Treffen, aus Vorpostengefechten entwickelt und durch übertriebenen Ehrgeiz der Heerführer eher zufällig zustande gekommen, als ausgesprochen verlustreich. Gerade das französische Chassepot-Gewehr mit seiner gegenüber dem Zündnadelgewehr überlegenen (theoretischen) Schussweite von über 1.200 Metern zeigte eine zerschmetternde Wirkung auf die in Kolonnen stürmenden Angreifer. Artillerie sowie die qualitative und quantitative Überlegenheit der Deutschen gaben letzthin den Ausschlag für die Erfolge bei Wörth und Weißenburg. Die französischen Heeresteile gingen nach ihren Niederlagen auf Châlons-sur-Marne und die Hauptkräfte auf Metz zurück.

Moltke musste die Vereinigung der beiden französischen Armeen unter MacMahon und Marschall Bazaine unbedingt verhindern. Er plante nun die südliche Umgehung von Metz und das Abdrängen des Gegners nach Norden. Angesichts des tastenden Vormarsches der drei deutschen Armeen – die Feindfühlung war verloren gegangen – traf indes das französische Oberkommando, das Kaiser Napoleon III. am 12. August Marschall Bazaine übertragen hatte, keinen festen Entschluss.

Friedrich Wilhelm, Kronprinz von Preußen, während des Deutsch-Französischen Krieges.

Moltke konnte nun wieder zu seiner ursprünglichen Planung zurückkehren, Metz in südwestlicher Richtung zu umgehen, weiter nach Westen vorzustoßen, den Gegner zu überflügeln und schließlich die Umfassung des Feindes zwischen Mosel und Maas vorzubereiten: voran die 3. Armee, der sich nordöstlich versetzt die 2. Armee anschloss, während die 1. Armee mit der Aufgabe betraut war, vor Metz Halt zu machen und die Bewegungen des Feindes zu beobachten. Wiederum kam es nun zu überhasteten Aktionen der Deutschen, die die Absichten Moltkes konterkarierten. Die eigentlich völlig unnötigen Schlachten bei Colombey/Nouilly am 14. August gegen sich zwar weiter zurückziehende, aber zahlenmäßig überlegene Franzosen trugen den Angreifern mehr als 5.000 Mann Verluste ein und verzögerten den Vormarsch im Rahmen der Umfassungsschlacht. Roon überkam eine böse Ahnung: „Die Schluß-Entscheidung des Krieges ist nicht erfolgt, sein nahes Ende daher noch nicht abzusehen.“[500]

Am 15. August wurden mehrere Armeekorps unter dem Befehl von General von Alvensleben über die Mosel nach Westen entsandt. Die übrigen Korps der 1. und 2. preußischen Armee folgten dichtauf. Die Spitze der vorrückenden preußischen Truppen bildeten am nächsten Tag das X. Armeekorps, die 5. Kavallerie-Division und deren vier reitende Batterien unter Major von Körber. Dahinter folgte die 9. Brigade (Leib-Regiment, Infanterieregiment 48 und Jägerbataillon 3) unter Führung von General von Döring. Diese Brigade stieß schon nach kurzer Zeit im Wald von Rezonville auf abrückende französische Kräfte.

Die Soldaten des 48. Infanterieregiments und des 3. Jägerbataillons gerieten in den Angriff des Korps des französischen Generals Vergé im Wald bei Vionville. Die Preußen mussten weichen; auch das zur Entlastung vorgeschickte Leibregiment wurde unter großen Verlusten zurückgeschlagen. Die Franzosen griffen weiter an. Ihre Überlegenheit machte sich immer bemerkbarer, sodass auch die ersten Bataillone der nachfolgenden 10. preußischen Brigade in den Strudel des Rückzuges gerissen wurden.

Die gesamte 5. preußische Division (General von Stülpnagel) war bereits zersprengt, als die 6. preußische Division das Schlachtfeld erreichte. Unter dem Schutz ihrer Artillerie griff sie mit ihren beiden Brigaden südlich der Straße Metz–Verdun an. Jetzt mussten die Franzosen ausweichen. Das Dorf Vionville und sein energisch verteidigter Kirchhof wurden vom Füsilierregiment 45 erobert. Die Franzosen saßen aber noch immer auf den Hügeln des Dorfes, weswegen General von Buddenbrock, der Divisionskommandeur, den Sturm befahl. Die Preußen griffen wie auf dem Exerzierplatz in Kolonnen an, mit der Folge, dass an diesem Vormittag fast alle Offiziere der Regimenter im französischen Abwehrfeuer fielen oder verwundet wurden. Unteroffiziere übernahmen das Kommando über die Kompanien. Die Truppen blieben im Angriff, nahmen das Höhengelände und erbeuteten ein Geschütz, womit die Verbindung zwischen 6. und 5. Division hergestellt war. Doch die Franzosen gaben nicht auf. Sie trotzten jedem weiteren Angriff, und ihre Geschütze rissen die angreifenden preußischen Regimenter immer weiter auseinander. Auch die zur Attacke angesetzten Gardedragoner und Totenkopf-Husaren meldeten schwere Verluste.

Der Geschützdonner ließ nicht nach, stellenweise gingen die Franzosen sogar zum Gegenangriff über. Bazaine führte nach und nach die Masse seiner Armee auf das Schlachtfeld. Der Marschall setzte schließlich seine Gardekavallerie zum Angriff an, um die Entscheidung zu erzwingen. Diese Regimenter trafen auf die preußischen Infanterieregimenter 12 und 52, die sich auf die Attacke vorbereitet hatten und sich in guten Stellungen verschanzen konnten. Ihr Feuer zersprengte den französischen Kavallerieangriff und trieb die Reiter in die Flucht. Die sofort nachsetzenden Preußen gönnten den zurückgehenden Franzosen keine Atempause. Selbst das Hauptquartier des Marschalls Bazaine wurde überrannt und er selbst konnte sich nur mit knapper Not der Gefangennahme entziehen.

Wenn sich bei Vionville die Schlacht zugunsten der Preußen entscheiden sollte, so war die Lage auf dem linken Flügel des III. Armeekorps genau umgekehrt. Hier konnten die an Menschen und Material überlegenen Franzosen Erfolge erzielen. Da das nachfolgende X. preußische Armeekorps noch nicht herangekommen war, befahl General von Alvensleben den Einsatz seiner letzten Reserven, um den völligen Zusammenbruch seines linken Flügels zu verhindern. Die Kavalleriebrigade des Generals von Bredow, das Kürassierregiment 7 und das Ulanenregiment 16 sollten diesen Angriff führen. Es war etwa 14 Uhr an diesem 16. August 1870, als die Schwadronen gegen die Wälder von Tronville vorritten. Die französischen Batterien wurden in kühner Attacke genommen, die Bedienungsmannschaften niedergeritten, die französische Infanterie zersprengt.

Dann aber griffen die Kürassiere des französischen Marschalls Bazaine ein. Ein erbitterter Reiterkampf entwickelte sich, in dem von keiner Seite Pardon gegeben wurde. Der Kampf der Kavallerie-Schwadronen währte bis zum späten Nachmittag. Die Verluste auf französischer und preußischer Seite waren gleich groß. Doch allmählich zahlte sich die Disziplin der Regimenter unter General von Bredow aus. Die Franzosen gaben auf und überließen die Chaussee den Preußen.

Als die Reiterschlacht beendet war, fehlten 18 preußische Offiziere und von den Reitern jeder dritte Mann. Sie lagen tot unter ihren Pferden. Inzwischen hatte sich die Lage zugunsten des III. preußischen Korps verändert. Die Voraustruppen des VIII., IX. und auch des X. Armeekorps erschienen von allen Seiten auf dem Schlachtfeld. Die 19. und 20. Division des X. Armeekorps näherten sich Mars-la-Tour, voran die 38. Brigade des Generalmajors von Wedell. Die Brigade marschierte mit dem 57. Regiment (Oberst von Cranach) voran durch das brennende Mars la Tour. Dicht dahinter folgte das 16. Regiment (Oberst von Brixen), während die linke Flanke das 1. Garde-Dragoner-Regiment (Oberst von Auerswald) deckte. Als die Brigade durch das brennende Dorf nach Nordosten weitermarschierte, schlug ihr vernichtendes Feuer des I. französischen Korps entgegen.

In diesen Nachmittagsstunden starben 72 Offiziere und 2.542 Mann. General von Voigts-Rhetz, Kommandierender General des X. Armeekorps, befahl sofort nach Erhalt dieser Hiobsbotschaft den Angriff aller erreichbaren Kavallerieregimenter gegen die gut ausgebauten Stellungen des französischen I. Korps (General de France). Das 1. Garde-Dragoner-Regiment griff die Franzosen aus westlicher Richtung an. Die Dragoner warfen sich todesmutig gegen die Feinde und gaben trotz größter Verluste nicht auf. Auch nachdem fast alle Eskadronschefs und der Regimentskommandeur gefallen waren, hielten sie noch stand, bis sich die im Eilmarsch von Süden herangekommene Brigade des Generals von Barby (Kürassierregiment 4, Ulanenregiment 13, Dragonerregiment 19) einschaltete.

Die Brigade umritt Mars-la-Tour und stellte sich an der nach Westen führenden Straße zur Attacke bereit. Nachdem noch das Husarenregiment 10 und das Dragonerregiment 16 eingetroffen waren, erfolgte der Angriff gegen die nördlich von

Mars-la-Tour postierten französischen Brigaden. Es gelang zwar nicht im ersten Ansturm, den Gegner zu werfen, da er geschickt seine infanteristische und besonders artilleristische Überlegenheit ausnutzte. Als dann die französischen Garde-Dragoner die vorpreschende Brigade Generals von Barby von hinten in Bedrängnis brachten, schien sich die Schlacht zugunsten der Franzosen zu entwickeln. Doch die mittlerweile an den rechten Flügel herangerittenen Dragonerregimenter 4 und 13 blieben standhaft, sodass sie einen Rückhalt für die schwer bedrängten Nachbarregimenter bildeten.

Jetzt machte sich ganz überraschend der Angriff des 2. preußischen Garde-Dragonerregiments aus Nordwesten bemerkbar. Die Gardedragoner ritten gegen die offene Flanke der Franzosen, die nun endgültig auswichen. Das Schlachtfeld bei Vionville und Mars-la-Tour war zweifellos erobert worden, und der „Todesritt der Brigade Bredow" wurde als Inbegriff deutschen Draufgängertums später propagandistisch weidlich ausgeschlachtet. Doch der Blutzoll war ungeheuer hoch. Deswegen sprachen die Franzosen nachher nicht ganz zu Unrecht von einem Abwehrerfolg. Das Gros der französischen Rheinarmee musste nicht nur bei Vionville und Mars-la-Tour, sondern auch bei St. Privat und Gravelotte am 18. August schwere Niederlagen hinnehmen. Aus zwei verschiedenen Gründen sind die beiden letztgenannten Schlachten erwähnenswert: Bei St. Privat stießen die Deutschen nicht etwa auf fliehende Truppen, sondern auf die feindliche Hauptfront, sodass sich ein Frontalgefecht entwickelte, in dem das Chassepot-Gewehr auf die in Kolonnen Angreifenden abermals verheerend wirkte. Die Sachsen brachten hier die Entscheidung. Das Treffen bei Gravelotte fand mit verkehrter Front statt, d. h. die Franzosen standen mit fünf Korps in Frontrichtung Westen, die Deutschen mit acht Korps nach einer Rechtsschwenkung zunächst nach Norden und dann nach Osten. Bazaines Rückzugswege waren abgeschnitten, sodass die Franzosen ihre Einschließung in der Festung Metz durch die deutsche 1. Armee und Teile der 2. (insgesamt ca. 140.000 Mann und 550 Geschütze) hinnehmen mussten.

Die deutsche Offensive konnte sich nun zwar voll auf den noch im Feld stehenden anderen französischen Heeresteil konzentrieren, doch zur weiteren Belagerung wurden deutsche Kräfte gebunden, die beim geplanten Vorrücken auf Paris fehlten. Es musste umstrukturiert werden: 150.000 Mann unter Prinz Friedrich Karl verblieben zur Belagerung bei Metz, drei Korps der etatmäßig starken 2. Armee wurden zur Bildung einer 4., der Maas-Armee unter dem Kronprinz von Sachsen, abgezogen, während die 3. Armee bereits im Vorgehen begriffen war. Auch nach den ersten Schlachten war und blieb der grundlegende Gedanke von Moltkes Operationsführung der Vormarsch auf Paris, wobei der Schwerpunkt auf dem linken Flügel lag, um den Feind von der Hauptstadt weg an die nördliche Grenze zu drücken.

Die Franzosen standen unter erheblichem Handlungszwang. Der Pariser Ministerrat erwartete nach wie vor den Durchbruch der Truppen Bazaines und zur Vereinigung der beiden Armeen die Annäherung MacMahons an Metz. Auf den gewagten Flankenmarsch des Franzosen antwortete Moltke mit einer exakten Rechtsschwenkung der 3. Armee. Nach einem Begegnungsgefecht bei Beaumont am 30. August, in dem das V. französische Korps über die Maas zurückgeworfen wurde, war MacMahon bei Sedan von drei Seiten bedroht und stand darüber hinaus mit dem Rücken zur belgischen Grenze, sodass die erhoffte Vereinigung völlig illusorisch war. Bazaine unternahm seinerseits nur zaghafte Versuche, MacMahon zu unterstützen.

Bei Metz fand nichts statt, was sich auf den übrigen Kriegsverlauf zwingend auswirkte; so kam es nur zu Ausfallgefechten bei Noisseville am 31. August. Doch in der Überzeugung, keinen Durchbruch erzielen zu können, ließ Bazaine seine Truppen am 1. September wieder in die Festung Metz zurückkehren. MacMahon blieb indessen keine andere Wahl, als den Kampf seiner moralisch bereits schwer angeschlagenen Truppen gegen den überlegenen Gegner anzunehmen. Das deutsche Hauptquartier nahm hingegen an, dass sich die Franzosen in einer solch ungünstigen Lage kaum einer Schlacht stellen und unter allen Umständen versuchen würden, sich aus der Umklammerung notfalls durch Ausweichen über die belgische Grenze zu befreien. Da Moltke jedoch Sedan beiderseits umfassend vorgehen ließ – die Maas-Armee von Osten, die 3. Armee von Süden und Westen – war die Situation für MacMahon katastrophal.

Sedan: Keine Schlacht hat das Nationalbewusstsein und das Selbstwertgefühl der Deutschen bis weit in das 20. Jahrhundert hinein so bestimmt wie diese nahe der französischen Stadt am rechten Maasufer. Genau genommen markiert der 2. September 1870 die Geburtsstunde des deutschen und die Todesstunde des französischen Kaiserreichs. Die Feldarmee Napoleons III. wurde an diesem Tag vernichtend geschlagen, wenn auch der Krieg damit noch nicht beendet war. „Sedanstag" hieß er fortan im Deutschen Reich und wurde stets feierlich begangen. Das Ringen um Sedan begann in den frühen Morgenstunden. Jeder französische Ausbruchsversuch wurde abgeschlagen, weshalb sich schon am Vormittag die Niederlage abzeichnete. In konzentrischem Angriff wurden die Verteidiger auf engstem Raum zusammengetrieben. 150 Geschütze pro Frontkilometer trommelten auf die französischen Stellungen ein, eine für damalige Verhältnisse enorme Artilleriekonzentration.[501]

Als sich die Garde von Nordosten auf den Feind stürzte, meldete Moltke, der mit dem König und Roon den Verlauf von der Höhe von Frénois aus beobachtete: „Das Gardekorps greift jetzt ein. Ich gratuliere Euer Majestät zu einem der größten Siege des Jahrhunderts!" Daran änderte auch die Übernahme des Oberbefehls durch General Emanuel von Wimpffen nichts, der den verwundeten MacMahon abgelöst hatte. In aussichtsloser Lage ließ der Franzose gegen 16.30 Uhr auf den Toren der Stadt weiße Fahnen aufziehen. Die Kapitulation erfolgte nach einigen Verhandlungen. Die Verluste beliefen sich auf 16.000 gefallene oder verwundete Franzosen, die Deutschen verloren 9.000 Mann an Toten oder Verwundeten. Zu den 21.000 Gefangenen begaben sich nach den Kapitulationsverhandlungen im

Schloss von Donchery weitere 85.000 Mann mit Napoleon III., der auf Schloss Wilhelmshöhe bei Kassel ein standesgemäßes Exil erhielt.

Die Mitteilungen, die Roon seiner Gattin über die Schlacht bei Sedan machte, haben ihre Adresse nie gefunden, weil der Brief mit der gesamten Kurierfracht vom Feind abgefangen worden war. Darin hatte Roon seiner Frau die betrübliche Nachricht vom Tod des zweiten Sohnes Bernhard überbringen wollen, der als Hauptmann und Führer der 5. Schweren Gardebatterie der 2. Garde-Infanteriedivison bei Sedan schwer verwundet worden und am Abend des 3. September verstorben war.[502] Zu dieser Stunde ließ der König bei einer kurzfristig inszenierten Siegesfeier erstmals seit Beginn des Krieges Champagner reichen: „Wir müssen heute aus Dankbarkeit auf das Wohl meiner braven Armee trinken. Sie, Kriegsminister von Roon, haben unser Schwert geschärft; Sie, General von Moltke, haben es geleitet, und Sie, Graf Bismarck, haben seit Jahren durch die Leitung der Politik Preußen auf seinen jetzigen Höhepunkt gebracht. Lassen Sie uns also auf das Wohl der Armee, der drei von mir Genannten und jedes einzelnen unter den Anwesenden trinken, der nach seinen Kräften zu den bisherigen Erfolgen beigetragen hat."[503]

Da die neue republikanische Regierung in Paris (seit 4. September 1870) keineswegs gewillt war, einen Frieden mit Gebietsabtretungen (Elsass und Teile Lothringens) zu akzeptieren, ging der Deutsch-Französische Krieg in seine zweite, vier Monate andauernde Phase. Diese wurde nicht nur von der quälend sich hinziehenden äußeren Auseinandersetzung geprägt, sondern auch von der inneren zwischen Moltke und Bismarck. Noch bei den Verhandlungen zur Übergabe Sedans in der Nacht vom 1. auf den 2. September hatte Bismarck einen Friedensschluss erreichen wollen, während für den Generalstabschef – und auch Roon (noch) – der vollständige militärische Triumph im Vordergrund gestanden hatte.[504]

Paris war Moltkes Ziel, wie noch vor einigen Jahren Wien nach der Schacht bei Königgrätz. Doch auch diesmal setzte sich „der große Zauberer" durch. Er wollte nicht weiter, da er zum einen die Gefahr nationaler Begehrlichkeiten im französischen Volk sah, das im Chaos des Umschwungs ohnehin leicht zu beeinflussen war. Zum zweiten fürchtete er bei einem wie von Moltke vorgesehenen Fortgang des Feldzuges nicht zu Unrecht eine gefährliche Überdehnung der Fronten. Auf einen langen Krieg war weder die politische noch die militärische Führung eingestellt. Bismarck suchte den Frieden, doch weil er ihm vom französischen Patriotismus verwehrt wurde, erfüllten sich die Voraussagungen Moltkes: Schon vor dem Deutsch-Französischen Krieg hatte er in einem Entwurf zu einem Zweifrontenkrieg (gegen Frankreich und Österreich) darauf hingewiesen, dass mit einer Entscheidungsschlacht in Frankreich der Krieg nicht zu gewinnen sei.[505]

Folglich ging das deutsche Heer bis Paris vor und schloss die Festung durch die Maas-Armee im Norden und die 3. Armee im Süden mit einem Umfang von 80 Kilometern bis zum 19. September ein. Der französische Innen- und Kriegsminister Léon Gambetta forcierte unterdessen die Rüstung und hatte mit enormer Energie ein Volksaufgebot (levée en masse) organisiert, das er geschickt mit dem Geist der napoleonischen Revolutionsheere von 1792/93 speiste: Franktireurs (Freischärler), Reste der regulären Armee, Mobilgardisten, Marineinfanteristen, Landwehrmänner und neu aufgestellte Nationalgarden bildeten in aller Kürze eine Streitmacht, die an Disziplin den deutschen Truppen natürlich unterlegen war und als Einheit auch keine Kampferfahrung hatte, aber einen erheblichen Vorteil zu besitzen schien: Sie kämpfte auf eigenem Boden und v. a. um das eigene Land.

Dennoch war es erstaunlich, dass die Moral im Verlauf des Krieges immer deutlicher nachließ. Interessant ist überdies, dass sich der italienische Freiheitskämpfer Guiseppe Garibaldi, begeistert von der Errichtung der französischen Republik, mit seinen Männern in französische Dienste stellte. Allerdings konnte er nicht viel ausrichten und zog sich auch wieder zurück, als der Erfolg ausblieb. Gambettas Strategie war ein entnervender Kleinkrieg des Volkes aus dem Hinterhalt im direkten Zusammenspiel mit einer Offensive gegen Paris, um die deutschen Zernierungsarmeen zu zerschlagen. Die Deutschen befanden sich nun zweifellos in der Defensive, doch dass Bazaine in der Festung Metz kapitulierte und vorher die Belagerungen von Straßburg und Toul mit Erfolg zum Abschluss gebracht werden konnten, setzte wieder Truppen frei. Bis zum 12. Oktober wurde die Loire-Armee über Orléans zurückgeworfen, und am 18. Oktober war nach heftigem Barrikadenkampf mit der Einnahme der Stadt Châteaudun die erste Operation gegen die „levée en masse“ geglückt.

Hier hatte sich in aller Deutlichkeit gezeigt, mit welcher Erbarmungslosigkeit gefochten wurde. Banditenartige Überfälle von Freischärlern aus dem Hinterhalt zwangen zu teilweise drakonischen Gegenmaßnahmen, zu denen Bismarck selbst amtlich geraten hatte. Terror sollte mit Gegenterror bekämpft werden – ein völlig untaugliches Rezept, wie zahlreiche Beispiele in der Geschichte, vor 1870 wie danach, belegen. Während Moltke die Machenschaften der Franktireurs zu recht als verbrecherisch verurteilte, ließ sich Bismarck zu abschreckend brutalen Äußerungen hinreißen. Sie sind nur so zu erklären, dass er neben dem Eingreifen anderer europäischer Mächte zu Frankreichs Gunsten fürchtete, auf der letzten, aber entscheidenden Wegstrecke doch noch um die Früchte seiner jahrelangen Arbeit gebracht zu werden und das Deutsche Reich zu verlieren, noch ehe es begründet sein würde.

Bismarck, der nichts sehnlicher wünschte als den Frieden, wurde nervöser, je länger der Krieg dauerte und geriet abermals mit Moltke aneinander, als dieser die massive Beschießung von Paris forderte zu einem für den Generalstabschef denkbar ungünstigen Zeitpunkt. Schließlich warf Bismarck in einer für ihn ungewöhnlichen Überspannung Moltke eine völlig verfehlte Feldzugsplanung vor. Im Gegenzug unterrichtete Moltke den preußischen Ministerpräsidenten nicht einmal mehr von einzelnen militärischen Schritten, gemäß seiner Überzeugung, dass im Krieg die militärische Operation zum vollständigen Abschluss gebracht werden müsse, ehe die Verantwortung an die Politiker zurückgegeben werden könne. Hier hätte der König eingreifen müssen, statt zwischen beiden Protagonisten zu lavieren und ausgleichend wirken zu wollen, wo es keinen Ausgleich geben konnte. Zu allem Überfluss geriet Moltke, der in Anbetracht des fortdauernden französischen Widerstandes die Aufstellung neuer Verbände forderte, nun auch in Konflikt mit Roon, da der Kriegsminister zunächst neu eingeforderte Gelder verweigert hatte.

Die Lage war nicht unkritisch, da sich der zusammengewürfelte und im Ganzen doch unberechenbare Feind auf drei verschiedenen Kriegsschauplätzen im Norden, Südosten und südlich von Paris sammelte. Ihm mangelte es naturgemäß an Offizieren und Unteroffizieren, aber ob sich dies wirklich nachteilig auswirken würde, blieb für die Deutschen ungewiss. Die französischen Truppen an der Loire brachten die deutschen Belagerungsarmeen zwischenzeitlich in starke Bedrängnis. Am 30. November formierten sich die Verteidiger zu einem konzentrierten Stoß, in der Absicht, sich mit den von der Loire her entgegenmarschierenden Truppen zu vereinigen. Die verbissenen Kämpfe erfuhren am 2. Dezember einen erneuten Schub, nachdem beide Seiten mit Verstärkungen versehen worden waren. Die Schlacht von Villiers-Champigny endete mit dem Rückzug der Ausfalltruppen – und insgesamt 17.000 Toten. In den Schlachten bei Orléans vom 3. bis 5. Dezember und Beaugency-Cravant vom 8. bis 10. Dezember gelang es den deutschen Truppen, den Feind zurückzuwerfen.

Auch im Norden konnten die Franzosen zurückgeschlagen werden: bei Amiens am 27. November sowie an der Hallue am 23. und 24. Dezember gegen eine verstärkte Armeegruppe unter General Faidherbe, nachdem am 5. Dezember bereits Rouen besetzt worden war. Gambettas Ziel, mit unausgesetzten Offensiven und einem forcierten Kleinkrieg den Gegner mürbe zu machen, war offenkundig gescheitert. Im Dezember ließen die Franzosen eine rege Geschäftigkeit in Ausbau und zusätzlicher Armierung ihrer Forts erkennen, während den Deutschen weitere Geschütze (meist im Kaliber von 12 und 15 Zentimetern) aus Heimatgarnisonen zugeführt wurden. Auch hatten es die Franzosen mit äußerster Kraftanstrengung vermocht, aus der ehemaligen Loire-Armee zwei neue zu bilden – die eine unter General Bourbaki im Süden und eine zweite unter General Chanzy im Südwesten bei Le Mans, das von der deutschen 2. Armee angegriffen wurde.

Damit verfolgte die deutsche Führung den Zweck, unter Ausnutzung der inneren Linie ein Vorrücken Bourbakis nach Norden zu verhindern. Obwohl der Gegner mit 180.000 Mann dreimal so stark war, wurde Chanzy bis zum 11. Januar 1871 vernichtend geschlagen. Am 5. Januar hatte die systematische Beschießung von Paris begonnen, 200 bis 300 Granaten hämmerten täglich auf Forts und Stadt ein. Fiele die Hauptstadt, würde auch das Land kapitulieren – ein Kalkül, dem der deutsche Generalstabschef so keineswegs zustimmte. Die Riesenfestung Paris trotzte zunächst allen Widrigkeiten, die eine Beschießung mit sich brachte (wie eine Hungersnot), und Hoffnung keimte auf, als die 140.000 Mann der Armee Bourbaki nach Nordosten

Fotografie von Roon als Kriegsminister.

marschierten, um die Festung Belfort zu entsetzen und dann im deutschen Hinterland die Verbindungslinien abzuschneiden. Die drei Divisionen des XIV. Armeekorps unter General Werder kämpften vom 15. bis 17. Januar 1871 an der Lisaine in der Verteidigung gegen 14 französische Divisionen – und dies mit Erfolg. Geistesgegenwärtig hatte das deutsche Oberkommando aus zwei Korps eine neue Armee formiert, die Südarmee unter General von Manteuffel, die Bourbaki in den Rücken fiel.

Gemeinsam gelang es schließlich, 90.000 Franzosen gegen die Schweizer Grenze zu drücken, die am 1. Februar in das Nachbarland flohen. Auf den 9. Januar übrigens fiel Roons 50. Dienstjubiläum, zu dessen Anlass er zahlreiche Glückwünsche und von den Offizieren und Beamten des Kriegsministeriums ein monumentales Porträtgemälde entgegennahm, das die Zeit überlebt hat und heute als eine von zahlreichen Dauerleihgaben derer von Roon auf Schloss Krobnitz ausgestellt ist. Der König selbst überreichte Roon sein lebensgroßes Abbild in Generalsuniform als

Geschenk. Eigenhändig schrieb er: „Sie vollenden an dem heutigen Tage eine 50jährige Dienstzeit, auf die Sie mit Stolz und Freude zurückblicken dürfen. Das ernste Streben Ihrer Jugend, die strengste Pflichterfüllung während Ihrer ganzen Dienstzeit und Ihr redlicher ehrenhafter Sinn haben Sie erreichen lassen, was Wenigen beschieden ist: die höchsten Ehrenstellen der Armee und das Bewußtsein, Ihrem Könige und Ihrem Vaterlande die wesentlichsten Dienste geleistet zu haben. Mit solchen Gefühlen ist es eine schöne Feier, die Sie heute begehen. Ich spreche Ihnen Meinen herzlichen Glückwunsch zu derselben aus und Ich danke Ihnen gleichzeitig warm und aufrichtig, daß Sie mir manches Jahr, oft in sehr bewegter Zeit – immer treu und fest – mit Rath und That zur Seite gestanden haben. Ich wünsche, daß Mein Portrait, welches Ich Ihnen zu dem heutigen Tage bestimmt habe, Sie immer daran erinnert, daß Ihr König jederzeit Ihre Dienste in dankbarem Gedächtniß behalten wird. Möge der Lenker aller unserer Schicksale zu Meinem herzlichen Wunsche für Sie auch Seinen Segen geben, und es gnädig so fügen, daß Ich und die Armee noch recht lange in dem Besitz Ihrer Dienste bleiben können.

Ihr dankbarer König Wilhelm“[506]

Zehn Tage danach war der letzte Ausbruchsversuch der Pariser Armee bei St. Quentin durch einen Gegenangriff der 1. Armee unter General von Goeben gescheitert. Die Aussichtslosigkeit der Situation vor Augen, stellte die provisorische Pariser Regierung die Kämpfe mit der Kapitulation vom 27. Januar 1871 ein. Bereits am 18. Januar war im Spiegelsaal zu Versailles das Deutsche Kaiserreich proklamiert worden – noch vor einem Friedensschluss.[507] Auf den Schlachtfeldern Frankreichs blieben 28.000 tote Deutsche, von denen 12.000 Mann an Krankheiten gestorben waren. 89.000 wurden verwundet, und 13.000 Menschen blieben vermisst. Die französischen Verluste konnten nie exakt beziffert werden; sie lagen jedoch deutlich höher als die deutschen.

Wäre es nach Moltke gegangen, so hätte man den Franzosen harte Bedingungen aufgebürdet. Mit eiserner Strenge wollte der Generalstabschef einen Diktatfrieden und die vollständige Demütigung des Gegners durchsetzen und musste Bismarck klein beigeben, dem die (von Moltke sich selbst eingeräumten) Kompetenzen des Militärs deutlich zu weit gingen. Roon mischte sich in diese Querelen nicht mehr ein. Er nahm die Rolle eines Dankbaren, Ermüdeten an: „Die große Tragödie geht zu Ende, die Katastrophe ist vorüber und der Vorhang wird nächstens fallen. Und das soll das letzte Stück sein, in dem ich mitspiele. Mag ein anderer Acteur meine Rolle übernehmen; ein alter Kerl, wie ich, kann sich auch nur schwer in dem neu auf- aber noch nicht ausgebauten kaiserlichen Schauspielhause zurecht finden, in welchem Decorationen, Bühne, Stichworte, Licht, Luft u.s.w. dem bisher gewohnten und erträglich Befundenen widersprechen.“[508]

Mitte März kehrten die Sieger aus Versailles nach Berlin zurück, und zu seinem 68. Geburtstag meldete sich Kaiser Wilhelm I. bei seinem Kriegsminister: „Die ausgezeichnete Verfassung, in welcher Sie meine Armee stets zu erhalten und bei allen neuen Organisationen und Formationen zu versetzen gewußt haben, wodurch die glorreichen Thaten derselben vorbereitet wurden, erwerben Ihnen meine ganze Anerkennung und Dankbarkeit. Als einen Beweis derselben ergreife ich die Gelegenheit der Herstellung des Friedens und des geschichtlichen Aktes des gestrigen Tages [Wilhelm I. hatte am 21. März 1871 den ersten gesamtdeutschen Reichstag eröffnet, G. S.-W.], den Ihre staatsmännische Einsicht mit herbeiführte, um Ihnen durch die Verleihung des Sterns des Hohenzollerschen Haus-Ordens mit Schwertern – dies öffentlich zu bezeugen.

Ihr dankbarer König Wilhelm“[509]

Dem Vorfrieden von Versailles folgte am 10. Mai 1871 der Frieden von Frankfurt.[510] Frankreich musste zwar fünf Milliarden Franken Kriegsentschädigung zahlen, aber weder seine Entwaffnung noch Rüstungsbeschränkungen hinnehmen. Gegen seinen ursprünglichen Willen („Die Frage sei, wie werden wir einen Frieden schließen können, der Aussicht auf Dauer hat, und da sei allerdings Lothringens Einverleibung eine große Erschwerung“) stimmte Bismarck der Annexion Lothringens zu – und machte den Militärs auch mit der Besetzung der Festung Metz Zugeständnisse. Elsass und Teile Lothringens wurden als Schutz in einem erneuten Krieg gegen Frankreich betrachtet, der für Bismarck außer Frage stand, der den jetzigen Status lediglich als Waffenstillstand begriff.

Die deutsch-französische Auseinandersetzung war der letzte europäische Krieg des 19. Jahrhunderts. Darin mussten die Franzosen letztlich scheitern, weil sie, zumindest im zweiten Teil, ungeübte und darüber hinaus schwerfällige Miliztruppen unterhielten, die im Kampf gegen ein hoch motiviertes, national geeintes, technisch modernes Heer mit einer geistig und taktisch überragenden militärischen Führung nicht bestehen konnten. Der Krieg zeigte aber auch die Bedeutung von Telegrafie und Eisenbahn, das Ausschöpfen wirtschaftlicher Kräfte des Landes, Einsatz und Führung von Massenheeren, das Neue eines Volkskrieges – also irreguläre Truppen – und nicht zuletzt die Notwendigkeit des Zusammenwirkens verschiedener Waffengattungen, so in Sedan, wo die Artilleriedichte gemeinsam mit den konzentrisch vorgehenden Armeen ausschlaggebend war. Der Krieg von 1870/71 bestätigte Moltkes Strategie lehrbuchhaft als ein „System von Aushilfen“, denn in vielen Einzelaktionen unter Ausnutzung der inneren Linie wurde der Gegner besiegt, nicht in einer von ihm angestrebten Entscheidungsschlacht wie bei Königgrätz.

Den handelnden Personen jener Tage war schlagartig und in aller Klarheit bewusst, wie vernichtend der Einsatz moderner Massenheere unter Nutzung der neuen technischen Möglichkeiten und Weiterentwicklung der Waffen sowie Ausbeutung aller menschlichen, materiellen und wirtschaftlichen Ressourcen künftig sein würde. Moltke erwartete, dass Kriege aufgrund des technischen Fortschritts zwar seltener und „humaner“ würden. Er warnte aber eindringlich vor einem Nationalitäten- und Rassenkampf, dessen Kräfte kaum zu bändigen seien.[511]

Die Marine, dies sei der Vollständigkeit halber bemerkt, war während des Krieges kaum im Einsatz, was sich angesichts der drückenden Überlegenheit der Franzosen auf See als vorteilhaft erwies.[512] Hinzu kamen personelle Veränderungen, die sich schwächend auf den Zusammenhalt der Flotte auswirkten. Prinz Adalbert und Minister Roon weilten im „Großen Hauptquartier", Jachmann führte die Flotte, deren Einheiten von Emden bis Danzig disloziert waren. Käme es zur Seeschlacht, wäre mit einem französischen Landungsversuch zu rechnen, etwa in Pommern oder Jütland, wofür es seit Jahren Pläne gab, die der französische Admiral Bouët Willaumez bereithielt. Moltke, die Aussichtslosigkeit einer erfolgreichen Abwehr vor Augen, hatte Truppen im Hinterland zurückgehalten, um die Franzosen gegebenenfalls wieder ins Meer zu werfen.

Doch dazu kam es nicht, denn die französischen Schiffe streiften nur umher, klärten auf und beobachteten, verzichteten aber aus Sorge um Material- und Kohleknappheit auf größere Unternehmungen (abgesehen von dem Nachtgefecht zwischen der Glattdeckkorvette „Nymphe" und gegnerischen Kriegsschiffen vor Rügen). Der Wille zum maritimen Kräftemessen existierte dabei durchaus und auf beiden Seiten, v. a. auf hoher See, falls man sich traf. So lieferte sich das deutsche Kanonenboot „Meteor" mit dem französischen Schrauben-Aviso „Bouvet" im November 1870 vor Havanna eine Gefecht, das mit der Flucht der schwerer getroffenen „Bouvet" in neutrale Zonen endete, nachdem das stärkere feindliche Kriegsschiff das Feuer aus einer Entfernung eröffnet hatte, auf welche die „Meteor" nicht hatte erwidern können.[513] Die Kommandanten beider Schiffe wurden nach dem Begegnungsgefecht, das für den Fortgang des Krieges naturgemäß nichts einbrachte, befördert. Roon gab dieses Scharmützel nicht einmal Grund, in seinen während der Kriegsmonate sehr zahl- und inhaltsreichen Briefen an die Gattin oder Blanckenburg Mitteilung zu machen.

Neue Herausforderungen 1871 bis 1873

Roon wurde müde. Die Bürde umfangreicher organisatorischer Arbeiten und psychische wie physische Überbelastungen der Kriegsmonate hatte er hin und wieder zwar klagend, im großen Ganzen aber mit Würde gemannt. Untertöne in seinen unentwegten Korrespondenzen während des Krieges lassen dennoch erahnen, dass den alternden General der Infanterie die Zeit allmählich überholte und er sich den natürlichen Gesetzen zu beugen hatte – woraus er im Übrigen keinen Hehl machte: „Alles hat seine Entwickelung in der Zeit", bekannte er seinem Freund Blanckenburg, als er noch in Versailles einquartiert war. „Daran wird nichts geändert, ob dem Einzelnen die augenblickliche Entwickelungs-Phase gefällig ist oder nicht."[514] Der prachtvollen Versailler Kaiserzeremonie, die als Monument deutscher Heldenverehrung eine Legenden bildende Aura umgab und für einige Jahrzehnte gar in mythische Höhen auffuhr, hatte er bekanntlich entsagt, und was nach dem Sieg an Ehrungen und fortdauernder Huld auf ihn niederprasselte, quittierte er mit einer seltsamen, beinahe entrückt zu nennenden Gleichgültigkeit. Auf ärztlichen Ratschluss hin hielt er sich von Festivitäten fern, wie er auch privat im Genuss lieb gewonnener Speisen und Getränke Zurückhaltung übte. Die Erhebung in den Grafenstand am 16. Juni 1871, mit der Wilhelm seinen treuesten Paladin ehrte,[515] fand keine überlieferte Regung Roons; auch nicht, dass ihn der Kaiser ab 1872 zum Mitglied des Herrenhauses auf Lebenszeit ernannte. Roon sehnte sich offenbar fort aus der Arena, hinein in den abseitig-gemütlichen Zuschauerrang, der ihm sicheren Abstand zum weltpolitischen Tummelplatz bot.

Im Gegensatz zu Bismarck, der die Triumphe in vollen Zügen einsog, der das Hochgefühl des Sieges als motivierende Bestätigung seiner eigenen extraordinären Existenz begriff und sich mit seinem ganzen Schwergewicht in die Zukunftspolitik zu werfen und im Mittelpunkt des hitzigsten Zentrums allein zu herrschen beabsichtigte, entdeckte Roon in aller gebotenen Demut des Jubelgreises am Horizont jene feine, das irdische vom jenseitigen Dasein trennende Linie. Wo bis dahin und in steigendem Maß nur frei gewählte Selbstbeschränkung bestimmend war, würde ab jetzt, so stand zu vermuten, Altersmilde walten. Seiner eigenen Leistung, die hinter dem übermäßigen, sich stets inszenierenden Egomanen Bismarck in der öffentlichen Wahrnehmung ins zweite Glied rückte, war er sich dabei sehr wohl bewusst: „Weiß Gott", schrieb er am 1. September 1872 an Blanckenburg, „daß es niemand besser mit ihm [Bismarck, G. S.-W.] meint, als ich, da ich der Schild bin [...], auf dem er emporgehoben wurde."[516] Verrückt wurde er deshalb nicht, achtsam schon.

Der streitbare, feurige preußische Patriot von einst, einer vergangenen Epoche, der er angehört und die er prägend mitgestaltet hatte, fühlte allenthalben Sanftmut in sich aufsteigen – auch und gerade im Umgang mit dem politischen Gegner, vorausgesetzt, dieser handelte nicht staatsfeindlich und wider die (gottgegebene) Monarchie: „Aber ich bin zugleich – im Gegensatz zu meinen jüngeren Jahren – in solchem Grade frei von jeder fanatischen Einseitigkeit von politicis, daß ich nicht bloß die Zulässigkeit, sondern selbst die Berechtigung anderer politischer Standpunkte und ihre der Gegenwart entsprechendere größere Angemessenheit anzuerkennen vermag, wennschon ich mich persönlich nicht damit befreunden kann."[517]

Bismarck ging gedanklich andere Wege, denn für ihn war die Reichsgründung nicht Endpunkt, sondern Station eines permanenten Aufstiegs in seiner eigenen Karriere. Was wurde nicht alles schon durch Zeitgenossen über den Reichskanzler und sein Amt an die Öffentlichkeit getragen: „kräftige Tyrannis", „Gewaltherrschaft" eines „allmächtig gewordenen Landjunkers", „allmächtiger Gewalthaber", „Kanzlerdiktatur", „Usurpator", „Diktator".[518] Bismarck herrschte zweifelsohne als machtbewusster, charismatischer Realpolitiker in starker Sonderstellung, aber nie gegen das Gesetz (obschon er darin erkennbare Lücken geistesgegenwärtig für sich nutzte) und jenseits eines funktionierenden Verfassungssystems (mit seinen vorhandenen autoritären Eigenheiten), weswegen die genannten Umschreibungen daneben zielen. Verletzend konnte er sein und eigensinnig sowieso, und er bediente sich gewiss aller zu Gebote stehenden Mittel einschließlich massiver Drohungen (darunter allzu gern die seines eigenen Rücktritts), um seine Ziele durchzusetzen. Die Pfade in kaiserlichem Namen, also göttlich gefügter Gesetzesordnungen, allein um seiner selbst wegen zu verlassen, fiel ihm indessen nicht ein, allenfalls die Gesetze nach seinem Gusto zu beugen. Wie Moltkes und Roons Wesen gründete auch das Bismarcks auf einem tief religiösen, praktizierenden christlichen Ethos.

Mit der Reichsgründung, welche die föderalistische Struktur des Heiligen Römischen Reiches und des Deutschen Bundes überwand und Europa ein neues Gesicht gab,[519] entstand ein einheitliches Reichsheer unter kaiserlicher Befehlsgewalt, das sich nur organisatorisch in die einzelnen Landeskontingente gliederte, weswegen Bismarck und Roon gern und nicht zu Unrecht von einem „Kaiserlichen Heer" sprachen.[520] Die Friedensverfassung nach 1871 hielt an der militärischen Dreidimensionierung von Kriegsminister, Generalstabschef und Chef des Militärkabinetts als Spitzenvertretern der nebeneinander gleichgeordneten Instanzen fest.[521] So war Roon nach wie vor Kriegsminister des preußischen Heeres, nicht „Reichskriegsminister", eine Formel, die Bismarck zu weit gegangen wäre. Roons Anstrengungen, „in bezug auf das Bundeskriegswesen die Leitung der Geschäfte in analoger Weise wie dem Bundeskanzler in den Ressorts des Bundespräsidiums"[522] zu übernehmen, scheiterten am Einspruch Bismarcks, dem alles an seiner ungeteilten Machtposition lag. Die Verfassung übertrug dem Kanzler die alleinige Verantwortlichkeit für alle Akte der Reichsregierung. So bestimmte Bismarck fortan die Spielräume und Grenzen, in denen sich die Militärs und insonderheit der Kriegsminister zu bewegen hatten.

Dass wichtige Kommandoangelegenheiten direkt in den Einflussbereich der Kontingentheere und deren Behörden übergingen, reduzierte das Kriegsministerium zu einem bloßen Verwaltungssitz. Mit einem Minister, der die Kompetenz verlor, in Personalfragen und Aufgaben der operativen Kriegsvorbereitung entscheidend einzuwirken, weil Militärkabinett und Generalstab als Wilhelm I. direkt untergeordnete Immediatstellen das Recht auf regelmäßigen Vortrag bei Seiner Majestät erhielten und auch wahrnahmen: „Vor allem aber wurde dem Kriegsminister die militärische Befehlsgewalt gegenüber den Dienststellen der Armee genommen. Der Kaiser übte den militärischen Oberbefehl selber aus, wobei ihm das Militärkabinett als ‚Büro' diente; oberste Kommandobehörden nach dem Kaiser waren die Kommandierenden Generale der einzelnen Armeekorps unmittelbar, ohne die Zwischenschaltung einer zentralen Kommandostelle."[523]

Roon war, obwohl ihm fortan die Verwaltung von „Reichskriegsangelegenheiten" oblag, doch nur ein Glied des preußischen Staatsministeriums und so des Kanzleramtes, das die Kontrollfunktion über das nationale Budget und damit über den Militärhaushalt ausübte. Als Minister der Kaiserlichen Marine fungierte er hingegen, wenn man so will (nicht lange zwar, aber immerhin ein Jahr über) als „Reichsmarineminister", denn die Marine – letztlich ja die preußische, da von allen Ländern praktisch nur Preußen eine Kriegsmarine unterhalten hatte – ging jetzt in der neuen Kaiserlichen Marine auf. Sie war eine Form reinster Ordnung des Reiches. Aus alledem, ob dem Anspruch nach „Reichskriegsminister" und doch nur „Kriegsminister" usf., machte Roon sich wenig. Auf einen besser klingenden Titel bildete er sich nichts ein, sodass ihm mangelnder Zugewinn ganz sicher nicht als Verlust von Kompetenz oder gar Ansehen erschien. Seine Ängste waren ganz sachlicher Natur, weil er wie Moltke fürchtete, in einem Krieg – und dies war ja der Sinn Bismarck'scher Vetos nach den Querelen der Jahre 1866 und 1870/71 – die militärischen Befugnisse teilen und in wichtigen Fragen, die möglicherweise über Sieg oder Niederlage entscheiden würden, Zugeständnisse an den militärisch wenig versierten politischen Kopf Bismarck machen zu müssen.[524]

Was nach Demobilisierung und Retablissement der Armee ab Frühjahr von der gewohnheitsmäßigen politischen Tagesordnung des Roon'schen Ressorts in der Reichstagssession 1871 herunterzuarbeiten war, ist vor dem Hintergrund seiner gewaltigen organisatorischen Verantwortlichkeiten in den Jahren vor und während dreier Einigungskriege für den rückschauenden Betrachter belanglos und daher auch nicht erwähnenswert. Nur in einem Punkt gilt das nicht: dem (früher wie jetzt) von Zwistigkeiten umgebenen Militäretat. Seit dem Scheitern des Äternatsplanes von 1867 und der Fixierung auf nur vier Jahre stand er wieder an, und es beeindruckt besonders die Kraft, mit der Roon noch einmal in den Ring stieg. Er plädierte für eine Verlängerung festgelegter Armeefinanzierungen um drei Jahre, also bis 1874 – bei gleichzeitig fließenden Reparationszahlungen aus Frankreich, die Preußens Heer auf dem Feld der Ehre erstritten hatte. Doch anders als vor 1864,

1866 und 1870 tat sich Roon schwer, die hohen finanziellen Berechnungen für die Armee mit militärischen Ansprüchen begründen zu können.

Die Schlachten waren glücklich geschlagen, und der Reichstag erkannte partout keine Dringlichkeit für Gelder, die offenbar nur dem Selbstzweck der Armee und nicht politisch intendierten Expansionen dienlich sein würden. Bismarck, der das Reich bekanntlich für „saturiert" erklärte, sah am Horizont die Gefahr eines neuen Heereskonfliktes heraufziehen, in dessen Gefolge eine Zersplitterung der politischen Kräfte, schließlich der Schwund einer Reichstagsmehrheit drohte. Gerade das zur Zerfaserung neigende Lager der Nationalliberalen musste er sich im „Kulturkampf" gegen die „Reichsfeinde" sichern, die einer Zementierung militärischer Kraft, zudem bei unsicherer Wirtschaftslage, kaum ungeteilt zustimmen würden. Die nächsten Wahlen im Blick (Anfang 1874), stellte sich der Kanzler gegen Roon und ließ Kaiser Wilhelm am 16. Oktober 1871 in dessen Thronrede die Prolongierung des Militäretats lediglich auf ein Jahr ankündigen.[525]

Einen Tag später legte Roon den für dieses Budget zuständigen Delegierten durch geschickte Umschichtungen einen wesentlich größeren Haushalt vor, um seinen Anspruch auf Suprematie und Autonomie als Kriegsminister zu unterstreichen und ging in seinen Finanzforderungen erst herunter, als im Gegenzug die dreijährige Festsetzung zugestanden wurde. Die Vorlage[526], die der Armee bis 1874 einen jährlichen Betrag von 270 Millionen Mark (77 Prozent bzw. später 61 Prozent des Gesamthaushaltes) gewähren sollte, durchlief die Schlussabstimmung und erhielt mit Datum des 1. Dezember 1871 Gültigkeit. Dies bedeutete einen einwandfreien Sieg für Roon, der seine schwindenden Kräfte zusammengenommen und sich vor Bismarck und den parteipolitischen Zwängen aufgebäumt hatte: „Er hatte das Pauschquantum [die aus dem gesamten Budget auf den einzelnen Mann herunter gerechneten Kosten pro Jahr, G. S.-W.] um die von ihm angestrebte Frist verlängern können und dabei Bismarck, dessen politischen Ränkespielen er immer kritischer gegenüberstand, gezeigt, daß sich die Armee nicht gegen ihre Interessen als politische Schachfigur benutzen ließ. Bismarck hingegen mußte bei der Entscheidung um eine endgültige Lösung der Frage über die parlamentarische Mitbestimmung beim Militäretat mit einem hartnäckigen Kriegsminister rechnen."[527]

Es war Roons letzter Berufserfolg, der aber Unwägbarkeiten nicht einkalkuliert hatte und daher für weiteren Zündstoff sorgte. Die für drei Jahre eingefrorene Vorlage würde wegen der äußerst ungünstigen wirtschaftlichen Entwicklung, die sich u.a. in massiven Teuerungsraten und Preissteigerungen niederschlug, und dem zu erwartenden Wegfall französischer Zahlungen unter keinem guten Stern stehen. Das anvisierte Pauschquantum sollte bei einem Präsenzbestand von 401.659 Mann daher kaum zu halten sein. Dies bedeutete unweigerlich das Heraufziehen eines neuen Militär- oder sogar Verfassungskonflikts, denn dass Bismarck aus politischem Kalkül nicht die geringste Wärme für das Gesetz empfand, war allen Beteiligten bewusst. Um das Pauschquantum nicht fallenzulassen, forderte Roon die Anhebung der Präsenz um 40.000 bis 50.000 Mann, was unter den gegebenen Umständen geradezu aberwitzig erschien. Bismarck teilte Roon mit, dass dieser Weg angesichts der in eineinhalb Jahren anstehenden Wahlen ungeschickt sei und erstellte das politische Gerüst einer neuen Vorlage: „Ew. pp. werden die Ueberzeugung theilen, daß zu den für den Wahlkampf brauchbarsten Waffen der Eindruck gehört, welchen die Aussicht auf Herabsetzung der Präsenzstärke und des Militair-Etats auf die Massen ausübt. Verminderung des Heeres und der Ausgaben für das Heer wird bei dem Wahlkampfe das Feldgeschrei unserer Gegner werden."[528]

Während Roon den Konflikt nicht scheute und das Risiko einer brisanten Vorlage durchaus einzugehen bereit war, suchte Bismarck nach Auswegen aus der für 1873 drohenden parlamentarischen Konfrontation, die für den Ausgang der Wahlen im darauffolgenden Frühjahr das reinste Gift wären. Einen gangbaren Weg sah der Kanzler nur in einem Kompromiss, um das politische Lager der Nationalliberalen nicht auseinanderzutreiben, an denen ihm so viel lag, weil er auf die schwindende Größe der Konservativen zu dieser Zeit nicht mehr bauen konnte.

Parallel zu diesen (militärischen) Unstimmigkeiten zwischen Roon und Bismarck, die letztlich auf die Machtfrage hinausliefen, entwickelte sich ein zweiter (politischer) Handlungsstrang, der die Lage in einer Weise anheizte, die noch vor Jahresfrist undenkbar gewesen wäre. Dass Wilhelm I. mit der Errichtung der „Kaiserlichen Admiralität" am 1. Januar 1872, an deren Spitze General er von Stosch[529] im Rang eines preußischen Staatsministers ohne Portefeuille berief, Roon von seiner Stellung als Marineminister entband, entsprach voll und ganz dessen Verlangen.[530] Für ihn hatte das Reichsgründungsjahr, das ihm eine weitere Dotation in Höhe von 300.000 Talern eintrug, mit einem Geschenk Wilhelms geendet, dessen lebensgroße bronzene Büste er zu Weihnachten entgegennehmen durfte.

1872 brachte neben Gewöhnlichkeiten (z. B. Fragen des Militärstrafgesetzbuches) und den Arbeiten an der neuen Militärvorlage eine faustdicke Überraschung: Nach einem der Gesundheit nur mäßig förderlichen Juli-Urlaub in Marienbad, wo seine Frau bereits geraume Zeit kurende Erholung fand, und einigen aufbauenden Dezember-Tagen auf Gütergotz wurde Roon statt, wie er drängte, in den Ruhestand verabschiedet zu werden[531] – preußischer Ministerpräsident! Mit seiner Demission von dieser Position benutzte Bismarck seinen langjährigen Kampfgefährten, mit dem es nicht mehr so rund lief wie ehemals und vor dem er in der Etatfrage 1871 in die Knie gegangen war, eiskalt als Marionette in einem nur schwer durchschaubaren parlamentarischen Gezänk, letztlich, um seine eigene Unentbehrlichkeit herauszustellen. Dass der Kanzler in diesen Wochen tatsächlich an etlichen Krankheitserscheinungen und Erschöpfungszuständen laborierte, erklärt vielleicht seine Reizbarkeit, nicht aber die Intention seines Handelns.

Es bedarf kaum der Erwähnung, dass Bismarcks Taktieren die Stimmungen zwischen ihm und Roon nun endgültig auf Monate verdarb. Dass der Kaiser Roon, dem neben seiner körperlichen Hinfälligkeit auch die „Divergenz der politischen

Bestrebungen und Tendenzen in Euer Majestät Staats-Ministerium"[532] Anlass für sein Abschiedsgesuch war, und nicht einen anderen – z. B. Manteuffel – in den Sattel hob, gründete in dem tiefgehenden Vertrauen, das er zu seinem viel bewährten, gestandenen Kriegsminister empfand. Er stärkte ihm mit diesem Schritt für die bevorstehende „militärische Reichs-Campagne" ostentativ den Rücken: „Mein Vertrauen besitzen Sie nach wie vor im höchsten Maaße."[533]

Was war vorgefallen? Die durch die Kanzlerschaft entstehenden neuen Arbeitslasten als Grund zu nehmen, nicht mehr auch das Amt des Ministerpräsidenten bekleiden zu wollen, wäre zu simpel und stand Bismarcks naturgegebenem Ehrgeiz völlig entgegen. Er hatte sich seiner maladen physischen Verfassung wegen zwar für eine Weile auf seinen Sitz Varzin zurückgezogen – was ihm Roon übelnahm,[534] da er als ältester Staatsminister den Vorsitzenden vertreten und sich nun mit ihm wesensfremden Rechtsaufgaben befassen musste –, aber vermutlich nur, um sich vorübergehend auf die Rolle des passiven Zuschauers zu beschränken und im rechten Augenblick aus der Deckung zu treten.

Für die sogenannte Kreisordnung[535], einem im Parlament streitbaren Gebilde zur Neuordnung der Gesetze in Preußen, die zu heftigen Meinungsverschiedenheiten zwischen Bismarck und Innenminister Eulenburg geführt hatte, votierte das bis dahin opponierende Herrenhaus mehrheitlich erst, als eine genügend große Anzahl neuer, gefügiger Mitglieder eintrat („Pairsschub"). Einigen Angehörigen des hohen Hauses war Bismarcks Geltung zu groß, sein Gewicht zu stark. Ihnen war er zu mächtig oder sein Treiben zu undurchsichtig geworden, sodass sie ihm bei passender Gelegenheit, die nun gegeben schien, ihre Gefolgschaft verweigerten.[536] Roon war diese künstliche Aufblähung der Kammer, mit der eine nötige Majorität zustande gekommen wäre, zuwider. Ebenso Bismarck, aber aus anderen Gründen: Ihm entzogen „seine" Konservativen das Vertrauen, was ihn prompt dazu veranlasste, von Gefährdung der monarchischen Ordnung zu sprechen.

Ende November verließ Roon Berlin gen Gütergotz, um Luft zu holen. Wenige Tage später erhielt er ein Schreiben des (dieses parlamentarische Vorgehen „schweren Herzens" billigenden) Kaisers und setzte Anfang Dezember, wie gesehen, sein Entlassungsgesuch auf. In der Begründung hieß es: „Es handelte und handelt sich nicht sowohl um eine momentane persönliche Verstimmung, als vielmehr um eine dauernde Herabstimmung meiner Zuversicht auf ein ferneres gedeihliches amtliches Wirken [...]."[537] Roon erahnte wohl die enormen Schwierigkeiten, die ihm mit Bismarck in der Militärfrage bevorstanden.

Bismarck beabsichtigte eine dauerhaft ihm zu Füßen liegende Majorität im Herrenhaus, und wenn diese auf natürlichem Weg nicht zustande käme – wie in der Kreisordnungsfrage –, würde er der Regierung im sicheren Gefühl der eigenen Vorzüglichkeit und Unersetzbarkeit den Rücken kehren, um dann gestärkt wieder an die erste Stelle zu treten. Ab Neujahr 1873 fungierte der für den Vorsitz des preußischen Staatsministeriums wenig Neigungen zeigende und darin wissentlich über-

„Roon, hier hast du meinen Speer – meinem Arm wird er zu schwer." Karikatur aus dem „Kladderadatsch" zur Übernahme des Ministerpräsidentenamtes durch Roon.

forderte Roon als preußischer Ministerpräsident. Er hatte als Kriegsminister zurücktreten wollen – und durfte nicht. Und jetzt betraute ihn der Kaiser auch noch mit einem neuen, schwereren weil ihm fremden Amt. Warum aber nahm er die Aufgabe an? War es seine Unfähigkeit, zu entsagen? Der eingepflanzte Drang des Militärs, gegen seinen Willen Befehle zu befolgen und zu gehorchen? Vielleicht das biologisch bedingte Versickern geistiger Kräfte, das ihn die messerscharfen politischen Absichten des Kanzlers nicht mehr erfassen ließ?

Letztlich erklärt dies Alles Roons Handeln nicht. Vielmehr hieß er diese höheren Weihen willkommen, weil sie ihn doch noch in die Lage versetzen konnten, aus einer erweiterten Position heraus Bismarck die Stirn zu bieten. Nur so bot sich ihm die Chance, den militärischen Sektor vor dessen allmächtiger Einwirkung zu bewahren und sich nicht selbst vorbehaltlos seiner Führung unterzuordnen. Dies wäre angesichts der gegen ihn und seine Politik in der Militärfrage und des Pairsschubes geführten Gefechte allemal plausibel und gut zu glauben. Bismarck hob in seinen Zeilen an Roon jedenfalls seine angeschlagene Gesundheit hervor, die ihn zum Verzicht auf die Präsidentschaft nötige.[538] Eine Schwäche des Kanzlers? Dem Kabinettsbefehl Seiner Majestät beugte sich der alte Roon nicht etwa in untertänigster Überzeugung, den höchsten Beweis kaiserlicher Gnade zu erfahren, sondern im vollen Bewusstsein einer einmaligen Kräftigung für die als sicher anzunehmende Auseinandersetzung mit Bismarck: „Nachdem Ich den Reichskanzler Fürsten[539] von Bismarck auf seinen Antrag von der Stellung als Präsident Meines Staats-Ministeriums entbunden habe, finde Ich Mich bewogen, Ihnen diese Stellung zu verleihen; Sie gleichzeitig von der des Kriegs-Ministers zu entheben, vermag ich jedoch nicht, indem Ich Werth darauf lege, daß Sie, als Kriegs-Minister und ‚Vorsitzender des Ausschusses für Landheer und Festungen', mit der oberen Leitung und Vertretung der Armee-Angelegenheiten auch ferner betraut bleiben. Da ich gleichwohl ermesse, daß es Ihnen, bei dem Ihnen nunmehr übertragenen Vorsitze im Staats-Ministerium und der daraus für Sie erwachsenden Geschäftsvermehrung, nicht möglich sein würde, die Pflichten als Kriegs-Minister in dem bisherigen Umfange zu erfüllen, so finde ich Mich gleichzeitig veranlaßt, den Chef des Ingenieur-Corps und der Pioniere und General-Inspekteur der Festungen, General-Lieutenant von Kameke[540], mit dem Titel und dem Range eines Staats-Ministers zum Mitgliede des Staats-Ministeriums zu ernennen mit der Bestimmung, den Geschäften des Kriegs-Ministeriums, in Uebereinstimmung mit Ihnen, verantwortlich vorzustehen und Sie als Kriegsminister überall, wo es nöthig, ebenso zu vertreten.

Indem Ich vertraue, daß die von Mir hiermit angeordnete Einrichtung Ihnen die in Ihrer Doppelstellung als Minister-Präsident und Kriegsminister unentbehrliche Erleichterung gewähren wird, gebe ich Ihnen auf, Mir über die zweckmäßige, einer gedeihlichen Geschäftsführung entsprechende Theilung der Geschäfte zwischen Ihnen und dem General-Lieutnant von Kameke behufs Meiner Genehmigung zu berichten. – Dabei muß ich aber darauf hinweisen, wie es im Interesse eines prompten Geschäftsganges liegt, daß der nunmehrige Staatsminister Generallieutenant von Kameke autorisiert werde, Sie, den Kriegs-Minister, in allen Geschäften mit voller Wirkung zu vertreten, so daß Rekurse gegen seine in Verwaltungs-Angelegenheiten ergangenen Entscheidungen nur an Mein Person zu richten sein werden. An das Staats-Ministerium und den Generallieutenant von Kameke habe ich in vorstehendem Sinne direkt verfügt."[541]

Die zeitgleiche Ernennung zum Generalfeldmarschall[542], welche die Erhebung in die exponierteste Ehrenstellung der Armee bedeutete, kam bei dem 70-Jährigen gut an. Den Aufgaben aber, die seine Präsidentschaft mit sich brachte, war er in keiner Woche und an keinem einzigen Tag gewachsen. Dies zeigten schon die Frühjahrsdiskussionen um den seit Reichsgründung schwelenden innenpolitischen „Kulturkampf"[543], für den er anstelle Bismarcks zu fechten hatte. Noch stärker aber offenbarten es die unerfreulichen Debatten über die Vergabe staatlicher Konzessionen zur Gründung von Eisenbahngesellschaften – nicht nur in Preußen ein wachsender Industriezweig und florierendes Geschäft[544] –, die den Eindruck von Günstlingswirtschaft erweckten. Roon wies die zu Recht erhobenen Anwürfe des linken Flügels der Nationalliberalen artgerecht zwar, aber ohne Engagement zurück. Er gab missmutig Erklärungen ab, verlas vermeintlich entlastende Schreiben, gestand auch Irrtümer ein und lieferte der Gegenseite, die nach der Einberufung einer Kommission mit Genugtuung den Abschied eines hohen, an den Operationen beteiligten Finanzbeamten feststellte, immer und immer wieder Munition.[545]

Die auf dem Fuß folgende Entlassung des hochbetagten Handelsministers von Itzenplitz war eine herbe Niederlage für die Regierung, der Roon vorstand, und damit für ihn selbst. So ließ er die Unterhandlungen ohne jeden kämpferischen Elan und streitbare Elastizität, wie sie Bismarck zueigen war, an sich vorüberziehen. Er fand die Thematik „widerwärtig" und wollte sich am liebsten „jeder weiteren Beleuchtung" enthalten.[546] Durch amtliche Unannehmlichkeiten ohnehin gereizt, hielt ihm Bismarck aus ruhender Position zu allem Überfluss vor, ihn im Streit mit seinen politischen Gegnern zu wenig unterstützt zu haben: „In der Zeit, während deren ich, durch Krankheit genötigt, dem Grafen Roon den Vorsitz im Staatsministerium abgetreten hatte, von Neujahr bis November 1873, fanden bei ihm in kleinen und größeren Kreisen abendliche Begegnungen mir feindlicher Politiker der rechten Seite statt."[547] Zusammenkünfte, über die Roon indes kein Wort verlor, noch nicht einmal Andeutungen machte. Weshalb hätte er auch Treffen mit dem Kanzler übelwollenden Parteigängern arrangieren sollen? Doch wohl nur zum Zweck einer Intrige gegen Bismarck, zu der Roon weder willens noch seinem innersten Wesen nach befähigt war. Intrigant war Roon nicht. Ein solches Misstrauen, das der Machtmensch Bismarck lebenslang in sich trug, erschien hier jedenfalls grundlos.

Aufs Äußerste verstimmt, wechselten beide kühle, ja scharfe Briefe,[548] in denen von Bruch und Trennung ebenso die Rede war wie von dem heißen Wunsch nach Versöhnung. Denn dies wusste Roon: Im politischen Karpfenteich war der Reichskanzler gegenwärtig und zukünftig der Hecht, dem er in williger Anerkennung seiner mannigfachen Überlegenheit eingestand: „Was aber die kurze Zeit anlangt, während ich nur noch mit Ihnen Geduld haben möge, so ist es meines Herzens Wunsch und Hoffnung, daß Sie auf die Geschicke unseres Landes noch lange gesegneten Einfluß üben mögen, wenn meine Gebeine längst im Grabe ruhen werden."[549] Wogegen Roon aber vehement aufbegehrte, waren die massiven Eingriffe des ehrgeizigen Nur-Politikers in sein Ressort und die nicht mehr abzuwendende Preisgabe seiner Entscheidungsbefugnis, falls den Bismarck'schen Umtrieben nicht energisch Einhalt geboten würde. Die Art und Weise, mit der Roon als Ministerpräsident den Reichstagsverhandlungen im ersten Halbjahr 1873 vorsaß, fütterte sein Umfeld schnell mit der Überzeugung, der Last seines Amtes erlegen zu sein.

Wie es in politischen Kreisen, in denen sich Roon nach wie vor unwohl fühlte, üblich war, nutzte die Opposition die augenscheinliche, durch ihn personifizierte Schwäche der Regierung für sich aus. Bismarck witterte zum richtigen Zeitpunkt die Chance, dem Monarchen eine neue, milde Militärvorlage schmackhaft zu machen. Die Herabsetzung von Präsenzstärke und Finanzen sei ein wirksames Mittel für die Wahlagitation. Zur allgemeinen Überraschung und Verärgerung des Kaisers vollzog Bismarck im Sommer eine rein politisch intendierte Kehrtwende. Plötzlich wollte er die ihm als Kompromiss vorschwebende Vorlage nun nicht mehr vor den Wahlen beraten haben. Der Grund: Die Nationalliberalen hatten ihn in Geheimgesprächen eindringlich davor gewarnt, die diesbezüglichen Konferenzen vorzuziehen. Der linke Flügel wäre selbst für ein abgeschwächtes Militärgesetz nicht zu begeistern, sodass eine Spaltung der Fraktion sicher sei.[550]

Dass sowohl der Kaiser als auch Roon das Gesetz jetzt und nicht später behandelt wissen wollten, machte die Sache für Bismarck brisant, dem die Vertagung tatsächlich mit dem Argument gelang, die anhaltende Wirtschaftskrise tauge kaum dazu, die Wähler mit etwaigen Militärlasten zu konfrontieren. Außerdem sei der künftige Reichstag (nach den Wahlen von 1874) gewiss „militärfreundlicher" – womit er auf die erhoffte Geschlossenheit der Nationalliberalen schielte – und eine Krisis in den leidigen Militärfragen daher dauerhaft auszuschließen. Es blieb also bei Roons Dreijahresfrist, die sofort nach den Wahlen wieder in die Tagesordnung einrücken würde. Zu einem neuerlichen „Waffengang" mit Bismarck war Roon, beileibe kein Tagträumer, nicht mehr in der Lage. Er hatte ihm, seinem Freund und Kampfgenossen, hierin und einmalig den Schneid abgekauft. Ein weiteres Mal würde dieses Kunststück nicht gelingen. Roon, der ein untrügliches Gespür für Sein und Vergehen hatte, wusste das.

Vorerst trat Ruhe ein. Der verdiente Kriegsminister, aber unglückliche Ministerpräsident flüchtete im Monat nach Beendigung der Reichstagssession (25. Juni 1873) in den Urlaub.[551] Er lenkte die Reise nach Düsseldorf und Bonn, wo er Marksteine seines soldatischen Lebens fand, die er mit einiger Wehmut betrachtet haben mag. Erholung im Schwarzwald schloss sich bis Ende August an. Dann brach er nach Gut Krobnitz auf, das er im Juni gegen das ziemlich ertraglose Gütergotz eingetauscht hatte[552] und zu einem Schloss umzubauen gedachte, und empfing zum „Sedanstag" nachstehende Kabinettsorder Kaiser Wilhelms I.: „Nachdem Ich beschlossen habe, daß die im Bau befindlichen Forts bei Straßburg ihre Namen nach denjenigen Männern erhalten sollen, welche sich um die Erfolge des letzten Krieges besonders verdient gemacht haben, erfülle Ich eine Pflicht des wärmsten Dankes und der lebhaftesten Anerkennung, indem Ich bestimme, daß das Fort Nr. 3 künftig den Namen ‚Fort Roon' führen soll. Es gereicht Mir zum besonderen Vergnügen, Sie an dem heutigen Erinnerungstage der denkwürdigen Schlacht von Sedan hiervon zu benachrichtigen."[553]

24 Stunden danach, am Jahrestag von Sedan, verlieh ihm der Monarch den Schwarzen Adler-Orden mit Brillanten und ließ ihn in Anwesenheit einer großen Festversammlung die Siegessäule auf dem Königsplatz in Berlin enthüllen, nachdem der Grundstein für den Neubau der Zentralkadettenanstalt Lichterfelde gelegt worden war, für den sich Roon so nachhaltig eingesetzt hatte. Bei dieser Gelegenheit hielt Roon seine letzte öffentliche Rede, in der er nicht ohne Kalkül die Verdienste der Armee, ihre enge Verzahnung mit dem Geist des Volkes in Vergangenheit, Gegenwart und Zukunft und die stete Fürsorge des Landesherrn für diese

Roon-Denkmal in Berlin, Foto um 1930.

Institution hervorhob, „welche vielfach nachgeahmt, aber nie erreicht worden ist". Die Politik, die an dem dreifachen preußischen Siegeszug nicht unwesentlich beteiligt und für die glückliche Friedensgestaltung schließlich verantwortlich war, würdigte er mit einem Seitenhieb auf Bismarck mit keiner Silbe.[554] Der sichtlich bewegte Monarch soll Roon mit den Worten bedacht haben: „Was die Armee erreicht hat, das dankt sie zum größten Teil auch Ihnen, der Sie so vieles in der Stellung, in der Sie nun seit Jahren stehen, für sie gethan haben!"

Auf Verlangen seiner Ärzte begab sich Roon bald darauf wieder einmal auf den Weg in den sonnigen Süden, verhielt aber auf seinem neu erworbenen Landsitz Neuhof bei Koburg, wo er blieb und von wo aus er Anfang Oktober Seine Majestät endgültig um Entbindung von allen seinen Ämter ersuchte: „Ich habe 53 Dienstjahre, worunter 14 Minister-Jahre und 4 Kriegsjahre: ich glaube damit meine Pflicht gegen König und Vaterland wohl erfüllt zu haben."[555] Die Dienstzeit war das eine, seine ehrlich empfundene Verantwortung für das Wohl des Staates Preußen das andere. Einer vernünftigen Weiterentwicklung des Landes im Wege zu stehen, weil sein eigener Atem für neue Sprünge nicht mehr hinreichte, wollte er keinesfalls, der den unbeweglichen, starr verfügten, „absoluten" Konservatismus Bismarcks nicht mehr vorbehaltlos billigte. Er habe mit der Zustimmung zur Kreisordnung und den Maigesetzen bewiesen, den „conservativen Standpunkt von 48 überwunden" zu haben. Im parlamentarischen Miteinander und nicht in der Ausschließlichkeit politischer Einseitigkeit sah er die Zukunft. Wohl könne man sich auf keine andere als die konservative Partei stützen, aber sie müsse begreifen, dass ihre jetzigen Auffassungen und Aufgaben wesentlich andere seien als noch zu Revolutionszeiten. Ihm schwebte eine Partei des konservativen Fortschritts vor – dem Neuen durchaus aufgeschlossen, ohne dem Alten gänzlich abzuschwören. Das „Adelante, adelantador, atrevido", das er Bismarck zuwarf, meinte er daher nicht politisch, sondern im Sinne eines grundsätzlich unerschrockenen Vorwärtstriebes, der den Politiker erst in Fahrt bringt und ohne den er wirkungs- und aussichtslos bleibt. Seinen unumstößlichen Entschluss zum Rückzug teilte Roon ihm am 12. Oktober 1873 mit: „Nachdem ich an Seine Majestät vor einigen Tagen meine Bitte um Enthebung von den mir anvertrauten Ämtern adressirt habe, wende ich mich, unter Anrufung unserer alten Freundschaft an Sie, mein theurer Fürst, um Sie inständigst zu bitten, meinem Gesuche nach Kräften Vorschub zu leisten. Ich bin ganz fertig mit meinen geringen Fähigkeiten für den öffentlichen Dienst und daher fest entschlossen, die mir obliegenden Amtsgeschäfte nicht wieder zu übernehmen; es widerstrebt meinem Ehrgefühl, noch länger etwas zu scheinen, was ich nicht sein, wenigstens nicht mehr sein kann; es verstieße wider Pflicht und Gewissen, alle Ehren und Vorzüge meiner Stellung fort zu genießen, mit dem Bewußtsein meiner totalen Leistungsunfähigkeit, wenigstens für jedes amtliche Thun, welches von ihrem Inhaber eine regelmäßige und andauernde Thätigkeit erfordert, nicht blos gelegentliche Impromptus oder irgend eine zufällige rhapsodische Leistung. Auch habe ich die Überzeugung meiner Entbehrlichkeit – vielleicht schon zu spät – gewonnen; dafür ist dieselbe aber gegenwärtig um so stärker, so stark, daß ich ihr unmöglich untreu werden kann. Überraschen wird mein Entschluß Niemand, Sie, mein verehrter Freund, am wenigsten, der Sie meine wachsende Hinfälligkeit seit Jahren beobachten konnten, auch wenn diese Hinfälligkeit nicht durch meine 71 Jahre und die letzten 14 Jahre meiner Vergangenheit hinreichend motivirt wäre.

Ich habe Se. Majestät gebeten, den General von Kameke an meiner Stelle zum Kriegs-Minister zu ernennen, da das Siamesentum mit mir ihm je länger je unerträglicher werden und jedes Provisorium, je früher desto zweckmäßiger, zu Ende gehen muß. Zugleich aber habe ich auch dringend gebeten, das Minister-Präsidium von mir zu nehmen, welches von Anbeginn an gleichfalls den Stempel des Provisoriums an der Stirn trug. Mag es sein, daß der Bestand des Ministeriums aus politischen Gründen vor den Wahlen nicht alterirt werden soll. Aber – selbst, wenn ich deßhalb auch noch kurze Zeit innerhalb des Staats-Ministeriums mit meinem Namen figuriren müßte –, ich bin außer Stande, Geschäfte wieder zu übernehmen, und erbat daher von Sr. Majestät auch die Fortdauer meines Urlaubs, um dem Rate der Aerzte folgend den Winter im Süden zuzubringen. – Vielleicht erscheinen meine Entschließungen Sr. Majestät erheblich genug, um mit Ihnen darüber zu conferiren, und erbitte ich daher von Ihrer Freundschaft, meinen Standpunkt des non possum wohlwollend zu vertreten, weil ich den Herrn weder erzürnen noch kränken möchte, sondern den größten Wert auf die Erhaltung seiner gnädigen Gesinnung lege. Wenn Se. Majestät befehlen sollte, daß ein alter Diener fortdienen soll, selbst wenn er nicht mehr kann wie ich; so werde ich natürlich auch meinen letzten Athemzug noch hergeben; einen andern Zweck aber hätte es nicht!

Zum Schlusse dieser Zeilen, die Sie als amtliche nicht ansehen wollen, denn sie sind par excellence privatim und freundschaftlich –, erlauben Sie mir, Ihnen aus vollem Herzen nochmals mein: ‚Adelante, adelantador atrevido!' zuzurufen und Gottes Segen für Ihr ferneres gedeihliches und großartiges Wirken zu erflehen; und das werde ich immer thun, bis an mein vielleicht nicht mehr fernes Lebensende, gleichviel ob ich auf der Bühne oder im Zuschauer-Raume meinen Platz habe!

In aufrichtiger Treue

Ihr Roon"[556]

Wilhelm I. reagierte am 14. Oktober auf das „mit lebhaftem Bedauern entgegengenommene" Entlassungsgesuch zunächst nur mit Urlaubsverlängerung und 14 Tage später mit der Verleihung des Feldmarschallstabes, verbunden „mit dem herzlichen Wunsche, daß dieser Feldmarschallstab sich recht lange in Ihrer Hand befinden möge!" Dann, endlich, und noch im November, bewilligte der Monarch unter Wiedereinsetzung Bismarcks als preußischer Ministerpräsident und Ernennung Kamekes zum Kriegsminister die erwünschte Entlassung durch Allerhöchste Kabinettsorder, deren Wiedergabe lohnt: „Ich kann Mich leider der Ueberzeugung nicht verschließen, daß Ihr wiederholtes Gesuch um Uebertritt in den Ruhestand durch Ihre leidende Gesundheit zu sehr begründet ist, um dessen Gewährung ablehnen, oder auch nur weiter verzögern zu können. Ich gewähre Ihnen daher – aber mit schwerem Herzen – den gewünschten Abschied, indem Ich Sie hierdurch, unter Entbindung von der mit so großer Auszeichnung bekleideten Stellung als Kriegs-Minister, mit der gesetzlichen Pension zur Disposition stelle. – Sie tragen in diesem Verhältniß auch ferner die aktiven Dienstzeichen und verbleiben auch in der Liste der aktiven General-Feldmarschälle, sowie in Ihrem Verhältniß als Chef des Ostpreußischen Füsilier-Regiments Nr. 33, damit Sie der Armee, auf deren Ehrentafeln Ihr Name für alle Zeiten steht, auch durch ein äußeres Band angehören, so lange Sie leben.

Ich danke Ihnen nochmals warm und von ganzem Herzen für Alles, was Sie in Ihrer Dienstzeit in allen Ihren innegehabten Stellungen für Meine Armee gethan haben. Vor Allem aber nehmen Sie hier nochmals Meinen Königlichen Dank entgegen für Ihre Leistungen für Mich und Meine Armee, seitdem Ich Sie zum Kriegs-

Minister ernannte. Sie haben Mich bei Durchführung der Reorganisation der Armee mit seltener Umsicht, Consequenz und Energie unterstützt, und die Früchte Ihrer schweren Arbeit haben nicht auf sich warten lassen. Zwei glorreiche Kriege haben die Tüchtigkeit unserer Kriegs-Institution bewährt, und bei der nunmehr erfolgten Vergrößerung des Heeres ist es wiederum Ihr Werk gewesen, dieselbe in kürzester Zeit ins Leben zu rufen.

Mögen Sie sich nach Ihrer treuen Arbeit der wohlverdienten Ruhe noch lange erfreuen, und mögen Sie versichert sein, daß Ich niemals aufhören werde, Meinen in vielfach schwerer und bewegter Zeit immer bewährten Kriegs-Minister in ehrender und dankender Erinnerung zu behalten!

Als Andenken an den schweren Augenblick der Trennung sende Ich Ihnen meine Büste in Marmor.

Ihr dankbarer König
Wilhelm“[557]

Ausklang

Letzte ernste Zeit und Tod

„Wie freue ich mich, – daß Du frei bist!“[558] Die politischen Sorgen des Alltags schüttelte Roon schnell ab. Wirklich frei, wie Blanckenburg meinte, war der Ex-Minister und ehemalige Kurzzeit-Präsident des Staatsministeriums aber noch auf Wochen nicht, denn der Nachhall seiner Aufgaben wirkte mit der Erledigung öffentlicher Aufgaben auch nach seinem Verschwinden von der Berliner Bühne fort. „Alt bin ich, jung aber noch in der herzlichen innigen Liebe zu meinem Könige, meinem Lande, meinen Kindern und meinen Freunden. Das hoffe ich bis an mein seliges Ende auch zu bleiben.“[559] Erst Anfang Dezember atmete er Unabhängigkeit, als er sich mit einer stattlichen Kompanie – Familie und Dienerschaft – für ein halbes Jahr nach Italien begab. Dort frönte er mannigfacher Natur- und Kulturgenüsse, denn einem gewissen Ruhebedürfnis folgte sehr rasch der Drang, alle Herrlichkeiten der großartigen italienischen Zentren Venedig, Florenz („wir sind entzückt von unserm hiesigen Aufenthalt“), Rom, Pompeji und Neapel in sich aufzunehmen. Bevor er heimgehen würde. Davon sprach er in dieser Direktheit erstmals in Italien, oder besser: von dem Wunsch, „im Vaterlande zu sterben“.

Nach Abstechern in Sorrent und Palermo im Frühjahr 1874 mit ihrem steten Wechsel anstrengender Eindrücke und Ansprüche an die Nerven verlangte Roon nichts mehr als das gesegnete Einerlei einer idyllischen und sonnigen Existenz. Die Sehnsucht nach Ruhe überwiege alles andere, schrieb er Blanckenburg, und er wäre nach seiner Verabschiedung am liebsten aufs Land gegangen, hätte er die klimatischen Nötigungen für die Gesundheit nicht in Betracht ziehen müssen. An den politischen Vorgängen nahm Roon aus der Ferne allenfalls distanziert Anteil. Das in das Jahr 1873 zurückreichende, den monarchischen Geist der Vergangenheit beschwörende Dreikaiser-Abkommen zwischen Österreich-Ungarn, Russland und dem Deutschen Reich kommentierte er nicht („Ueber Politik möchte ich grundsätzlich gar nicht sprechen“). Auch zu den Reichstagswahlen des Jahres 1874 mit ihren nationalliberalen und sozialdemokratischen Gewinnern und konservativen Verlierern äußerte er sich nur in Bezug auf das Militärgesetz und ziemlich abgehackt: „Der König kann in Betreff der Dienstzeit gar nicht nachgeben, ohne sich, seine Minister und seine militärischen Grundsätze im Hinblick auf die Vergangenheit an den Pranger zu stellen [...]. Ruiniren sie [das Parlament, G. S.-W.] die Armee, dann ist das Ende da; dann adieu Preußischer Kriegsruhm und Deutsche Herrlichkeit!“[560]

In der Tat befand der Liberalismus nach den Januar-Wahlen in einer blendenden Position, und Bismarck, der sich nur auf den rechten Flügel der Nationalliberalen und die wenigen verbliebenen Konservativen verlassen konnte, musste sich fragen, wie er das Kunststück einer „ewigen“ Militärvorlage nach dem Roon-Kameke'schen Entwurf gegen eine Reichstagsmehrheit[561] konfliktlos durchbringen wollte. Die in einigen regierungsseitig beeinflussten Zeitungen lancierten Artikel über etwaige Gelüste Frankreichs, Revanche für die Niederlage von 1871 nehmen zu wollen, taugten nicht als Grund für eine starke Armee, die den Haushalt über die Maßen belastete. Die Öffentlichkeit hatte dafür in Zeiten schmaler Portemonnaies wenig Verständnis. Fortschrittspartei und linke Nationalliberale waren fest entschlossen, gegen die Äternisierung des Militäretats den Kampf gegen die Krone zu wagen, denn eine dauerhafte Einschränkung des Budgetrechts stand außerhalb ihres Sinnes.

Wilhelm beriet sich mit seinen Militärs. Kameke, Moltke und Voigts-Rhetz plädierten bei eiserner Durchsetzung des Äternats für eine Reduzierung der Präsenzstärke als Zeichen des guten Willens an die Opposition, die angesichts der französischen Rüstungen und der durch sie provozierten Kriegsgefahr jederzeit wieder angehoben werden könne. Doch der Kaiser entschied sich für Bismarck und den Kompromiss, ein auf sieben Jahre angelegtes Gesetz in Vorschlag zu bringen.[562] Damit gelang der Regierung erstens, den sicher geglaubten Zerfall der politisch überlebenswichtigen Nationalliberalen zu verhindern, und zweitens, einen ähnlich langwierigen Konflikt wie den schon durchlebten zu vermeiden, der die Grenzen der staatlichen Existenz berühren würde. So schien allen geholfen, am meisten der Regierung, die den Reichstag in Fragen des Wehrbudgets nun auf sieben Jahre ignorieren durfte. Der Vollständigkeit halber sei erwähnt, dass Bismarck nach Ablauf der Frist, 1880, wenig Mühe haben sollte, im Zuge der konservativen Wende und offiziös gesteuerten Proklamierung der Sozialdemokraten als „Reichsfeinde“ das Militärpaket auf weitere sieben Jahre zu schnüren, und noch weniger anno 1887, dann unter argumentativer Hinzunahme eklatant scheinender Kriegsgefahren.

Als das erste „Septennat“ am 14. April 1874 mit 224 gegen 147 Stimmen den Reichstag passierte, weilte Roon in Neapel. Dort fühlte er sich betrogen von den „schwindelhaften Versicherungen“ eines eigentlich schon Frühling verheißenden Klimas, auf das er zur Besserung seiner körperlichen Gebrechen so sehr hoffte: „[…] immer das schönste Grau“, hörte man ihn zetern, „ohne uns Heimathsgefühle einflößen zu können. Der Scirocco, der uns empfindliche Kopfschmerzen und Erschlaffung verursacht, wechselt mit den heftigsten Stürmen aus Westen, die das Meer aufwühlen, an Pompejanische Katastrophen mahnen und uns den Schlaf rauben; tropische Regengüsse dazwischen; und all diese Herrlichkeiten, – nur ein Erdbeben fehlte noch, drohte aber diese Nacht ernstlich –, mußte ich mit vielem Golde aufwiegen.“[563] Wie dort, fürchtete er ein Erdbeben auch in der deutschen Hauptstadt, in der es just um diese Stunde um die Militärvorlage ging. Fern der Heimat konnte er „nichts thun, als bitten, sich zu hüten, daß die große Sache, um die es sich handelt, durch unvorsichtig acceptirte Compromisse nicht compromittirt werde“.

Nun, unvorsichtig akzeptierte Kompromisse waren es nicht, sondern eine dem Zweck entsprechende Form, mit der die Regierung (und Bismarck) leben konnte und die Roon für sich, wenn auch mit einem Seufzer, letztlich billigte.

Für den weiteren Gang der Wehrvorlagen waren seine Prognosen optimistisch. Politisch aber blickte der 71-Jährige, der nicht an dauerhaften Frieden glaubte – Menschen an der Ausgangspforte des Lebens sehen die persönliche Vergänglichkeit mit einem skeptisch-pessimistischen Blick auf den Weltenlauf verknüpft und Vergangenes unter dem Licht der eigenen Jugend strahlend hell –, in den Feuerschlund des Vesuvs: „Was 7 Jahre gesetzlich bestanden hat [im Jahr 1880, G. S.-W.], das kann man hinterher nicht abstreifen wie einen Handschuh. Nach 7 Jahren, während welcher man den Budget-Discussionen entrückt war und die Armee-Verwaltung aufs Zweckmäßigste einrichten konnte, haben wir entweder unsichere politische Verhältnisse, wie heute –, und wie könnte dann der Reichstag Reductionen beschließen? Oder wir sind vielleicht gar am Vorabend oder am lendemain eines großen Krieges und dann haben wir noch weniger zu besorgen."[564] Gegen das Abkommen sei jetzt nichts mehr zu machen, selbst wenn er wollte. Und einen anderen als Bismarck, der dies alles mit seiner Kraft und Ausdauer hätte besorgen können, gab es für Roon nicht.[565] Im vollendeten 71. Geburtsjahr fuhr der „Jubilar", der so nicht genannt werden wollte, es aber doch war, über den Lago maggiore, um nach Pallanza zu gelangen. Dort erwartete ihn ein Gratulationsschreiben Kamekes „im Namen der Offiziere und Beamten" – und eine sagenhafte, einen Meter große Porzellan-Vase mit dem Abbild des Berliner Kriegsministerialgebäudes, seinem einstigen Wirkungsraum. Nach der Rückkehr aus Italien, kürzeren Aufenthalten in Berlin und geschäftlichen Besorgungen auf seinen Landsitzen und Krobnitz ist aus der Zeit bis Dezember keine zweckmäßige Äußerung über politische oder militärische Zeitläufte mehr überliefert.

Die fortdauernde physische Schwäche hatte dem betagten Herrn übers Jahr schwer zu schaffen gemacht und tat es auch Anfang 1875, sodass er seine Frau im Februar allein zu Besuch zu seinem ältesten Sohn Waldemar nach Berlin schickte, wo es ihm zu laut und aufdringlich war. Obgleich keine gesicherten Indizien vorliegen, weisen doch verschiedene Anzeichen[566], v. a. seine zunehmende Immobilität, auf einen oder mehrere leichte Schlaganfälle hin, die in summa allmählich ins Jenseits deuteten, „wo wir hingehören und heimisch sein sollen"[567]. Ein alter Fuhrmann sei er, der, wenn er auch nicht mehr führe, doch noch gelegentliche Belustigung beim Peitschenknallen erfahre. So etwa, wenn er sich ab und an in Korrespondenzen vorderhand an seinen Freund Blanckenburg Luft machte über Berlin, „wo der Reichstag wirbelt, der Partheizank tobt [...] und alle Teufel des Egoismus mit einander ringen, und die Feuerbrände des Sozialismus schwälen". Gottlob habe er „gar nichts mit all' den Wirrsalen zu thun und mich meiner Neutralität nicht zu schämen, der ich nach redlichem Mitkampf außer Gefecht gesetzt worden bin". Roon genoss in den Märztagen des Jahres 1875 in vollen Zügen ein in warme Frühlingsfarben getauchtes

Stillleben auf Krobnitz, das zu einem – heute wieder – sehenswerten Schloss neoklassizistischen Stils mit gegliederter, an das Erscheinungsbild des Kriegsministeriums angelehnter Putzfassade und prachtvoller Gartenanlage ausgebaut wurde. Dort konnte er wohlig „umherschleichen" unter Gottes Sonne, wie er so schön fabulierte. Roon war eins mit sich und der Welt, der er mit all den Irrtümern und Verwirrungen ihrer Zeitlichkeit nicht mehr zur Last zu fallen gedachte.

Sein Interesse an den politischen Begebenheiten erlahmte nun sukzessive, nur dann und wann merkte er auf, namentlich, wenn „seine" Armee Gegenstand politischer Aufgeregtheiten war. Hatte er noch vor Kurzem in Briefen an Blanckenburg und auch Bismarck die Berliner Szene kommentiert, so gewinnt man nun den Eindruck fast beängstigender Gleichgültigkeit eines Mannes, der vor gar nicht langer Zeit im Getriebe der politischen Welt gestanden und an dem einen oder anderen größeren Rad kraftvoll mitgedreht hatte. Der krisenreiche April ließ Roon völlig kalt, jedenfalls ließ er keine Gemütsaufwallung vernehmen, als in Berlin, Paris, London und Petersburg das Kriegsgespenst umging, das gerufen zu haben dem deutschen Reichskanzler angelastet wurde.

Die „Krieg-in-Sicht"-Krise[568] schüttelte Europa in jenem Frühjahr gewaltig durch und gewann deswegen an größtem Wert, weil sie Bismarck rechtzeitig die Grenzen seiner Macht aufzeigte. Die unverhohlenen Rüstungen Frankreichs veranlassten ihn zu einer Reaktion, die im Nachhinein sicherlich überzogen und ungerechtfertigt, für den Zeitpunkt des Geschehens aber durchaus plausibel erscheint, zumal der Kanzler hierin in Moltke, der nicht eben im Ruf unüberlegter Vorschnelligkeit stand, einen eifrigen Fürsprecher fand.[569] Als in der amtstreuen Gazette *Post* ein Artikel „Ist der Krieg in Sicht?" erschien, der in Europa schnell Nachahmer fand und in dem der Verfasser die Krone aufrief, dem vermeintlich sichtbaren Kriegstreiben Frankreichs durch gezielten Druck ein Ende zu setzen, wurde dies als indirekt zitierte, von Bismarck initiierte Regierungssicht gewertet.[570] Es gab in der Tat Präventivkriegspläne, um nötigenfalls militärisch einzugreifen, um Frankreich dauerhaft niederzuhalten. Da aber die Aufgabe eines jeden Generalstabs die Kriegsplanung ist, kann daran nichts Sensationelles festgestellt werden. Und für die Annahme, Bismarck habe sich für Krieg gegen Frankreich ausgesprochen, findet sich kein Beleg. „Im Unterschied zu dem Chef des deutschen Generalstabes [...] hat Bismarck einen solchen Gedanken wohl zu keinem Zeitpunkt wirklich ernsthaft erwogen."[571]

Es scheint sich vielmehr so verhalten zu haben, dass der Reichskanzler annahm, durch bloßes Säbelrasseln den westlichen Nachbarn zur Räson bringen zu können. Darin sollte er sich täuschen, denn England und auch Russland signalisierten, eine Schwächung Frankreichs (in einer Phase allgemeinen Wettrüstens!) nicht ohne weiteres hinzunehmen. Die Sorgen um einen Konfrontationskurs im komplexen, von verschiedensten Interessen (auch gegen den deutschen „Kulturkampf") bestimmten europäischen Geflecht zerstreuten sich schließlich, als der russische Kanzler

Das renovierte Schloss Krobnitz bei Görlitz, der Alterssitz des Kriegsministers, mit einer heute sehenswerten Roon-Ausstellung.

Gortschakow Bismarck, seinen ehemaligen „Schüler" aus Petersburger Zeiten, zur Zurückhaltung mahnte und ihm damit die größte diplomatische Niederlage seiner Karriere beibrachte. Diese Krise war zwar beseitigt, bedeutete aber den Beginn eines dauerhaft angespannten deutsch-russischen Verhältnisses.[572]

Als es im europäischen Dampfkessel brodelte, verlebte Graf von Roon als Strohwitwer, da seine Frau zu Kur nach Karlsbad aufbrach, ruhige, gleichwohl recht vergnügliche Tage auf seinem Krobnitzer Sitz, wo er regen Besuch von Freunden und Verwandten empfing. Das Jahr verlief ohne besondere Ereignisse, die Heirat seines jüngsten Sohnes ausgenommen, weil sie den alten Mann rührte. Ehrungen wie die ihm zugedachte Benennung eines größeren Teils des Kerguelen-Archipels im südlichen Indischen Ozean oder die Aufnahme als Ehrenmitglied der schwedischen Akademie der Kriegswissenschaften brachten Abwechslung in seinen Alltag, den er überdies durch den Ankauf von Döbschütz unweit von Krobnitz auffrischte.

Alles in allem aber fühlte er sich wie ein „absterbender Cactus in seinem windsicheren Glashaus-Winkel", der noch eine Weile fortvegetieren dürfe, „bis der an der Wurzel nagende Todeswurm auch die letzten Fasern zerschnitten haben wird. Aber zu produziren und zu brauchen ist er nicht mehr, denn mit den mageren Blüthen sind auch die Stacheln abgefallen."[573] Er könne sich nur sehr langsam und wenig bewegen, lebe daher (auch dies weist auf die Folgen eines oder mehrerer Schlaganfälle hin) „wie eine Auster, ohne so appetitlich und so begehrt zu sein“[574], vertrieb sich die Wochen, indem zuweilen Briefe – u.a. an den Kaiser und Prinz Friedrich Karl – aufgesetzt wurden. Und dass der alte Herr mit der Niederschrift seiner Memoiren begann, die jedoch nur noch seine Kindheit erfassten, wissen wir. Er zehrte auch eine Weile davon, dass er Wilhelm I. zum 80. Geburtstag persönlich gratulierte und reiste, seine Körperkräfte mannhaft bündelnd, im September in die angestammte Heimat Zimmerhausen, um verflossene Erinnerungen in die Gegenwart zurückzuholen.

Wie das vergangene Jahr, so bestritt Roon auch das folgende[575], und erst das vorletzte seines Lebens schreckte ihn aus seiner gefällig-umsorgten Existenz auf. Nicht der Russisch-Türkische Krieg[576] und auch nicht der Berliner Kongress[577] rührten ihn an, sondern das Attentat auf den Kaiser am 2. Juni 1878, dem bereits am 11. Mai ein von dem sozialdemokratischen Umtrieben zuneigenden Klempnergesellen Max Hödel verübter, für den Monarchen folgenloser Anschlag vorangegangen war. Ihn hatte Bismarck in übertriebener Härte zum äußeren Anlass eines Verbots der ihm verhassten Sozialdemokratie genommen, mit dem er im Reichstag auflief. Dieser indes machte rechtsstaatliche Gründe dagegen geltend. Das ungleich schwerere, von der breiten Öffentlichkeit unisono verurteilte Attentat vom 2. Juni, als der studierte Landwirt Karl Eduard Nobiling ohne jede politische Motivation auf Wilhelm I. schoss und ihn schwer verletzte, nutzte Bismarck sofort zu einer abermaligen Kampagne – diesmal mit Erfolg. Der Auflösung des Reichstags am 11. Juni 1878 folgte der politische Schwenk der Nationalliberalen in das Regierungslager.[578] Vom 7. Juni stammt ein erstklassiges Zeugnis von Roons echauffiertem Eifer gegen diese als widerwärtig empfundene Entsittlichung und Verwilderung, die ihn noch einmal in Rage brachten. Roon sah das Ende des Staates nah und riet seinem Kaiser in einem Anflug existenzieller Seelennot zum entschlossenen Kampf gegen die sozialdemokratischen Reichsfeinde. Dieser flammende Appell fasst, vermutlich ohne Absicht, die Summe seines eigenen Lebens in wenige, nichtsdestotrotz beeindruckende Sätze:

„Hochverehrter Freund!

Gestatten Sie Ihrem einstigen alten Kampf- und Leidensgefährten diese vertrauliche Anrede heute wie sonst. Ich habe Sie, seitdem mein Beruf im Zuschauen besteht, niemals mit politischen Ratschlägen belästigt, warum sollte ich heute Wasser ins Meer tragen? – Dennoch mögen Sie mir heute einen kurzen Zuruf gestatten: Handeln Sie! Ohne Verzug mit der Ihnen natürlichen Energie und Klugheit! Es muß nothwendig und zwar baldigst etwas Ernsthaftes, Energisches geschehen, um dem verletzten, nach Hülfe rufenden Rechtsbewußtsein der Nation Trost und sichere Stütze zu gewähren. – Denn verläuft diese jüngste Teufelei und der Kampf dagegen wiederum im Flugsande constitutioneller Bedenken und Doctrinen, ohne Spuren und practicable Geleise zu hinterlassen: so geht das Vertrauen zu der Thatkraft der Regierungen den besseren Schichten des Volkes gänzlich verloren, und die schlechteren werden hohnlachen und triumphieren, da ihre Frechheit keine Schranke findet: das Chaos ist fertig!

Kann und darf dies das End-Resultat Ihres Lebens und großartigen Wirkens sein? – Mögen widerwärtige Strömungen und Winde das Staatsschiff, trotz sorgfältiger Curs-Berechnungen, in ein Fahrwasser voller Strudel und Klippen geführt haben: die feste, starke Hand am Steuer, sie und keine andere wird den Schiffbruch verhindern; sie muß es, um des Schiffes wie um des Piloten willen. – Der Moment ist da! Also hinaus mit dem schiefgestauten doctrinären Ballast, der bei der nächsten Sturzwelle das Schiff nach links hin zum Kentern zu bringen droht, ‚l'excès du mal ramènera le remède'.

Ich bin mir bewußt, damit keiner Contre-Revolution das Wort zu reden; keinen Staatsstreichen, wenn sie zu vermeiden sind. Aber das in äußerster Gefahr schwebende Vaterland, das Vaterland unserer Kinder muß gerettet werden, das Centrum aller christlichen Gesittung. Nicht wegen des wiederholt versuchten Meuchelmordes an dem Edelsten und Huldreichsten aller Monarchen ist diese Gefahr eminent, sondern wegen unserer hyperliberalen Gesetzgebung, welche die Abrichtung zum Meuchelmord, zum Umsturz aller göttlichen und menschlichen Autorität und Sitte nicht nur gestattet, sondern begünstigt und die Nation zur völligen Entsittlichung und Verwilderung zu verführen droht. – Was nützt aber alle sittliche Entrüstung gegen solches Treiben, wenn sie müßig bleibt, statt demselben einen festen Damm entgegen zu bauen? Noch ist dies möglich! Noch hat die Nation die alte Pietät und die alten Traditionen christlicher Gesittung nicht ganz verloren; noch wird, so hoffe ich, die Armee ihre Pflicht thun, wenn es zum Aeußersten kommt –, eine neue Schmach für den deutschen Namen, wenn es dazu käme! – Der Zauberbann des doctrinären Idealismus muß gebrochen werden, weil seine Impotenz notorisch ist, und alle von ihm verordneten Rezepte werden sich gegen diese internationalen Assassinen als wirkungslos erweisen. Jedermann, der ihren Plänen hinderlich, wird Scheibe für ihre Kugeln sein, wenn die Gesellschaft nicht von diesen durch unsere doctrinäre Gesetzgebung entmenschten Ungeheuern befreit wird.

Doch gegen meine ursprüngliche Absicht – schon zu viel für Ihre Geduld!

Verzeihen Sie meinen Eifer für die Sache, wie für Ihre Person und Ihren Ruhm, jedes überflüssige Wort, und erblicken Sie in der Zuschrift überhaupt nur ein Zeichen meiner Theilnahme für die bedenklichen Zustände der Gegenwart, meiner Wünsche für die Zukunft, sowie für Sie selbst, dem die Lösung der schwierigsten Aufgabe, die Heilung der gefährlichsten chronischen Krankheit gelingen muß und gelingen wird mit Gottes Hülfe. Dadurch wird Ihr Name zwar kaum neuen Glanz gewinnen; das Gegentheil aber würde ihm eine Einbuße bereiten, die Niemand tiefer beklagen würde, als

Euer Durchlaucht

altbewährter treu ergebenster Freund Gr. von Roon. G.-F.-M."[579]

„O fürchte nimmer Gefahr und Tod / Da beides täglich uns Allen droht / Nichts fürchte, als, wenn sie einst Dich begraben / Nicht Gott gefällig gelebt zu haben." Roon umgab sich in den letzten Monaten des Jahres 1878 vermehrt mit Sinnsprüchen jener Art, die von der Überwindung des Lebens durch den Tod handeln und vom strahlenden Glanz jenseitiger Wirklichkeiten, an denen der überzeugte Christ hing. Vorahnungen von seinem baldigen Ende beschlichen ihn um die Jahreswende, obgleich er sich körperlich relativ wohl befand und durch freundliche Schreiben, darunter solchen des Kaisers, in seiner Stimmung gehoben wurde. Er ordnete Gedanken, Arbeiten und Nachlass, „bestellte", wie es so trefflich heißt, „sein Haus" und vollendete das heute noch im Besitz der Familie befindliche, seitenreiche Testament. In stiller, friedlicher Glaubenszuversicht rüstete er zum Abmarsch, nicht aber ohne sich noch einen großen Wunsch erfüllen zu wollen: seinen König zu besuchen, den er seit dem Juni-Attentat nicht wiedergesehen hatte. Bis auf lästige Asthmaanfälle gesundheitlich einigermaßen intakt, begab er sich in Begleitung seiner Frau und einer Bediensteten Anfang Februar 1879 nach Berlin, wo er für einige Wochen einen Ecksalon im Hôtel de Rome gegenüber dem königlichen Palais reservieren ließ. Schon am 9. Februar erhielt Roon Audienz beim Kaiser, der ihn „umarmt und geküßt und wie einen treuen Freund begrüßt"[580] haben soll, um einen Tag später, umsorgt von dem Adjutantendienste leistenden Hauptmann Perthes, im Herrenhaus seine Aufwartung zu machen.

Es war dann um den 12. Februar, als sich Roon bei trügerischem Sonnenschein zu einer Fahrt in offenem Wagen durch Berlin überreden ließ, die ihm eine für seinen geschwächten Organismus tödliche Erkältung einbrachte. Von verabreichtem Morphium umnebelt, verließ er in den unruhigen Tagen danach das Krankenlager nur noch auf Viertelstunden. Er verlangte nach Liedversen, Losungen oder kurzen Psalmen. Telegramme an seine Kinder, die tagesweise eintrafen, flogen hin und her, Manteuffel wollte er sehen, um durch ihn der Armee Lebewohl zu sagen. Er begehrte die Feier des Abendmahls im kleinen Kreis und wohnte dieser heiligen Handlung hellen und klaren Geistes bei. Das Erscheinen des Kaisers, das Roons Frau detailreich beschreibt, versetzte ihren Mann noch einmal in vorübergehendes Entzücken: „Da richtete sich der theure Kranke auf, streckte beide Hände ihm entgegen und sagte laut: ‚Majestät, welche Freude! Wie dankbar bin ich!' Der König reichte ihm beide Hände und sagte bewegt: ‚Muß ich Sie so finden, mein alter Freund' (oder mein lieber Roon); ich weiß die Worte und wie sie folgten, nicht so genau, war auch zu bewegt im Herzen; aber ich weiß, ich sah und fühlte, wie beglückt mein herzenslieber Mann war. Der Kaiser ließ sich auf einen tiefen Lehnstuhl am Bett nieder, die beiden Köpfe der alten Herren waren dicht zusammen, der König hielt die Rechte des Kranken in Seiner Linken, die Rechte hing noch in der schmalen schwarzen Binde. Mein lieber Mann beugte sich auf die Hand, ich glaube der Kaiser hat es diesmal auch gelitten, daß er sie ihm küßte. Sie sprachen leise, mein lieber Kranker sprach schon schwer, so daß der König mich zweimal fragte: ‚Wie sagt er?‘ Es war immer wieder: ‚Dank, Dank, mein König!‘ und dann sagte er ihm auch, daß er morgens immer nach seinem Fenster schaue und nach der Fahne, ob er schon auf sei und schon wieder arbeite. Wichtiges oder gar Politisches wurde nicht gesprochen. Als der König aufstehen wollte, durfte ich ihn etwas unterstützen, da er nur eine Hand brauchen konnte. ‚Ach, der tiefe Stuhl,‘ – sagte der Kranke. ‚Geht schon, geht schon.‘ Dann stand der geliebte Herr noch am Bett, hielt die eine Hand und, die andere aus der Binde nehmend, streckte er die Finger nach oben: ‚Dort sehen wir uns wieder.‘ Drehte sich langsam um, sah noch einmal zurück und rief: ‚Grüßen Sie mir die alten Kriegskameraden! Sie finden Viele!‘ Das war erschütternd.“[581]

Am Sonntag, den 23. Februar 1879, es war um die Mittagsstunde, starb Albrecht Theodor Emil von Roon inmitten seiner engsten Angehörigen, nachdem „ein dunkler Schatten über sein Gesicht“ gegangen war. In der Sakristei der Garnisonkirche aufgebahrt und von Gardeoffizieren bewacht, fand am 26. Februar eine Trauerfeier in ernster Pracht statt, an der nicht weniger als 3.000 Personen teilhatten, unter ihnen die Kaiserin – Wilhelm I. war gesundheitlich verhindert – und die höchste militärische Entourage des Reiches. Generalsuperintendent Büchsel, der die Gedächtnisrede hielt, schloss mit den Worten: „Und wie heute Ehre und Liebe diesen Sarg reich geschmückt haben und Kampfes- und Kriegsgenossen diesem Treuen das Geleite gaben, so gebe Gott dem Könige und dem Vaterlande allezeit Männer, die treu zu Gott stehen, Männer, die allezeit wie der Kriegsminister von Roon nicht nur Gottes Wort lieben, sondern deren Streben und Trachten ist, wie es das seine war: die Reinigung als Christ, – um allezeit treu und bereit zu stehen, wie Roon es stand, mit Gott für König und Vaterland!“[582]

Die Leichenparade zog sich unter Trauerklängen des Musikkorps und reger Anteilnahme der die Straßen säumenden Berliner bis zum Bahnhof hin, vom erkrankten Kaiser von seinem Palais aus noch eine Weile mit dem Fernglas beobachtet. In Görlitz angelangt, wurde die sterbliche Hülle Roons bei Dunkelheit und unter malerischem Fackelschein in die Dorfkirche von Meuselwitz, dem Pfarrdorf von Krobnitz, verbracht. Dort hielt tags darauf Bernhard Rogge im Familien- und Freundeskreis eine Trauerfeier ab, um den Sarg anschließend bei heftigem Schneetreiben in die Familiengruft im Park Krobnitz absenken zu lassen.[583] Zu Ehren des Generalfeldmarschalls hatten sämtliche Offiziere der Armee achttägige, die Offiziere des Füsilierregiments Nr. 33 zehntägige und diejenigen des Kriegsministeriums 14-tägige Trauer anzulegen. An die Witwe schrieb Kaiser Wilhelm I. eigenhändig:

„Es ist mir ein schmerzliches Opfer, welches ich meinem Herzen und meinen Gefühlen bringe, in dieser Stunde nicht unter Denen sein zu können, die dem Verewigten die letzte Ehre erweisen. Mein zunehmendes Unwohlsein verbiethet mir das Zimmer zu verlassen, und so konnte ich auch meinem Herzenswunsch nicht nachkommen, Ihnen selbst mein Mitgefühl auszusprechen, nachdem bei’m letzten Besuch das eintrat, was wir damals voraussehen mußten. Ich kann es also heute nur wiederholen, was ich Ihnen an jenem unvergeßlichen Abend sagte: nicht nur den in jeder dem Verstorbenen übertragenen Stellung ausgezeichneten Staatsmann beweine ich, sondern den Freund und Menschen, der mir so lange mit Rath und That zur Seite stand, und immer aus dem Born schöpfte, der allein unser Gewissen leitet, aber auch segnet!

Das Andenken eines solchen Mannes erlöscht niemals und daneben so wenig die Dankbarkeit derer, für die er lebte und schuf. Mein Andenken und meine Dankbarkeit stehen oben an! Aber auch in der Armee stehen diese Gefühle lichtvoll da und durch die Thaten derselben im Volke, das durch diese groß und mächtig wurde! Gott schütze und stärke Sie, denn Sie wissen, wo dazu Kraft gesucht und gefunden wird.

Ihr tief theilnehmender König Wilhelm.“[584]

Bilanz

Die historische Bedeutung, die Albrecht von Roon zukommt, steht und fällt mit der Heeresreform in seiner frühen Amtszeit als Kriegsminister, wiewohl er auch als Marineminister der richtige Mann zur richtigen Zeit am rechten Ort war. Mit Vollendung der Heeresreform mit ihrer konsequenten Anwendung der allgemeinen Wehrpflicht vollendete Roon sich quasi selbst. Danach kam nichts mehr Substanzielles, das ihn in seinem Status noch hätte heben können. Seine von Grund auf ehrliche Natur gebot ihm, sich als „getreuer Heinrich" dem Befehl des Monarchen zu unterwerfen und selbst dann noch in festem Gehorsam zu stehen, wenn er zu seinem Nachteil ausschlug – wie gegen Ende seiner Laufbahn, als ihn der Kaiser partout nicht ziehen lassen wollte.

Er meisterte alle Prüfungen eines ereignisreichen Daseins in herausragenden militärischen und militärpolitischen Positionen. Die Probe staatsmännischer Bewährung hingegen bestand er nicht, denn als preußischer Ministerpräsident erlag er dem Kalkül Bismarcks, dessen professionell vorgetragenes Intrigenspiel Roon zu keinem Zeitpunkt wirklich durchschaute. Was als ein Mangel im Mahlstrom des politischen Betriebes erscheinen mag, war bei Licht betrachtet eine seiner vorzüglichen Eigenschaften: seine Geradsinnigkeit und unbedingte Prinzipientreue, die ihn für das politische Geschäft untauglich werden ließen.[585]

So musste sein Versuch, sich gegen Bismarck in Stellung zu bringen, mit einer banalen Zwangsläufigkeit scheitern. Gerade diese Ebenerdigkeit seines Charakters degradierte ihn im kollektiven historischen Bewusstsein hinter der Trias Wilhelm I., Bismarck und Moltke letztlich, aber zu Unrecht, zur Nebenfigur einer Epoche, die der „Eiserne Kanzler" mit seinem unbeherrschbaren Machtdrang bestimmt, Wilhelm mit dem Glorienschein des preußischen Königs- und deutschen Kaiserhauses glanzvoll ins Szene gesetzt und der Moltke mit der ihm eigenen, stummen Überlegenheit eines in sich gekehrten, gedankentiefen Genies universalen Geist eingegeben hatte. „Immer fertig und unbedingt zuverlässig"[586] wie Moltke war auch Roon; darin waren sie sich gleich. Roon kannte seine intellektuellen Grenzen genau und wusste um die Parameter, innerhalb derer er sich tatkräftig zwar, aber nicht „genial" bewegte. Er trat bescheiden in den Schatten der Übermächtigen – und ab, als er gewahr wurde, dass ihn die Zeit überholte.

Nicht so Bismarck, der nach seiner Entlassung keineswegs rückblickenden Abschied nahm, sondern im Gegenteil zu hoher Form aufschoss und einen grotesken, an säkulare Heiligenverehrung heranreichenden Personenkult um sich selbst inszenierte, der in wahren Volksaufläufen und Huldigungsritualen gipfelte. Oder Moltke, der wie kein Zweiter grandiose humanistische Bildung, technische Modernität und gelehrtes Soldatentum vereinte und den schon zu Lebzeiten als Philosoph und Literat ein Hauch abendländischer Idee umgab. Während der „große Schweiger" das Preußentum überhöhte, indem er den Intellekt der puren Pflicht voranstellte („Überhaupt – Gehorsam ist Prinzip, aber der Mann steht über dem Prinzip"), war Roon dessen eherner Inbegriff. Nicht mehr, nicht weniger. Wo Moltke als siegreicher Feldherr verbindlich und versöhnend wirkte, sodass selbst die äußerste Linke zu ihm aufblickte, und Bismarck, jeden Widerhall aus dem politischen Echoraum radikal für sich ausnutzend, nur für ihn sichtbare Fäden im Hintergrund zog, polarisierte Roon als Scharfmacher königlicher Belange und ertrug geduldig parlamentarische Anfeindungen ebenso wie persönliche Beleidigungen. Doch austeilen konnte er genauso viel, wie er einstecken musste.

Roon wurde, was er war, durch seine Position in jenem einzigartigen Parallelogramm der Kräfte, das mit der Reichsgründung einen deutschen Traum erfüllte. Ohne diese Kräfte wäre er vermutlich nur eine Beiläufigkeit der preußisch-deutschen Geschichte gewesen, doch mit ihnen – man denke an Bismarcks politische Durchsetzungsfähigkeit im Kontext der Heeresreform oder die militärische Allgewalt Moltkes in den Einigungskriegen – eroberte sich Roon einen Platz in der Loge des preußischen Königs und deutschen Kaisers. Von nun an unanfechtbarer Vertreter höchster Autorität, von Wilhelm I. mit den wertvollsten militärischen Meriten des Reiches geziert, wusste Roon instinktiv, wann seine Energien verbraucht waren und er seinem Herrn mehr hinderlich denn dienlich sein würde.

Sein Abgang im Jahr 1873 war daher Gebot einer geordneten, protestantisch-sittenstrengen, moralisch integeren Biografie, mehr noch: Wer in der Begründung des kleindeutschen Nationalstaates am 18. Januar 1871 und der mit ihr einhergehenden Zementierung der preußischen Macht in einem gänzlich neuen, geänderten verfassungsmäßigen und außenpolitischen Rahmen den Höhepunkt einer Ära begreift, der wird Roons Entschluss zum Rückzug aus allen Ämtern als zwingend ansehen. Das Ende des alten Preußen war zugleich Roons Ende. Auf seinem idyllischen Alterssitz wirkte er nicht weiter, das Bismarck'sche Friedrichsruh bei Hamburg, eine zeitlang pulsierender Umschlagplatz der öffentlichen Meinung, ließ sich nie und nimmer vergleichen mit Roons abseitig-beschaulichem Oberlausitzer Gut Krobnitz, das den alten Herrn noch für eine Weile beherbergte. In den fortgeschrittenen siebziger Jahren allem Politischen mehr oder minder abhold, umtrieb ihn selbst in den letzten Tagen seiner irdischen Existenz allein die tiefernste, ehrliche Sorge um seinen König. Ihn noch einmal zu sehen, hatte sich Roon Anfang Februar 1879 auf den beschwerlichen Weg nach Berlin begeben. Dort starb er.

Anhang

Anmerkungen

1 Vgl. *Denkwürdigkeiten aus dem Leben des Generalfeldmarschalls Kriegsministers Grafen von Roon.* Sammlung von Briefen, Schriftstücken und Erinnerungen, hrsg. v. Waldemar Graf von Roon, Bd. 1, Berlin 1905, S. 5 (im Folgenden: Roon: *Denkwürdigkeiten*). Diese eigenhändigen Aufzeichnungen sind in dem ungedruckten Nachlass Roons (BA-MA, N 48) nicht enthalten. Für jede Phase seines Lebens und Schaffens aufschlussreich bleiben die Erinnerungen von Roons Schwager, dem späteren Königlichen Hofprediger und durchaus vielseitigen Schriftsteller Bernhard Rogge, die nicht nur ein gelungenes Zeitkolorit wiedergeben, sondern durchgehend, sozusagen en passant, interne Familienangelegenheiten mitteilen. Vgl. Bernhard Rogge: *Aus sieben Jahrzehnten.* Erinnerungen aus meinem Leben, Bd. 1: 1831–1862, Hannover und Berlin 1897; Bd. 2: 1862–1899, Hannover und Berlin 1899.

2 Vgl. Helmuth von Moltke: *Gesammelte Schriften und Denkwürdigkeiten,* Bd. 1: Zur Lebensgeschichte des General-Feldmarschalls Grafen Helmuth von Moltke, Berlin 1892.

3 Vgl. BA-MA, N 48, 1–23. Im Einzelnen siehe die Auflistung im Literaturverzeichnis (Ungedruckte Quellen). Die systematische Sichtung des gesamten Nachlasses ergab, dass alle relevanten Schlüsseldokumente in den *Denkwürdigkeiten* verzeichnet sind, sodass der Nachvollziehbarkeit halber durchgehend diese und nicht N 48 als Quellenbelege ausgewiesen werden.

4 Der Historiker Friedrich Meinecke hielt 1895 einen Vortrag, der unter dem Titel „Boyen und Roon" 1940 in einer Aufsatzsammlung ediert wurde. Vgl. Friedrich Meinecke: *Preußisch-deutsche Gestalten und Probleme,* Leipzig 1940, S. 66–118. Zu Ehren der 100. Wiederkehr von Roons Geburtstag, 1903, verfasste Erich Marcks einen 1911 erschienenen Aufsatz. Vgl. Erich Marcks: *Albrecht von Roon,* in: *Männer und Zeiten.* Aufsätze und Reden zur neueren Geschichte, Bd. 2, Leipzig 1911, S. 115–154.

5 Vgl. Hanns Martin Elster: *Kriegsminister General-Feldmarschall Ministerpräsident Graf Albrecht von Roon.* Sein Leben und Wirken, 2. Aufl., Berlin 1942.

6 Vgl. Ernst Immel: *Albrecht v. Roons Entwicklungsgang und seine militärisch-politische Gedankenwelt,* Düsseldorf 1936; Reinhard Hübner: *Albrecht von Roon.* Preußens Heer im Kampf um das Reich, Hamburg 1933; Andrea von Harbou: *Dienst und Glaube in der Staatsauffassung Albrecht von Roons,* Berlin 1936; Alfons Siegel: *Albrecht von Roon.* Unverzagt vorwärts mit Gott, Gießen 1937; Arnold Oskar Meyer: *Albrecht von Roon,* in: Militärwissenschaftliche Rundschau 4 (1939), S. 1–13; Reinhard Hübner: *Roon.* Glaube und Soldatentum,

2. Aufl., Berlin 1940; Hans Frentz: *Der Kriegsminister Albrecht von Roon*, in: Kämpfer, Künder, Tatzeugen. Gestalter deutscher Größe, Bd. 1: Kämpfer, hrsg. v. Ernst Rudolf Dreyer und Heinz W. Siska, München u.a. 1942, S. 277–295.

7 So etwa Winfried Heinemann: *Roon, die Heeresreform und das Kaiserreich,* in: Militärgeschichtliche Beiträge 1987, S. 87–102; Heinz Helmert: *Albrecht von Roon.* Zwischen Krone und Parlament, in: Gestalten der Bismarckzeit, hrsg. v. Gustav Seeber, Bd. 2, Berlin 1987, S. 1–25; Wolfgang Petter: *Die Roonsche Heeresreorganisation und das Ende der Landwehr,* in: Die preußische Armee zwischen Ancien Régime und Reichsgründung, hrsg. v. Peter Baumgart, Bernhard R. Kroener und Heinz Stübig, Paderborn u.a. 2008, S. 215–228; Dierk Walter: *Albrecht von Roon und die Heeresreorganisation von 1859/60,* in: Militärische Reformer in Deutschland im 19. und 20. Jahrhundert (= Potsdamer Schriften zur Militärgeschichte, Bd. 2), Potsdam 2007, S. 23–34.

8 Der ursprüngliche Name der Familie war „de Ron". Nach Angaben von Manfred Graf von Roon übersiedelte die Familie Mitte des 16. Jahrhunderts aus Tournai/Belgien nach Frankfurt am Main. Heinrich Friedrich Isaak de Ron, geboren am 17. Oktober 1768, soll den Familiennamen später in „von Roon" abgewandelt haben, was damals durchaus üblich war und keineswegs gegen Konditionen oder gar Gesetze verstieß.

9 Roon: *Denkwürdigkeiten*, Bd. 1, S. 8.

10 Das Kulmer Land zwischen Graudenz und Thorn gehörte seit dem Tilsiter Frieden von 1807 bis 1815 zu Polen und stand seit 1816 wieder unter preußischer Verwaltung.

11 Scherzbezeichnung für Kadetten im ersten Ausbildungsjahr, wohl von älteren Kameraden eingeführt. Vgl. Fedor von Köppen: *Albrecht von Roon und die deutsche Heeresschöpfung* (= Carl Flemmings Vaterländische Jugendschriften, Bd. XLIX), Glogau o.J.

12 Roon: *Denkwürdigkeiten*, Bd. 1, S. 32.

13 Die beiden anderen Bataillone des Regiments waren in Königsberg und Soldin garnisoniert.

14 Vgl. dazu Hans-Ulrich Wehler: *Deutsche Gesellschaftsgeschichte*, Bd. 2: Von der Reformära bis zur industriellen und politischen Deutschen Doppelrevolution 1815–1845/49, 4. Aufl., München 2005; mit einem etwas anderen, modernen, aber nicht minder interessanten Blick auf die Zeitläufte Jürgen Osterhammel: *Die Verwandlung der Welt:* Eine Geschichte des 19. Jahrhunderts, München 2009; Dieter Langewiesche: *Europa zwischen Restauration und Revolution 1815–1849* (= Oldenbourg Grundriss der Geschichte, Bd. 3), 4. Aufl., München 2004; Thomas Nipperdey: *Deutsche Geschichte 1800–1866.* Bürgerwelt und starker Staat, München 1998; Wolfram Siemann: *Vom Staatenbund zum Nationalstaat.* Deutschland 1807–1871, München 1995;

Golo Mann: *Deutsche Geschichte des XIX. Jahrhunderts*, Frankfurt am Main 1958; Gerhard Ritter: *Staatskunst und Kriegshandwerk.* Das Problem des „Militarismus" in Deutschland, Bd. 1: Die altpreußische Tradition (1740–1890), 4. Aufl., München 1970; Ernst Rudolf Huber: *Deutsche Verfassungsgeschichte seit 1789*, Bd. 1: Reform und Restauration 1789 bis 1830, Stuttgart 1957, Bd. 2: Der Kampf um Einheit und Freiheit 1830 bis 1850, Stuttgart 1961; Ernst Rudolf Huber: *Heer und Staat in der deutschen Geschichte*, 2. Aufl., Hamburg 1943, Kap. V; Carl Hans Hermann: *Deutsche Militärgeschichte.* Eine Einführung, hrsg. im Auftrag des Arbeitskreises für Wehrforschung, Frankfurt am Main 1966, Kap. III; Manfred Messerschmidt: *Die politische Geschichte der preußisch-deutschen Armee*, in: Deutsche Militärgeschichte in sechs Bänden 1648–1939, hrsg. v. Militärgeschichtlichen Forschungsamt, München 1983, Bd. 2, Abschnitt IV „Militärgeschichte im 19. Jahrhundert 1814–1890"; speziell mit Blick auf die Entwicklung der preußischen Armee die Studie von Dierk Walter: *Preußische Heeresreformen 1807–1870.* Militärische Innovation und der Mythos der „Roonschen Reform" (= Krieg in der Geschichte, Bd. 16), Paderborn u.a. 2003; veraltet, aber wegen der Detailverliebtheit nach wie vor unerlässlich ist Ottomar Freiherr von der Osten-Sacken und von Rhein: *Preußens Heer von den Anfängen bis zur Gegenwart,* 3 Bde., Berlin 1911–1914; Curt Jany: *Geschichte der Preußischen Armee vom 15. Jahrhundert bis 1914*, Bd. 4: Die Königlich Preußische Armee und das Deutsche Reichsheer 1807 bis 1914, 2. Aufl., Osnabrück 1967 sowie: Colmar Freiherr von der Goltz: *Kriegsgeschichte Deutschlands im Neunzehnten Jahrhundert* (= Das Neunzehnte Jahrhundert in Deutschlands Entwicklung, Bd. 8), 2 Bde., Berlin 1910/1914.

15 Vgl. Michael Sikora: *Militarisierung und Zivilisierung.* Die preußischen Heeresreformen und ihre Ambivalenzen, in: Die Preußische Armee, S. 164–195.

16 Leopold Gottlieb Hermann von Boyen (1771–1848) war als Major Mitglied der Reorganisationskommission unter Scharnhorst und wurde nach dem ersten Pariser Frieden (1814) zum preußischen Kriegsminister ernannt. Er nahm nach Auseinandersetzungen um die Rolle der Landwehr, die er gestärkt wissen wollte, 1819 seinen Abschied. Boyen wurde von Friedrich Wilhelm IV. als General der Infanterie reaktiviert und war von 1841 bis 1847 zum zweiten Mal Kriegsminister. Vgl. Bernhard von Poten (Hrsg.): *Handwörterbuch der gesamten Militärwissenschaften*, Bielefeld und Leipzig 1877, Bd. 2, S. 96ff.

17 In allen Einzelheiten dazu Walter: *Heeresreformen*, S. 300ff.

18 Huber: *Heer und Staat*, S. 169f.

19 Zitiert in: Ritter: *Staatskunst*, Bd. 1, S. 146.

20 „Junge Leute von Bildung, welche sich während ihrer Dienstzeit selbst bekleiden, ausrüsten und verpflegen, und welche die gewonnenen Kenntnisse in dem vorgeschriebenen Umfange dargelegt haben, werden schon nach einer

einjährigen aktiven Dienstzeit im stehenden Heere – vom Tage des Diensteintritts an gerechnet – zur Reserve beurlaubt." (§ 8, Abs. 1, der 1822 modifizierten „Deutschen Wehrordnung").

21 Aus: „Gesetz über die Verpflichtung zum Kriegsdienst" vom 3. September 1814, in: *Dokumente zur Deutschen Verfassungsgeschichte,* hrsg. v. Ernst Rudolf Huber, Bd. 1: Deutsche Verfassungsdokumente 1803–1850, Stuttgart 1961, Nr. 18, S. 53ff.

22 „Verordnung über die Organisation der Landwehr" in: Ebd., Nr. 14, S. 49.

23 Vgl. Jürgen Angelow: *Der Deutsche Bund*, Darmstadt 2003; Huber: *Verfassungsgeschichte*, Bd. 1, Kap. VI–X; Hermann: *Militärgeschichte*, S. 185–196; Messerschmidt: *Die politische Geschichte*, S. 226–334; Elmar Wienhöfer: *Das Militärwesen des Deutschen Bundes und das Ringen zwischen Österreich und Preußen um die Vorherrschaft in Deutschland 1815–1866,* Osnabrück 1973.

24 Die Artikel der Kriegsverfassung des Deutschen Bundes (Stärke, einzelne Waffengattungen, Gliederung, Dislozierung, Mobilmachung, Oberbefehl) in: Huber: *Dokumente*, Bd. 1, Nr. 38–39, S. 108–116.

25 Marcks: *Albrecht von Roon*, S. 125.

26 Roon: *Denkwürdigkeiten*, Bd. 1, S. 47.

27 Ebd., S. 52.

28 Zitiert in: Elster: *Kriegsminister*, S. 79f.

29 Vgl. Albrecht von Roon: *Die iberische Halbinsel.* Eine Monographie aus dem Gesichtspunkte des Militairs. Erste Abtheilung. Das Kriegstheater zwischen dem Ebro und den Pyrenäen, Berlin 1839.

30 Zitiert in: Meyer: *Albrecht von Roon*, S. 5.

31 Roon: *Die iberische Halbinsel*, S. 5.

32 Elster: *Kriegsminister*, S. 83.

33 Marcks: *Albrecht von Roon*, S. 119. Die Geschichtsschreibung der 1930er Jahre des vergangenen Jahrhunderts wollte die Interpretation durchsetzen, dass der spätere Kriegsminister mit seinen Studien zunächst die wesenhaften Lebensprobleme geklärt habe, um sich sodann, „innerlich-geistig gefestigt und weltanschaulich sicher, dem großen Wirken in der Wirklichkeit" (Elster: *Kriegsminister*, S. 85) zuzuwenden.

34 Unruhen ereigneten sich auch auf deutschem Boden, so in Braunschweig, Göttingen, Kurhessen und Sachsen. Die Mächte der Heiligen Allianz, Russland, Österreich und Preußen, fürchteten die Ausweitung revolutionärer Bestrebungen in Kern-Europa. Vgl. Huber: *Verfassungsgeschichte*, Bd. 2, S. 31ff.

35 Freiherr Friedrich Karl Ferdinand von Müffling (1775–1851) hatte sich schon während der Rheinfeldzüge Ende des 18. Jahrhunderts und in der Schlacht bei Jena und Auerstedt 1806 bewährt. Danach war er auf eigenen Wunsch ausgeschieden, um 1813 wieder in das preußische Heer zurückzukehren. Er stand mit seinen Kriegstheorien im krassen Gegensatz zu General von Clausewitz

und später zu Moltke: Müffling sah in Kriegen generell keinen höheren sittlichen Wert, sondern einen mathematisch-geografischen, also plan- und kalkulierbaren Prozess. Vgl. Poten: *Militärwissenschaften*, Bd. 7, S. 73.

36 Belgien hielt seinerseits Gebiete Hollands besetzt, mit dem es sich nach der Proklamation seiner Unabhängigkeit von den Niederlanden (1830) über die gegenseitigen Grenzen nicht hatte einigen können, und war durch eine von Frankreich begünstigte Volkserhebung in zwei Teile zerfallen. Prinz Leopold von Sachsen-Coburg-Gotha wurde als Leopold I. nunmehr „König der Belgier" mit Sitz in Brüssel.

37 Vgl. Otto von Bismarck: *Gedanken und Erinnerungen*, München, Berlin 1982, passim.

38 Kurz darauf begab sich Moltke auf eine sechsmonatige Bildungsreise nach Wien, Athen, Neapel und Konstantinopel. Dort erhielt er auf Bitten des türkischen Sultans Mahmud II. an König Friedrich Wilhelm III. seine Kommandierung zur Instruktion und Organisation des türkischen Heeres. Moltke nahm 1838/39 als Berater des Oberbefehlshabers Hafiz Pascha am Feldzug der türkischen Armee gegen die in Syrien operierende ägyptische Armee teil, der mit einer katastrophalen Niederlage endete. Er wurde nach seiner Rückmeldung zum Großen Generalstab 1839 Ritter des Ordens Pour le Mérite und war einer der wenigen Offiziere mit Kriegserfahrung. Vgl. Moltke: *Gesammelte Schriften*, Bd. 1, S. 103ff.

39 „Dieser zunächst der Tante Wolfram zugedachte Besuch des Premierlieutenants von Roon wurde der unmittelbare Anlaß zu dessen Verlobung mit meiner ältesten Schwester Anna." (Rogge: *Aus sieben Jahrzehnten*, Bd. 1, S. 34) Roon hatte seinen Vetter, Hauptmann Adolf Wolfram, in jenen Tagen zufällig auf dem Manöverfeld kennengelernt.

40 Roon: *Denkwürdigkeiten*, Bd. 1, S. 75–78.

41 Die „Gedichte zur Hochzeitsfeier" (BA-MA, N 48 – 16) aus Roons Feder, teilweise von Weinflecken veredelt, sind eine wahrhaft köstliche Frucht ungetrübter Heiterkeit.

42 Roon: *Denkwürdigkeiten*, Bd. 1, S. 81.

43 „Aggregieren" bedeutete die damals durchaus übliche Zuteilung von Offizieren an einen Truppenteil mit der Bestimmung, dass sie für die Zeit ihrer Kommandierung nicht von diesem Truppenteil, sondern aus besonderen Fonds und teilweise auch nach von der Norm abweichenden Sätzen besoldet bzw. verpflegt wurden. In diesem Fall dürfte Roon sein Gehalt direkt aus der königlichen Schatulle bezogen haben. Vgl. Poten: *Militärwissenschaften*, Bd. 1, S. 68.

44 Die sieben Kinder: Albrecht Johannes Waldemar (1837–1919), Generalleutnant und Reichstagsabgeordneter, 1904 Berufung als erbliches Mitglied des preußischen Herrenhauses; Bernhard (1838–1870), nahm als Leutnant am Krieg gegen Dänemark teil und starb als Hauptmann am 3. September 1870

nach einem Bauchschuss im Lazarett Montcelle bei Sedan; Arnold Traugott (1840–1906), im Deutsch-Französischen Krieg als Hauptmann Adjutant seines Vaters, zuletzt General der Infanterie; Elisabeth (1842–1908), verheiratet mit dem Regierungsrat Siegfried von Brauchitsch; Hedwig (1843–1927) bewirtschaftete mit ihrem Mann Eugen von Wissmann das vom Vater 1876 angekaufte Gut und Wasserschloss Döbschütz; Heinrich Albert Wilhelm (1844–1890), Sekonde-Leutnant im Deutsch-Dänischen Krieg und Premierleutnant im Deutsch-Französischen Krieg, starb als Major des Infanterieregiments von Lützow (Nr. 25) in Rastatt; Josua, der Letztgeborene, starb siebenjährig 1859. Vgl. Menzel: *Schloss Krobnitz*, S. 46ff.

45 Roon: *Denkwürdigkeiten*, Bd. 1, S. 96.

46 Ebd., S. 94.

47 Vgl. *Geschichte Schleswig-Holsteins.* Von den Anfängen bis zur Gegenwart, hrsg. v. Ulrich Lange, Neumünster 1996, S. 427ff.

48 Vgl. Jürgen Angelow: *Von Wien nach Königgrätz.* Die Sicherheitspolitik des Deutschen Bundes im europäischen Gleichgewicht 1815–1866 (= Beiträge zur Militärgeschichte, Bd. 52), München 1996.

49 Vgl. Sabrina Müller: *Soldaten in der deutschen Revolution von 1848/49* (= Krieg in der Geschichte, Bd. 3), Paderborn u.a. 1999.

50 Roon: *Denkwürdigkeiten*, Bd. 1, S. 101.

51 Briefe von diesen Reisen 1846/47 nach Süddeutschland, Frankreich und Italien in: Roon: *Denkwürdigkeiten*, Bd. 1, Zweite Beilage, S. 427–532.

52 Bericht Roons an die Großherzogin von Sachsen – die Großmutter des Prinzen – vom 8. März 1848, in: Ebd., S. 110.

53 Vgl. Sabrina Müller: *Das preußische Heer in der Revolution von 1848/49.* Die Armee als innenpolitischer Faktor, in: Die preußische Armee, S. 196–214.

54 Roon: *Denkwürdigkeiten*, Bd. 1, S. 129.

55 Vgl. Langewiesche: *Europa*, S. 92f.; *1848 – Aufbruch zur Freiheit.* Eine Ausstellung des Deutschen Historischen Museums und der Kunsthalle Frankfurt zum 150jährigen Jubiläum der Revolution von 1848/49, hrsg. v. Lothar Gall, Frankfurt 1998.

56 Vgl. Wehler: *Gesellschaftsgeschichte*, Bd. 2, S. 703ff.

57 Roon: *Denkwürdigkeiten*, Bd. 1, S. 129.

58 Karl Ludwig von Prittwitz (1790–1871), preußischer General der Infanterie, hatte an den Befreiungskriegen teilgenommen und verließ 1853 den aktiven Dienst. Er schrieb das nicht unbedeutende Werk *Beiträge zur Geschichte des Jahres 1813*, das 1843 in Potsdam erschien. Vgl. Poten: *Militärwissenschaften*, Bd. 7, S. 49.

59 Vgl. Wolfgang Schieder: *1848/49: Die ungewollte Revolution*, in: *Wendepunkte deutscher Geschichte 1848–1945*, hrsg. v. Carola Stern und Heinrich August Winkler, Frankfurt 1989, S. 13–35.

60 Roon: *Denkwürdigkeiten*, Bd. 1, S. 138.

61 Vgl. Jürgen Angelow: *Wien, Berlin und die Militärgewalt in der 48er Revolution,* in: Zwischen Königtum und Volkssouveränität. Die Revolution von 1848/49 in Brandenburg, hrsg. v. Manfred Görtemaker, Kristina Hübener, Klaus Neitmann und Kärstin Weirauch, Frankfurt am Main u.a. 1999, S. 41–60.

62 „Kehrt zum Frieden zurück, räumt die Barrikaden, die noch stehen, hinweg und entsendet an mich Männer, voll des echten alten Berliner Geistes mit Worten, wie sie sich Eurem Könige gegenüber geziemen, und ich gebe Euch mein Königliches Wort, dass alle Straßen und Plätze sogleich von den Truppen geräumt werden sollen und die militärische Besetzung nur auf die notwendigen Gebäude des Schlosses, des Zeughauses und weniger anderer, und auch da nur auf kurze Zeit, beschränkt werden wird." (Zitiert in: Schieder: *1848/49*, S. 22).

63 Roon: *Denkwürdigkeiten*, Bd. 1, S. 142f.

64 Vgl. „Außerdem werde Ich das stehende Heer auf die neue Verfassung vereidigen lassen", in: Huber: *Dokumente*, Bd. 1, Nr. 143, S. 367.

65 Roon: *Denkwürdigkeiten*, Bd. 1, S. 151.

66 Ebd., S. 154.

67 Ebd., S. 155f.

68 Im Februar 1848 kam es in Paris zu Ansammlungen und Barrikadenbau durch Arbeiter, Handwerker und Studenten. Als sich die Nationalgarde der Revolution anschloss, dankte König Louis Philippe ab und floh. Statt einer royalistischen Herrschaft wurde die republikanische provisorische Regierung proklamiert. Vgl. Hainz Rieder: *Die Völker läuten Sturm.* Die europäische Revolution 1848/49, Gernsbach 1997.

69 Vgl. Lothar Gall: *Bismarck.* Der weiße Revolutionär, Frankfurt 1980, S. 70.

70 General der Infanterie Johann Karl von Möllendorf (1791–1860) nahm als Brigade-Kommandeur an den März-Kämpfen in Berlin teil und befehligte Ende April bei Schleswig mit seiner Brigade den rechten Flügel. Vgl. Poten: *Militärwissenschaften*, Bd. 7, S. 33f.

71 Roon: *Denkwürdigkeiten*, Bd. 1, S. 163.

72 General Friedrich Freiherr von Gagern (1794–1848) nahm in österreichischen Diensten an den Feldzügen von 1812 und 1813 teil und übernahm 1848 auf Wunsch der badischen Regierung die Führung der badischen Truppen. Vgl. Poten: *Militärwissenschaften*, Bd. 4, S. 28.

73 Vgl. Thomas Serrier: *Provinz Posen, Ostmark, Wielkopolska.* Eine Grenzregion zwischen Deutschen und Polen 1848–1914 (= Materialien und Studien zur Ostmitteleuropa-Forschung, Bd. 12), Marburg 2005.

74 General der Kavallerie Peter von Colomb (1774–1854) hatte sich in den Feldzügen der Jahre 1813/14 durch kühne Streifzüge einen Namen gemacht und

war 1815 Kommandeur eines Husarenregiments. Vgl. Poten: *Militärwissenschaften*, Bd. 2, S. 276f.

75 Vgl. *Geschichte Schleswig-Holsteins*, S. 441ff.; zu dem Gefecht bei Schleswig im Detail Poten: *Militärwissenschaften*, Bd. 8, S. 320f.; zu den verfassungshistorischen Hintergründen der schleswig-holsteinischen Frage Huber: *Verfassungsgeschichte*, Bd. 2, S. 661–666.

76 Roon: *Denkwürdigkeiten*, Bd. 1, S. 159.

77 Ebd., S. 169.

78 Moltke erhielt ein neues Kommando als Chef des Generalstabs des IV. Armeekorps in Magdeburg. „Ich bin seit 14 Tagen in einer neuen Stellung und habe viel zu thun. [...] Zum Kriege wird es endlich doch wohl kommen. [...] Dann wird Preußen entweder zugrunde gehen oder an Deutschlands Spitze treten, wohin es gehört.“ (Moltke: *Gesammelte Schriften*, Bd. 4, S. 124).

79 Der preußische General Moriz von Hirschfeld (1790–1859) war vorübergehend in englischen und spanischen Diensten tätig gewesen und trat danach als Major wieder in die preußische Armee ein. Vgl. Poten: *Militärwissenschaften*, Bd. 4, S. 359.

80 Vgl. Huber: *Verfassungsgeschichte*, Bd. 2, S. 626.

81 Roon: *Denkwürdigkeiten*, Bd. 1, S. 181f.

82 Der Waffenstillstand von Malmö am 26. August 1848 bestimmte die Räumung von Schleswig und Holstein durch preußische Truppen sowie die Absetzung der provisorischen deutschen Regierung in Schleswig-Holstein. Vgl. *Geschichte Schleswig-Holsteins*, S. 443; Vertrag (auszugsweise) in: Huber: *Dokumente*, Bd. 1, Nr. 189, S. 460f.; der Beschluss der Frankfurter Nationalversammlung über den Waffenstillstandsvertrag von Malmö in: Ebd., Nr. 190, S. 461f.

83 Roon: *Denkwürdigkeiten*, Bd. 1, S. 200.

84 Am 16. September billigte die Deutsche Nationalversammlung den Frieden von Malmö, nachdem Dahlmanns Versuch einer Regierungsbildung gescheitert war. Damit hatte es die Nationalversammlung vorgezogen, europäische Großmachtinteressen vor das national motivierte Streben nach einem Anschluss Schleswigs an Deutschland zu setzen. Neuer Reichs-Ministerpräsident wurde der bisherige Innenminister Anton von Schmerling (bis Dezember 1848). Vgl. Huber: *Verfassungsgeschichte*, Bd. 2, S. 630; Angelow: *Von Wien nach Königgrätz*, S. 144f.

85 Zu Friedrich Wilhelm IV. vgl. *Der verkannte Monarch*. Friedrich Wilhelm IV. in seiner Zeit, hrsg. v. Peter Krüger, Julius H. Schoeps und Irene Diekmann (= Brandenburgische Historische Studien, Bd. 1), Berlin 1997.

86 Roon: *Denkwürdigkeiten*, Bd. 1, S. 202.

87 Vgl. Jany: *Geschichte der Preußischen Armee*, Bd. 4, S. 173.

88 Vgl. Müller: *Das preußische Heer*, S. 206ff.; Messerschmidt: *Die politische Geschichte*, S. 156f.

89 Text in: Huber: *Dokumente*, Bd. 1, Nr. 85, S. 278f.

90 Der preußische General der Infanterie Eduard von Peucker (1791–1876) war als bewährter Offizier vor 1848 im Kriegsministerium in der Abteilung für Waffenwesen tätig gewesen (dort u.a. an der Einführung des neuen Zündnadelgewehres beteiligt). Im Mai 1848 Militärkommissar in der Frankfurter Nationalversammlung, setzte ihn Reichsverweser Erzherzog Johann als Reichskriegsminister ein (bis 10. Mai 1849). Vgl. Poten: *Militärwissenschaften*, Bd. 7, S. 379.

91 Vgl. Huber: *Verfassungsgeschichte*, Bd. 2, S. 651ff.

92 *Die deutsche Zentralgewalt und die preußische Armee*, verfasst von Oberstleutnant von Griesheim, auszugsweise in: Jany: *Geschichte der Preußischen Armee*, Bd. 4, S. 174.

93 Roon: *Denkwürdigkeiten*, Bd. 1, S. 203.

94 Zitiert in: Schieder: *1848/49*, S. 25f. Tatsächlich begann der bewaffnete Aufstand noch am gleichen Tag.

95 Roon: *Denkwürdigkeiten*, Bd. 1, S. 205.

96 16 Eskadronen waren drei Regimenter Kavallerie; eine Eskadron zählte rund 150 Mann Kavallerie. Vgl. Poten: *Militärwissenschaften*, Bd. 3, S. 167.

97 Roon: *Denkwürdigkeiten*, Bd. 1, S. 206.

98 Vgl. Huber: *Verfassungsgeschichte*, Bd. 2, S. 796.

99 Die österreichische Linke, ihr voran Studenten und radikaldemokratische „Arbeiterklubs", sympathisierten mit den Aufstands- und Abfallbewegungen in Oberitalien und in Ungarn. Vgl. ebd., S. 710.

100 Der österreichische Feldmarschall Alfred Fürst Windischgrätz (1787–1862) war 1840 Kommandierender General in Böhmen, warf 1848 den Prager Aufstand nieder und wurde Befehlshaber aller außerhalb Italiens stehenden österreichischen Truppen. Durch das siegreiche Gefecht bei Schwechat am 30. Oktober 1848 hinderte er ungarische Aufständische am Zusammenschluss mit Gleichgesinnten in Wien. Vgl. Poten: *Militärwissenschaften*, Bd. 9, S. 346.

101 Vgl. Angelow: *Von Wien nach Königgrätz*, S. 131ff.

102 Zur Legalität von Prozess und Hinrichtung vgl. Huber: *Verfassungsgeschichte*, Bd. 2, S. 717.

103 Roon: *Denkwürdigkeiten*, Bd. 1, S. 212.

104 Huber: *Verfassungsgeschichte*, Bd. 2, S. 720.

105 General Ernst von Pfuel (1779–1866) war es gelungen, als Gouverneur in Neuenburg 1831 Unruhen einzudämmen und 1848 erfolgreich gegen polnische Aufständische vorzugehen; wenige Monate später aber war er mit seiner Aufgabe überfordert und zog sich, auch veranlasst durch die Tumulte am 31. Oktober, ins Privatleben zurück. Vgl. Poten: *Militärwissenschaften*, Bd. 7, S. 382.

106 Friedrich Wilhelm Graf von Brandenburg (1792–1850), preußischer General

und 1848 bis 1850 Ministerpräsident, starb physisch und psychisch gebrochen inmitten der November-Turbulenzen des Jahres 1850.

107 Der spätere Generalfeldmarschall Friedrich von Wrangel (1784–1877) zeichnete sich als Divisionskommandeur aus, als er bereits 1837 ein mögliches Aufbegehren in Münster energisch unterband. Vgl. Poten: *Militärwissenschaften*, Bd. 9, S. 356.

108 Roon: *Denkwürdigkeiten*, Bd. 1, S. 213.

109 Moltke: *Gesammelte Schriften*, Bd. 4, S. 130.

110 Der „Steuerverweigerungsbeschluß“: Solange die Regierung Vertagung und Verlegung der Preußischen Nationalversammlung nicht aufgehoben habe, sollten die Bürger ihre Steuerzahlungen aussetzen. Die Mehrzahl der Steuerpflichtigen aber – zumeist aus dem besitzenden Bürgertum, das ohnehin von einem tiefen Misstrauen gegenüber radikalen Bewegungen erfüllt war – empfand diesen Appell als Unruhe stiftende Zumutung und verhielt sich regierungsgemäß. Die Deutsche Nationalversammlung erklärte diesen Beschluss übrigens für nichtig. Vgl. Huber: *Verfassungsgeschichte*, Bd. 2, S. 756. Roon nannte ihn „ungerechtfertigt“, „ungesetzmäßig“ und „verbrecherisch“ (Roon: *Denkwürdigkeiten*, Bd. 1, S. 213).

111 Vgl. Huber: *Verfassungsgeschichte*, Bd. 2, S. 741f.; Text in: Huber: *Dokumente*, Bd. 1, Nr. 152, S. 375.

112 Vgl. Stefan Lippert: *Felix Fürst zu Schwarzenberg.* Eine politische Biographie (= Historische Mitteilungen der Ranke-Gesellschaft, Beihefte, Bd. 21), Stuttgart 1995, S. 181ff.

113 Huber: *Verfassungsgeschichte*, Bd. 2, S. 797f.

114 Vgl. Roon: *Denkwürdigkeiten*, Bd. 1, S. 215.

115 Datiert auf den 5. November 1848.

116 Roon: *Denkwürdigkeiten*, Bd. 1, S. 220–224.

117 Ebd., S. 227–230.

118 Mann: *Deutsche Geschichte*, S. 218f.

119 In allen Details sowie zur staatsrechtlichen Bedeutung vgl. Huber: *Verfassungsgeschichte*, Bd. 2, S. 762–766. Die 1850 in Kraft tretende (revidierte) Verfassung enthielt statt des allgemeinen gleichen und geheimen Wahlrechts ein Drei-Klassen-Wahlrecht, statt der Bürgerwehr die Bestätigung der alten Armee und statt des Verfassungseides den tradierten Fahneneid. Vgl. Hermann: *Deutsche Militärgeschichte*, S. 197.

120 „Die Einigung des großen Kaiserstaates in sich zu einem auf neuer Grundlage wohlgeordneten Ganzen“, in: Huber: *Verfassungsgeschichte*, Bd. 2, S. 814.

121 Vgl. ebd, S. 822f.; Siegfried Fiedler: *Kriegswesen und Kriegführung im Zeitalter der Einigungskriege* (= Heerwesen der Neuzeit, Abteilung IV, Bd. 2), Bonn 1991, S. 74; Jany: *Geschichte der Preußischen Armee*, Bd. 4, S. 173f.

122 Vgl. Guntram Schulze-Wegener: *Deutschland zur See.* Illustrierte Marinege-

schichte von den Anfängen bis heute, 3. Aufl., Hamburg u.a. 2010, S. 11–22. Am 31. März 1853 wurde die Bundesflotte offiziell aufgelöst, zwei Fregatten („Barbarossa" und „Eckernförde") gingen an Preußen. Den restlichen Bestand versteigerte der oldenburgische Geheime Staatsrat und Regierungspräsident a. D. Hannibal Fischer an private Reedereien.

123 290 Abgeordnete gaben dem preußischen König ihre Stimme, 248 enthielten sich. Vgl. Huber: *Verfassungsgeschichte*, Bd. 2, S. 817.

124 „Unter seinen Freunden sprach der geisteskranke Aristokrat deutlicher von der ‚Schweinkrone', der ‚Wurstprezel', dem ‚Hundehalsband', der ‚Krone von Bäckers und Metzgers Gnaden'." (Mann: *Deutsche Geschichte*, S. 222) Zur Antwort des Königs auf das Angebot der Kaiserkrone vgl. Huber: *Dokumente*, Bd. 1, S. 328f.

125 Zu den einzelnen Krisenherden sowie dem „Dreikönigsbündnis" vgl. Huber: *Verfassungsgeschichte*, Bd. 2, S. 885–890.

126 „Beschluß der Nationalversammlung über die Verlegung ihres Sitzes nach Stuttgart", in: Huber: *Dokumente*, Bd. 1, S. 355.

127 Zum Deutsch-Dänischen Krieg und holsteinischen Konflikt 1848 bis 1852 vgl. Angelow: *Von Wien nach Königgrätz*, S. 137–148; *Geschichte Schleswig-Holsteins*, S. 447f.

128 Eduard von Bonin (1793–1865), preußischer General der Infanterie und zweimaliger Kriegsminister (1852–54 sowie 1858/59). Vgl. Poten: *Militärwissenschaften*, Bd. 2, S. 76.

129 Vgl. Schulze-Wegener: *Deutschland zur See*, S. 19.

130 „Der dänische Ausfall ist strategisch genommen eine gut geleitete Operation und taktisch eine glänzende Waffentat. Es standen 14.000 Mann verschanzt gegen 20.000 Mann, welche im freien Felde vorgingen. Wenn die Holsteiner sich tapfer vertheidigt, so haben die Dänen noch tapferer angegriffen. Sie haben gesiegt." (Helmuth von Moltke in einem Brief an seinen Bruder Adolf vom 13. Juli 1849, in: Moltke: *Gesammelte Schriften*, Bd. 4, S. 132).

131 „Friedensvertrag von Berlin", in: Huber: *Dokumente*, Bd. 1, S. 465; der „Bundesbeschluß die holsteinische Angelegenheit betreffend", in: Ebd., S. 467.

132 Fiedler: *Kriegswesen und Kriegführung*, S. 74.

133 Rastatt, seit 1840 Bundesfestung, die Süddeutschland gegen Angriffe aus dem Westen decken sollte, war eine nach damaligen modernsten kriegswissenschaftlichen Erkenntnissen erbaute detachierte Großanlage, d. h. eine Festung mit vorgeschobenen Außenforts („Ludwig" im Nordosten, „Friedrich" im Nordwesten und „Leopold") und bestückt mit zahlreichen Geschützen kleinen, mittleren und schweren Kalibers, u.a. 24-Pfündern und Haubitzen. Vgl. Rainer Wollenschneider/Michael Feik: *Bundesfestung Rastatt.* In Erinnerung an die Grundsteinlegung am 18. Oktober 1844, Ötigheim 1994; Poten: *Militärwissenschaften*, Bd. 8, S. 94.

134 Moltke: *Gesammelte Schriften*, Bd. 4, S. 129.

135 Zitiert in: Huber: *Heer und Staat*, S. 180.

136 Karl von der Groeben (1788–1876), preußischer General der Kavallerie, seit 1807 Ritter des Ordens Pour le Mérite, schloss sich 1813 den nach Deutschland vordringenden russischen Truppen an, trat dann wieder in preußische Dienste und bewährte sich in den Befreiungskriegen mehrfach. Vgl. Poten: *Militärwissenschaften*, Bd. 4, S. 176.

137 Roon: *Denkwürdigkeiten*, Bd. 1, S. 240f. Die von Roon angeführten 60.000 Mann schließen vermutlich die gesamten Nachschub- und Versorgungstrains mit ein.

138 „In der somit ausgeführten Vereinigung der drei Armee-Corps war der zweite Theil unserer Aufgabe gelöst. Der Feind zog durch das Gebirge gegen Süden auf Carlsruhe und Rastadt zu. Die bis dahin gegen Norden gerichtet gewesene Direction des ersten Corps mußte sich nunmehr demnach mit den beiden andern Corps gleichfalls zu der Richtung gegen Süden vereinigen. Dieselbe hat uns nach einem, am 24. stattgefundenen, nicht unbedeutenden Gefechte bei Ubstadt, einem zweiten am 24. bei Neudorf und Bruchsal und der gewaltsamen Wegnahme von Durlach am 25., gleichfalls gestern in die vom Feinde verlassene Hauptstadt Carlsruhe geführt. Die provisorische Regierung hat sich nach Rastadt geflüchtet, die Behörden des Großherzogs sind in der Residenz restituiert und es ist demnach unter den verschiedenen Theil-Aufgaben, aus welchen unser großer Endzweck besteht, nach den bereits angegebenen Resultaten, nunmehr ein dritter Punkt gelöst worden." (*Bulletin des Oberbefehlshabers der Operationsarmee am Rhein*, in: Deutsches Historisches Museum Berlin [Inv.-Nr. Rep. III K 25]).

139 Aus: „Bericht des Kriegsministeriums an die provisorische Regierung über die letzten Kämpfe", in: Gustav Struve: *Geschichte der drei Volkserhebungen in Baden 1848/49,* veränderter Nachdruck der Ausgabe Bern 1849, Freiburg 1990, S. 327.

140 Am 30. Juni ließ der Prinz von Preußen mit 22 Geschützen die kleine, von 18 badischen Geschützen verteidigte Stadt Kuppenheim bei Rastatt unter Feuer nehmen. Vgl. ebd., S. 329.

141 Roon: *Denkwürdigkeiten*, Bd. 1, S. 243f.

142 Ebd., S. 254.

143 „Die Räumung des Großherzogthums Baden aus Anlaß der durch Allerhöchste Kabinets-Ordre vom 6. November 1850 befohlenen Mobilmachung der Armee", in: *Militärische Schriften weiland Kaiser Wilhelms des Großen Majestät*, hrsg. vom Königlich Preußischen Kriegsministerium, Bd. 2 (1848–1865), Berlin 1897, S. 113–128.

144 *„Medaillen der Gegenrevolutionen von 1848/49"* (aus der Reihe: Dokumente zur Militärgeschichte, hrsg. v. Archiv Verlag, Braunschweig o.J.).

145 Vgl. dazu v. a. Angelow: *Von Wien nach Königgrätz*, Kap. II 2 c.
146 Roon: *Denkwürdigkeiten*, Bd. 1, S. 237f.
147 Ritter: *Staatskunst*, Bd. 1, S. 149.
148 Gustav von Alvensleben (1803–1881), preußischer General der Infanterie, war später Generaladjutant König Wilhelms I. während des Preußisch-Österreichischen Krieges 1866 und im Deutsch-Französischen Krieg 1870/71 Kommandierender General des IV. Armeekorps. Vgl. Poten: *Militärwissenschaften*, Bd. 1, S. 131.
149 Vgl. Huber: *Verfassungsgeschichte*, Bd. 2, S. 890f. Bismarck urteilt: „Das tempus utile für Einrichtung des Dreikönigsbundes wurde dilatorisch mit nebensächlichen Formfragen ausgefüllt, bis Österreich wieder stark genug war, um Sachsen und Hannover zum Rücktritt zu vermögen." (Bismarck: *Gedanken*, S. 65).
150 Vgl. Angelow: *Von Wien nach Königgrätz*, S. 153ff.; Huber: *Verfassungsgeschichte*, Bd. 2, S. 898ff.
151 Nach den Vereinbarungen im „Berliner Frieden" wie auch des internationalen Londoner Protokolls konnte Dänemark zur Durchsetzung seines legitimierten Herrschaftsanspruchs auf Holstein die Hilfe der Frankfurter Mächte anrufen. Vgl. Huber: *Verfassungsgeschichte*, Bd. 2, S. 906.
152 Bismarck: *Gedanken*, S. 71.
153 Huber: *Verfassungsgeschichte*, Bd. 2, S. 919.
154 Text in: Huber: *Dokumente*, Bd. 1, Nr. 182, S. 449f.
155 Joseph Maria Ernst Christian Wilhelm von Radowitz (1797–1853), preußischer General und Politiker; 1836–40 Mitglied der Bundesmilitärkommission und ab 1850 preußischer Außenminister.
156 August Wilhelm Ernst von Stockhausen (1791–1861), preußischer General, 1850–1851 Kriegsminister, und Otto Theodor Freiherr von Manteuffel (1805–1882), 1850/58 preußischer Ministerpräsident, hatten die Lage Preußens in einem Kriegsfall mit Österreich und seinen Verbündeten als militärisch absolut aussichtslos eingestuft und den König in seinen Bestrebungen bestärkt, diplomatische Verhandlungen aufzunehmen, was ihm altpreußisch gesinnte konservativ-reaktionäre Kreise verübelten.
157 Roon: *Denkwürdigkeiten*, Bd. 1, S. 261f.
158 Zu Verlauf und Scheitern der übrigen europäischen Revolutionen (Österreich, Ungarn, Italien und Frankreich) vgl. Langewiesche: *Europa*, S. 98–112.
159 Vgl. Lothar Gall: *Europa auf dem Weg in die Moderne 1850–1890* (= Oldenbourg Grundriss der Geschichte, Bd. 14), 2. Aufl., München 1989, S. 32–38.
160 Wehler: *Gesellschaftsgeschichte*, Bd. 2, S. 771f.
161 Die einzelnen Bundesbeschlüsse in: Huber: *Dokumente*, Bd. 2: Deutsche Verfassungsdokumente 1851–1918, S. 1–7.
162 Vgl. Huber: *Verfassungsgeschichte*, Bd. 3: Bismarck und das Reich, Stuttgart 1963, S. 143ff.

163 Huber: *Heer und Staat*, S. 197.

164 Dem König oblagen als Inhaber der vollziehenden Gewalt nach wie vor Militärorganisation, Dislozierung, Stellenbesetzung etc.; das Parlament besaß das Budgetrecht, sodass der Kriegsminister bei der Durchsetzung von Anträgen stets zwischen zwei Feuern stand. Vgl. Hermann: *Deutsche Militärgeschichte*, S. 200f.; „Verfassungsurkunde für den Preußischen Staat" vom 31. Januar 1850, in: Huber: *Dokumente*, Bd. 1, S. 401–414.

165 Vgl. Ritter: *Staatskunst*, Bd. 1, S. 154.

166 Gall: *Europa*, S. 32.

167 Roon: *Denkwürdigkeiten*, Bd. 1, S. 263f.

168 In der Hauptstadt der Provinz Ostpreußen und dritten Residenzstadt der Monarchie waren seit 1843 umfangreiche Befestigungsbauten im Gang: Die Enceinte (geschlossene Umwallung) wurde mit einem Umfang von elf Kilometern nach neupreußischer Manier mit zahlreichen bedeckten Grabenflankierungen und Reduits (Schanzen mit Brustwehren und Hindernisgräben) und einzeln vorgeschobenen Werken angelegt; die Baumaßnahmen waren 1873 beendet. Ein Jahr später begannen die Arbeiten an insgesamt zwölf detachierten Forts (43 Kilometer Umfang). Vgl. Poten: *Militärwissenschaften*, Bd. 5, S. 221.

169 Friedrich Graf zu Dohna (1774–1859), preußischer Generalfeldmarschall, nach 1812 vorübergehend in russischen Diensten und bewährter General während der Revolution. Im Winter 1850/51 wurde ihm das Amt des preußischen Ministerpräsidenten angeboten. Vgl. ebd., Bd. 3, S. 5.

170 Vgl. *Geschichte des Füsilier-Regiments Graf Roon (Ostpreußisches) Nr. 33*, bearb. v. R. Lehfeldt, 2. Aufl., Berlin 1901.

171 Bismarck trat Mitte 1851 an der Spitze der preußischen Bundestagsgesandtschaft sein erstes staatliches Amt an. Vgl. Gall: *Bismarck*, S. 128.

172 Roon: *Denkwürdigkeiten*, Bd. 1, S. 285.

173 „Indeß trotz alledem, was giebt es für mich für Chancen? Fast gar keine!" (Ebd., S. 290).

174 Vgl. Winfried Baumgart: *Der Krim-Krieg 1853–56*, in: *Wie Kriege entstehen*. Zum historischen Hintergrund von Staatenkonflikten, hrsg. v. Bernd Wegner (= Krieg in der Geschichte, Bd. 4), Paderborn u.a. 2000, S. 191–209; Fiedler: *Kriegswesen*, S. 151–165; einen populären, gekonnten Überblick über Vorgeschichte und Verlauf des Krim-Krieges bietet nach wie vor German Werth: *Der Krimkrieg*. Geburtsstunde der Weltmacht Russland, Erlangen, Bonn, Wien 1989.

175 Vgl. Huber: *Verfassungsgeschichte*, Bd. 3, S. 224f.; Angelow: *Von Wien nach Königgrätz*, S. 165ff.

176 Vgl. Günther Stökl: *Russische Geschichte*. Von den Anfängen bis zur Gegenwart (= Kröners Taschenausgabe, Bd. 244), 4. Aufl., Stuttgart 1983, S. 502ff.

177 In den 1830er Jahren herrschten erhebliche Irritationen zwischen London und Paris: Der unter französischem Einfluss stehende Pascha von Ägypten hatte 1839 versucht, die Türkei zu erobern. Diese gemeinsame französisch-ägyptische Unternehmung war durch die Intervention britischer Truppen vereitelt worden. Die Vorkommnisse lagen aber zehn Jahre zurück und trübten die Verhältnisse zwischen Großbritannien und Frankreich Anfang der 1850er Jahre nun nicht mehr.

178 Vgl. *Akten zur Geschichte des Krimkriegs,* hrsg. v. Winfried Baumgart, Serie I: Österreichische Akten zur Geschichte des Krimkriegs, Bde. 1–3, München, Wien 1979–1980; Serie II: Preußische Akten zur Geschichte des Krimkriegs, Bde. 1–2, München 1990–1991.

179 Vgl. Angelow: *Von Wien nach Königgrätz,* S. 167.

180 Österreich hatte den Fürst von Montenegro finanziell und auch mit Munition unterstützt, um den Schutz vor türkischen Übergriffen zu stärken, woraus ein österreichisch-türkisches Wetteifern um Einfluss in Montenegro anhob. Vgl. *Akten,* Serie I, Bd. 1, Nr. 5.

181 Zu Struktur und Entwicklung der Wirtschaft in Deutschland vgl. Wehler: *Gesellschaftsgeschichte,* Bd. 3: Von der „Deutschen Doppelrevolution" bis zum Beginn des Ersten Weltkrieges 1849–1914, 2. Aufl., München 2006, S. 40–56.

182 Roon: *Denkwürdigkeiten,* Bd. 1, S. 319.

183 Der tagesweise Ablauf in: *Akten,* Serien I und II.

184 *Akten,* Serie I, Bd. 1, Nr. 95. Zur weiteren Haltung Österreichs vgl. ebd., Nr. 94.

185 *Akten,* Serie II, Bd. 1, Nr. 37.

186 Vgl. Jany: *Geschichte der Preußischen Armee,* Bd. 4, S. 195.

187 Vgl. Stökl: *Russische Geschichte,* S. 504.

188 Während Frankreich und Großbritannien unmissverständlich deutlich machten, die Integrität des türkischen Territoriums mit der Waffe zu verteidigen, verhielten sich Preußen und Österreich gemäß ihrer Neutralitätspolitik zögerlich. Vgl. Huber: *Verfassungsgeschichte,* Bd. 3, S. 231.

189 Moltke: *Gesammelte Schriften,* Bd. 4, S. 153.

190 Messerschmidt: *Die politische Geschichte,* S. 175, bleibt den Beweis für seine Mutmaßung schuldig, Roons Dokument sei auf eine Anregung des preußischen Gesandten in Paris, Graf Albert Pourtalès, zurückzuführen.

191 Gall: *Bismarck,* S. 128f.

192 Vgl. Roon: *Denkwürdigkeiten,* Bd. 1, S. 297–309.

193 Vgl. ebd., S. 323.

194 General Friedrich Gustav Graf von Waldersee (1795–1864) war 1848 Kommandeur des Garde-Regiments in Berlin, 1849 an der Bekämpfung des Dresdner Maiaufstandes beteiligt und 1851 Bevollmächtigter der Bundes-Militär-

kommission in Frankfurt. Vom 5. Mai 1854 bis 6. November 1858 war er preußischer Kriegsminister.

195 Vgl. Messerschmidt: *Die politische Geschichte*, S. 19. Roon urteilt: „Der einzige zu dem erwünschten Ziele vielleicht führende Weg, der Versuch Preußens, zunächst die kleineren deutschen Heerestheile fester mit seiner eigenen von historischem Leben durchdrungenen und von bestimmt ausgeprägten organisatorischen Prinzipien getragenen Waffenmacht, mittelst besonderer Militaer-Conventionen, zu verbinden und zu verbrüdern, hat leider eher wieder verlassen werden müssen, wie man gewähnt hat." (Roon: *Denkwürdigkeiten*, Bd. 1, S. 300).

196 Ebd.

197 Ebd, S. 307f.

198 Vgl. Huber: *Verfassungsgeschichte*, Bd. 3, S. 233f.

199 Der Vorschlag zu dieser Tripel-Allianz enthielt die bedeutsame Formel, dass „die beiden deutschen Mächte sich für den Fall einer activen Betheiligung Englands und Frankreichs in dem Kriege gegen Rußland förmlich verpflichteten, die strengste Neutralität zu beobachten und im Falle erneuten Drängens oder Drohungen von Seiten der Westmächte zu erklären, daß sie entschlossen seien, diese Neutralität nöthigenfalls mit der Waffe in der Hand gegen jeden, der sie verletzen sollte, zu vertheidigen" (J. Jasmund (Hrsg.): *Aktenstücke zur orientalischen Frage nebst chronologischer Übersicht*, Bd. 1, Berlin 1855, Nr. 189).

200 Vgl. ebd., Nr. 203.

201 Roon: *Denkwürdigkeiten*, Bd. 1, S. 317.

202 Protokoll der Bundesversammlung 1854, in: Huber: *Dokumente*, Bd. 2, Nr. 8, S. 11ff.

203 Unter Punkt II des Bündnisses ist vermerkt: „In gleicher Weise halten sich die Hohen Contrahenten für verpflichtet, die Rechte und Interessen Deutschlands gegen alle und jede Beeinträchtigung zu schützen, und betrachten Sich demnach zur gemeinsamen Abwehr jedes Angriffs auf irgend einen Theil Ihrer Gebiete auch in dem Falle als verbunden, wenn Einer derselben im Einverständnisse mit dem Andern zur Wahrung deutscher Interessen activ vorzugehen Sich veranlaßt findet." (Ebd., S. 11).

204 Bismarck: *Gedanken*, S. 88.

205 Zitiert in: Gall: *Bismarck*, S. 164.

206 Vgl. Huber: *Verfassungsgeschichte*, Bd. 3, S. 238.

207 Roon: *Denkwürdigkeiten*, Bd. 1, S. 320f.

208 Ebd., S. 321f.

209 Vgl. *Akten*, Serie I, Bd. 2, Nr. 42, sowie *Aktenstücke*, Bd. 1, Nr. 231 und 232.

210 Vgl. W. P. Fuchs: *Die deutschen Mittelstaaten und die Bundesreform 1853–1860* (Historische Studien, Bd. 256), Berlin 1934, S. 36ff. Vgl. auch Huber: *Verfassungsgeschichte*, Bd. 3, S. 241f.

211 Vgl. F. Eckhart: *Die deutsche Frage und der Krimkrieg* (= Osteuropäische Forschungen, Neue Folge, Bd. 9), Berlin, Königsberg 1931, S. 79.
212 Huber: *Verfassungsgeschichte*, Bd. 3, S. 245.
213 Zar Nikolaus I. starb überraschend am 2. März 1855. Noch am selben Tag wurde der 37-jährige Alexander II. inthronisiert, der den Weg seines Vorgängers konsequent weiterging.
214 „Die mit den aus den Revolutionen von 1848/49 resultierenden inneren Machtverschiebungen gegebene latente Hinwendung zu einer nationalen Interessenpolitik der europäischen Großmächte, die keine Rücksicht mehr auf konservative Prinzipien oder ideologisches Blockdenken nahm, war mit dem Krimkrieg auch äußerlich endgültig zum bestimmenden Element in den europäischen Staatenbeziehungen geworden." (Angelow: *Von Wien nach Königgrätz*, S. 190).
215 Roon: *Denkwürdigkeiten*, Bd. 1, S. 324.
216 „Persönlich ist mir Ihre Entfernung ungemein leid, da nun unsere intimeren Besprechungen aufhören, was mir eine empfindliche Lücke ist!" (Ebd., S. 325).
217 Vgl. Elster: *Kriegsminister*, S. 239.
218 Roon: *Denkwürdigkeiten*, Bd. 1, S. 326.
219 Vgl. Huber: *Verfassungsgeschichte*, Bd. 3, S. 250.
220 „Mitteilung des preußischen Bundestagsgesandten v. Bismarck über die Neuenburger Angelegenheit vom 18. Dezember 1856", Protokolle der Bundesversammlung 1856, in: Huber: *Dokumente*, Bd. 2, Nr. 18, S. 19.
221 Aus einem Brief Prinz Wilhelms von Preußen an Roon vom 11. Februar 1857, in: Roon: *Denkwürdigkeiten*, Bd. 1, S. 330.
222 „Mitteilung des preußischen Bundestagsgesandten v. Bismarck über die Beilegung der Neuenburger Angelegenheit vom 22. Januar 1857, Protokolle der Bundesversammlung 1857, in: Huber: *Dokumente*, Bd. 3, Nr. 19, S. 19.
223 Roon: *Denkwürdigkeiten*, Bd. 1, S. 337.
224 Aus einem Schreiben des Prinzen Wilhelm von Preußen an Roon Ende Juli 1857, in: ebd., S. 339.
225 Ebd., S. 346.
226 In: Ebd., Bd. 2, Dritte Beilage, S. 521–572.
227 Die entsprechende Literatur bzw. die unterschiedlichen Sichtweisen und Bewertungen finden sich komplett zusammengefasst bei Walter: *Heeresreformen*, S. 22–51, sodass hier auf eine Wiederholung verzichtet werden kann.
228 Vgl. Walter: *Heeresreformen*, S. 447.
229 Huber: *Dokumente*, Bd. 2, S. 44f.
230 Vgl. Rudolf Stadelmann: *Moltke und der Staat,* Krefeld 1950, S. 40.
231 Vgl. Ritter: *Staatskunst*, Bd. 1, S. 201.
232 Vgl. Guntram Schulze-Wegener: *Leuthen – Genesis einer operativen Doktrin,* in: Historische Mitteilungen der Ranke-Gesellschaft, Bd. 18 (2005), S. 6–30.

233 Zur Dienstzeitfrage vgl. in aller Ausführlichkeit Walter: *Heeresreformen*, S. 337–359.

234 „In 16 Monaten lässt sich überhaupt kein Soldat erziehen; ausexerzieren, auf Posten stehen, tiraillieren, nach der Scheibe schießen, das Alles kann man ihm in viel kürzerer Zeit mechanisch beibringen. Das macht aber nicht den Soldaten, sondern nur einen dressirten Bauern. Den Soldatengeist erziehet man durch längere Gewöhnung, und dieser Geist bestehet in freudiger Erfüllung des Befohlenen, Erlernten aus Pflichtgefühl und nicht aus Furcht vor Strafe." (Wilhelm I.: *Militärische Schriften*, Bd. 1, S. 180).

235 In der Praxis dauerte die Dienstzeit wegen der Winterhalbjahre stets ohnehin nur zweieinhalb Jahre: Die Abgänger wurden aus finanziellen Gründen im Herbst in die Reserve entlassen, während die neuen Rekruten erst zum 1. April des Folgejahres ihren Dienst antraten. Vgl. Jany: *Geschichte der preußischen Armee*, Bd. 4, S. 118.

236 In: Wilhelm I.: *Militärische Schriften*, Bd. 2, S. 296ff.

237 Roon: *Denkwürdigkeiten*, Bd. 2, S. 522.

238 Ebd., S. 524f.

239 Vgl. Walter: *Heeresreformen*, S. 421ff.

240 Vgl. Huber: *Verfassungsgeschichte*, Bd. 3, S. 269–275; Nipperdey: *Deutsche Geschichte 1800–1866*, S. 697–704; Wehler: *Gesellschaftsgeschichte*, Bd. 3, S. 222ff.

241 Huber: *Dokumente*, Bd. 2, S. 33.

242 Vgl. Gall: *Bismarck*, S. 199–247; Otto Pflanze: *Bismarck*. Bd. 1: Der Reichsgründer, München 1997, S. 138–171.

243 Roon: *Denkwürdigkeiten*, Bd. 1, S. 357.

244 Vgl. ebd., S. 364.

245 Ritter: *Staatskunst*, Bd. 1, S. 157.

246 Roon: *Denkwürdigkeiten*, Bd. 1, S. 364.

247 Ebd., S. 366.

248 Konstantin Bernhard von Voigts-Rhetz (1809–1877), preußischer General der Infanterie, hatte sich bereits während der Märzrevolution 1848 bewährt, als er einen Aufstand in Posen niedergeschlagen hatte. 1864 Oberbefehlshaber der Bundesgarnison in Frankfurt am Main und 1866 Chef des Generalstabs der 1. Armee (unter Prinz Friedrich Karl von Preußen), führte er im Deutsch-Französischen Krieg das X. Armeekorps, mit Erfolg in den Schlachten bei Metz und Mars-la-Tour.

249 Wilhelm I.: *Militärische Schriften*, Bd. 2, S. 300.

250 Vgl. Walter: *Heeresreformen*, S. 428. Dort auch die strikte Anordnung aus dem Kommissionsprotokoll vom 1. November 1859: „Ich habe bestimmt befohlen, dass der Etat von 1002 Köpfe allein aufgestellt werden sollte, es durfte also von 802 hier gar nicht die Rede sein; reichen die Mannschaften nicht, so wird statt acht- eine neunjährige Dienstzeit angenommen."

251 So treffend bezeichnet von Angelow: *Von Wien nach Königgrätz*, S. 190.

252 Eine wissenschaftliche Einzelstudie zum oberitalienischen Konflikt bzw. den Schlachten bei Magenta und Solferino fehlt. Der militärische Verlauf überblicksartig bei Fiedler: *Kriegswesen*, Abt. IV, Bd. 2, S. 166–178; Goltz: *Kriegsgeschichte*, Bd. 2, S. 175–190, und Helmuth von Moltke: *Schlacht von Solferino den 24. Juni 1859,* in: Moltkes militärische Werke, Bd. 3, Tl. 2, hrsg. v. Großen Generalstabe, Abtheilung Kriegsgeschichte, Berlin 1899, S. 53–69. Eine Art romantisierender „Reisebericht" stammt jüngst von Ulrich Ladurner: *Solferino.* Kleine Geschichte eines großen Schauplatzes, St. Pölten 2009. Zu Unrecht in Vergessenheit geraten ist der mitreißend geschriebene Roman von Martin Gumpert: *Dunant.* Der Roman des Roten Kreuzes, Stockholm 1938. Die Kriegsschauplätze werden dort zwar nur erzählend gestreift, deswegen ist seine Darstellung aber nicht weniger wert- und eindrucksvoll, zumal sich Gumpert auf die damals gängige wissenschaftliche Literatur beruft. Eine treffliche Zusammenfassung der politisch-militärischen Umstände des Konflikts von Angelow: *Von Wien nach Königgrätz*, S. 190–221. Vgl. auch Huber: *Verfassungsgeschichte*, Bd. 3, S. 253–265.

253 Moltke: *Gesammelte Schriften*, Bd. 4, S. 163.

254 Vgl. Heinz Helmert: *Kriegspolitik und Strategie.* Politische und militärische Ziele der Kriegführung des preußischen Generalstabes vor der Reichsgründung (1859–1869) (= Militärhistorische Studien, 14. Neue Folge), Berlin 1970, S. 38ff.; Nipperdey: *Deutsche Geschichte 1800–1866*, S. 693–697.

255 „Antrag Preußens die Marschbereitschaft der Bundestruppen betreffend" und „Bundesbeschluß über die Marschbereitschaft der Bundestruppen", in: Huber: *Dokumente*, Bd. 2, S, 20f.

256 Roon: *Denkwürdigkeiten*, Bd. 1, S. 374f.

257 Vgl. Elster: *Kriegsminister*, S. 253.

258 Vgl. Huber: *Verfassungsgeschichte*, Bd. 3, S. 260f.

259 Moltke: *Gesammelte Schriften*, Bd. 4, S. 164.

260 Roon: *Denkwürdigkeiten*, Bd. 1, S. 378.

261 Ebd., S. 379.

262 Vgl. Wilhelm I.: *Militärische Schriften*, Bd. 2, S. 305.

263 Vgl. ebd., S. 309.

264 „Friedensetats" definierten Planstellen und allgemeine Aufwendungen für Rüstungen im Frieden.

265 Roon: *Denkwürdigkeiten*, Bd. 1, S. 383.

266 Vgl. Wilhelm I.: *Militärische Schriften*, Bd. 2, S. 313ff.

267 Roon: *Denkwürdigkeiten*, Bd. 1, S. 384.

268 Wilhelm I.: *Militärische Schriften*, Bd. 2, S. 316.

269 Roon: *Denkwürdigkeiten*, Bd. 1, S. 387f.

270 Vgl. Wilhelm I.: *Militärische Schriften*, Bd. 2, S. 317f.

271 Vgl. Elster: *Kriegsminister*, S. 252; Jany: *Geschichte der preußischen Armee*, Bd. 4, S. 219.

272 Roon: *Denkwürdigkeiten*, Bd. 1, S. 401f.

273 Ebd., S. 405.

274 Vgl. dazu Gall: *Bismarck*, S. 199–247; Huber: *Verfassungsgeschichte*, Bd. 3, S. 281–296; Messerschmidt: *Die politische Geschichte*, S. 177–198; Nipperdey: *Deutsche Geschichte 1800–1866*, S. 749–755; Pflanze: *Bismarck*, S. 171–182; Ritter: *Staatskunst*, Bd. 1, S. 159–206; Walter: *Heeresreformen*, S. 448–469; Wehler: *Deutsche Gesellschaftsgeschichte*, Bd. 3, S. 253–264.

275 Roon: *Denkwürdigkeiten*, Bd. 1, S. 398.

276 Ebd., S. 400.

277 Ebd.

278 *Kriegsminister von Roon als Redner.* Politisch und militärisch erläutert von Waldemar Graf Roon. Generallieutenant und Mitglied des Reichstages, Bde. 1–3, Breslau 1895–1896.

279 So Walter: *Heeresreformen*, S. 209–215, in einem unausgegorenen, plattitüdenhaften biografischen Anriss, der sich billiger Klischees bedient.

280 Roon: *Denkwürdigkeiten*, Bd. 2, S. 280.

281 Roon an seinen ältesten Sohn Waldemar, 25. Februar 1868, in: Ebd., Bd. 3, S. 75.

282 So die Einschätzung des Herausgebers in der Einleitung zu *Roon als Redner*, Bd. 1, S. 3.

283 Roon: *Denkwürdigkeiten*, Bd. 1, S. 409–412.

284 Vgl. Ritter: *Staatskunst*, Bd. 1, S. 97–124.

285 Vgl. Huber: *Verfassungsgeschichte*, Bd. 3, S. 280.

286 *Roon als Redner*, Bd. 1, S. 5ff.

287 Vgl. Huber: *Verfassungsgeschichte*, Bd. 3, S. 285f.

288 Ebd., S. 282.

289 Zu den „Streitfragen des Verfassungskonfliktes" vgl. Walter: *Heeresreformen*, S. 456–462.

290 Huber: *Verfassungsgeschichte*, Bd. 3, S. 285.

291 *Roon als Redner*, Bd. 1, S. 22.

292 Nach Huber: *Verfassungsgeschichte*, Bd. 3, S. 290, erlangte die juristisch an sich belanglose Krönungsfeier am 18. Januar 1861 – nicht von ungefähr in einer Traditionslinie zur ersten Begründung der preußischen Königswürde am 18. Januar 1701 – innerhalb des sich anbahnenden Verfassungskonfliktes dennoch Bedeutung: „So wirkte die Teilnahme der provisorisch aufgestellten Heeresverbände als eine Herausforderung an die liberale Kammer, die ihr Budgetrecht in Frage gestellt sah, wenn der König auf Grund der provisorisch bewilligten Heeresausgaben einen militärischen fait accompli schuf."

293 Vgl. Gordon A. Craig: *Porträt eines politischen Generals: Edwin von Manteuffel*

und der Verfassungskonflikt in Preußen, in: Gordon A. Craig: *Krieg, Politik und Diplomatie,* Wien 1968, S. 121–156.

294 Eine ähnliche Einschätzung von Walter: *Heeresreformen,* S. 215–219.

295 Schreiben Manteuffels an Roon vom 29. Mai 1860, in: Ritter: *Staatskunst,* Bd. 1, S. 176.

296 Vgl. dazu *Generalfeldmarschall von Moltke.* Bedeutung und Wirkung, hrsg. v. Roland G. Foerster (= Beiträge zur Militärgeschichte, Bd. 33), München 1991; Wolf Hanke: *Moltke.* Hommage an einen großen Preußen, Hamburg u.a. 2000; Eberhard Kessel: *Moltke,* Stuttgart 1957; Stadelmann: *Moltke und der Staat*; anekdotenreich und in vielerlei Hinsicht interessant: *Moltke.* Gespräche, hrsg. v. Eberhard Kessel, Hamburg 1940.

297 Nach Stadelmann: *Moltke und der Staat,* S. 38, sei jedoch nicht dessen viel zitiertes „System der Aushilfen" als Garant der Feldzugsentscheidungen und Moltke'sches Erbe in die Geschichte eingegangen, sondern sein als unfehlbar geltender Aufmarschplan.

298 Vgl. Elster: *Kriegsminister,* S. 283; Roon: *Denkwürdigkeiten,* Bd. 2, S. 17.

299 Die folgenden Ausführungen basieren auf Schulze-Wegener: *Deutschland zur See,* S. 11–32.

300 Zitiert in: Ebd., S. 24.

301 Zitiert in: Ebd., S. 27.

302 Zur Generaldebatte über den Marineetat und den Flottengründungsplan vgl. *Roon als Redner,* Bd. 1, S. 48–63.

303 Zu diesem Komplex vgl. erschöpfend Henning Krüger: *Zwischen Küstenverteidigung und Weltpolitik.* Die politische Geschichte der preußischen Marine 1848 bis 1867 (= Kleine Schriftenreihe zur Militär- und Marinegeschichte, Bd. 15), Bochum 2008.

304 Ebd., Bd. 1, S. 50.

305 Eigenhändiges Schreiben Wilhelms I. an Roon, 27. Mai 1861, in: Roon: *Denkwürdigkeiten,* Bd. 2, S. 21.

306 Brief Roons an Wilhelm I. vom April 1861 (das genaue Datum ist nicht bekannt), in: Hübner: *Roon,* S. 114f.

307 Vgl. Huber: *Verfassungsgeschichte,* Bd. 3, S. 291.

308 Bismarck an Roon, 2. Juli 1861, in: Bismarck: *Gedanken,* S. 187f.

309 Roon an Perthes, 18. Juni 1861, in: Roon: *Denkwürdigkeiten,* Bd. 2, S. 23ff.

310 Bismarck: *Gedanken,* S. 188f.

311 Vgl. Huber: *Verfassungsgeschichte,* Bd. 3, S. 288f.

312 Vgl. ebd., S. 291f.; Wehler: *Gesellschaftsgeschichte,* Bd. 3, S. 258.

313 Prinz Friedrich Karl an Roon, 17. Dezember 1861, in: Roon: *Denkwürdigkeiten,* Bd. 2, S. 59.

314 Vgl. Ritter: *Staatskunst,* Bd. 1, S. 188f.

315 Roon: *Denkwürdigkeiten,* Bd. 2, S. 62.

316 Vgl. Huber: *Verfassungsgeschichte*, Bd. 3, S. 293f.
317 Auszugsweise in: *Roon als Redner*, Bd. 1, S. 150.
318 Roon in seiner Rede vor dem Abgeordnetenhaus am 23. Januar 1862, in: Ebd., S. 151.
319 Roon an Perthes, 22. März 1862, in: Roon: *Denkwürdigkeiten*, Bd. 2, S. 71.
320 Ebd., S. 73.
321 „Die konservative Partei ging von 14 auf 11 Mandate zurück; von den Ministern, die kandidiert hatten, errang kein einziger einen Sitz. Fast noch schwerer war die Niederlage der katholischen Fraktion, die sich für die Heeresvorlage der Regierung eingesetzt hatte; ihre Mandatsziffer sank von 54 auf 28. Auch die altliberale Partei erlitt einen schweren Rückschlag. Von ihren bisher 91 Mandaten schrumpfte die Fraktion Grabow auf 65 Mandate zusammen." (Huber: *Verfassungsgeschichte*, Bd. 3, S. 295).
322 „Die dreieinhalb Monate, die ihn noch von seiner nun eigentlich für sicher gehaltenen Berufung trennten, hat er daher nicht zufällig noch einmal in einer Art Doppelexistenz verbracht. Einerseits benutzte er sie, um gleichsam vor Ort, und zwar nicht nur in Paris, sondern auch in London, wohin er Ende Juni aus Anlaß der Weltausstellung fuhr, das Terrain für eine künftige Politik zu sondieren. Andererseits brach er noch einmal, wenngleich in dem Bewußtsein einer bloßen Eskapade, aus der Welt aus, die ihn von nun an als einen ihrer Hauptrepräsentanten und wesentlichen Gestalter nicht mehr loslassen sollte." (Gall: *Bismarck*, S. 226).
323 Die Thronrede in: *Roon als Redner*, Bd. 1, S. 160.
324 Ebd., S. 168.
325 Pflanze: *Bismarck*, S. 176ff.
326 Roon an Perthes, 2. August 1862, in: Roon: *Denkwürdigkeiten*, Bd. 2, S. 107.
327 Vgl. Huber: *Verfassungsgeschichte*, Bd. 3, S. 296f.; Immediatbericht des Staatsministeriums vom 9. September 1862 in: Huber: *Dokumente*, Bd. 2, S. 37ff.
328 Gall: *Bismarck*, S. 237.
329 Roon: *Denkwürdigkeiten*, Bd. 2, S. 113.
330 Der Antrag von Stavenhagen, Sybel und Twesten in: Huber: *Dokumente*, Bd. 2, S. 36f.
331 Vgl. Walter: *Heeresreformen*, S. 465–467; Ritter: *Staatskunst*, S. 191f.
332 Roon an Perthes, 20. September 1862, in: Roon: *Denkwürdigkeiten*, Bd. 2, S. 116.
333 Entwurf der Abdankungsurkunde König Wilhelms I., in: Huber: *Dokumente*, Bd. 2, S. 40f. Zum Kern seiner Argumentation heißt es dort: „Unsere tief und fest begründete Überzeugung, daß Unsere königliche Pflicht Uns gebietet, zur Ehre, zum Wohle und zur Sicherheit des Vaterlandes die von Uns ins Leben gerufene Heeresorganisation unbedingt aufrechtzuerhalten, sowohl in

ihrer gesetzlichen Feststellung als in dem notwendigen Umfange der Geldforderungen, – das Haus der Abgeordneten hierzu jedoch seine verfassungsmäßige Mitwirkung versagt, so ist damit ein Konflikt eingetreten, den Wir mit Unseren Pflichten gegen den Staat und mit den verfassungsmäßigen Bestimmungen nicht in Einklang zu bringen vermögen." (Ebd., S. 41).

334 Huber: *Verfassungsgeschichte*, Bd. 3, S. 298f.

335 Roon an Perthes, in: Roon: *Denkwürdigkeiten*, Bd. 2, S. 116f.

336 Bismarck: *Gedanken*, S. 202–205.

337 Ebd., S. 230.

338 Ein Blick in die Briefe an seine Ehefrau aus den Jahren 1838 bis 1871 (BA-MA, N 48 – 13) lässt keine andere Schlussfolgerung zu.

339 Bismarck: *Gedanken*, S. 204.

340 Wehler: *Gesellschaftsgeschichte*, Bd. 3, S. 267.

341 Vgl. Huber: *Verfassungsgeschichte*, Bd. 3, S. 304.

342 „In der ‚Blut- und Eisen-Rede' werde, explodierte Treitschke, die Gemeinheit nur noch durch die Lächerlichkeit überboten. Menschen wie Bismarck, empfahl der Historiker Hermann Baumgarten dem Zunftgenossen v. Sybel, der damals noch mit seiner offenherzigen Bismarckkritik im Landtag exzellierte, ‚muß man zittern machen. Man muß ihm die lebendige Besorgnis erregen, dass sie eines Tages wie tolle Hunde totgeschlagen werden.'" (Wehler: *Gesellschaftsgeschichte*, Bd. 3, S. 272f.).

343 Rede Bismarcks vor der Budgetkommission des preußischen Abgeordnetenhauses am 30. September 1862, auszugsweise in: Huber: *Dokumente*, Bd. 2, S. 44f.

344 Bismarck: *Gedanken*, S. 219.

345 Vgl. Huber: *Verfassungsgeschichte*, Bd. 3, S. 307.

346 Die Proklamation des budgetlosen Regiments in der Rede Bismarcks bei Schließung des Landtages am 13. Oktober 1862, auszugsweise in: Huber: *Dokumente*, Bd. 2, S. 47.

347 Vgl. Angelow: *Von Wien nach Königgrätz*, S. 221–230; Gall: *Bismarck*, S. 293ff.; Nipperdey: *Deutsche Geschichte 1800–1866*, S. 704–714; Pflanze: *Bismarck*, S. 193ff.

348 Vgl. Huber: *Verfassungsgeschichte*, Bd. 3, S. 440–449.

349 Vgl. Bismarck: *Gedanken*, S. 168–183, S. 195.

350 Vgl. Roon: *Denkwürdigkeiten*, Bd. 2, S. 123ff.

351 Vgl. Henri Dunant: *Eine Erinnerung an Solferino,* Wien 1997 (Neuauflage).

352 Vgl. Gumpert: *Dunant*, S. 90.

353 Vgl. Ebd.

354 „Was will eigentlich dieser Herr Dunant?", fragte Roon den holländischen Militärarzt Dr. S. H. C. Basting anlässlich eines Galadiners am 14. September 1863 in Potsdam, wo Dunant dem Kronprinzen Friedrich und seiner Gattin

sowie einigen Ministern, unter ihnen Roon, vorgestellt wurde. (Ebd., S. 117).

355 Nach der Schlacht bei Königgrätz am 3. Juli 1866 verfügte Königin Augusta in einer handschriftlichen Anweisung an Roon die „Veröffentlichung eines Werkes [...], welches vor Allem die Berichte unserer größten Autoritäten über ihre Tätigkeit und ihre Erfahrungen in den Kriegslazarethen, über die dabei beobachteten Mängel und über die Mittel, denselben abzuhelfen" (Roon: *Denkwürdigkeiten*, Bd. 2, S. 493f.), enthalten solle. Dafür veranschlagte sie 2.000 Taler. Diese Studie, deren Fertigstellung und Edierung doch angenommen werden darf, ist nicht bekannt.

356 Vgl. Huber: *Verfassungsgeschichte*, Bd. 3, S. 309.

357 August Graf von Werder (1808–1887), preußischer General der Infanterie, nahm 1842/43 an den russischen Kämpfen im Kaukasus teil und war in den Einigungskriegen einer der wenigen Generalstaboffiziere mit Kampferfahrung (wie Moltke auch). Nach Kommandos über Armeekorps in den Kriegen 1866 und 1870/71 und nach dem Friedensschluss über das XIV. AK in Karlsruhe schied von Werder 1879 aus dem aktiven Dienst aus. Vgl. Poten: *Militärwissenschaften*, Bd. 9, S. 323.

358 „Die in Bismarcks Auftrag bereits Anfang Februar von General Alvensleben geschlossene preußisch-russische Konvention wirkte wie ein antirevolutionärer Pakt [...]. Außenpolitisch [...] verbesserte Bismarcks Schachzug die Beziehungen zu den Konservativen und dynastisch-höfischen Kreisen in St. Petersburg. Damit wurde ein Grundstein für Rußlands zurückhaltende Westpolitik während der preußischen Hegemonialkriege gelegt." (Wehler: *Gesellschaftsgeschichte*, Bd. 3, S. 279; vgl. Bismarck: *Gedanken*, S. 234–241).

359 Roon: *Denkwürdigkeiten*, Bd. 2, S. 127.

360 „Erlaß König Wilhelms I. auf die Adresse des Abgeordnetenhauses" (3. Februar 1863), in: Huber: *Dokumente*, Bd. 2, S. 55ff.

361 Roon: *Denkwürdigkeiten*, Bd. 2, S. 129.

362 Huber: *Verfassungsgeschichte*, Bd. 3, S. 314.

363 „In der Sitzung vom 7. Mai stand endlich der Bericht der XIII. Militär-Kommission über die drei Monate vorher eingebrachte Militärdienst-Novelle auf der Tagesordnung. Derselbe war schriftlich erstattet (Berichtserstatter Abgeordneter von Forckenbeck) und umfaßte ein Aktenstück von 113 Quartseiten als das Resultat von 18 stattgehabten Kommissionssitzungen. Keiner der Minister hatte an den letzteren teilgenommen, was im Eingange des Berichts konstatiert wurde." (*Roon als Redner*, Bd. 1, S. 437f.).

364 Ebd., S. 482. Die folgenden Zitate in: Ebd., S. 483f.

365 Vgl. Huber: *Verfassungsgeschichte*, Bd. 3, S. 317f.

366 „Mit allem Ernst muß Ich dem Bestreben des Hauses der Abgeordneten entgegentreten, sein verfassungsmäßiges Recht der Theilnahme an der Gesetzge-

bung als ein Mittel zur Beschränkung der verfassungsmäßigen Freiheit Königlicher Entschließungen zu benutzen [...]. Meine Minister besitzen Mein Vertrauen, ihre amtlichen Handlungen sind mit Meiner Billigung geschehen, und Ich weiß es ihnen Dank, daß sie es sich angelegen sein lassen, dem verfassungswidrigen Streben des Abgeordnetenhauses nach Machterweiterung entgegenzutreten." (Ebd., S. 317f.).

367 Der Historiker Heinrich von Treitschke wertete die „Pressordonnanz" als „Angriff auf das Allerheiligste unseres Volkstums" (zitiert in: Nipperdey: *Deutsche Geschichte 1800–1866*, S. 763). Die „Verordnung betreffend das Verbot von Zeitungen und Zeitschriften", in: Huber: *Dokumente*, Bd. 2, S. 65f. Selbst der Kronprinz sprach sich gegen die Verordnung aus, die er „verderblich für Krone und Volk" hielt. Vgl. Schreiben des Kronprinzen an Bismarck vom 3. Juni 1863, in: Ebd., S. 67.

368 Nipperdey: *Deutsche Geschichte 1800–1866*, S. 763.

369 Zitiert in: Wehler: *Gesellschaftsgeschichte*, Bd. 3, S. 270.

370 Vgl. Roon: *Denkwürdigkeiten*, Bd. 2, S. 151.

371 Österreich zielte mit dem Reformplan von 1863 auf einen Bund der deutschen Einzelstaaten unter seiner Führung. Da in Wien von vornherein Klarheit darüber bestand, dass sich Preußen dem österreichischen Ansinnen widersetzen würde, plante die Hofburg zunächst einen enger gefassten Bund, um diesen mittelfristig durch Preußen mit dem verlockenden Hinweis zu erweitern, dann ein schlagkräftiges Instrument gegen Angriffe von innen und außen zu besitzen. Würde sich wider Erwarten Berlin auch diesem (ggf. antirevolutionären) Machtargument verweigern, war man fest entschlossen, Preußen eine zweite „Schmach von Olmütz" zu bereiten. Vgl. Huber: *Verfassungsgeschichte*, Bd. 3, S. 421.

372 Vgl. Roon: *Denkwürdigkeiten*, Bd. 2, S. 163.

373 Kronprinz Friedrich sah Bismarck als Kriegstreiber, dem nur noch Erfolge auf dem Schlachtfeld helfen konnten, „weil er sich in der inneren Politik völlig festgefahren habe" (zitiert in: Wehler: *Gesellschaftsgeschichte*, Bd. 3, S. 282).

374 Goltz: *Kriegsgeschichte*, Bd. 2, S. 207.

375 Vgl. Roon an Perthes am 7. Februar 1864, in: Roon: *Denkwürdigkeiten*, Bd. 2, S. 182. Ihre Korrespondenzen von 1864 und 1867 wurden 1896 gesondert herausgegeben: *Briefwechsel zwischen dem Kriegsminister Grafen von Roon und Clemens Theodor Perthes aus den Jahren 1864 bis 1867.* Ein Nachtrag zu den Denkwürdigkeiten aus dem Leben des Kriegsministers, hrsg. v. Otto Perthes, Breslau 1896.

376 Vgl. dazu Walter: *Heeresreformen*, S. 499–555; Trevor N. Dupuy: *Der Genius des Krieges.* Das deutsche Heer und der Generalstab 1807–1945, passim, Graz 2009.

377 Bismarck an Roon, 21. Januar 1864, in: Roon: *Denkwürdigkeiten*, Bd. 2, S. 174.

378 Zitiert in: Huber: *Verfassungsgeschichte*, Bd. 3, S. 321.

379 Auszugsweise in: Roon: *Denkwürdigkeiten*, Bd. 2, S. 169f.

380 Siebenjährige Dienstzeit in der Linie, davon drei bei den Fahnen und vier in der Reserve; vier Jahre in der Landwehr ersten Aufgebots und fünf Jahre in der Landwehr zweiten Aufgebots. Vgl. *Roon als Redner*, Bd. 2, S. 2.

381 So in der Sitzung am 11. Januar 1864, in: Ebd., Bd. 2, S. 57.

382 Vgl. *Geschichte Schleswig-Holsteins*, S. 452–456.

383 „Bundesbeschluß über die Bundesexekution in Holstein", in: Huber: *Dokumente*, Bd. 2, S. 157. Zur schleswig-holsteinischen Frage und die Bundesmaßnahmen vgl. v. a. Huber: *Verfassungsgeschichte*, Bd. 3, S. 449–473.

384 Gall: *Bismarck*, S. 302.

385 Zitiert in: Otto von Bismarck: *Kampf um das Reich,* Leipzig 1939, S. 21.

386 Vgl. Jany: *Geschichte der preußischen Armee*, Bd. 4, S. 233–236.

387 Vgl. Roon: *Denkwürdigkeiten*, Bd. 2, S. 176.

388 Und dies schon vor Beginn der Operation: „Ein Zeitungsgerücht, daß die holsteinischen Truppen in Kopenhagen den Eid verweigert hätten, ist gewiß nicht wahr. – Was in meinen Kräften steht, daß das unglückliche Land nur eher besetzt wird, als die Freischaaren ankommen, thue ich. Das Gesindel regt sich schon wieder." (Moltke an seine Frau, Ende November 1863, in: Moltke: *Gesammelte Schriften*, Bd. 6, S. 385).

389 Eine moderne, übergreifende wissenschaftliche Studie zum Deutsch-Dänischen Krieg von 1864 existiert nicht. Daher zählt nach wie vor das zwar ausführliche und operativ exzellente, aber naturgemäß wenig ausgewogene (weil die preußische Sichtweise vorziehende) Generalstabswerk: *Der Deutsch-Dänische Krieg 1864*, hrsg. v. Großen Generalstabe, Abtheilung Kriegsgeschichte, 2 Bde., Berlin 1886/87; Theodor Fontane: *Der Schleswig-Holsteinische Krieg im Jahre 1864,* Berlin 1866; Heinrich Friedjung: *Der Kampf um die Vorherrschaft in Deutschland 1859–1866,* Bd. 1, 9. Aufl., Stuttgart 1912; zusammenfassend Fiedler: *Kriegswesen*, Abt. IV, Bd. 2, S. 189–198; Helmuth von Moltke: *Kurze Uebersicht des Feldzuges 1864 gegen Dänemark,* in: *Moltkes militärische Werke*, Bd. 3, Tl. 2, hrsg. v. Großen Generalstabe, Abtheilung Kriegsgeschichte, Berlin 1899, S. 75–117, und Goltz: *Kriegsgeschichte*, Bd. 2, S. 211–254, das auf dem Generalstabswerk basiert. Erhellend auch die Briefe Moltkes an seine Frau, in: Moltke: *Gesammelte Schriften*, Bd. 6, passim, und natürlich Roon: *Denkwürdigkeiten*, Bd. 2, passim, in seinen Korrespondenzen mit Bismarck und Manteuffel. Heinz Helmert, Hansjürgen Usczeck: *Preußischdeutsche Kriege von 1864–1871.* Militärischer Verlauf, 6. Aufl., Berlin 1988; Dennis Showalter: *The wars of German Unification*, London 2004.

390 Roon an Perthes, 14. Februar 1864, in: Roon: *Denkwürdigkeiten*, Bd. 2, S. 186f.

391 Roon bezieht sich an dieser Stelle seines Schreibens an Perthes auf dessen

Bitte, ihm einen Passierschein zukommen zu lassen, damit dieser – falls seinem Sohn etwas zustoßen sollte – zum Kriegsschauplatz eilen könne.

392 Roon an Perthes, 7. Februar 1864, in: Roon: *Denkwürdigkeiten*, Bd. 2, S. 182.

393 *Generalstabswerk*, Bd. 1, Anlage 28.

394 Über das Vorgehen im Januar, Februar und März entwickelte sich ein reger schriftlicher Austausch zwischen Bismarck, Manteuffel und Roon; auszugsweise in: Roon: *Denkwürdigkeiten*, Bd. 2, S. 189–214.

395 Roon an Wilhelm, 13. März 1863, in: Ebd., S. 214.

396 Bei diesem Angriff erwarb sich das Pionierbataillon von Rauch (1. Brandenburgisches) große Verdienste und durfte fortan den „Düppeler Marsch“ als Parademarsch übernehmen.

397 In: Roon: *Denkwürdigkeiten*, Bd. 2, S. 232. Die Ehrenstelle eines Regimentschefs nahmen für gewöhnlich nur die ältesten Generale der Armee ein. Da sich Roon noch in der Generalleutnantscharge befand, handelte es sich in jedem Fall um eine außergewöhnliche Auszeichnung.

398 Vgl. Schulze-Wegener: *Deutschland zur See*, S. 27f.

399 „Je größer die Schwierigkeiten dort geworden, um so entschiedener muß ein Schlag an anderer Stelle geführt werden, denn der dänische Trotz ist noch keineswegs gebrochen.“ (Moltke an seinen Neffen Henry am 27. April 1864, in: Moltke: *Gesammelte Schriften*, Bd. 6, S. 393).

400 „Die räthselhafte Räumung von Friedericia hat uns allen – hier und dort – für den Augenblick das Concept verrückt, und es muß zurecht geschoben werden, sei es mit oder ohne Österreich, diesen letzten Beisatz mögen Sie aber für nichts als für eine vage Vermutung halten, die eben so berechtigt als alle übrigen sein möchte, wenn man nach den unbekannten Ursachen grübelt, welche die Dänen veranlassen konnten, den einzig haltbaren Punkt jütischen Bodens, unter Aufopferung eines ungeheuren Materials und Preisgebung der der Zerstörung nicht zu entziehenden Festung, zu räumen, ohne eine Kugel mit uns zu wechseln.“ (Roon an Perthes, 30. April 1864, in: Roon: *Denkwürdigkeiten*, Bd. 2, S. 241).

401 Der Friedensvertrag von Wien zwischen Österreich, Preußen und Dänemark vom 30. Oktober 1864, auszugsweise in: Huber: *Dokumente*, Bd. 2, S. 177; Bundesbeschluss über die Beendigung der Bundesexekution gegen Holstein vom 5. Dezember 1864, in: Ebd., S. 180.

402 Roon an seine Frau, 3. August 1864, in: Ebd., S. 265.

403 Angelow: *Von Wien nach Königgrätz*, S. 236.

404 Roon: *Denkwürdigkeiten*, Bd. 2, S. 268.

405 Wilhelm wünschte, „alles zu vermeiden, was der Reise den Charakter einer politischen Mission geben könnte“, und versorgte Roon in einem auf den 21. August 1864 datierten Handschreiben mit genauen Instruktionen: „Ich

wünsche daher, daß Sie selbst jede Initiative zu politischen Eröffnungen vermeiden und den militärischen Charakter Ihrer Mission aufrecht erhalten." Sollten wider Erwarten doch politische Felder angerührt werden, möge sich Roon auf den Standpunkt stellen, dass der König von Preußen „die freundlichen und nachbarlichen Beziehungen zu Frankreich zu wahren und enger zu machen wünsche [...]. Sie werden dabei aber immer im Auge behalten müssen, daß von unserer Seite keine Aeußerung fallen darf, welche nicht an den anderen Höfen, und namentlich in Wien, bekannt werden könnte." (In: Ebd., S. 271).

406 Der Abzug preußischer Truppen durch Lübeck und Mecklenburg, während die Österreicher z.T. noch in Kolding standen, beunruhigte Bismarck, der Roon am 23. November 1864 sensibilisierte: „Es wäre sehr bedenklich, irgend einen Moment eintreten zu lassen, in welchem unsere Streitkräfte nicht den vereinigten Bundesgenossen (Oesterreicher, Sachsen und Hannov.) zweifellos überlegen wären. Bei der Schwäche unserer Cadres kommen wir doch nicht etwa dahin?" Roon reagierte sofort, hielt die Bismarck'schen Bedenken aber offenbar für reichlich übertrieben. Es sei jederzeit möglich, die Truppen kehrt machen zu lassen, nur würde „die Nothwendigkeit einer solchen Demonstration Sr. Majestät vorzutragen sein. Herzlichst guten Morgen!" (In: Ebd., S. 297f.).

407 In: Ebd., S. 292f.

408 „Heute einen letzten Versuch gemacht, um Manteuffel's Ernennung für Holstein und seine Sendung nach Wien zu bewirken – mit zweifelhaftem Erfolge." (Handschriftliche Notiz Roons vom 13. Mai 1865, in: Ebd., S. 321).

409 Nach Gall: *Bismarck*, S. 333, hat Bismarck alles daran gesetzt, Manteuffel, „der ihm auch außenpolitisch, zumal im Hinblick auf ein mögliches Zusammenspiel mit Frankreich, immer wieder ins Handwerk zu pfuschen versuchte, aus der Umgebung des Königs und aus Berlin zu entfernen". In diese Richtung auch Ritter: *Staatskunst*, S. 233.

410 Das jedenfalls hoffte der König, als er in seiner Thronrede am 14. Januar 1865 hervorhob: „Es ist Mein dringender Wunsch, daß der Gegensatz, welcher in den letzten Jahren zwischen Meiner Regierung und dem Hause der Abgeordneten obgewaltet hat, seine Ausgleichung finde. Die bedeutungsvollen Ereignisse der jüngsten Vergangenheit werden dazu beigetragen haben, die Meinungen über das Bedürfnis der verbesserten Organisation des Heeres aufzuklären." Keine zwei Monate darauf, am 5. März, war der Ton rauer: Wilhelm gab Roon auf dessen Frage hin, wohin die Monarchie „eigentlich mit diesem Abgeordnetenhause kommen wolle", zur Antwort: „3jährige Dienstzeit und jetzige Kopfzahl der Armee mit in Aussichtnahme der manquierenden 20 Escadrons. Ich setze aber nun noch hinzu: Das Militair-Budjet in folle!" (Roon: *Denkwürdigkeiten*, Bd. 2, S. 324f.).

411 Roon in einer vorbereitenden Sitzung am 8. Februar 1865, in: *Roon als Redner*, Bd. 2, S. 130.
412 Ebd. S. 318ff. Vgl. auch Huber: *Verfassungsgeschichte*, Bd. 3, S. 325f.
413 Vgl. Huber: *Verfassungsgeschichte*, Bd. 3, S. 326.
414 Wilhelm an Roon, 25. April 1865, in: Roon: *Denkwürdigkeiten*, Bd. 2, S. 329.
415 In: Huber: *Verfassungsgeschichte*, Bd. 3, S. 326.
416 *Roon als Redner*, Bd. 2, S. 333.
417 Ebd., S. 340. Als der Präsident seine Ermahnung an Virchow wiederholte, nur dem nachzugehen, was er als Parlamentarier dem Haus schuldig sei und Bismarcks Forderung zurückzuweisen, handelte Virchow dementsprechend. Ein Duell hat jedenfalls nicht stattgefunden. Vgl. ebd., S. 344.
418 Mit den Beschlüssen des Hauses werde zum einen der Bestand und der Organismus der Armee zerrüttet. Zum anderen würden nunmehr die wesentlichen Interessen des Thrones und des Vaterlandes preisgegeben. „Denn die Desorganisation der neuerlich mit neuen Siegesehren geschmückten Armee ist gleichbedeutend mit der politischen Degradation Preußens und mit der Verzichtleistung auf seine politische Mission.“ Drittens bedeuteten die „Verstümmelungen des Militärbudgets“ zugleich eine „Verstümmelung der Armee“. (Ebd., S. 345).
419 Roon: *Denkwürdigkeiten*, Bd. 2, S. 351.
420 Roon am 11. Januar 1866: „Die Schreiberei kostet viel Zeit“, in: Ebd., S. 392.
421 So ließ Roon einen Sohn von Perthes, der bei Königgrätz als Fähnrich in einem Pionier-Bataillon gestanden hatte, unter gleichzeitiger Versetzung in eine Ingenieur-Inspektion zum außeretatmäßigen Sekonde-Leutnant befördern. Vgl. Roon an Perthes, 11. Juli 1866, in: Ebd., S. 459.
422 Im Folgenden immer heranzuziehen: Gall: *Bismarck*, S. 340–372.
423 Vgl. Huber: *Verfassungsgeschichte*, Bd. 3, S. 511.
424 Vgl. Angelow: *Von Wien nach Königgrätz*, S. 236ff.
425 Vgl. Huber: *Verfassungsgeschichte*, Bd. 3, S. 514f.
426 Wehler: *Gesellschaftsgeschichte*, Bd. 3, S. 290.
427 Roon: *Denkwürdigkeiten*, Bd. 2, S. 354f.
428 Am Nachmittag des 7. Mai 1866 passte der Tübinger Student Ferdinand Cohen-Blind den preußischen Ministerpräsidenten „Unter den Linden“ auf Höhe der russischen Botschaft ab und schoss fünfmal. Geistesgegenwärtig wehrte sich Bismarck, der nur leichte Verletzungen davontrug. Als Motiv gab der sofort von Soldaten des 2. Garderegiments festgesetzte Mann an, er halte Bismarck für die treibende Kraft im unabwendbaren preußisch-österreichischen Krieg. Einen Tag später starb der Täter, nachdem er sich in einem unbeobachteten Augenblick die Halsschlagader geöffnet hatte. Vgl. Julius H. Schoeps: *Bismarck und sein Attentäter*. Der Revolveranschlag Unter den Linden am 7. Mai 1866, Zürich, München 1998.

429 In der Thronrede hieß es u.a.: „Nach mehrjährigen, fruchtlos gebliebenen Verhandlungen über Gesetzesvorschläge, welche eine Erleichterung und Abkürzung der Dienstzeit in der Landwehr, sowie eine gerechtere Verteilung der Kriegsdienstpflicht überhaupt bezweckten, kann die Regierung Sr. Majestät des Königs von der Wiederholung solcher Vorschläge für jetzt ein ersprießliches Resultat nicht erwarten. Sie wird es daher bei den geltenden gesetzlichen Bestimmungen über die Verpflichtung zum Kriegsdienst einstweilen noch belassen müssen. Indem die Regierung diese ihr abgerungene Entschließung bedauert, bleibt sie von der Notwendigkeit durchdrungen, die jetzige, unter Mitwirkung der früheren Landesvertretung ins Leben gerufene, seitdem praktisch bewährte und nach den bestehenden Gesetzen zulässige Einrichtung des Heerwesens aufrecht zu erhalten und die dazu nötigen Geldmittel auch ferner zu fordern." (*Roon als Redner*, Bd. 2, S. 351f.).

430 Ebd., S. 382.

431 Vgl. dazu Lothar Burchardt: *Helmuth von Moltke, Wilhelm I. und der Aufstieg des preußischen Generalstabes,* in: Generalfeldmarschall von Moltke, S. 19–38.

432 Der 30. März 1866 war Gründonnerstag.

433 Roon: *Denkwürdigkeiten*, Bd. 2, S. 402.

434 Zur militärischen Bedeutung der Eisenbahn im 19. Jahrhundert vgl. Klaus-Jürgen Bremm: *Von der Chaussee zur Schiene.* Militärstrategie und Eisenbahnen in Preußen von 1833 bis 1866, München 2005; Michael Salewski: *Moltke, Schlieffen und die Eisenbahn,* in: Generalfeldmarschall von Moltke, S. 89–102.

435 Roon: *Denkwürdigkeiten*, Bd. 2, S. 404f.

436 „‚Steuere muthiger Segler immer, immer nach West, dort muß die Küste sich zeigen, liegt sie doch klar und deutlich vor deinem Verstand.' Das rufe ich Ihnen und rufe ich Bismarck zu. Nur tüchtig los gesteuert! Alles graziöse Intriguieren wird übersteuert!" (Roon an Manteuffel am 2. April 1866, in: Ebd., S. 407).

437 Vgl. dazu Wolfgang von Groote: *Moltkes Planungen für den Feldzug in Böhmen und ihre Grundlagen,* in: *Entscheidung 1866.* Der Krieg zwischen Österreich und Preußen, hrsg. v. Militärgeschichtlichen Forschungsamt durch Wolfgang von Groote und Ursula von Gersdorff, Stuttgart 1966, S. 77–105; Michael D. Krause: *Moltke and the Origins of the Operational Level of War,* in: Generalfeldmarschall von Moltke, S. 131–164.

438 Prinz Friedrich Karl und Generalleutnant Voigts-Rhetz taten sich als Kritiker der Moltke'schen Planungen hervor. Vgl. Kessel: *Moltke*, S. 453f.

439 Vgl. Huber: *Verfassungsgeschichte*, Bd. 3, S. 520ff.

440 „Preußischer Antrag auf Reform der Bundesverfassung", in: Huber: *Dokumente*, Bd. 2, S. 191ff.

441 In der Schlacht bei Kolin (Böhmen) hatte Friedrich der Große am 18. Juni

1757 eine schwere Niederlage gegen die Österreicher und seine erste im Siebenjährigen Krieg (1756–63) hinnehmen müssen.

442 Roon: *Denkwürdigkeiten*, Bd. 2, S. 418.

443 Vgl. Wehler: *Gesellschaftsgeschichte*, Bd. 3, S. 292f.; Nipperdey: *Deutsche Geschichte 1800–1866*, S. 781f.

444 Vgl. Huber: *Dokumente*, Bd. 2, S. 193.

445 Vgl. Huber: *Verfassungsgeschichte*, Bd. 3, S. 531ff.

446 „So hat denn, mein lieber, verehrter Freund, die Frage ob wir dem Kriege mehr zugeschwommen oder mehr zugetrieben sind, ihre practische Bedeutung verloren und nur noch eine historische behalten; der Stein ist im Rollen und läßt sich nun nicht mehr aufhalten oder leiten; die Dinge sind den Menschen aus der Hand gekommen und machen sich selbst; für die nächste Zeit kann kein Minister und kein König deren Gang bestimmen." (Perthes an Roon, 12. Juni 1866, in: Roon: *Denkwürdigkeiten*, Bd. 2, S. 433).

447 Ähnlich dem Forschungsstand zum Deutsch-Dänischen Krieg 1864 steht es um den „Bruderkrieg" von 1866. Eine jüngere, erschöpfende wissenschaftliche Studie fehlt, obwohl die Quellenlage mit den offiziellen preußischen und österreichischen Generalstabswerken sowie zahlreichen jüngeren Einzeluntersuchungen, Biografien, edierten Korrespondenzen und Nachlässen der dramatis personae hüben wie drüben vorzüglich ist. Vgl. *Entscheidung* 1866; Showalter: *The wars*; Geoffrey Wawro: *The Austro-Prussian War. Austria's War with Prussia and Italy in 1866*, Cambridge 1996; Gordon A. Craig: *Königgrätz 1866 – Eine Schlacht macht Weltgeschichte,* Wien 1997; Klaus Müller: *1866: Bismarcks deutscher Bruderkrieg.* Königgrätz und die Schlachten auf deutschem Boden, Graz 2007; Fiedler: *Kriegswesen*, Abt. IV., Bd. 2, S. 199–231; nach wie vor unerlässlich: *Der Feldzug von 1866 in Deutschland,* redigirt von der kriegsgeschichtlichen Abtheilung des Großen Generalstabes, Berlin 1867; Theodor Fontane: *Der Feldzug in Böhmen und Mähren,* Berlin 1870; Theodor Fontane: *Der Feldzug in West- und Mitteldeutschland,* Berlin 1871; Friedjung: *Kampf*, Bd. 2, Stuttgart 1913; Goltz: *Kriegsgeschichte*, Bd. 2, S. 261–376. Weshalb Wehler und Nipperdey in ihren Jahrhundertwerken dem militärischen Verlauf nicht einmal ansatzweise nachgehen, obwohl beide der Schlacht säkulare Bedeutung für die Geschichte Mitteleuropas zuweisen, bleibt ihr Geheimnis. „Was war das für ein Krieg?", fragt Nipperdey (*Deutsche Geschichte 1800–1866*, S. 783), gibt aber keine Antwort, sondern verliert sich in Seichtheiten. Wehler: *Gesellschaftsgeschichte*, Bd. 3, S. 294, findet den Kriegsverlauf „verblüffend", lässt den Leser an seinem Erstaunen aber nicht teilhaben und geht – alle militärischen Zusammenhänge souverän ignorierend – flugs zum „glücklichen Schlachtausgang" über. Unverständlich ist die totale Ausblendung der drei Einigungskriege in den an sich verheißungsvollen Titeln: *Die preußische Armee* und: *Wie Kriege entstehen.* Zum historischen Hintergrund

von Staatenkonflikten, hrsg. v. Bernd Wegner (= Krieg in der Geschichte, Bd. 4), Paderborn u.a. 2000.

448 Vgl. Jürgen Angelow: *Zwischen Partnerschaft und Rivalität.* Preußen und seine Militärmacht. Argumente österreichischer Reform- und Revanchepolitik (1866–1871), in: Die preußische Armee, S. 268.

449 Roon an Perthes, 26. Juni 1866, in: Roon: *Denkwürdigkeiten*, Bd. 2, S. 441 u. 443f.

450 Ludwig Ritter von Benedek (1804–1881), österreichischer Feldzeugmeister (General der Infanterie), hatte sich in Italien und im Ungarn-Aufstand bestens bewährt und war 1866 an die Spitze der Nordarmee berufen worden. Bei Königgrätz für eine ganze Reihe fehlerhafter Entscheidungen verantwortlich gemacht, nahm er nach dem Krieg seinen Abschied. Vgl. Poten: *Militärwissenschaften*, Bd. 1, S. 468.

451 „Der Tod Ihres lieben Neffen [...] betrübt mich herzlich, wie so mancher andre Fall, der mir aus dem weiten Kreise meiner zahlreichen Bekannten mitgetheilt worden; namentlich schmerzt mich der Heimgang junger Männer immer viel mehr, als der von älteren, und ich habe mir noch keine Rechenschaft über das Warum geben können. Für christliche Eltern ist ja Trost vorhanden, aber weh thut's doch!" (Roon an Perthes, 22. Juli 1866, in: Roon: *Denkwürdigkeiten*, Bd. 2, S. 471).

452 Ebd., S. 448.

453 Roons ältester Sohn Waldemar war zu diesem Zeitpunkt Hauptmann im Generalstab des II. Armeekorps.

454 Wilhelm, Roons vierter Sohn, stand als Leutnant im 18. Infanterie-Regiment.

455 Roon an seine Frau, 4. Juli 1866, in: *Denkwürdigkeiten*, S. 449f.

456 Vgl. Schulze-Wegener: *Deutschland zur See*, S. 29.

457 Vgl. Huber: *Dokumente*, Bd. 2, S. 212f. und 217ff.

458 „Österreich schwer zu verwunden, dauernde Bitterkeit und Revanchebedürfnis mehr als nötig zu hinterlassen, müßten wir vermeiden, vielmehr uns die Möglichkeit, uns mit dem heutigen Gegner wieder zu befreunden, wahren und jedenfalls den österreichischen Staat als einen guten Stein im europäischen Schachbrett und die Erneuerung guter Beziehungen mit demselben als einen für uns offen zu haltenden Schachzug ansehen. Wenn Österreich schwer geschädigt wäre, so würde es der Bundesgenosse Frankreichs und jedes Gegners werden; es würde selbst seine antirussischen Interessen der Revanche gegen Preußen opfern." (Bismarck: *Gedanken*, S. 309).

459 Roon an seine Frau, 7. Juli 1866, in: Roon: *Denkwürdigkeiten*, Bd. 2, S. 452.

460 Ebd., S. 466.

461 Zum sich allmählich entwickelnden Gegensatz zwischen Moltke und Bismarck vgl. Michael Salewski: *Krieg und Frieden im Denken Bismarcks und*

Moltkes, in: Generalfeldmarschall von Moltke, S. 67–88; Ritter: *Staatskunst,* Bd. 1, Kap. 8.

462 Stadelmann: *Moltke und der Staat,* S. 42, löst den inneren Widerspruch auf: „Moltke ist zum radikalen Anwalt des Krieges geworden, weil er seinem Wesen mit dem strengsten Maßstab der Sachlichkeit gegenübertrat, weil er auf allen Gebieten bemüht war, gerecht zu sein, und nun auch den besonderen, in der Sache liegenden Notwendigkeiten des Krieges kompromißlos gerecht werden wollte. So wie er dem Staat die Macht, der Justiz das Recht, der Wirtschaft den Wettbewerb zubilligte und in jeder Lage gewahrt wissen wollte, so trat er dafür ein, daß das Wesen des Krieges in nichts anderem als der Vernichtung des Gegners bestehen dürfe. Der Anspruch auf die unbedingte Autonomie der Kriegführung entsprang der Moltkeschen Objektivität."

463 Roon an Perthes, 22. Juli 1866, in: Roon: *Denkwürdigkeiten,* Bd. 2, S. 472.

464 Vgl. Michael Schmid: *Der „Eiserne Kanzler" und die Generäle.* Deutsche Rüstungspolitik in der Ära Bismarck (1871–1890), Paderborn u.a. 2003, S. 31.

465 Die Urkunde als Dr. phil., datiert auf den 16. Juni 1867, wurde Roon („Viro doctissimo etc.") honoris causa verliehen, womit ausdrücklich auch sein wissenschaftliches Werk Würdigung fand. Vgl. Roon: *Denkwürdigkeiten,* Bd. 3, S. 17.

466 Huber: *Verfassungsgeschichte,* Bd. 3, S. 352.

467 Ein Garde- und zwölf weitere Armeekorps, Neuformation von 16 Infanterie-Regimentern, drei Jägerbataillonen, acht Dragoner-, vier Husaren-, vier Ulanen-, drei Feldartillerie-Regimentern, drei Pionier- und drei Train-Bataillonen. Später erfolgte noch die Einstellung einer fünften (statt der bisherigen vier) Eskadron bei den alten Kavallerie-Regimentern.

468 Perthes an Roon, 26. Oktober 1866, in: Roon: *Denkwürdigkeiten,* Bd. 2, S. 496.

469 Tresckow an Roon, 3. November 1866, in: Ebd., S. 499.

470 Gall: *Bismarck,* S. 383.

471 Roon erwarb das Gut Gütergotz bei Berlin mit 2.700 Morgen, davon 1.336 Morgen Waldfläche, zum Preis von 135.000 Talern, auf das er sich zwischen 1868 und 1873 häufig zurückzog: „Wenn auch Roon von seinem Landsitze aus die Geschäfte des Kriegsministers ununterbrochen fortführte, so fühlte er sich doch hier freier von den Sorgen seines Amtes und vor allem manchen Reibungen entrückt, unter denen er in Berlin zu leiden hatte, und er gab sich hier ganz in seiner gemütvollen Eigenart." (Rogge: *Erinnerungen,* Bd. 2, S. 170).

472 Roon: *Denkwürdigkeiten,* Bd. 2, S. 506.

473 Roon an Perthes, 25. April 1867, in: Ebd., Bd. 3, S. 9f. In dem Brief klagt er über die allgemeine körperliche Hinfälligkeit und das Versiegen seiner Kräfte. „Es ist ein sehr niederbeugendes Gefühl, wenn man an der Mattigkeit des ei-

genen Flügelschlages die Unmöglichkeit jedes Aufschwunges mit Deutlichkeit ermißt, und die Frage nicht mehr bejahen kann, ob man Unrecht thue, jüngeren Kräften Platz zu machen." Mit wieder erlangter ordentlicher Gesundheit feierte Roon fünf Tage später in großem Kreis seinen 64. Geburtstag.

474 Ebd., S. 11.

475 „Londoner Vertrag über Luxemburg vom 11. Mai 1867", in: Huber: *Dokumente*, Bd. 2, S. 221f.

476 1. Schutz und Vertretung des Seehandels Norddeutschlands auf allen Meeren und Erweiterung seiner Rechte und seiner Beziehungen, 2. Verteidigung der vaterländischen Küsten und Häfen an der Ost- und Nordsee, 3. Entwicklung des eigenen Offensivvermögens, nicht nur zur Störung des feindlichen Seehandels, sondern auch zum Angriff auf feindliche Flotten, Küsten und Häfen. Vgl. Schulze-Wegener: *Deutschland zur See*, S. 29.

477 Wilhelm I. hatte die erste parlamentarische Versammlung Deutschlands, den Reichstag des Norddeutschen Bundes, am 24. Februar 1867 mit den Worten eröffnet: „Eine Versammlung, wie sie, seit Jahrhunderten keinem deutschen Fürsten zur Seite gestanden hatte [...]." (In: Moltke: *Gesammelte Schriften*, Bd. 7 [Reden], S. 1).

478 In: Roon: *Denkwürdigkeiten*, Bd. 2, S. 515.

479 Roon an Pertes, 20. September 1867, in: *Denkwürdigkeiten*, Bd. 3, S. 25.

480 Ebd., S. 35.

481 Roon an seinen ältesten Sohn Waldemar, 25. Februar 1868, in: Ebd., S. 75.

482 Vgl. Huber: *Verfassungsgeschichte*, Bd. 3, S. 687–693.

483 Unter den deutschen Staaten herrschte Einvernehmen in allen Fragen der Mobilmachungs- und Konzentrationsvorbereitungen sowie der Eisenbahntransporte süddeutscher Truppen in das Aufmarschgebiet. Vgl. Roon: *Denkwürdigkeiten*, Bd. 3, S. 88.

484 Ebd., S. 124.

485 Die Siegesmedaillen von 1866 und 1870/71 sind heute noch im Familienbesitz.

486 Vgl. Gall: *Bismarck*, S. 373–455; Eberhard Kolb: *Großpreußen oder Kleindeutschland?* Zu Bismarcks deutscher Politik im Reichsgründungsjahrzehnt, in: Eberhard Kolb: *Umbrüche deutscher Geschichte 1866/71–1918/19–1929/31.* Ausgewählte Aufsätze, hrsg. v. Dieter Langewiesche und Klaus Schönhoven, München 1993, S. 11–33.

487 Zur Emser Depesche und Vorgeschichte des Krieges von 1870/71 vgl. *Der Deutsch-Französische Krieg 1870/71.* Vorgeschichte, Verlauf, Folgen, hrsg. v. Jan Ganschow, Olaf Haselhorst, Maik Ohnezeit, Graz 2009, S. 17–82; David Wetzel: *Duell der Giganten.* Bismarck, Napoleon III. und die Ursachen des Deutsch-Französischen Krieges 1870–1871, aus dem Englischen übersetzt von Michael Epkenhans, Paderborn u.a. 2005; Gall: *Bismarck*, 430ff.; Huber: *Verfassungsgeschichte*, Bd. 3, S. 718ff.; Eberhard Kolb: *Europa vor dem Krieg.*

Mächtekonstellation – Konfliktfelder – Kriegsausbruch (= Schriften des Historischen Kollegs, Kolloquien 10), München 1987; Eberhard Kolb: *Der Kriegsausbruch 1870.* Politische Entscheidungsprozesse und Verantwortlichkeiten in der Julikrise 1870, Göttingen 1970; Wehler: *Gesellschaftsgeschichte*, Bd. 3, S. 318ff.

488 Huber: *Dokumente*, Bd. 2, S. 256.

489 Vgl. Roon: *Denkwürdigkeiten*, Bd. 3, S. 168.

490 Roon an Blanckenburg, 25. Juli 1870, in: Ebd, S. 169.

491 In: Huber: *Dokumente*, Bd. 2, S. 257.

492 „Es wird mir unvergeßlich bleiben, mit welcher Zuversicht Roon schon am 19. Juli die Ueberzeugung aussprach, daß es nach den hier eingegegangenen Nachrichten den Franzosen unmöglich sein würde, uns mit einem Einfall über die Grenzen zuvorzukommen." (Rogge: *Erinnerungen*, Bd. 2, S. 183).

493 Ebd.

494 Ebd., S. 184.

495 Von den drei Einigungskriegen ist der dritte und entscheidende am besten ausgeleuchtet. Die folgende Literaturauswahl ist nur ein kleiner Teil: *Der deutsch-französische Krieg 1870–71,* redigirt von der kriegsgeschichtlichen Abtheilung des Großen Generalstabes, 2 Teile/5 Bde., Berlin 1874–1881; Helmuth von Moltke: *Geschichte des deutsch-französischen Krieges von 1870–71* (= Gesammelte Schriften, Bd. 3), Berlin 1891; Goltz: *Kriegsgeschichte*, Bd. 2, S. 387–598; Eberhard Kolb: *Kriegführung und Politik 1870/71,* in: Reichsgründung 1870/71. Tatsachen, Kontroversen, Interpretationen, hrsg. v. Theodor Schieder und Ernst Deuerlein, Stuttgart 1970, S. 95–118; *Entscheidung 1870* – Der deutsch-französische Krieg, hrsg. v. Ursula von Gersdorff und Wolfgang von Groote, Stuttgart 1970; *Der Deutsch-Französische Krieg* (Ganschow, Haselhorst, Ohnezeit); überblicksartig Fiedler: *Kriegswesen*, Abt. IV, Bd. 2, S. 232–278; Franz Uhle-Wettler: *Vionville, Mars-la-Tour, St. Privat 1870 und das Heer der deutschen Einigungskriege,* in: Franz Uhle-Wettler: *Höhe- und Wendepunkte deutscher Militärgeschichte,* 3. Aufl., Graz 2006, S. 123–166, Showalter, Dennis: *The wars of German Unification*, London 2004; bei Walter: *Heeresreformen*, S. 77, Anm. 108, ausführlich zur zahlreichen Memoirenliteratur; zu den „Mentalitäten" des Krieges vgl. Dieter Langewiesche und Dieter Buschmann: *„Dem Vertilgungskriege Grenzen setzen": Kriegstypen des 19. Jahrhunderts und der deutsch-französische Krieg 1870/71.* Gehegter Krieg – Volks- und Nationalkrieg – Revolutionskrieg – Dschihad, in: *Formen des Krieges.* Von der Antike bis zur Gegenwart, hrsg. v. Dietrich Beyrau, Michael Hochgeschwender, Dieter Langewiesche (= Krieg in der Geschichte, Bd. 37), Paderborn 2007, S. 163–195.

496 Roon an Blanckenburg, 30. Juli 1870, in: Roon: *Denkwürdigkeiten*, Bd. 3, S. 170.

497 Karl-Friedrich von Steinmetz (1796–1877), preußischer Generalfeldmarschall, führte nach verschiedenen Dienststellungen (z. B. 1851–54 Kommandeur des Kadettenkorps) 1866 das V. (Posensche) Armeekorps. Er erbat nach Ende des Deutsch-Französischen Krieges seinen Abschied. Vgl. Poten: *Militärwissenschaften*, Bd. 9, S. 69.

498 Fernand Thiébaut: *Der Krieg in französischer Sicht,* in: Entscheidung 1870, S. 165–203.

499 An diesem Tag traf der König mitsamt „Großem Hauptquartier", mit Roon und dessen engerem Stab – Chef des Stabes Oberstleutnant von Hartrott, Major von Buddenbrock (1. Adjutant), Premierleutnant Arnold von Roon (2. Adjutant), Major Haenisch, Major von Lettow und Hauptmann Golz –, in Mainz ein. Später ging es über Saarbrücken in wechselnde Quartiere nach Frankreich. Roons Söhne Waldemar, Bernhard und Wilhelm nahmen ebenfalls an dem Feldzug teil. Wilhelm wurde als Premierleutnant und Kompanieführer im 12. Infanterieregiment im Gefecht bei Spichern leicht verwundet. Der Kriegsminister befand die Umstände insgesamt positiv und auch sich wohl: „Günstige Witterung, gedeihliche Entwickelung aller unserer großen Anordnungen, vortreffliche Gesinnung überall, und nicht blos in den Reihen des großen deutschen Heeres." (Roon an seine Frau, 3. August 1870, in: Roon: *Denkwürdigkeiten*, Bd. 3, S. 176).

500 Roon an seine Frau, 21. August 1870, in: Ebd., S. 190f.

501 Der französische Schriftsteller Émile Zola hat in seinem Roman *La Débâcle* ein anschauliches Bild von diesem Szenario entworfen.

502 „Wir haben lange miteinander gesessen und uns gegenseitig alle Briefe aus den Tagen vorgelesen. Waldemars Brief berichtete sehr eingehend über Bernhards Verwundung und sein Ende. Anna läßt Dir sagen, sie sei Dir so dankbar, daß Du ihm so treulich beigestanden hast, es wäre ihr so erfreulich, daß Du ihm noch all die letzten Liebesdienste hast erweisen können. Es ist eine ganz eigene Fügung, daß Du ihre beiden heimgegangenen Söhne einsegnen konntest." (Aus einem Brief von Rogges Gattin an ihren Mann, in: Rogge: *Erinnerungen*, Bd. 2, S. 208).

503 Roon: *Denkwürdigkeiten*, Bd. 3, S. 209. Nach der Feier sagte Bismarck in ausgelassener Stimmung zu Roon und Rogge, der zwischen beiden über den Hof des erzbischöflichen Palastes ging: „Wir könnten eigentlich die Gelegenheit benutzen und den König hier gleichzeitig zum Kaiser von Deutschland und zum Könige von Frankreich krönen lassen; ich wüßte nicht, wer uns daran hindern sollte." (Rogge: *Erinnerungen*, Bd. 2, S. 212).

504 „Und an den Friedensschluß knüpft sich leider ein unversöhnliches Dilemma: Wir können, um unseres Volkes und unserer Sicherheit willen, keinen Frieden schließen, der Frankreich nicht zerstückelt; und die französische Regierung, welche es auch sein mag, kann, um ihres Volkes willen, keinen Frieden ma-

chen, der Frankreichs bisherige Integrität nicht erhält. Daraus folgt mit Notwendigkeit die Fortsetzung des Krieges bis zur Erschöpfung aller Kräfte, und diese Notwendigkeit – so traurig sie auch ist – erscheint mir bis jetzt unvermeidlich." (Roon an Blanckenburg, 6. September 1870, in: Roon: *Denkwürdigkeiten*, Bd. 3, S. 213f.).

505 Vgl. Ritter: *Staatskunst*, Bd. 1, Kap. 8, II.: „Moltkes Kriegstheorie", S. 247–262.

506 Roon: *Denkwürdigkeiten*, Bd. 3, S. 278f. Roon selbst über sein Jubiläum: „Gottlob, meine Geliebte! Nun ist Alles vorüber. Ich bin nicht zu Tode bejubelt und Rührung und Freude haben mir die Kehle nicht völlig zugeschnürt. [...]" (Roon an seine Frau, 11. Januar 1871, in: Ebd., S. 283).

507 Entgegen der idealisierten Darstellung auf dem berühmten Gemälde (einem von vier Versionen) von Anton von Werner hat Roon der Zeremonie nicht beigewohnt: „Während die Vorbereitungen zu dem heutigen merkwürdigen Feste, der Proklamation des Deutschen Kaiserthums in dem gegenüberliegenden französischen Königsschlosse, sowie das Fest selbst ihren Verlauf nehmen, sitze ich – bei den eben ertönenden Jubelrufen, mit welchen der König von seinem im Spalier aufgestellten Kreuzrittern empfangen wird, – einsam, wiewohl ungebeugt von der durch ärztliches Gebot mir auferlegten Entbehrung, in meinem leider überaus luftigen Zimmer und denke Deiner und unserer ersehnten Wiedervereinigung." (Roon an seine Frau, 18. Januar 1871, in: Ebd.)

508 Roon an Blanckenburg, 6. Februar 1871, in: Ebd., S. 293.

509 Ebd., S. 302.

510 Text in: Huber: *Dokumente*, Bd. 2, S. 287f.

511 Vgl. Ritter: *Staatskunst*, Bd. 1, Kap. 8, II.: „Moltkes Kriegstheorie", S. 247–262.

512 Vgl. Schulze-Wegener: *Deutschland zur See*, S. 32; Alexis Giersch: *Die Marine im Deutsch-Französischen Krieg 1870/71*, in: Der Deutsch-Französische Krieg 1870/71 (Ganschow, Haselhorst, Ohnezeit), S. 152–177.

513 Vgl. Schulze-Wegener: *Deutschland zur See*, S. 32.

514 Roon an Blanckenburg, 6. Februar 1871, in: Roon: *Denkwürdigkeiten*, Bd. 3, S. 294.

515 „Ich erhebe Sie an dem heutigen denkwürdigen Tage des Einzuges der Truppen in Berlin in den Grafenstand, – erblich im Mannesstamme Ihres Geschlechts nach dem Rechte der Erstgeburt –, und wünsche Ihnen hierdurch wiederholt Meinen Dank und Meine lebhafte Anerkennung für Ihre großen Verdienste um Meine Armee zu bestätigen." (Ebd., S. 304).

516 Ebd., S. 321.

517 Ebd., S. 304.

518 Die Bezeichnungen zitiert bei Wehler: *Gesellschaftsgeschichte*, Bd. 3, S. 362f. Dort auch zu politischem System und inneren Strukturen des Kaiserreichs.

519 Bis zum Ausbruch des Deutsch-Französischen Krieges waren unzweifelhaft Russland und Frankreich die Führungmächte in Europa, da Österreich-Ungarn schon um die Jahrhundertmitte politische Anteile verloren hatte. Preußen bzw. das Deutsche Reich füllte nach den Siegen von 1866 und 1870/71 als neuer Machtfaktor in Europa das von Frankreich hinterlassene Vakuum aus.

520 Vgl. Huber: *Verfassungsgeschichte*, Bd. 3, S. 992f.

521 Noch im Deutsch-Dänischen Krieg trat Roon als entscheidender Ratgeber der Krone in Erscheinung, nicht der Generalstabschef. Erst zwei Jahre später, gegen Österreich, verschaffte sich Moltke die eigenständige Befehlsgewalt gegenüber den Kommandobehörden der Armee.

522 Memorandum des Chefs der Zentralabteilung vom 3. November 1870, in: Heinrich Otto Meisner: *Der Kriegsminister 1814–1914.* Ein Beitrag zur militärischen Verfassungsgeschichte, Berlin 1940, S. 59.

523 Huber: *Heer und Staat*, S. 324f.

524 Bismarcks Ernennung zum Generaloberst der Kavallerie im Rang eines Generalfeldmarschalls und Ehrenkommandeur der Magdeburger Kürassiere war nicht mehr als eine kaiserliche Geste. Er war und blieb auf den militärischen Verstand des „Einjährigen“ begrenzt.

525 „Ich hatte gehofft, daß auch ein Etat für die Verwaltung des deutschen Heeres wie er den dauernden Bedürfnissen desselben genügt, würde vorgelegt werden können. Der Umfang, in welchem die durch den Krieg veranlaßten Arbeiten alle Kräfte auch über die Dauer des Kriegs hinaus in Anspruch genommen haben, und die Umgestaltung, in welcher ein Teil des Heeres begriffen ist, haben leider die rechtzeitige Aufstellung dieses Etats verhindert. Ich bin daher genötigt, Ihre Zustimmung dafür in Anspruch zu nehmen, daß die Übergangszeit, welche die Reichsverfassung für den Militäretat bestimmt, auf das kommende Jahr ausgedehnt werde.“ (Zitiert in: Schmid: *Der „Eiserne Kanzler“ und die Generäle*, S. 37f.).

526 Gesetz „betreffend die Friedenspräsenzstärke des Deutschen Heeres und die Ausgaben für die Verwaltung desselben für die Jahre 1872, 1873 und 1874“ vom 25. November 1871.

527 Schmid: *Der „Eiserne Kanzler“ und die Generäle*, S. 44.

528 Bismarck an Roon, 25. November 1872, zitiert in: Ebd., S. 76.

529 General der Infanterie und Admiral à la suite des Seeoffizierkorps Albrecht von Stosch (1818–1896) war 1872 bis 1883 königlich preußischer Staatsminister und erster Chef der deutschen Admiralität. Vgl. Schulze-Wegener: *Deutschland zur See*, S. 42. Dazu Dirk Sieg: *Die Marine im Spannungsfeld der deutschen Politik 1872 bis 1883* (= Kleine Schriftenreihe zur Militär- und Marinegeschichte, Bd. 11), Bochum 2005.

530 Wilhelm I. an Roon, 31. Dezember 1871, in: Roon: *Denkwürdigkeiten*, Bd. 3, S. 312f.: „Ich entbinde Sie hierdurch, in gnädiger Erfüllung Ihres Mir ausge-

sprochenen Wunsches, von der Ihnen durch Meine Ordre vom 16. April 1861, neben Ihrem Verhältniß als Kriegsminister, übertragenen Stellung als Marine-Minister. Gleichzeitig spreche Ich Ihnen gern aus, daß Sie sich durch Ihre Bereitwilligkeit, mit welcher Sie sich während dieses langen Zeitraumes der mühevollen Verwaltung der Stelle unterzogen haben, einen erneuten Anspruch auf Meine Anerkennung erworben haben, und es gereicht Mir daher zur besonderen Genugthuung, Ihnen hierfür, sowie für die unter Ihrer bisherigen umsichtsvollen Leitung in erfreulicher Weise fortgeschrittene Entwickelung der Marine, Meinen wärmsten Dank hiermit auszusprechen."

531 Roon hatte am 8. Dezember 1872 sein Entlassungsgesuch eingereicht. Die offizielle Antwort erfolgte durch Kabinettsorder Wilhelms I. an Roon am 16. Dezember 1872, in: Roon: *Denkwürdigkeiten*, Bd. 3, S. 336: „Nachdem Ich Ihnen auf das Mir vorgelegte Abschiedsgesuch bereits eingehender geschrieben habe, lehne ich dasselbe hierdurch ab, indem Ich Ihnen gleichzeitig ausspreche, daß Ich auf die Fortsetzung Ihrer Mir seit vielen Jahren geleisteten, in jeder Beziehung ausgezeichneten Dienste, unter den gegenwärtigen Verhältnissen einen ganz besonderen Werth lege. Sie werden, – dessen halte Ich Mich versichert –, nicht anstehen, Ihre Kräfte auch ferner dem Dienste des Vaterlandes zu opfern; Mein Dank dafür wird um so größer sein, als Ich leider nicht verkennen kann, daß Sie es mit Anstrengung und im Kampf mit Ihrer Gesundheit thun werden."

532 Aus Roons Entlassungsgesuch vom 8. Dezember 1872, in: Ebd., S. 329f.

533 Wilhelm I. an Roon, 4. Dezember 1872, in: Ebd.

534 „Und dann die parlamentarischen Wintervergnügungen, die sich bis nächsten Johannis verlängern dürften. Daneben der Eremit von Varzin, der alles selber machen will und dennoch die schärffsten Verbote erläßt, daß man ihn nicht belästige. Da möchte ein alter Mann, der gern in Ruhe schlafen ginge, schier verzweifeln." (Roon an Blanckenburg, 1. September 1872, in: Ebd., S. 320f.).

535 Vgl. Huber: *Verfassungsgeschichte*, Bd. 3, S. 825–827; Gall: *Bismarck*, S. 529f.

536 Bismarck wusste sehr genau, dass ihn neben politischer Konkurrenz auch pures Neidertum umgab: „Daß ich vom Landjunker zum Minister wurde, hätte man mir verziehen, aber die Dotationen nicht und vielleicht auch den mir sehr gegen meinen Willen verliehenen Fürstentitel nicht: Die ‚Exzellenz' lag innerhalb des gewohnheitsmäßig Erreichbaren und Geschätzten; die ‚Durchlaucht' reizte die Kritik." (Bismarck: *Gedanken*, S. 383) Auf Ehrungen, Titel und Auszeichnungen gab Bismarck offenbar nicht viel. „Wat ik mich davor koofe", soll er angesichts seiner Ernennung zum Generalleutnant am 18. Januar 1871 in ärgerlicher Stimmungslage angemerkt haben. (Zitiert in: Pflanze: *Bismarck*, Bd. 1, S. 548).

537 Aus Roons Entlassungsgesuch vom 8. Dezember 1872, in: Roon: *Denkwürdigkeiten*, Bd. 3, S. 329.

538 „Meine Federn sind durch Ueberspannung erlahmt; der König, als Reiter im Sattel, weiß wohl kaum, daß und wie er in mir ein braves Pferd zu Schanden geritten hat." (Bismarck an Roon, am 13. Dezember 1872, in: Ebd., S. 333ff.).

539 Bismarck war 1865 in den Grafen- und 1871 in den Fürstenstand erhoben worden. Anlässlich seiner Entlassung erfolgte 1890 die Ernennung zum Herzog von Lauenburg durch Kaiser Wilhelm II. – ein Titel, den er aus Protest gegen seinen erzwungenen Abschied nie führte.

540 Georg Arnold Karl von Kameke (1817–1893), preußischer General der Infanterie, war nach vielfacher Verwendung im Generalstab, beim Kriegsministerium und bei der Gesandtschaft in Wien im Krieg von 1866 Chef des Generalstabs des II. Armeekorps und im Deutsch-Französischen Krieg Kommandeur der 14. Division. Dazwischen hatte er die Geschäfte des Generalinspekteurs des Ingenieurkorps und der Festungen geführt. Kurzzeitig Kommandant von Paris, wurde Kameke am 18. Februar 1871 zum Chef des Ingenieurkorps ernannt und übernahm zum 1. Januar 1873 Roons Vertretung als Kriegsminister, den er am 9. November desselben Jahres ablöste. Vgl. Poten: *Militärwissenschaften*, Bd. 5, S. 101. Wegen seines allzu veranschaulichten Herrenreitertums und Ressortegoismus' galt Kameke, hinter vorgehaltener Hand mit dem wenig schmeichelhaften Beinamen „Sankt Kemeke" belegt, als umstritten.

541 Roon: *Denkwürdigkeiten*, Bd. 3, S. 337f.

542 „Es ist daher Mein Wunsch, Ihnen heute einen besonderen Beweis Meiner großen Werthschätzung Ihrer Dienste und Ihrer Person zu geben, indem Ich Sie hierdurch unter Belassung in Ihren bisherigen Dienst-Verhältnissen zum Generalfeldmarschall ernenne." (Wilhelm I. an Roon, 1. Januar 1873, in: Ebd., S. 340).

543 Der „Kulturkampf" zwischen der katholischen Geistlichkeit und dem (protestantischen) preußischen Staat um die Machtposition der organisierten katholischen Minderheit erfuhr einen ersten Höhepunkt durch die Maigesetze des Jahres 1873, mit denen die Regierung eine für beide Konfessionen geltende Kirchenaufsicht gesetzlich verankern wollte. Vgl. Christopher Clark und Wolfram Kaiser (Hrsg.): *Kulturkampf in Mitteleuropa*, Leipzig 2003.

544 Bismarck besaß wie Moltke Eisenbahnaktien in erheblichem Umfang. Vgl. Fritz Stern: *Gold und Eisen.* Bismarck und sein Bankier Bleichröder, Reinbek 1988, passim.

545 Vgl. *Roon als Redner*, Bd. 3, S. 303–324.

546 Roon vor dem Reichstag, 5. Februar 1873, in: Ebd., S. 310 u. 312.

547 Bismarck: *Gedanken*, S. 386.

548 „Gegen Sie meine alternden Kräfte und meinen geringen Einfluß zu versuchen: dazu bin ich weder thöricht noch selbstsüchtig genug. Das ist ganz gewiß! Aber eben so gewiß auch, daß ich es nicht dulden kann, wenn Sie mich

in voller Verkennung meiner Natur, wiederum rücksichtlos und feindselig oder gar wie einen renitenten oder saumseligen Untergebenen zu behandeln versuchen sollten, der ich nie war, noch bin, noch sein werde." (Roon an Bismarck, 27. Februar 1873, in: Roon: *Denkwürdigkeiten*, Bd. 3, S. 352).

549 Roon an Bismarck, 28. Februar 1873, in: Ebd., S. 356.

550 Details und entsprechende Gesprächsinhalte vgl. Schmid: *Der „Eiserne Kanzler" und die Generäle*, S. 82–88.

551 „Die Veranlassung zu diesem Urlaubs-Gesuche lebhaft bedauernd, wünsche Ich mit der aufrichtigsten Theilnahme, daß der Ihnen ärztlich verordnete und von Ihnen beabsichtigte Aufenthalt in hoher Gebirgsluft von den wohlthätigsten Folgen für Ihren Gesundheitszustand begleitet sein möge." (Allerhöchste Order vom 15. Juli 1873, in: Roon: *Denkwürdigkeiten*, Bd. 3, S. 358).

552 Roon hat Gütergotz an den angesehenen deutsch-jüdischen Bankier und Vertrauten Bismarcks Gerson von Bleichröder zu einem überhöhten Preis verkauft. Mitteilung von Manfred Graf von Roon an den Verfasser.

553 Roon: *Denkwürdigkeiten*, Bd. 3, S. 359.

554 „Allerdurchlauchtigster Kaiser! Wenn ich mir erlaube, am Schlusse dieser bedeutungsvollen Feier von der allergnädigsten Erlaubnis Gebrauch zu machen und Ew. Majestät anzusprechen, so geschieht dies, um Ew. Majestät zu danken im Namen des wichtigen Institutes, dessen Interessen Ew. Majestät mit den Interessen der Armee so sehr am Herzen liegen, um den Dank auszusprechen der Armee und des Landes, das sich des Segens erfreut, den diese Armee gebracht. Die Überwindung der Schwierigkeiten, mit welcher dieser Bau zu kämpfen hatte, wir verdanken sie der unermüdlichen Fürsorge des erhabenen Kriegsherrn und Landesvaters, der für Armee und Volk alles fördert, was der Armee nützlich ist und das Volk schützt. Ich danke daher Ew. Majestät im Namen der Armee, die Ew. Majestät gefolgt ist in so viel blutigen Schlachten, die ihrer Väter würdig und entschlossen ist, die Freiheit und Würde des Vaterlandes zu schützen gegen jeden freventlichen Versuch, diese zu verletzen. Ich danke im Namen der Armee, welche die gesamte Nation umspannt und die eine Institution besitzt, welche vielfach nachgeahmt, aber nie erreicht worden ist. Was diese Armee im Frieden wie im Kriege vollbringt, ist ein Ausdruck des Geistes des Volkes, mit dem sie so innig verwachsen ist. Eben darum ist auch kein Unterschied zwischen der Armee und dem Volke, aus dessen Söhnen sich diese Armee zusammensetzt. Die heutige Feier aber ist ein neues Zeugnis nicht nur für die Liebe des Landesvaters zur Armee, sondern zum ganzen Volke. Ich spreche diese Worte im Vorgefühl des morgenden großen Festes, sie entstammen dem Innersten meines Herzens, sie entsprechen gewiß der Überzeugung und den dankbaren Gesinnungen aller hier anwesenden Vertreter des Heeres und des Landes. Ich bitte dieselben, diesen Gefühlen dadurch Ausdruck zu verleihen, daß Sie mit mir rufen: Gott schütze, Gott segne,

Gott erhalte unsern allergnädigsten Herrn! Se. Majestät unser allergnädigster Kaiser und Herr, er lebe hoch, hoch, und abermals hoch!“ (In: *Roon als Redner*, Bd. 3, S. 351f.).

555 Roon an Blanckenburg, 8. Oktober 1873, in: Roon: *Denkwürdigkeiten*, Bd. 3, S. 362.

556 Roon an Bismarck, 12. Oktober 1873, in: Ebd., S. 363ff. Bismarck antwortete am 20. November nicht weniger herzlich: „Im Amte aber wird es einsam um mich sein, je länger je mehr; die alten Freunde sterben oder werden Feinde, und neue erwirbt man nicht mehr. Wie Gott will. Im gelben Sitzungszimmer werde ich die Lücke auf Ihrem Sophaplatze nicht ausgefüllt finden und dabei denken: ‚ich hatte einen Kameraden‘.“ (Ebd., S. 370).

557 Allerhöchste Kabinettsorder Wilhelms I. vom 9. November 1873, in: Ebd., S. 365ff.

558 Blanckenburg an Roon, 11. November 1873, in: Roon: *Denkwürdigkeiten*, Bd. 3, S. 362.

559 Aus einem undatierten Schreiben Roons an einen nicht bezeichneten Bekannten, in: Ebd., S. 373.

560 Roon an Blanckenburg, 4. Februar 1874, in: Ebd., S. 390.

561 Nationalliberale 155 Sitze, Fortschritt 49 Sitze, Zentrum 95 Sitze, Deutschkonservative 22 Sitze, Reichspartei 36 Sitze, Sozialdemokraten 9 Sitze. Bei 397 Sitzen ergab sich mit 204 Sitzen eine Mehrheit von Nationalliberalen und Forschritt. Vgl. Gall: *Bismarck*, S. 532; Schmid: *Der „Eiserne Kanzler“ und die Generäle*, S. 88.

562 Der Hergang des „Septennats“ in seinen Schattierungen sowie nationalen und internationalen Rücksichten bzw. Rücksichtslosigkeiten kenntnisreich und erschöpfend ebd., S. 73–106.

563 Roon: *Denkwürdigkeiten*, Bd. 3, S. 398f.

564 Ebd., S. 400. Wilhelm I. sah dies ähnlich, wie er Roon im Mai mitteilte: „So haben wir für 7 Jahre die Armée-Organisation intact, und nach 7 Jahren stehen wir vielleicht vor oder schon nach einem neuen Krieg, wenn nicht, so wächst die Population doch, und dann muß 1 pro Cent Wehrpflichtiger doch erhöht werden.“ (Ebd., S. 409).

565 „Dazu kommt, daß man Bismarck doch nur dann unmöglich machen oder ihm auch nur Schwierigkeiten bereiten dürfte, wenn man einen besseren Mann an seine Stelle zu bringen hätte. Aber wo ist ein solcher? Moltke? Schwerlich ginge er darauf ein. Manteuffel? Halte ich für ganz unmöglich, bitte mir die Gründe zu erlassen.– Wen sonst? Ich weiß es nicht, absolut nicht.“ (Ebd., S. 401).

566 „Daß ich in den sogenannten großen Dingen dieser Welt nicht mehr mitspielen kann, ist erträglich, ja erfreulich; daß ich aber auch für die kleinen nur noch ein Wrack bin, kein Lüftchen zu ertragen, nicht mich nach Lust und

Gefallen zu rühren und zu bewegen vermag; das ist schwer und schmerzlich – wiewohl auch dafür zu danken ist, da es lehrt und mahnt, wohin ich gehöre, worauf ich zu denken und mich zu bereiten habe." (Roon an Blanckenburg, 14. Dezember 1874, in: Ebd., S. 411).

567 Ebd.

568 Vgl. Johannes Janorschke: *Bismarck, Europa und die „Krieg-in-Sicht"-Krise von 1875* (= Otto-von-Bismarck-Stiftung, wissenschaftliche Reihe, Bd. 11), Paderborn u.a. 2010; James Stone: *The War Scare of 1875*. Bismarck an Europe in the Mid-1870s (= Historische Mitteilungen der Ranke-Gesellschaft, Beihefte, Bd. 79), Stuttgart 2010. Vgl. auch Gall: *Bismarck*, S. 509ff.; Pflanze: *Bismarck*, Bd. 1, S. 779ff.

569 Dem belgischen Gesandten Nothomb entgegnete der Feldmarschall auf dessen Feststellung, Frankreich hege doch friedliche Absichten: „Das ist möglich, aber ich für meine Person sehe nur die Tatsachen, und ich behaupte, die Errichtung eines vierten Bataillons für jedes Regiment, wodurch die französische Armee um 144.000 Mann vermehrt wird, ist ein unumstößliches Anzeichen der Kriegsvorbereitung. Unter diesen Umständen dürfen wir nicht abwarten, bis Frankreich fertig ist, sondern unsere Pflicht ist, ihm zuvorzukommen." (Moltke: *Gespräche*, S. 181).

570 Die Hintergründe der „Alarmartikel" sind bis heute nebulös und finden auch keine letzte Aufklärung durch Janorschkes Forschungen.

571 Gall: *Bismarck*, S. 510.

572 „Die politische Bedeutung der Krise war [...] sehr unterschiedlich: Auf den deutsch-französischen Konflikt, vor dessen Hintergrund die ‚Krieg-in-Sicht'-Krise entstanden war, hatte die Intervention vom Mai 1875 [das russische Einschreiten, G. S.-W.] keinen Einfluß. Bereits im Herbst 1875 beschäftigten sich die Großmächte erneut mit der Frage, ob der erwartete nächste Krieg im Folgejahr ausbrechen werde. Dagegen beschleunigten die ‚Krieg-in-Sicht'-Krise und vor allem ihr Ausgang die Entfremdung Deutschlands von Rußland und die Annäherung an Österreich-Ungarn und Italien. Eine signifikante Bedeutung für die Entwicklung hin zu jener Mächtekonstellation, wie sie schließlich zu Beginn des Ersten Weltkrieges eintrat, kommt ihr jedoch nicht zu. Wenngleich die Konstellation der Mächte im Moment der Intervention im Mai 1875 derjenigen bei Kriegsausbruch 1914 glich, so war diese Übereinstimmung weniger ein Ausblick auf das zukünftige Bündnissystem in Europa als vielmehr das Resultat realpolitischer Überlegungen der einzelnen Mächte und der Wechselwirkungen ihrer jeweiligen Politik, durch die sie ihre Ziele zu erreichen versuchten." (Janorschke: *Bismarck, Europa und die „Krieg-in-Sicht"-Krise*, S. 479).

573 Roon an Bismarck, 15. Februar 1876, in: Roon: *Denkwürdigkeiten*, Bd. 3, S. 426f.

574 Roon an Hartrott, 8. August 1876, in: Ebd., S. 429.

575 Die sogenannte Kanzlerkrise bestimmte das Jahr 1877. Nach den Wahlen zum 3. Deutschen Reichstag am 10. Januar hatten die Konservativen Gewinne auf Kosten der Liberalen verbuchen können und sich Bismarck wieder angenähert. Unweigerlich folgten Spannungen zwischen ihm und den Nationalliberalen. Hinzu kamen unausgesetzte Querelen mit Marineminister Stosch, der Bismarck zu eigenmächtig agierte. Bismarcks vom Kaiser verweigertes Abschiedsgesuch mündete in eine Beurlaubung von zehn Monaten. Im Oktober trat er wieder angriffs- und organisationslustig an. Vgl. Pflanze: *Bismarck.* Bd. 2: Der Reichskanzler, München 2008, S. 83–117. Roon ersparte sich, darüber in Korrespondenzen seine Meinung zu äußern.

576 Das russische Bestreben nach Zugang zum Mittelmeer entfesselte 1877 den Krieg zwischen dem Osmanischen Reich und Russland, das nach erfolgreichem Vordringen nur aus Rücksicht auf die Großmächte von der Besetzung Konstantinopels abließ.

577 Vom 13. Juni bis 13. Juli 1878 trafen Vertreter der europäischen Großmächte sowie Russlands und des Osmanischen Reiches zur Beilegung der Balkankrise und Neuordnung Südosteuropas ein. Vgl. Ralph Melville und Hans-Jürgen Schröder (Hrsg.): *Der Berliner Kongress von 1878.* (= Veröffentlichungen des Instituts für Europäische Geschichte Mainz, Beiheft 7), Wiesbaden 1982.

578 Am 19. Oktober 1878 verabschiedete der Reichstag mit konservativer und nationalliberaler Mehrheit das „Gesetz gegen die gemeingefährlichen Bestrebungen der Sozialdemokratie“, das bis 1890 Bestand hatte. Vgl. Gall: *Bismarck,* S. 573ff. Dort zu näheren Umständen und innenpolitischen Auswirkungen des „Sozialisten-Gesetzes“.

579 Roon an Wilhelm I., 7. Juni 1878, in: Roon: *Denkwürdigkeiten*, Bd. 3, S. 452–455.

580 Aufzeichnungen der Gräfin von Roon, in: Ebd., S. 478.

581 Ebd., S. 485.

582 Ebd., S. 490.

583 Auf den Umfassungsmauern der Familiengruft, in der 1885 Roons Gemahlin beigesetzt wurde, ließ Waldemar von Roon eine 1893 geweihte Grabkapelle errichten, deren äußere Front ein überlebensgroßes Ritterrelief mit den Gesichtszügen Albrecht von Roons zierte. Die Roon'schen Besitztümer wurden 1945 enteignet, die Figur der Grabgruft in den 1970er Jahren herausgebrochen und die Kapelle neugotischen Stils 1980 aus ideologischen Gründen abgerissen und der anfallende Schutt in den umliegenden Deponien verkippt. Vgl. Menzel: *Schloss Krobnitz,* S. 94.

584 Wilhelm I. an Gräfin von Roon, 26. Februar 1879, in: Roon: *Denkwürdigkeiten,* Bd. 3, S. 493f.

585 „Was ist Roon für ein frommer, tüchtiger, ehrenhafter Mann, wie loyal und wie freimütig dabei." Tagebucheintrag der Baronin Spitzemberg vom 7. August 1892 mit Blick auf Roons *Denkwürdigkeiten*, in denen „man liest, wie vielen Verdruß er mit hohen und höchsten Herrschaften zu schlucken hatte. [...] Indessen erwuchs in aller Stille in Roon der begabte Organisator und Administrator [...]." (*Das Tagebuch der Baronin Spitzemberg 1859–1914.* Aufzeichnungen aus der Hofgesellschaft des Hohenzollernreiches. Ausgew. und hrsg. v. Rudolf Vierhaus (= Deutsche Geschichtsquellen des 19. und 20. Jahrhunderts, Bd. 43), 3. Aufl., Göttingen 1963, S. 304). Hildegard Freiin von Spitzemberg, geborene Freiin von Varnbüler, unterhielt damals einen „politischen Salon" in Berlin und galt als enge Vertraute Bismarcks.

586 Stadelmann: *Moltke und der Staat*, S. 33.

Stationen seines Lebens

1816	Eintritt in die Kadettenschule Kulm
1821	Sekonde-Leutnant im 14. Infanterie-Regiment Stargard
1831	Premier-Leutnant
1836	Hauptmann im Großen Generalstab
1842	Major im Generalstab des VII. Armeekorps Münster
1848	Rückkehr in den Großen Generalstab
1848	Chef des Generalstabs des VIII. Armeekorps Koblenz
1849	Chef des Generalstabs des I. Armeekorps der „Operationsarmee am Rhein"
1850	Als Oberstleutnant Kommandeur des 33. Infanterie-Regiments Thorn, dann Königsberg und schließlich Köln
1851	Beförderung zum Oberst
1856	Kommandeur der 20. Infanterie-Brigade Posen
1858	Entwurf zur Reorganisation der Preußischen Armee; Beförderung zum Generalmajor; Kommandeur der 14. Division Düsseldorf
1859	Beförderung zum Generalleutnant; Ernennung zum Kriegsminister am Jahrestag der Schlacht bei Leuthen (5. Dezember)
1861	Ernennung zum Marineminister
1866	Beförderung zum General der Infanterie; Teilnahme an der Schlacht bei Königgrätz
1870/71	Teilnahme am Deutsch-Französischen Krieg
1871	Abgabe des Marineministeriums
1873	Ernennung zum Generalfeldmarschall und zum preußischen Ministerpräsidenten (Januar); wunschgemäße Entlassung aus allen Ämtern unter Verleihung des Feldmarschallstabs (November)

Quellen und Literatur

Ungedruckte Quellen

N 48 – 1 Verhandlungen über die Gouverneursstelle bei Prinz Friedrich Wilhelm; Schriftwechsel des Prinzen und der Prinzessin von Preußen mit Roon (1848–1849).

N 48 – 2 Schriftwechsel mit Generalmajor Edwin Freiherr von Manteuffel (1859–1866).

N 48 – 3 Dankschreiben Kaiser Wilhelms I. nach dem auf ihn verübten Attentat an Roon (20. Mai 1878).
Dokumente zur Nachlassgeschichte (1907–1940).

N 48 – 5 Briefe Roons an Bismarck, u.a. Konzepte und Abschriften (1852–1878).

N 48 – 6 Briefe Bismarcks an Roon (1857–1877).

N 48 – 7 Briefe Kaiser Wilhelms I. an Roon (1854–1878).

N 48 – 8 Briefe der Gräfin Bismarck an Roon und seine Gattin (1870, 1877).

N 48 – 9 Briefe Kaiser Wilhelms I. an Roon (1867–1878).

N 48 – 10 Korrespondenz zwischen Prinz Friedrich Karl und Roon (1854–1877).

N 48 – 11 Briefe General von Manteuffels an Roon (1859–1873).

N 48 – 12 Briefe Roons an Moritz von Blanckenburg, Eduard von Blanckenburg und seinen Sohn Waldemar (1859–1879).

N 48 – 13 Briefe an seine Ehefrau (1838–1871).

N 48 – 14 Familienkorrespondenz: u.a. Briefe des Sohnes Arnold an seine Mutter; Briefe des Sohnes Waldemar an seine Mutter; Frau von Roon an ihren Vater (1870–1871).

N 48 – 15 Einzelkorrespondenz: Brief des Leutnants Prondzynski; zwei Briefe an einen unbekannten Freund; Briefe an den Neffen Moritz (1854, 1870).

N 48 – 16 Gedichte zur Hochzeitsfeier (2. September 1836).

N 48 – 17 Handschriftliche Befehlsnotiz zur Mobilmachung (15. Dezember 1863).

N 48 – 18 Entwurf an die Generalinspektion des Ingenieur-Corps und der Festungen betr. kriegsgerichtliche Untersuchung Oberst Lehmann (7. März 1857).

N 48 – 19 Notizbuch Roons (o.J.).

N 48 – 20 Tage- und Notizbuch Roons (o.J.).

N 48 – 21 Erinnerungen des Sohnes Waldemar (o.J.).
N 48 – 22 Erinnerungen des Sohnes Bernhard (o.J.).
N 48 – 23 Betrachtungen zu dem Werk von Prof. Carl Ritter: „Grundzüge der Erd-, Völker- und Staatenkunde“, Niederschrift eines unbekannten Verfassers (o.J.).

Gedruckte Quellen und Literatur

Angelow, Jürgen: Der Deutsche Bund, Darmstadt 2003.
Angelow, Jürgen: Von Wien nach Königgrätz. Die Sicherheitspolitik des Deutschen Bundes im europäischen Gleichgewicht 1815–1866 (= Beiträge zur Militärgeschichte, Bd. 52), München 1996.
Angelow, Jürgen: Wien, Berlin und die Militärgewalt in der 48er Revolution, in: Zwischen Königtum und Volkssouveränität. Die Revolution von 1848/49 in Brandenburg, hrsg. v. Manfred Görtemaker, Kristina Hübener, Klaus Neitmann und Kärstin Weirauch, Frankfurt am Main u.a. 1999, S. 41–60.
Angelow, Jürgen: Zwischen Partnerschaft und Rivalität. Preußen und seine Militärmacht. Argumente österreichischer Reform- und Revanchepolitik (1866–1871), in: Die preußische Armee, S. 261–283.

Baumgart, Peter; Kroener, Bernhard R.; Stübig, Heinz (Hrsg.): Die Preußische Armee zwischen Ancien Régime und Reichsgründung, Paderborn u.a. 2008.
Baumgart, Winfried (Hrsg.): Akten zur Geschichte des Krimkriegs, Serie I: Österreichische Akten zur Geschichte des Krimkriegs, Bde. 1–3, München, Wien 1979–1980; Serie II: Preußische Akten zur Geschichte des Krimkriegs, Bde. 1–2, München 1990–1991.
Baumgart, Winfried: Der Krim-Krieg 1853–56, in: Wie Kriege entstehen. Zum historischen Hintergrund von Staatenkonflikten, hrsg. v. Bernd Wegner (= Krieg in der Geschichte, Bd. 4), Paderborn u.a. 2000.
Bismarck, Otto von: Gedanken und Erinnerungen, München, Berlin 1982.
Bismarck, Otto von: Kampf um das Reich, Leipzig 1939.
Blume, Wilhelm von: Kaiser Wilhelm der Große und sein Kriegsminister Roon. Als Bildner des Preußisch-Deutschen Heeres, Berlin 1906.
Bremm, Klaus-Jürgen: Von der Chaussee zur Schiene. Militärstrategie und Eisenbahnen in Preußen von 1833 bis 1866, München 2005.
Burchardt, Lothar: Helmuth von Moltke, Wilhelm I. und der Aufstieg des preußischen Generalstabes, in: Foerster, Roland G. (Hrsg.): Generalfeldmarschall von Moltke. Bedeutung und Wirkung (= Beiträge zur Militärgeschichte, Bd. 33), München 1991, S. 19–38.

Clark, Christopher; Kaiser, Wolfram (Hrsg.): Kulturkampf in Mitteleuropa, Leipzig 2003.
Craig, Gordon A.: Königgrätz 1866 – Eine Schlacht macht Weltgeschichte, Wien 1997.
Craig, Gordon A.: Porträt eines politischen Generals: Edwin von Manteuffel und der Verfassungskonflikt in Preußen, in: Craig, Gordon A.: Krieg, Politik und Diplomatie, Wien 1968, S. 121–156.

Das Tagebuch der Baronin Spitzemberg 1859–1914. Aufzeichnungen aus der Hofgesellschaft des Hohenzollernreiches, ausgewählt und herausgegeben von Rudolf Vierhaus (= Deutsche Geschichtsquellen des 19. und 20. Jahrhunderts, Bd. 43), 3. Aufl., Göttingen 1963.
Der Deutsch-Dänische Krieg 1864, hrsg. v. Großen Generalstabe, Abtheilung Kriegsgeschichte, 2 Bde., Berlin 1886/87.
Der deutsch-französische Krieg 1870–71, redigirt von der kriegsgeschichtlichen Abtheilung des Großen Generalstabes, 2 Teile/5 Bde., Berlin 1874–1881.
Der Feldzug von 1866 in Deutschland, redigirt von der kriegsgeschichtlichen Abtheilung des Großen Generalstabes, Berlin 1867.
Dunant, Henri: Eine Erinnerung an Solferino, Wien 1997.
Dupuy, Trevor N.: Der Genius des Krieges. Das deutsche Heer und der Generalstab 1807–1945, Graz 2009.

Eckhart, Franz: Die deutsche Frage und der Krimkrieg (= Osteuropäische Forschungen, Neue Folge, Bd. 9), Berlin, Königsberg 1931.
Elster, Hanns Martin: Kriegsminister General-Feldmarschall Ministerpräsident Graf Albrecht von Roon. Sein Leben und Wirken, 2. Aufl., Berlin 1942.
Epkenhans, Michael; Groß, Gerhard P. (Hrsg.): Das Militär und der Aufbruch in die Moderne 1860 bis 1890. Armee, Marinen und der Wandel von Politik, Gesellschaft und Wirtschaft in Europa, den USA sowie Japan, München 2003.

Fiedler, Siegfried: Kriegswesen und Kriegführung im Zeitalter der Einigungskriege (= Heerwesen der Neuzeit, Abteilung IV, Bd. 2), Bonn 1991.
Foerster, Roland G. (Hrsg.): Generalfeldmarschall von Moltke. Bedeutung und Wirkung (= Beiträge zur Militärgeschichte, Bd. 33), München 1991.
Fontane, Theodor: Der Feldzug in Böhmen und Mähren, Berlin 1870.
Fontane, Theodor: Der Feldzug in West- und Mitteldeutschland, Berlin 1871.
Fontane, Theodor: Der Schleswig-Holsteinische Krieg im Jahre 1864, Berlin 1866.
Frauenholz, Eugen von: Das Heerwesen des XIX. Jahrhunderts (= Entwicklungsgeschichte des deutschen Heerwesens, Bd. 5), München 1941.

Frentz, Hans: Der Kriegsminister Albrecht von Roon, in: Kämpfer, Künder, Tatzeugen. Gestalter deutscher Größe, Bd. 1: Kämpfer, hrsg. v. Ernst Rudolf Dreyer und Heinz W. Siska, München u.a. 1942, S. 277–295.
Friedjung, Heinrich: Der Kampf um die Vorherrschaft in Deutschland 1859–1866, 2 Bde., Stuttgart 1912–13.
Fuchs, Walther Peter: Die deutschen Mittelstaaten und die Bundesreform 1853–1860 (= Historische Studien, Bd. 256), Berlin 1934.

Gall, Lothar (Hrsg.): 1848 – Aufbruch zur Freiheit. Eine Ausstellung des Deutschen Historischen Museums und der Kunsthalle Frankfurt zum 150jährigen Jubiläum der Revolution von 1848/49, Frankfurt 1998.
Gall, Lothar: Bismarck. Der weiße Revolutionär, Frankfurt 1980.
Gall, Lothar: Europa auf dem Weg in die Moderne 1850–1890 (= Oldenbourg Grundriss der Geschichte, Bd. 14), 2. Aufl., München 1989.
Ganschow, Jan; Haselhorst, Olaf; Ohnezeit, Maik (Hrsg.): Der Deutsch-Französische Krieg 1870/71. Vorgeschichte, Verlauf, Folgen, Graz 2009.
Gersdorff, Ursula von; Groote, Wolfgang von (Hrsg.): Entscheidung 1870 – Der deutsch-französische Krieg, Stuttgart 1970.
Geschichte des Füsilier-Regiments Graf Roon (Ostpreußisches) Nr. 33, bearbeitet v. Richard Lehfeldt, 2. Aufl., Berlin 1901.
Giersch, Alexis: Die Marine im Deutsch-Französischen Krieg 1870/71, in: Ganschow, Jan; Olaf Haselhorst; Ohnezeit, Maik (Hrsg.): Der Deutsch-Französische Krieg 1870/71. Vorgeschichte, Verlauf, Folgen, Graz 2009, S. 152–177.
Goltz, Colmar Freiherr von der: Kriegsgeschichte Deutschlands im Neunzehnten Jahrhundert (= Das Neunzehnte Jahrhundert in Deutschlands Entwicklung, Bd. 8), 2 Bde., Berlin 1910/1914.
Groote, Wolfgang von: Moltkes Planungen für den Feldzug in Böhmen und ihre Grundlagen, in: Entscheidung 1866. Der Krieg zwischen Österreich und Preußen, hrsg. v. Militärgeschichtlichen Forschungsamt durch Wolfgang von Groote und Ursula von Gersdorff, Stuttgart 1966, S. 77–105.
Gumpert, Martin: Dunant. Der Roman des Roten Kreuzes, Stockholm 1938.

Hanke, Wolf: Moltke. Hommage an einen großen Preußen, Hamburg u.a. 2000.
Harbou, Andrea von: Dienst und Glaube in der Staatsauffassung Albrecht von Roons, Berlin 1936.
Heinemann, Winfried: Roon, die Heeresreform und das Kaiserreich, in: Militärgeschichtliche Beiträge 1987, S. 87–102.
Helmert, Heinz; Usczeck, Hansjürgen: Preußischdeutsche Kriege von 1864–1871. Militärischer Verlauf, 6. Aufl., Berlin 1988.

Helmert, Heinz: Albrecht von Roon. Zwischen Krone und Parlament, in: Gestalten der Bismarckzeit, hrsg. v. Gustav Seeber, Bd. 2, Berlin 1987, S. 1–25.
Helmert, Heinz: Kriegspolitik und Strategie. Politische und militärische Ziele der Kriegführung des preußischen Generalstabes vor der Reichsgründung (1859–1869) (= Militärhistorische Studien, 14. Neue Folge), Berlin 1970.
Hermann, Carl Hans: Deutsche Militärgeschichte. Eine Einführung, hrsg. im Auftrag des Arbeitskreises für Wehrforschung, Frankfurt am Main 1966.
Huber, Ernst Rudolf (Hrsg.): Dokumente zur Deutschen Verfassungsgeschichte. Bd. 1: Deutsche Verfassungsdokumente 1803–1850, Stuttgart 1961, Bd. 2: Deutsche Verfassungsdokumente 1851–1918, Stuttgart 1964.
Huber, Ernst Rudolf: Deutsche Verfassungsgeschichte seit 1789, Bd. 1: Reform und Restauration 1789 bis 1830, Stuttgart 1957, Bd. 2: Der Kampf um Einheit und Freiheit 1830 bis 1850, Stuttgart 1961; Bd. 3: Bismarck und das Reich, Stuttgart 1963.
Huber, Ernst Rudolf: Heer und Staat in der deutschen Geschichte, 2. Aufl., Hamburg 1943.
Hübner, Reinhard: Albrecht von Roon. Preußens Heer im Kampf um das Reich, Hamburg 1933.
Hübner, Reinhard: Roon. Glaube und Soldatentum, 2. Aufl., Berlin 1940.

Immel, Ernst: Albrecht v. Roons Entwicklungsgang und seine militärisch-politische Gedankenwelt, Düsseldorf 1936.

Janorschke, Johannes: Bismarck, Europa und die „Krieg-in-Sicht"-Krise von 1875 (= Otto-von Bismarck-Stiftung, wissenschaftliche Reihe, Bd. 11), Paderborn u.a. 2010.
Jany, Curt: Geschichte der Preußischen Armee vom 15. Jahrhundert bis 1914, Bd. 4: Die Königlich Preußische Armee und das Deutsche Reichsheer 1807 bis 1914, 2. Aufl., Osnabrück 1967.
Jasmund, Julius von (Hrsg.): Aktenstücke zur orientalischen Frage nebst chronologischer Übersicht, Bd. 1, Berlin 1855.

Kessel, Eberhard: Moltke, Stuttgart 1957.
Kessel, Eberhard: (Hrsg.): Moltke. Gespräche, Hamburg 1940.
Kolb, Eberhard: Der Kriegsausbruch 1870. Politische Entscheidungsprozesse und Verantwortlichkeiten in der Julikrise 1870, Göttingen 1970.
Kolb, Eberhard: Europa vor dem Krieg. Mächtekonstellation – Konfliktfelder – Kriegsausbruch (= Schriften des Historischen Kollegs, Kolloquien 10), München 1987.
Kolb, Eberhard: Großpreußen oder Kleindeutschland? Zu Bismarcks deutscher Politik im Reichsgründungsjahrzehnt, in: Kolb, Eberhard: Umbrüche deutscher

Geschichte 1866/71–1918/19–1929/31. Ausgewählte Aufsätze, hrsg. v. Dieter Langewiesche und Klaus Schönhoven, München 1993.

Kolb, Eberhard: Kriegführung und Politik 1870/71, in: Reichsgründung 1870/71. Tatsachen, Kontroversen, Interpretationen, hrsg. v. Theodor Schieder und Ernst Deuerlein, Stuttgart 1970, S. 95–118.

Köppen, Fedor von: Albrecht von Roon und die deutsche Heeresschöpfung (= Carl Flemmings Vaterländische Jugendschriften, Bd. XLIX), Glogau o.J.

Krause, Michael D.: Moltke and the Origins of the Operational Level of War, in: Foerster, Roland G. (Hrsg.): Generalfeldmarschall von Moltke. Bedeutung und Wirkung (= Beiträge zur Militärgeschichte, Bd. 33), München 1991, S. 131–164.

Kriegsminister von Roon als Redner, politisch und militärisch erläutert von Waldemar Graf Roon. Generallieutenant und Mitglied des Reichstags, Bde. 1–3, Breslau 1895–1896.

Krüger, Henning: Zwischen Küstenverteidigung und Weltpolitik. Die politische Geschichte der preußischen Marine 1848 bis 1867 (= Kleine Schriftenreihe zur Militär- und Marinegeschichte, Bd. 15), Bochum 2008.

Krüger, Peter; Schoeps, Julius H.; Diekmann, Irene (Hrsg.): Der verkannte Monarch. Friedrich Wilhelm IV. in seiner Zeit (= Brandenburgische Historische Studien, Bd. 1), Berlin 1997.

Ladurner, Ulrich: Solferino. Kleine Geschichte eines großen Schauplatzes, St. Pölten 2009.

Lange, Ulrich (Hrsg.): Geschichte Schleswig-Holsteins. Von den Anfängen bis zur Gegenwart, Neumünster 1996.

Langewiesche, Dieter; Buschmann, Dieter: „Dem Vertilgungskriege Grenzen setzen“: Kriegstypen des 19. Jahrhunderts und der deutsch-französische Krieg 1870/71. Gehegter Krieg – Volks- und Nationalkrieg – Revolutionskrieg – Dschihad, in: Formen des Krieges. Von der Antike bis zur Gegenwart, hrsg. v. Dietrich Beyrau, Michael Hochgeschwender, Dieter Langewiesche (= Krieg in der Geschichte, Bd. 37), Paderborn u.a. 2007, S. 163–195.

Langewiesche, Dieter: Europa zwischen Restauration und Revolution 1815–1849 (= Oldenbourg Grundriss der Geschichte, Bd. 3), 4. Aufl., München 2004.

Lippert, Stefan: Felix Fürst zu Schwarzenberg. Eine politische Biographie (= Historische Mitteilungen der Ranke-Gesellschaft, Beihefte, Bd. 21), Stuttgart 1995.

Mann, Golo: Deutsche Geschichte des XIX. Jahrhunderts, Frankfurt am Main 1958.

Marcks, Erich: Albrecht von Roon, in: Marcks, Erich: Männer und Zeiten. Aufsätze und Reden zur neueren Geschichte, Bd. 2, Leipzig 1911, S. 115–154.

Meinecke, Friedrich: Boyen und Roon, in: Meinecke, Friedrich: Preußisch-deutsche Gestalten und Probleme, Leipzig 1940, S. 66–118.

Meisner, Heinrich Otto: Der Kriegsminister 1814–1914. Ein Beitrag zur militärischen Verfassungsgeschichte, Berlin 1940.

Melville, Ralph; Schröder, Hans-Jürgen (Hrsg.): Der Berliner Kongress von 1878. (= Veröffentlichungen des Instituts für Europäische Geschichte Mainz, Beiheft 7), Wiesbaden 1982.

Menzel, Steffen: Schloss Krobnitz. Geschichte des Rittergutes und seiner Besitzer (= Krobnitzer Hefte 1), Zittau 2008.

Messerschmidt, Manfred: Die politische Geschichte der preußisch-deutschen Armee, in: Deutsche Militärgeschichte in sechs Bänden 1648–1939, Bd. 2, Abschnitt IV: Militärgeschichte im 19. Jahrhundert 1814–1890, hrsg. v. Militärgeschichtlichen Forschungsamt, München 1983.

Meyer, Arnold Oskar: Albrecht von Roon, in: Militärwissenschaftliche Rundschau 4 (1939), S. 1–13.

Militärische Schriften weiland Kaiser Wilhelms des Großen Majestät, hrsg. v. Königlich Preußischen Kriegsministerium, Bd. 2 (1848–1865), Berlin 1897.

Moltke, Helmuth von: Gesammelte Schriften und *Denkwürdigkeiten*. Bde. 1–6, Berlin 1892.

Moltke, Helmuth von: Kurze Uebersicht des Feldzuges 1864 gegen Dänemark, in: Moltkes militärische Werke, Bd. 3, Tl. 2, hrsg. v. Großen Generalstabe, Abtheilung Kriegsgeschichte, Berlin 1899, S. 75–117.

Moltke, Helmuth von: Schlacht von Solferino den 24. Juni 1859, in: Moltkes militärische Werke, Bd. 3, Tl. 2, hrsg. v. Großen Generalstabe, Abtheilung Kriegsgeschichte, Berlin 1899, S. 53–69.

Müller, Klaus: 1866: Bismarck deutscher Bruderkrieg. Königgrätz und die Schlachten auf deutschem Boden, Graz 2007.

Müller, Sabrina: Das preußische Heer in der Revolution von 1848/49. Die Armee als innenpolitischer Faktor, in: Baumgart, Peter; Kroener, Bernhard R.; Stübig, Heinz (Hrsg.): Die Preußische Armee zwischen Ancien Régime und Reichsgründung, Paderborn u.a. 2008, S. 196–214.

Müller, Sabrina: Soldaten in der deutschen Revolution von 1848/49 (= Krieg in der Geschichte, Bd. 3), Paderborn u.a. 1999.

Nipperdey, Thomas: Deutsche Geschichte 1800–1866. Bürgerwelt und starker Staat, München 1998.

Osten-Sacken und von Rhein, Ottomar Freiherr von der: Preußens Heer von den Anfängen bis zur Gegenwart, 3 Bde., Berlin 1911–1914.

Osterhammel, Jürgen: Die Verwandlung der Welt: Eine Geschichte des 19. Jahrhunderts, München 2009.

Perthes, Otto von (Hrsg.): Briefwechsel zwischen dem Kriegsminister Grafen von

Roon und Clemens Theodor Perthes aus den Jahren 1864 bis 1867. Ein Nachtrag zu den Denkwürdigkeiten aus dem Leben des Kriegsministers, Breslau 1896.
Petter, Wolfgang: Die Roonsche Heeresreorganisation und das Ende der Landwehr, in: Die preußische Armee zwischen Ancien Régime und Reichsgründung, hrsg. v. Peter Baumgart, Bernhard R. Kroener und Heinz Stübig, Paderborn u.a. 2008, S. 215–228.
Pflanze, Otto: Bismarck. Bd. 1: Der Reichsgründer, München 1997; Bd. 2: Der Reichskanzler, München 1998.
Poten, Bernhard von (Hrsg.): Handwörterbuch der gesamten Militärwissenschaften, 9 Bde., Bielefeld und Leipzig 1877–1880.

Rieder, Hainz: Die Völker läuten Sturm. Die europäische Revolution 1848/49, Gernsbach 1997.
Ritter, Gerhard: Staatskunst und Kriegshandwerk. Das Problem des „Militarismus" in Deutschland, Bd. 1: Die altpreußische Tradition (1740–1890), 4. Aufl., München 1970.
Röhl, John C. G.: Wilhelm II. Die Jugend des Kaisers 1859–1888, 3. Aufl., München 2009.
Rogge, D. Bernhard: Aus sieben Jahrzehnten. Erinnerungen aus meinem Leben. Bd. 1: 1831–1862, Hannover und Berlin 1897; Bd. 2: 1862–1899, Hannover und Berlin 1899.
Roon, Albrecht von: Die iberische Halbinsel. Eine Monographie aus dem Gesichtspunkte des Militairs. Erste Abtheilung. Das Kriegstheater zwischen dem Ebro und den Pyrenäen, Berlin 1839.
Roon, Waldemar Graf von (Hrsg.): Denkwürdigkeiten aus dem Leben des Generalfeldmarschalls Kriegsministers Grafen von Roon. Sammlung von Briefen, Schriftstücken und Erinnerungen. Bde. 1–3, Berlin 1905.

Salewski, Michael: Krieg und Frieden im Denken Bismarcks und Moltkes, in: Foerster, Roland G. (Hrsg.): Generalfeldmarschall von Moltke. Bedeutung und Wirkung (= Beiträge zur Militärgeschichte, Bd. 33), München 1991, S. 67–88.
Salewski, Michael: Moltke, Schlieffen und die Eisenbahn, in: Foerster, Roland G. (Hrsg.): Generalfeldmarschall von Moltke. Bedeutung und Wirkung (= Beiträge zur Militärgeschichte, Bd. 33), München 1991, S. 89–102.
Schieder, Wolfgang: 1848/49: Die ungewollte Revolution, in: Wendepunkte deutscher Geschichte 1848–1945, hrsg. v. Carola Stern und Heinrich August Winkler, Frankfurt am Main 1989, S. 13–35.
Schmid, Michael: Der „Eiserne Kanzler" und die Generäle. Deutsche Rüstungspolitik in der Ära Bismarck (1871–1890), Paderborn u.a. 2003.
Schoeps, Julius H.: Bismarck und sein Attentäter. Der Revolveranschlag Unter den Linden am 7. Mai 1866, Zürich, München 1998.

Schulze-Wegener, Guntram: Deutschland zur See. Illustrierte Marinegeschichte von den Anfängen bis heute, 3. Aufl., Hamburg u.a. 2010.

Schulze-Wegener, Guntram: Illustrierte Deutsche Kriegsgeschichte. Von den Anfängen bis heute, Graz 2010.

Schulze-Wegener, Guntram: Leuthen – Genesis einer operativen Doktrin, in: Historische Mitteilungen der Ranke-Gesellschaft, Bd. 18 (2005), S. 6–30.

Serrier, Thomas: Provinz Posen, Ostmark, Wielkopolska. Eine Grenzregion zwischen Deutschen und Polen 1848–1914 (= Materialien und Studien zur Ostmitteleuropa-Forschung, Bd. 12), Marburg 2005.

Showalter, Dennis: The wars of German Unification, London 2004.

Sieg, Dirk: Die Marine im Spannungsfeld der deutschen Politik 1872 bis 1883 (= Kleine Schriftenreihe zur Militär- und Marinegeschichte, Bd. 11), Bochum 2005.

Siegel, Alfons: Albrecht von Roon. Unverzagt vorwärts mit Gott, Gießen 1937.

Siemann, Wolfram: Vom Staatenbund zum Nationalstaat. Deutschland 1807–1871, München 1995.

Sikora, Michael: Militarisierung und Zivilisierung. Die preußischen Heeresreformen und ihre Ambivalenzen, in: Baumgart, Peter; Kroener, Bernhard R.; Stübig, Heinz (Hrsg.): Die Preußische Armee zwischen Ancien Régime und Reichsgründung, Paderborn u.a. 2008, S. 164–195.

Stadelmann, Rudolf: Moltke und der Staat, Krefeld 1950.

Steinberg, Jonathan: Bismarck. A Life, New York 2011.

Stern, Fritz: Gold und Eisen. Bismarck und sein Bankier Bleichröder, Reinbek 1988.

Stökl, Günther: Russische Geschichte. Von den Anfängen bis zur Gegenwart (= Kröners Taschenausgabe, Bd. 244), 4. Aufl., Stuttgart 1983.

Stone, James: The War Scare of 1875. Bismarck and Europe in the Mid-1870s (= Historische Mitteilungen der Ranke-Gesellschaft, Beihefte, Bd. 79), Stuttgart 2010.

Struve, Gustav: Geschichte der drei Volkserhebungen in Baden 1848/49, veränderter Nachdruck der Ausgabe Bern 1849, Freiburg 1990.

Thiébaut, Fernand: Der Krieg in französischer Sicht, in: Entscheidung 1870, S. 165–203.

Uhle-Wettler, Franz: Vionville, Mars-la-Tour, St. Privat 1870 und das Heer der deutschen Einigungskriege, in: Uhle-Wettler, Franz: Höhe- und Wendepunkte deutscher Militärgeschichte, 3. Aufl., Graz 2006, S. 123–166.

Walter, Dierk: Albrecht von Roon und die Heeresreorganisation von 1859/60, in: Militärische Reformer in Deutschland im 19. und 20. Jahrhundert (= Potsdamer Schriften zur Militärgeschichte, Bd. 2), Potsdam 2007, S. 23–34.

Walter, Dierk: Preußische Heeresreformen 1807–1870. Militärische Innovation und der Mythos der „Roonschen Reform“ (= Krieg in der Geschichte, Bd. 16), Paderborn u.a. 2003.

Wawro, Geoffrey: The Austro-Prussian War. Austria's War with Prussia and Italy in 1866, Cambridge 1996.

Wawro, Geoffrey: The Franco-Prussian War. The German Conquest of France in 1870–1871, New York 2003.

Wegner, Bernd (Hrsg.): Wie Kriege entstehen. Zum historischen Hintergrund von Staatenkonflikten (= Krieg in der Geschichte, Bd. 4), Paderborn u.a. 2000.

Wehler, Hans-Ulrich: Deutsche Gesellschaftsgeschichte, Bd. 2: Von der Reformära bis zur industriellen und politischen Deutschen Doppelrevolution 1815–1845/49, 4. Aufl., München 2005; Bd. 3: Von der „Deutschen Doppelrevolution“ bis zum Beginn des Ersten Weltkrieges 1849–1914, 2. Aufl., München 2006.

Werth, German: Der Krimkrieg. Geburtsstunde der Weltmacht Rußland, Erlangen, Bonn, Wien 1989.

Wetzel, David: Duell der Giganten. Bismarck, Napoleon III. und die Ursachen des Deutsch-Französischen Krieges 1870–1871, aus dem Englischen übersetzt von Michael Epkenhans, Paderborn u.a. 2005.

Wienhöfer, Elmar: Das Militärwesen des Deutschen Bundes und das Ringen zwischen Österreich und Preußen um die Vorherrschaft in Deutschland 1815–1866, Osnabrück 1973.

Wollenschneider, Rainer; Feik, Michael: Bundesfestung Rastatt. In Erinnerung an die Grundsteinlegung am 18. Oktober 1844, Ötigheim 1994.

Personenregister

Der Autor

Guntram Schulze-Wegener, Dr. phil., geboren 1965, Fregattenkapitän der Reserve, ist Chefredakteur (Bauer Media Group) und lebt in Baden-Baden. Er hat mehrere Bücher und eine Reihe von Aufsätzen zur deutschen Militär- und Marinegeschichte veröffentlicht.

Abbildungsnachweis

Archiv des Autors *S. 6, 19, 31, 35, 43, 50, 63, 69, 73, 85, 93, 113, 121, 131, 141, 149, 159, 165, 179, 191, 195, 211, 219, 229, 233, 241*

bpk / Nationalgalerie, SMB / Andreas Kilger *Umschlagvorderseite*

Schlesisch-Oberlausitzer Museumsverbund GmbH *S. 51, 199*